Friedrich Sieburg   Im Licht und Schatten der Freiheit

Eines der Symbole der Epoche: ein Freiheitsbaum wird gepflanzt. Von Lesueur

Friedrich Sieburg

Frankreich 1789-1848 · Bilder und Texte

Im Licht und Schatten der Freiheit

Deutsche Verlags-Anstalt
Stuttgart

CIP-Kurztitelaufnahme der Deutschen Bibliothek

Sieburg, Friedrich:
*Im Licht und Schatten der Freiheit: Frankreich
1789–1848; Bilder u. Texte / Friedrich Sieburg. –
3. Aufl. – Stuttgart: Deutsche Verlags-Anstalt, 1979.*
  ISBN 3-421-01926-6

*Dritte Auflage 1979
© 1961 Deutsche Verlags-Anstalt GmbH., Stuttgart
Schrift: Linotype-Janson-Antiqua
Buchgestaltung: Ottmar Frick, Reutlingen
Druck und Bindearbeit: Druckerei Georg Appl, Wemding
Printed in Germany*

Da zerrinnt vor dem wundernden Blick der Nebel des Wahnes,

Und die Gebilde der Nacht weichen dem tagenden Licht.

Seine Fesseln zerbricht der Mensch. Der Beglückte! Zerriss' er

Mit den Fesseln der Furcht nur nicht den Zügel der Scham!

Freiheit! ruft die Vernunft, Freiheit! die wilde Begierde,

Von der heil'gen Natur ringen sie lüstern sich los.

. . . . .

Ewig wechselt der Wille den Zweck und die Regel, in ewig

Wiederholter Gestalt wälzen die Taten sich um.

Aber jugendlich immer, in immer veränderter Schöne

Ehrst du, fromme Natur, züchtig das alte Gesetz!

Schiller   Der Spaziergang

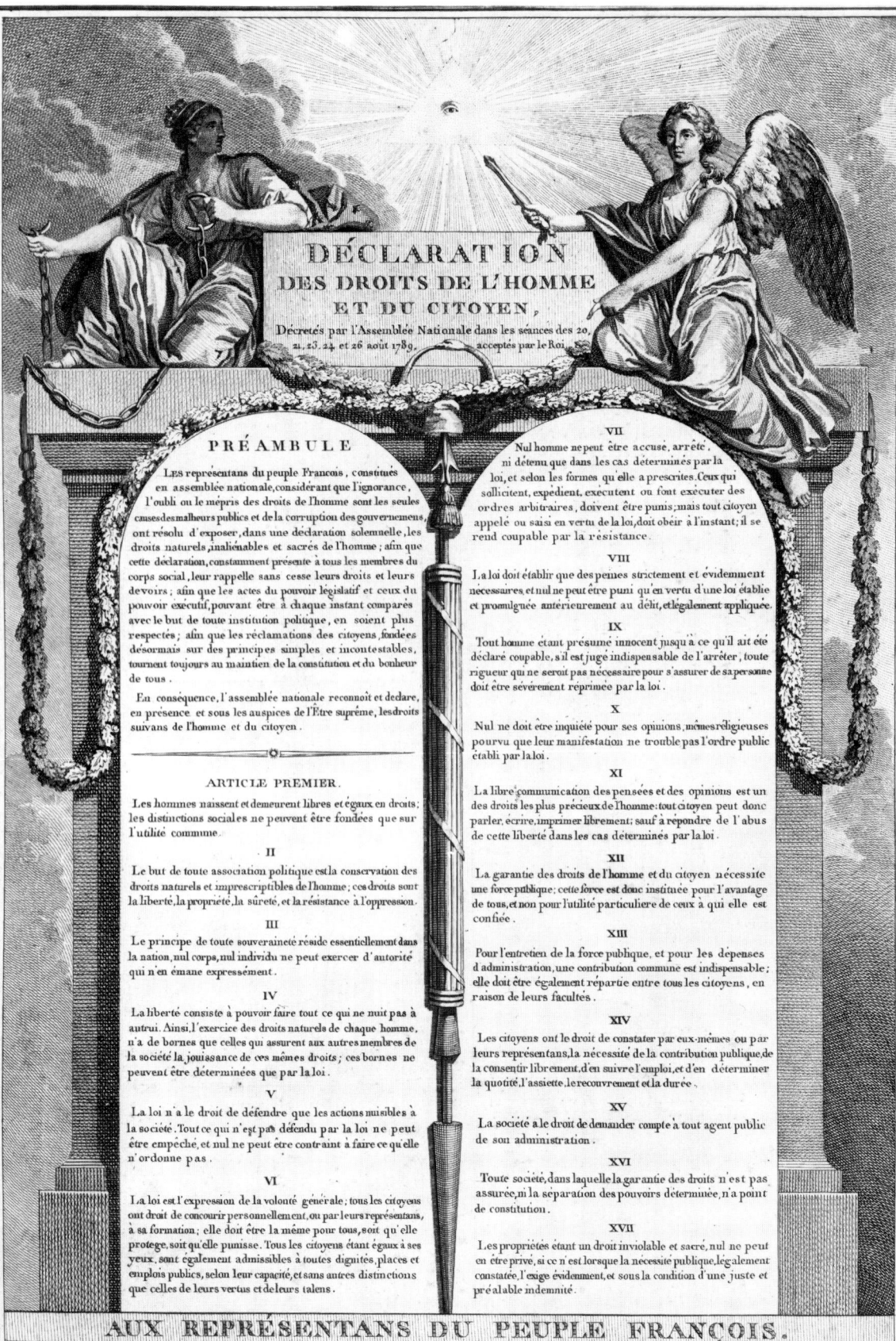

Im Licht und Schatten der Freiheit ist der Mensch von heute groß geworden. Dort hat er seine schönsten Erkenntnisse gewonnen, seine bittersten Erfahrungen gemacht und verstehen gelernt, daß es ihm nicht vergönnt ist, einen idealen Lebenszustand zu erreichen. Nicht der Besitz der Freiheit macht ihn glücklich, sondern nur der Kampf um sie. Dieser Kampf ist nicht eines Tages ausgebrochen wie ein Erdbeben, sondern er hat mit der menschlichen Existenz begonnen und wird erst mit dem letzten Menschenleben erlöschen, aber er hat bestimmte Zeitspannen unserer Geschichte mit einer besonderen Anschaulichkeit beherrscht und sich in so deutlich sichtbaren Figuren und Ereignissen ausgedrückt, daß kein Sterblicher es hat wagen können, vor dieser Epoche die Augen zu schließen.

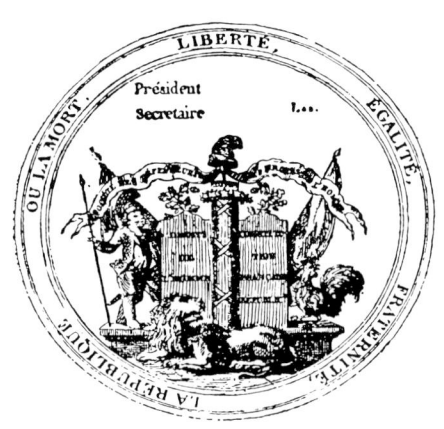

Mit der Französischen Revolution hat die Gegenwart auf eine unwiderrufliche Weise eingesetzt, mit den Ereignissen des Jahres 1848 hat die Etappe der sozialen Kämpfe begonnen. Die Menschheit konnte zunächst nur gegen Einrichtungen anrennen und dafür die großen Ideen zu Hilfe rufen, aber am Ende des Abschnittes, von dem dieses Buch handelt, setzte der Klassenkampf ein, der die Welt in einem viel radikaleren Umfang umgestaltete, als die großen Geister der Revolution dies je für möglich gehalten hatten.

Mit dem Jahr 1789 begann die Freiheit der einzelnen im Rahmen einer frei organisierten Gesellschaft, die ihre Toleranz und ihren Egoismus ungehindert betätigen konnte. Die Freiheit erwies sich als eine Gnade, aber auch als eine Gefahr. In ihrem Zeichen wurden die ersten Großtaten der liberalen Welt vollbracht, aber auch die ersten Schandtaten einer Gesinnung begangen, die sich von allen Dogmen losgelöst hatte und nur auf die Vernunft baute, ja in einem Maße auf sie pochte, daß sie zum Quell neuer Unterdrückungen wurde.

Im Jahre 1848 drehten sich die Maschinen der beginnenden Industrialisation bereits in vollem Schwung. Der Herr, der die Menschen unter seine Ferse trat, trug kein Menschenantlitz mehr; ein Götze, der kein Gebet und keinen Fluch vernehmen konnte, richtete seine Herrschaft auf und rief einen Durst nach Freiheit hervor, der verzehrender war als alles Streben der vergangenen Jahrzehnte. Was im Zeichen der Menschenliebe begonnen hatte, verwandelte sich in Klassenhaß, und obwohl es von Propheten geradezu wimmelte, war niemand imstande, vorauszusehen, daß es in hundert Jahren keine Klassen, ja keine sozialen Feinde mehr geben würde. Der Ruf nach Freiheit würde eines Tages ohne Gegenstand sein, aber die tief in ihrem Menschentum gekränkten Arbeitslosen, die im Juni 1848 auf die Barrikaden stiegen, konnten nicht ahnen, daß die Welt eines Tages mit einem Übermaß an Freiheit zu tun haben und doch zu zwei Dritteln ihrer Bewohner Hunger leiden würde.

Kein Lehrer ist weise und mächtig genug, der Menschheit gleichzeitig die Wohltaten der Freiheit zu bringen und ihren Mißbrauch zu verhindern. Wer den Menschen wirklich frei haben will, kann ihm nicht die Freiheit aberkennen, sich selbst zu schaden, andere Sterbliche im Namen der Freiheit auszubeuten und zu unterdrücken. Wer im Licht der Freiheit lebt, der lebt auch in ihrem Schatten.

„Was der Mensch kraft seiner Freiheit tut, gehört nicht in das von der Vorsehung angeordnete System und kann ihr also nicht angerechnet werden. Sie will das Böse nicht, das der Mensch tut, wenn er die ihm gegebene Freiheit mißbraucht; allein sie hindert ihn auch nicht, es zu tun. Sie hat ihn frei gelassen, nicht damit er das Böse wähle, sondern das Gute." Das schreibt Rousseau in seinem großen

Erziehungsroman, der größte Prophet des modernen Freiheitsbegriffes also, dessen einsames Denken die heutige Welt so erschüttert hat wie vorher nur Martin Luther und nach ihm Lenin.

Das große Drama, das im 18. Jahrhundert beginnt und tief ins 19. hinüberführt, ist voll von Übergängen, Einschnitten und Stockungen. Auf trügerische Pausen folgen stürmische Sprünge. Grelle Höhepunkte wechseln mit monotonen Alltagen, und doch ist die Entwicklung stetig und folgt einer bestimmten Richtung, aber es wäre vermessen zu behaupten, daß der Weg unbeirrbar aufwärts geht. Die Vorstellung, daß es nicht nur einen technischen, sondern auch einen sozialen und moralischen Fortschritt gebe, an dessen Beschleunigung wir alle freudig mitwirken können, hat für uns heute nur noch wenig Verführungskraft. Das Fortschreiten der Technik kann jeden denkenden Menschen nur langweilen oder zum mindesten enttäuschen, weil jede Vervollkommnung nur neue Gefahrenquellen eröffnet. Jedes Heilmittel erzeugt neue Krankheiten, jede Perfektion schafft neue Möglichkeiten der Zerstörung. Jede soziale Reformenergie macht neue Elendsbereiche sichtbar und belädt uns mit den Nöten von Völkern, die vorgestern überhaupt noch nicht in unserem Bewußtsein waren. Nicht das Elend in der Welt ist so sehr gewachsen als unsere Kenntnis von ihm, die sich im Handumdrehen in Verantwortung, ja in Schuld verwandelt.

Der Zeitraum, der in diesem Buch beschrieben wird, steht dem Menschenlos mit seinem Glanz und Elend noch unbefangener gegenüber. Man glaubt, daß es aufwärts geht, daß mit den Reformen und den revolutionären Neuerungen, mit den Eroberungen und Siegen tatsächlich etwas erreicht wird. Es ist eine Zeit voll von Illusionen und Optimismus, und die Schuldgefühle späterer Generationen werfen noch nicht ihre Schatten auf den triumphierenden Ausruf: „Die Zeiten haben sich geändert." Der verzehrende Pessimismus, der erst mit der Vorherrschaft der Naturwissenschaften über uns gekommen ist, war damals noch nicht spürbar. Darum ist die Epoche trotz der Schreckensherrschaft, trotz der Napoleonischen Kriege, trotz der Dummheiten der Restaurationen und des sozialen Hasses, der langsam an die Oberfläche dringt, voll Lebensbejahung, voller Farbe und voller Licht. Es hat originalere Revolutionen gegeben als die französische, die amerikanische, wir haben systematischere erlebt, die russische, aber keine hat so leidenschaftlich den Menschen zum Sprechen und zur Selbstdarstellung gebracht wie die, der das 18. Jahrhundert erliegt.

Darin liegt auch die Erklärung für unseren Drang, die Zeit vom Bastillesturm 1789 bis zur schrecklichen Revolte der Arbeitslosen von 1848 im Bilde darzustellen. Mit dem Zusammenbruch des Ancien régime kommt ein nie dagewesener Mitteilungsdrang über die Menschen. Sie werden sich plötzlich ihrer Fähigkeit bewußt, im Wort und im Bild Zeugnis abzulegen von der Veränderung der Welt. Nie zuvor sind so viel Tagebücher, Briefe und Berichte geschrieben worden, nie zuvor sind soviel Porträts, Skizzen, Bilder, Karikaturen und gezeichnete Augenzeugenberichte entstanden. Die Erstürmung der Bastille löste der Menschheit die Zunge und ermutigte sie, von dem zu sprechen, zu zeichnen und zu malen, was war. Es war ein Stoß, der den Menschen aufrief, die Wahrheit in seinem Wahrnehmungsvermögen zu suchen und seiner optischen Erfahrung zu vertrauen. „Trink, o Auge, was die Wimper hält" —, das hätte schon damals die Losung der Epoche sein können. Die Authentizität gewann mit einem Schlage eine nie dagewesene Bedeutung. Man war dabei gewesen, man hatte gesehen, man konnte nicht vergessen. Die Blätter füllten sich mit Strichen und Schriftzeichen und drängten an die Nachwelt. Und in dem Maße, wie die Macht sich konsolidierte, wuchs der Drang, repräsentativ zu sein, Dauer vorzutäuschen und die Anker in den flüchtigen Strom der Zeit zu werfen. Hinter allem politischen Planen, hinter aller Leidenschaft, die Welt zu verändern und ein Bild von ihr zu geben, verbarg sich das Verlangen nach Dauer. Vielleicht könnte es gelingen, die irdische Hinfälligkeit durch Fixierung im Bilde aufzuhalten! Nie zuvor hatte der Mensch an der Glaubwürdigkeit seiner eigenen Existenz gezweifelt. Der Pinsel des Künstlers, der Stift des Chronisten hatten die Züge der großen Herren festgehalten, so wie sie einst Leiden und Triumph Christi ins Bild gebannt hatten. Nun kam das Gefühl der Vergänglichkeit über die Welt: was heute fest und klar erkenntlich war, würde vielleicht morgen nicht mehr verständlich sein. Darum galt es, Zeugnis abzulegen. Sobald der moderne Mensch begann, sich als Objekt der Geschichte zu begreifen, fühlte er auch den Drang, im Bilde seine Zuflucht zu suchen. So entstand der Andrang der bildlichen Darstellungen, der mit der Revolution einsetzte und der noch heute nicht abgeklungen ist. Je geringer der Glaube des Menschen an der Dauer seiner selbst und seiner Einrichtungen wird, um so heftiger vertraut er sich der bildlichen Darstellung an, bis er schließlich, an seiner eigenen Fähigkeit zur Fixierung zweifelnd, in die Fotografie flüchtet und deren überwältigende Triumphe heraufbeschwört.
Dieses Buch ist nicht auf der Suche nach Bildern und sichtbaren Zeugnissen entstanden. Es ist vielmehr auf dem umgekehrten Wege zustande gekommen. Die Fülle der Bilder, Dokumente und Berichte war vorherrschend; um ihrer Herr zu werden, wurden sie gesammelt und wiedergegeben. Wer sich in die Zeit der großen Revolutionen vertieft und ihren Sinn zu erfassen versucht, der hat zunächst mit Ideen zu tun, aber plötzlich überkommt ihn der Andrang der Bilder wie ein Sturzbach; Menschengesichter, Straßenbilder, Schlachtengemälde, Handschriften, Flugblätter stürmen in solcher Zahl auf ihn ein, daß sie die großen Ideenkämpfe auf menschliche Vorgänge zurückführen. Es genügt nicht, sich in die Prinzipien und Grundsätze vertieft zu haben, nach denen die großen Umwälzungen erfolgt sind, man muß auch die pulsierende Masse des gelebten Lebens zur Geltung bringen, die sich unter dem Druck der Ideen in Bewegung gesetzt hat.

Die Philosophen — wir würden heute die Intellektuellen sagen — sehen die Sternbilder an dem nächtlichen Himmel der Menschheit, aber darum hören die großen und die kleinen Leute doch nicht auf, ihr Leben weiter zu führen. Sie sind keine Schöpfer, aber Kinder ihrer Zeit; ihr Treiben und Wirken erfüllt die Wege, auf denen das Leben vorwärtsgeht. Wo ihr Denken nicht ausreicht, um den Grund der gewaltigen Veränderungen zu begreifen, da halten sie sich an Bilder. Sie rufen diese Bilder hervor, sie verlangen nach ihnen, um der Verwandlung der Welt deutlich gewahr zu werden. In Bildern prahlen die Menschen mit dem, was sie erreicht haben, beklagen sie, was sie verloren haben, und versuchen, die Triumphe, Opfer und Verluste vor dem Vergessen zu bewahren. Wir wollen über den großartigen und tragischen Kampf der Prinzipien die Regungen des täglichen Lebens in ihrer Sichtbarkeit nicht vergessen. Darum legen wir diese Bilder vor, die den Idealismus, den Wahn, die Eitelkeit und die Tapferkeit jener Revolutionen widerspiegeln, aus denen unser heutiges Leben entstanden ist.

Drei Zeiträume sind deutlich erkennbar. Die sogenannte Große Revolution, die von den Impulsen des amerikanischen Unabhängigkeitskampfes befruchtet wird und mit der Erstürmung der Bastille beginnt, sodann das Erscheinen Napoleons, der das Erbe der Revolution antritt und die Idee der Ordnung proklamiert, gleichzeitig aber auch das Evangelium der Freiheit, gegen das er immer wieder verstößt, mit der Gewalt seiner Feldzüge in die ganze Welt hinausträgt, und schließlich die Epoche der Restauration, die einen Versuch darstellt, das Rad der Geschichte zurückzudrehen, und dadurch Gegenwirkungen von unerhörter revolutionärer Wucht hervorruft, aber auch den Geist und die Künste zu fruchtbarem Leben entfaltet. Wer dies Buch öffnet, der gewahrt zu Beginn den Aufruhr und die Zerstörung, und wenn er es schließt, fällt sein letzter Blick wiederum auf Szenen der Gewalt. Darin drückt sich der hohe Preis aus, den die Bewohner dieser Welt von jeher für den Besitz der Freiheit bezahlt haben. Rechte werden errungen, Institutionen werden errichtet, aber alles Feste, das nach Dauerhaftigkeit strebt, trägt den Keim der Veränderung in sich. Der Kampf hört nie auf, und wenn der Zug der Bilder vorüber ist, werden wir nicht umhin können, uns zweifelnd zu fragen, ob unsere Anstrengungen, Freiheit zu erlangen, zu verbreiten und zu bewahren, ein friedlicheres Aussehen gewonnen haben. Das Idyll hat in der Geschichte der irdischen Freiheit niemals einen Platz finden können, und unsere Bemühungen, Glück und Wohlstand zum allgemeinen Besitz zu machen, werden immer unvollkommen sein; sie werden bis zum letzten Atemzug der Menschheit gestört und unterbrochen werden. Sie werden mächtige und kluge Gegner auf den Plan rufen, die vor keiner Grausamkeit und scharfsinnigen List zurückschrecken, um den Beweis zu führen, daß wir nicht wissen, was Glück ist, und daß es uns erst mit Gewalt beigebracht werden müsse. Gegen diese blutigen Lehrmeister steht der Mensch immer wieder auf, um seine Lebensform zu verteidigen, denn im Bereich der Humanität braucht nicht erst nach einer Definition der Freiheit gesucht zu werden. Den geistvollen Verführern, die uns mit der Frage zu verwirren suchen, was denn eigentlich Freiheit sei, soll es nicht gelingen, uns in eine Diskussion hineinzuziehen. Die Sache steht fest.

Der Autor dieses Buches hat einen erheblichen Teil seiner Lebensarbeit an die Ideen und Ereignisse gewendet, die den Inhalt dieses Bandes bilden. Im Jahr 1935 hat er versucht, im Gleichnis von der menschenverachtenden Gewaltherrschaft zu sprechen, und die Geschichte Robespierres und seiner Partei berichtet. Nach dem Kriege hat er die gewaltige Saga Napoleons erzählt; schließlich hat er vor wenigen Jahren eine lang gehegte Absicht ausgeführt und eine Lebensbeschreibung des großen Dichters Chateaubriand verfaßt und damit das Leben eines genialen Romantikers, Künstlers und Politikers mit dem in diesem Bildband vorgestellten Zeitabschnitt konfrontiert. Chateaubriand hat sich als Jüngling unter die tobende Menge gemischt, die auf die Bastille marschierte, er hat Napoleon bewundert, ihm gedient und dann gegen ihn konspiriert, er hat dem zurückgekehrten Bourbonenkönig die Hand geküßt und dessen Politik bekämpft, er hat sich in den stürmischen Julitagen von den Studenten auf den Schultern tragen lassen, und auf seinem Sterbebett hat er noch die Kanonen vernommen, mit denen die Schreie der Aufständischen vom Juni 1848: „Arbeit! Brot!" zum Schweigen gebracht wurden. Niemand ist so sehr zugleich Zuschauer und Mitspieler im großen Drama der Freiheit geworden wie Chateaubriand, und sein Resumée lautete: „Ich bin der Meinung, daß es ohne die Freiheit nichts in der Welt gibt."

Die drei Bücher des Autors über Robespierre, Napoleon und Chateaubriand sind also die Ausgangspunkte für das vorliegende Werk geworden, in dem das Bild und das Wort in gleicher Weise den Zug der Menschen und Geschehnisse begleiten. Es ist ein gewaltiger Zug, in dem Tod und Leben, Liebe und Haß, Sieger und Opfer Arm in Arm dahinschreiten. Der Verfasser und diejenigen, die ihm geholfen haben, sind mehr als einmal von der unfaßlichen Fülle der Bilddokumente überwältigt worden. Die Wahl war oft schwer, denn es ging nicht an, einem neuen, verblüffenden Blatt jene Bilder zu opfern, die aller Welt vor Augen sind und eine klassische Berühmtheit erlangt haben. Gerade diese Bilder spiegeln nicht nur die Geschichte wider, sondern sind selbst ein Stück von ihr. Dem Pinsel oder Stift des bewußt schaffenden Künstlers hilft die Kritzelei des Spottenden, der sich an Häuserwänden oder auf Papierfetzen versucht, hilft der feierliche Gänsekiel des amtlichen Schreibers, der ein Dokument ausfertigt und mit verschnörkelten Anfangsbuchstaben schmückt oder eine monotone Liste aufstellt. Möbelstücke, Gebrauchsgegenstände, kunstvoll gefertigte oder halbzerbrochene Dinge, sie alle wirken mit und sprechen ihre Sprache.

Es ist die Sprache der Authentizität, sie hebt die Vergangenheit in unser Leben hinein und verwischt die Trennungslinien zwischen vorgestern und heute. Und da die alte Stadt Paris gewöhnlich den Schauplatz der Ereignisse hergibt, gewinnt die Authentizität eine ganz besondere Eindringlichkeit. Keine Stadt ist so reich an Zeugnissen der Vergangenheit. Keine widersteht dem Gang der Zeit besser als dieses Paris, das damals die größte und volkreichste Stadt der Welt war und bis heute mehr von ihrer Vergangenheit bewahrt hat als andere große Städte.

Sie widersteht mit einer erstaunlichen Hartnäckigkeit dem Zerfall des historischen Bewußtseins. Nichts ist vorbei in dieser Stadt. Selbst der Staub der Vergangenheit hat noch seine Funktion in ihrem lebendigen Organismus. Wer einmal angefangen hat, nach dem Authentischen zu jagen, der hält nicht inne, bis er die Sprache der Steine verstehen gelernt hat. Das Pflaster, auf dem die Menschen einst gegangen sind, die Geländer und Türgriffe, auf die sie ihre Hand gelegt haben, die Treppen, die sie in Angst und Furcht emporgestiegen sind, die Kaminsimse, gegen die sie sich gelehnt haben, die Fensterbrüstungen, auf die sie sich mit Ellbogen gestützt haben, alle diese tausend Trümmer der Vergangenheit schließen sich unter dem aufmerksamen und liebevollen Blick des Betrachters zu einer neuen, heilen Welt zusammen. Somit ist dieses Buch, ohne daß es beabsichtigt ist, gleichzeitig ein Stück Geschichte der Stadt Paris, ja, es ist in weiten Stücken eine breite Paraphrase über das Thema Paris, das für jeden, der die Entstehung des modernen Bewußtseins und des heutigen Menschen studieren will, unerschöpflich ist. Die Greifbarkeit dessen, was der schaffende, zerstörende und wieder in sich zurückkehrende Menschengeist ein Jahrhundert lang angerichtet hat, ist hier größer als auf irgendeinem anderen besiedelten Boden. Immer wieder hat es sich gezeigt, daß Paris für Frankreich stand und Frankreich für die Welt. Diese Rolle der Hauptstadt gibt der Geschichte der modernen Freiheitskämpfe ihre Anschaulichkeit, um nicht zu sagen, ihre Sinnlichkeit. Wenn das Land müde wurde, Paris erlahmte nicht, so daß Frankreich auf weite Strecken seiner Geschichte nur noch von Paris mitgeschleppt wurde. Das hat den Revolutionen ihre Einheitlichkeit, aber auch ihre Verwundbarkeit gegeben. Mag es wahr sein, daß die großen Gedanken am ehesten im stillen Gehäuse entstehen, sie entzünden sich am leichtesten und werden zur Wirklichkeit da, wo die Menschen sich auf begrenztem Raum zusammendrängen. Dort entflammt ihre Leidenschaft für die öffentlichen Angelegenheiten, dort sprühen am ehesten die Funken des Hasses, aber auch des Großmutes und des Opfersinnes, dort lebt sich, mit einem Wort, am großartigsten im Licht und Schatten der Freiheit.

Ein Totentanz aus dem Jahr 1848.
Holzschnitt von Alfred Rethel

Die Große Revolution

Die Umwälzung in Frankreich, der die Monarchie zum Opfer fiel und die eine völlige Veränderung der Gesellschaft zur Folge hatte, gilt auch heute noch als das größte Ereignis der modernen Geschichte. Ihre Wirkungen sind noch nicht erstorben, ihr Sinn ist noch nicht ausgelöscht, ihr Prestige ist auch durch die russische Revolution nicht verdunkelt worden. Der Mensch in seiner Allmacht, der redende, argumentierende und seine Persönlichkeit verteidigende Mensch hat die Bühne der Zeit betreten und beherrscht das Jahrhundert. Alle kommenden Revolutionen beziehen sich auf sie und müssen doch gleichzeitig auch gegen sie kämpfen bis auf den heutigen Tag. Sie wäre längst in den Schatten gerückt, wenn sie nicht deutlich aus zwei Teilen bestanden hätte, einem liberalen Teil, der zur Abschaffung der „Privilegien" im Zeichen der Trikolore führte, und einem radikalen Teil, der zu der Entmachtung der Demokratie, der Herrschaft einer Partei, zum Gesinnungsterror, mit einem Wort zu dem Versuch zur Errichtung eines totalitären Staates führte. Die nachfolgenden Geschlechter nahmen sich, was sie brauchten, und so konnte die Erbschaft der Großen Revolution nie ganz aufgezehrt werden, da nicht nur die Befreier, sondern auch die Unterdrückten sich auf sie zu beziehen vermögen.

Dieser Geschichtsabschnitt ist scheinbar bis in die letzten Winkel erfaßt, in Wirklichkeit ist er von Anfang bis heute fast nur in polemischer Absicht beschrieben worden. Der Kampf um die republikanische Staatsform, die mit dem Liberalismus lange Zeit identisch ist, hat sich seine Waffen immer durch die Interpretation der Revolution beschafft. Daß nur die sozialen und wirtschaftlichen Mißstände das gewaltige Ereignis hervorgerufen hätten, galt lange als Evangelium. Wir sind heute behutsamer. Vieles von dem, was als Grausamkeit der herrschenden Schicht und als Leid der Unterdrückten volkstümlich wurde, hat sich als übertrieben erwiesen. Daß ein durch Willkür und Hunger gequältes Volk sich in seiner Verzweiflung aufgebäumt habe, entspricht nicht den Tatsachen. Freiheit und Gleichheit waren politische und keine sozialen Forderungen, und was die Brüderlichkeit angeht, so hat das Streben nach ihr nie eine greifbare Form angenommen. Nicht das Land, sondern der Staat war arm, weil er krampfhaft an den Privilegien des Adels und des Klerus festhielt und fast die gesamte Steuerlast den breiten Massen, also vor allem den Bauern, Arbeitern und kleineren Handwerkern aufbürdete, die als Ganzes steuerlich wenig leistungsfähig waren und ohnmächtig zusehen mußten, wie das Geld, mit dem sie die Staatskasse versorgten, zu einem erheblichen Teil den privilegierten Ständen zugute kam und an eine unerhört kostspielige Hofhaltung gewendet wurde. Daß ein Teil der Bevölkerung, besonders in den Städten, hungerte, ist sicher, doch war dies offensichtlich eine Folge der schlechten Versorgung, die bald zu einem wirklichen Mangel, vor allem an Brotgetreide, führte.

Die Mißstände lagen klar zutage, niemand sah sie klarer als die Nutznießer der Privilegien, die auch den ersten Schritt zu deren Abschaffung taten. Zur Einsicht gesellte sich das Verlangen nach Selbstauflösung. Der Glauben der herrschenden Schicht an sich selbst war erloschen, sie wirkte eifrig, ja zum Teil mit Begeisterung an seiner Vernichtung mit. Der geistige Glanz des 18. Jahrhunderts hatte die Träger der Privilegien geschwächt und ihnen das Vergnügen am eigenen

Untergang eingeflößt; sie dankten schneller ab, als man es von ihnen gefordert hatte, und der jahrelange Krieg der Revolution gegen die „Aristokraten" war nur noch ein Scheingefecht, denn der wahre Gegner wurde nach und nach die aufsteigende Bourgeoisie.

Die Ereignisse rollten in drei großen Etappen oder, zugespitzt gesagt, in drei Revolutionen ab. Zunächst mühte sich Frankreich mit dem König zusammen einer modernen Verfassung entgegen, dann wurde um die liberale Republik gekämpft, und schließlich verfiel das Land der radikalen Diktatur einer auf die angebliche Volksherrschaft gestützten Gruppe von Ideologen. Die erste Revolution endete mit dem Sturz des Königtums am 10. August 1792, die zweite, die den Krieg gegen Europa brachte, schloß mit der „Liquidierung" der liberalen Girondisten am 2. Juni 1793; die Diktatur des Wohlfahrtsausschusses, auch Schreckensherrschaft genannt, fand mit der Ächtung Robespierres und Saint-Justs am 27. Juli 1794 ihr Ende. Jede Welle wurde von einer radikaleren abgelöst, bis der überspannte Bogen zerbrach. Korruption, Mißwirtschaft und Zerrüttung machten das Land für die Militärdiktatur reif. Frankreich war ausgesogen, geschwächt und verdorben, aber es hatte seine Ideen über die ganze Welt verbreitet, es hatte die moderne Zivilisation in ihren Prinzipien bestimmt, es hatte die Sitten und den Stil verändert, und vor allem hatte es auf allen Schlachtfeldern Europas unerhörte Siege erfochten. Dies Mißverhältnis zwischen militärischer Energie und innerer Verkommenheit bereitete den Boden für den Aufstieg des Helden, des Siegers und Tyrannen, Napoleons.

Das Ereignis der Französischen Revolution gehört der Geschichte an, aber sie selbst bleibt gegenwärtig, wird nach wie vor gepriesen und bestritten. Sie nährt sich in ihren Anfängen von poetischer, fast rührseliger Menschenliebe und endet mit einer Gesinnungstyrannei, die den Menschen verachtungsvoll um der Prinzipien willen in den Staub tritt. Sie spült einen Schwarm von Opportunisten, Schönrednern, Schurken und Sadisten an den Strand der Zeit und läßt große Figuren ohne Zahl, politische Genies, glühende Patrioten, gewaltige Organisatoren und glühende Idealisten ans Licht treten. Es „war die beste Zeit, es war die schlechteste Zeit", wie Dickens seinen Roman über diese Epoche beginnt, „es waren die Tage des Lichts, es waren die Tage der Finsternis".

Die Zerstörung der königlichen Bildsäule in New York. In Augsburg gedruckter zeitgenössischer Stich

Die Wurzeln des großen Baumes, der von Frankreich aus seine Äste langsam über die ganze Welt gebreitet hat, sind die amerikanischen Kolonien, die sich am 4. Juli 1776 von der britischen Krone lossagten und ihre Unabhängigkeit erklärten. Ein Umsturz bedeutet, daß die Symbole der alten Macht stürzen. Das Volk begnügt sich nicht mit dem, was politisch und sozial erreicht worden ist, es will auch die Monumente der alten Herrschaft am Boden sehen. Ein müßiges Spiel? Wohl kaum, es wird bis auf den heutigen Tag mit unvermindertem Eifer geübt. Mit dem Sturz des Standbildes ist die Hoheit in den Staub geworfen. Am Tag, nachdem New York für die Unabhängigkeit gestimmt hat, reißt die Bevölkerung die königliche Bildsäule im Mittelpunkt der Stadt nieder. Das gleiche Schauspiel wiederholt sich fast in den gleichen Kulissen fünfzehn Jahre darauf in Paris auf der späteren Place des Victoires. Wenn die Herrschaft fällt, muß auch der König nach: so ist es am Hudsonfluß, so an der Seine.

Das Denkmal des Sonnenkönigs wird umgestürzt. Zeichnung von J. L. Prieur

Die Boston Tea Party, Dezember 1773

Die meisten amerikanischen Siedler waren in die Neue Welt gekommen, um auf ihrem Boden freier leben zu können als in der alten Heimat. Für England waren die Kolonien eine willkommene Erweiterung der Steuergebiete. Die Siedler sollten Steuern zahlen, aber nicht am Recht der Steuergewährung teilnehmen. Georg II. zwang ihnen Zölle auf. Ein britisches Schiff mit Tee wurde in Boston von Amerikanern, die sich als Rothäute verkleidet hatten, erstürmt, die Ladung ins Wasser geworfen. Damit war der aktive Widerstand gegen die Krone eingeleitet. Die britischen Truppen werden verstärkt, aber auch die Aufständischen rüsten sich weiter. In dem Dorfe Concord soll eines ihrer Waffenlager ausgehoben werden, die britischen Truppen stoßen bei ihrem Marsch in Lexington auf Widerstand, die ersten Schüsse werden gewechselt, die ersten Toten sinken in den Staub. Auf der Brücke von Concord erwarten die Bauern die Truppe und eröffnen das Feuer. Der Krieg hat begonnen.

Die Kämpfe von Concord, Massachusetts, April 1775

Die amerikanische Unabhängigkeitserklärung

Diese Männer hatten sich zusammengefunden, um frei zu sein. Keine Geschichte, keine geheimnisvollen Überlieferungen und Symbole, deren Ursprung ins Dunkel der Zeiten verdämmerte, banden sie, keine Kronen und Schwerter. Sie hatten ihren eigenen Zugang zu Gott, und sie waren stolz darauf, nur von ihrem Schöpfer und von sonst niemandem abhängig zu sein. Auf nackter Erde hatten sie ihr Gemeinschaftsleben begonnen und konnten dafür eine Idee der Freiheit entwikkeln wie kein anderes Volk der Erde. Entschlossen, die Herrschaft der britischen Krone für immer abzuschütteln und der Welt für immer ein Beispiel zu geben, erließen sie, zum Kongreß der dreizehn Staaten in Philadelphia vereinigt, am 4. Juli 1776 die Unabhängigkeitserklärung, die von nun an die Grundlage aller modernen Revolutionen bilden sollte. Thomas Jefferson hatte sie verfaßt, er hat in den Wortlaut einige Grundrechte hineingearbeitet, die er die Menschenrechte nannte und deren Sinn heute im Wesen jedes Menschen steckt wie das Blut in seinen Adern. Es war eine hohe Stunde der modernen Geschichte.

Die Einnahme von Yorktown am 17. Oktober 1781. Gemälde von Auguste Couder

Ein zäher und blutiger Krieg hat begonnen. Indianer dienen als grausame Hilfstruppen, verkaufte hessische Bauernburschen kämpfen in den undurchdringlichen Wäldern. Der Krieg wird ein Teil der Weltpolitik. Frankreich sinnt auf eine Gelegenheit, die Niederlage, die England ihm beigebracht hat, wettzumachen. Ein junger Edelmann, La Fayette, führt Freiwillige nach Amerika, um den Freiheitskämpfern beizustehen. Bald darauf schließt Frankreich mit dem neuen Staatenbund einen Bündnisvertrag. Rochambeau landet mit einem Hilfskorps und hilft dem General Washington, die Briten bei Yorktown entscheidend zu schlagen. Das berühmte Bild von Couder zeigt Washington, den Sieger des Tages; rechts von ihm steht Rochambeau. Halblinks hinter ihm gewahrt man La Fayette, der seit diesem Tag „der Held zweier Welten" genannt wird. Die Militärmusik spielt zum Vorbeimarsch der gefangenen britischen Armee ein altes Lied mit dem Titel „The world turned upside..."

George Washington.
Gemälde von Charles William Peale

George Washington, ein wohlhabender Gutsbesitzer aus Virginia und Mitglied des Kongresses, wächst schnell in seine Aufgabe als Oberbefehlshaber der um die Unabhängigkeit kämpfenden Streitkräfte der ehemaligen Kolonien hinein. Dabei sind die Schwierigkeiten, die er zu überwinden hat, unvorstellbar. Nur eine beschämend geringe Anzahl von Siedlern ist bereit, für ihren neuen Staat zu kämpfen. So ist denn die Armee klein und unbeständig. Washington hat nicht nur mit den Engländern zu tun, er muß sich auch mit dem Kongreß und den eigenen Behörden herumschlagen, ohne daß seine Truppen je anständig ausgerüstet und verpflegt sind. Jeder andere Heerführer hätte den Mut verloren, aber Washington war zäh, unermüdlich und wollte nichts für seine Person. Nichts an ihm war glänzend oder auffallend, aber kein Rückschlag konnte ihn beugen, er fing immer wieder mit dem gleichen Mut von vorne an, und so errang er den Sieg. Das junge Amerika hatte in seiner Schicksalsstunde an der Spitze einen Charakter, der kein Ideologe war, der schlechthin sein Land liebte und unerschütterlich seine Pflicht tat.

Benjamin Franklin.
Gemälde von Charles William Peale

Das militärische Eingreifen Frankreichs in den Unabhängigkeitskrieg war nicht zum wenigsten dem Wirken des damals schon einundsiebzigjährigen Benjamin Franklin zu verdanken, der nach Frankreich entsandt wurde, um ein Bündnis zustande zu bringen. Mit ihm wurde zum erstenmal ein Menschentyp sichtbar, den nur Amerika hervorbringen konnte. Er war genial, aber auch schlau; er hatte den Blitzableiter erfunden und viele andere wissenschaftliche Leistungen vollbracht. Er spielte in Frankreich meisterhaft auf dem Instrument der vorrevolutionären Empfindsamkeit und des von Rousseau gepredigten „einfachen Lebens". Die führenden Schichten empfingen den Weisen von Boston mit Begeisterung. Seine schlichte Kleidung, sein wallendes Haar, sein Knotenstock und sein unmodisches Auftreten öffneten ihm alle Türen, vornehmlich die der Salons. Seine biedere und doch geistvolle Beredsamkeit richtete in der Alten Welt das romantische, doch dauerhafte Bild eines Amerika auf, das von tugendhaften und naturnahen Menschen bewohnt ist und Gottes besonderen Schutz genießt. Die Bewunderung, die er erregte, trug nicht wenig zur prompten Intervention Frankreichs bei.

Dem Sumpfe entgegen.
Vorrevolutionäre Karikatur auf das Königtum

Schon früh zeigte sich die Neigung der Kreise, auf die das Königtum als seine gegebene Stütze rechnete, die Sache der Krone verloren zu geben. Man war nur allzu bereit, laut zu verkünden, daß die königliche Karosse, ohne es recht zu bemerken, in den Sumpf hineinfahre. Es gab diesen Sumpf, er war unauslotbar und lag gleichsam vor der Tür. Es waren die Staatsfinanzen, die, durch den Krieg mit England und den Aufwand des Hofes zerrüttet, vielleicht noch zu retten gewesen wären, hätte man sich zu wirklichen Reformen entschlossen.

Für die geistige Vorbereitung der großen Umwälzung ist der Name des Schriftstellers Voltaire (1694—1778) repräsentativ. Er führte seinen Kampf gegen die staatliche und kirchliche Autorität mit einem unvergleichlichen satirischen Talent. Seine Schriften brachten ihm in seiner Jugend Verfolgungen, Gefängnis und Exil ein. Später wurde sein Ansehen so groß, daß er den herrschenden Mächten ein gefährlicher Gegner wurde. Er hat keine revolutionäre Theorie geschaffen, aber die Brüchigkeit der alten Fundamente nicht nur bloßgelegt, sondern auch vermehrt.

Voltaire in seinem Arbeitszimmer
Farbige Terrakotta

Die Schriftsteller und Philosophen beherrschten das 18. Jahrhundert. Die Gesellschaft verhätschelte sie. Aber in dem Maße, wie die Gesellschaft dem Zweifel an sich selbst zugänglich wurde, änderte sich die Rolle der Geistigen. Sie gingen zum Kampf über, wurden Reformatoren und gaben der Krise der Autorität, die langsam erkennbar wurde, ihre Form und ihre Argumente.

Der vornehmste Geist in dieser Reihe großer, ja bahnbrechender „Intellektueller" war Montesquieu (1689–1755). Seine „Persischen Briefe", seine „Betrachtungen über die Ursachen der Größe und Entartung der Römer" und vor allem sein „Geist der Gesetze" gehören zu den Fundamenten des modernen politischen Denkens. Seine Lehre von der Teilung der Gewalten ist in jede Verfassungsdiskussion bis auf den heutigen Tag eingegangen.

Jean-Jacques Rousseau (1712–1778), der sich der fanatischen Verehrung seiner Zeitgenossen erfreute, ist der eigentliche geistige Ausgangspunkt aller gesellschaftlichen Umwälzungen bis in unsere Zeit. Der Genfer Schuhmacherssohn, ein Schriftsteller von großem künstlerischem Reiz, ist das Vorbild des „schrecklichen Vereinfachers", der eine vollständige Umwandlung des Staates und der Gesellschaft anstrebte. In seinem „Gesellschaftsvertrag" entwickelte er die Begriffe der „Volkssouveränität" und des „allgemeinen Willens", auf die sich alle Feinde der wirklichen Demokratie bezogen haben, sei es Robespierre, sei es Lenin.

Diderot (1713–1784) war verträglicher, aber nicht weniger folgenreich. Er war der Herausgeber und hauptsächlicher Mitarbeiter der sogenannten „Enzyklopädie", eines Konversationslexikons, das ein Bild der Leistungen des menschlichen Geistes bot und daher auch über Ideen und Begriffe Auskunft gab. Die führenden Köpfe der Epoche verfaßten die verschiedenen Artikel; sie lieferten Definitionen des Königtums, Gottes, der Religion, der Schöpfung, der Kirche und brachten so viel Zweifel, Ironie und scharfsinnige Leugnung hinein, daß schon die ersten Bände des Werkes wie Sprengstoff wirkten.

Von links nach rechts:

Charles de Montesquieu. Zeitgenössischer Stich

Jean-Jacques Rousseau. Gemälde von A. Ramsay

Denis Diderot. Gemälde von L.-M. van Loo

Es ist Zeit, einen Blick auf den gewaltigen Necker zu werfen, den bewunderten Verwalter der Finanzen unter Ludwig XVI. Hier steht er im Salon seiner Frau, die ihrerseits ein junges Mädchen, aus dem einst die weltberühmte Madame de Staël werden wird, in den Armen hält.

Necker, ursprünglich ein Genfer Bankier, begleitete die französische Finanzkrise zunächst mit einer Fülle von Abhandlungen, Projekten und sonstigen Schriften, bis der König ihn schließlich an die Spitze der Finanzverwaltung stellte. Er galt als Genie und stellte nicht in Abrede, eines zu sein. Er trat oft zurück und wurde oft wieder berufen, der Wert seiner Finanzoperationen wird heute bezweifelt, ein beständiger Erfolg war ihm, wie man weiß, nicht beschieden. Doch wurde die Bewunderung, die er als Wirtschaftsdenker und „Menschenfreund" genoß, zu seinen Lebzeiten nie erschüttert.

Der Salon seiner Frau war ein Brennpunkt des eleganten Lebens in Paris. Es wurde jetzt unter den feinen Leuten Mode, nicht nur von Literatur, sondern auch von „Finanzen" zu sprechen. Neckers berühmter „Rechenschaftsbericht" von 1781, der die böse Wahrheit nur halb enthüllte, wurde das Modebuch des Jahres, das sich die Herren und Damen aus den Händen rissen.

Vorlesung von
„Paul und Virginie"
im Salon
der Madame de Necker

Dem unglücklichsten aller Könige fiel im Alter von zwanzig Jahren die absolute Herrschaft über das volkreichste Land der damaligen Welt zu. „Welch eine Bürde", seufzte er bei seinem Regierungsantritt, „und man hat mir nichts beigebracht!" Aber er fügte hinzu: „Ich möchte gern geliebt werden." Immerhin hat er nie wirklichen Haß hervorgerufen, man erkannte ihn bald als einen gutwilligen, leicht lenkbaren Monarchen, der weder verderbt noch tyrannisch war, wenn er auch allzu sehr auf Ratschläge hörte. Er konnte von sich sagen, daß er stets das Beste gewollt habe, nur konnte ihm niemand sagen, was das Beste war.

Sein tragisches Ende gab ihm Gelegenheit, wahre Seelengröße zu zeigen. Der schwere, schüchterne Mann liebte die körperliche Ermüdung durch die Jagd und vertrieb sich die Zeit als geschickter Kunstschmied, aber er kannte sich auch in der Geographie aus, und darum ist das prächtige Gemälde von Monsiau nicht gänzlich verlogen. Der König gab dem großen Seefahrer La Pérouse, der 1785 zu seiner letzten Reise in den Stillen Ozean aufbrach, gewiß keine Instruktionen, aber war doch Kenner genug, um mit dem kühnen Entdecker ernsthafte Fachgespräche zu führen. La Pérouse kam von seiner letzten Reise nicht zurück. Seine Schiffe scheiterten, er und seine Begleiter wurden auf der Insel Vanikoro erschlagen.

Ludwig XVI. gibt La Pérouse Befehle. Gemälde von Nicolas-André Monsiau

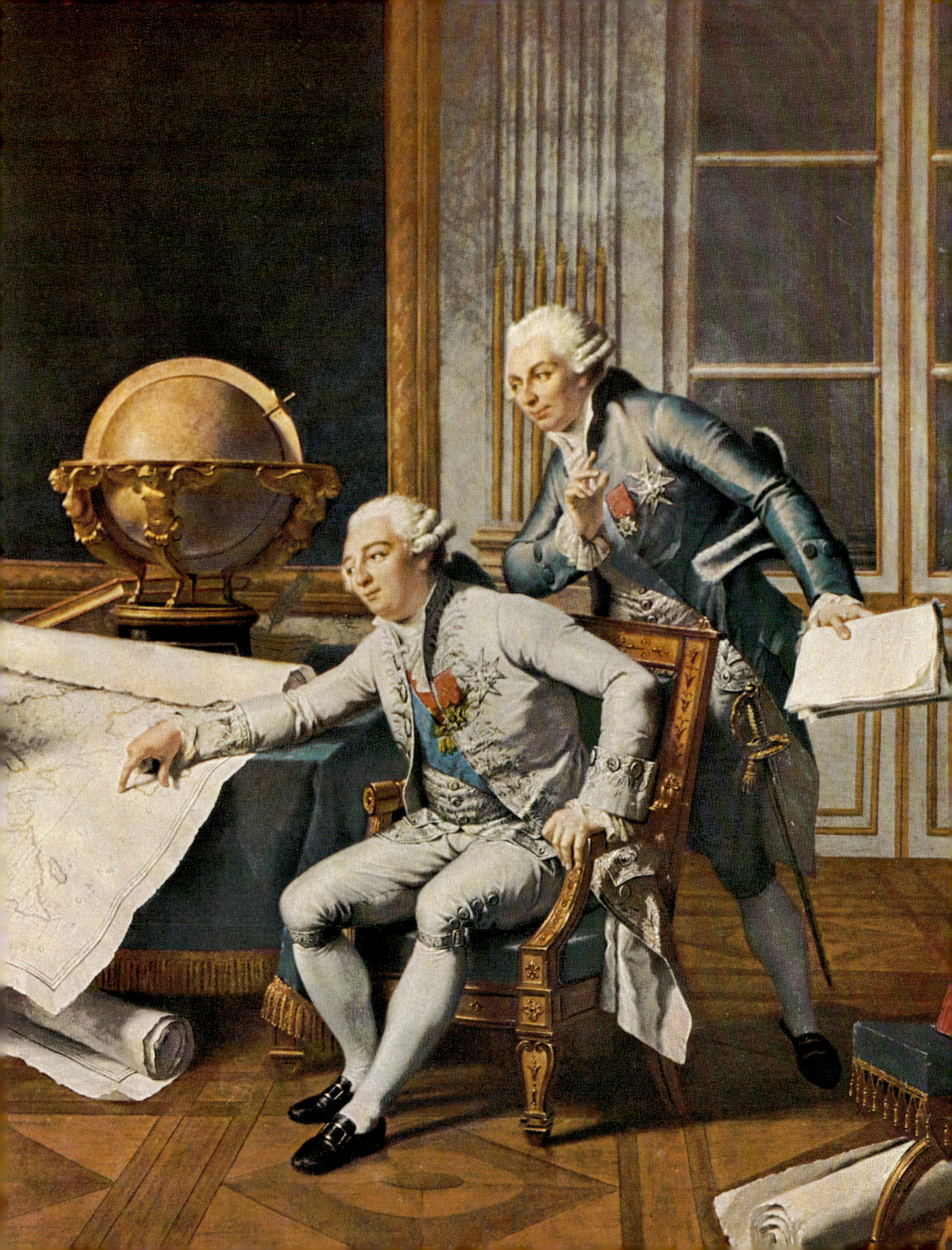

*Marie Antoinette,
Königin von Frankreich.
Gemälde von Elisabeth-Louise Vigée-Lebrun*

*Cagliostro.
Zeitgenössischer Stich*

Kaum eine Frau ist je erbitterter verleumdet worden wie die Königin Marie Antoinette. Selbst der jammervolle Leidensweg ihrer letzten Lebensjahre hat ihr Andenken nicht vollkommen reinigen können. Die schöne Tochter Maria Theresias, die haßvoll „die Österreicherin" genannt wurde, war indessen keine schlechte Frau und hat keine moralische Schuld auf sich geladen. Man kann sogar sagen, daß sie in der korrupten Hofgesellschaft durch Unschuld und mädchenhafte Anmut glänzte. Erst als die Monarchie bedroht wurde, ließ sie sich auf politische Umtriebe ein, denen sie nicht gewachsen war.

Die revolutionäre Propaganda ist wahrhaft schändlich mit ihr umgesprungen und hat sie völlig grundlos der schlimmsten Laster verdächtigt. Da ihre weibliche Natur bei dem König keine Erfüllung fand, suchte sie weibliche Freundschaften, so mit der schönen Prinzessin Lamballe und mit der intriganten Madame de Polignac. Daß sie für den schönen Schweden Fersen zärtliche Gefühle hegte, wird heute nicht mehr bezweifelt. Der Bruder ihres Gatten, der spätere Karl X., fand ein Vergnügen daran, sie in das zweideutige Vergnügungsleben des Hofes zu verstricken und in die Situationen zu bringen, die üble Nachrede zur Folge haben mußten. Sie war der raffinierten Verderbtheit der herrschenden Schicht einfach nicht gewachsen und ließ sich durch ihre naive Gefallsucht und ihre Lust an mondänen Vergnügungen leichtherzig in Gefahr bringen. Ehe sie es ahnte, gewann sie einen schlechten Ruf und wurde schuldlos das Opfer der berüchtigten Halsbandgeschichte.

Der Kardinal Rohan war in die Königin verliebt und glaubte, sie durch das Geschenk eines kostbaren Schmuckes gewinnen zu können. Daß er dies für möglich hielt, verrät deutlicher als alles andere, wie tief der Ruf der Königin gesunken war. Der Wunderdoktor Cagliostro richtete eine Dirne ab, als Königin aufzutreten, den Kardinal im nächtlichen Garten zu treffen und den Schmuck entgegenzunehmen. Der Gaunerstreich wurde schnell offenkundig, der Skandal erschütterte das Ansehen der französischen Monarchie wie ein Erdbeben. Marie Antoinette konnte sich von dem Makel nicht mehr befreien.

Départ des trois Ordres pour Versailles

In der Tat, der französische Staat schwankte in seinen Fundamenten, der Hof widersetzte sich mit allen Mitteln einer ernsthaften Finanzreform. Die Autorität der Krone und der Aristokraten sank von Tag zu Tag, und die Großen fanden an diesem Niedergang sogar noch Vergnügen. Die herausfordernde Komödie „Figaros Hochzeit", mit der Beaumarchais den Adel verhöhnte, wurde von der obersten Gesellschaft nicht einmal abgelehnt, sondern begeistert beklatscht. Calonne wurde an die Spitze der Finanzen gestellt, ohne den Wirrwarr steuern zu können. Unruhen in Paris, in den anderen großen Städten und in der Bauernschaft schufen eine Krise, vor der selbst die verblendetsten Schönredner nicht mehr die Augen schließen konnten. Der Staatsbankrott war da, in der Kasse befanden sich nicht einmal die Mittel für die Gehälter der Beamten. Jetzt endlich ließ sich der König bewegen, die Generalstände einzuberufen und Necker ins Finanzministerium zurückzuholen. Die drei Stände, der Adel, der Klerus und der sogenannte Dritte Stand, also die Bürgerschaft, brachten ihre Vertreter nach Versailles auf den Weg. Das Mißtrauen der Bevölkerung war groß, es sah im Adel, wie die Zeichnung verrät, einen Löwen mit Hörnern, im Klerus ein gefährliches Raubtier und im Dritten Stand ein Lämmchen, das geschoren werden soll.

Aufbruch der drei Stände nach Versailles

Aufstand in der Vorstadt St. Antoine. Radierung von Pélicier-Niquet nach einer Zeichnung von Vény-Girardet

Die Ereignisse des Frühjahrs 1789 zeigen zum erstenmal die Zweideutigkeit der aufständischen Vorgänge. Sind die Unruhen, die in den Straßen von Paris ausbrechen, wirklich elementare Vorgänge, die ihren Ursprung in der Not der Bevölkerung haben, oder sind sie Symptome einer Verschwörung gegen die alte Staatsordnung? Tatsache ist, daß der steinreiche Herzog von Orleans, der Vetter des Königs, der später für dessen Tod stimmen und selbst auf dem Schafott enden wird, Unsummen ausgibt, um die revolutionäre Bewegung in der Hauptstadt zu schüren. Er hat seine Agenten überall, ihm ist jedes Mittel recht, das die Umwälzung fördert. Ist er ein bloßer Intrigant oder ein wirklicher Liberaler, der lieber den neuen Ideen zum Opfer fällt als ihnen Grenzen zieht? Die Straßenunruhen vom April werden seinen Treibereien zur Last gelegt. Die Arbeiter in der Vorstadt St. Antoine erweisen sich als erstaunlich gut geführt, sie beginnen mit der Zerstörung der berühmten Tapetenfabrik von Réveillon und dehnen sich schnell auf die ganze Vorstadt aus. Die Truppe wird zur Hilfe geholt und muß sich die wütenden Angriffe der Menge gefallen lassen. Schließlich eröffnet sie das Feuer. Sie wird später von Schweizergarden verstärkt, die ebenfalls feuern. Das erste Blut fließt. Die Generalprobe zum großen Aufstand hat stattgefunden.

Die Einberufung der sogenannten Generalstände war ein altes Mittel der Krone, wenn es galt, die Gemüter zu beruhigen und neue Steuern bewilligen zu lassen. Sie waren allerdings seit den Tagen der Maria de Medici nicht mehr zusammengetreten, aber bei jeder Finanzkrise wurde ihre Berufung angekündigt. Jetzt endlich wurde sie unvermeidlich, zumal da das Parlament sie immer heftiger forderte und drohte, weiteren Gesetzen und Verfügungen der königlichen Regierung Gesetzeskraft zu verweigern. Die Unruhen in der Hauptstadt, bei denen die Soldaten auf die Bevölkerung geschossen hatten, taten ein übriges. Die Königin wurde öffentlich verhöhnt und „Madame Defizit" getauft; durch den Rinnstein wurden Puppen geschleppt, die ihre einflußreichen Freundinnen darstellen sollten. Die Staatsmaschine stockte, da keine Steuermaßnahme wegen des Widerstands des Parlaments mehr in Kraft treten konnte. Versammlungen des Adels, des Klerus und des Dritten Standes riefen zum Steuerstreik auf. Die Finanzverwaltung erhielt nirgendwo mehr Vorschüsse oder sonstiges kurzfristiges Geld. Am 16. August war die Staatskasse leer.

Die Einberufung der Hauptversammlung wirkte zunächst beruhigend, aber das Mißtrauen gegen die überlieferten Regierungsmethoden war nicht mehr zu beseitigen. Der Wahlmodus, der sich seit Jahrhunderten nicht geändert hatte, wurde wütend angefochten, weil er die beiden privilegierten Stände ungebührlich begünstigte. Auch war die Frage, ob die Versammlung nach Ständen oder nach Köpfen abstimmen sollte. Necker wagte die Frage nicht zu entscheiden, aber er billigte dem Dritten Stand eine Verdoppelung der Sitze zu und gab ihm dadurch eine Aktionsfähigkeit, die den weiteren Verlauf der Ereignisse bestimmen sollte. Die Revolution hatte, noch ehe sie ausgebrochen war, den ersten Sieg erfochten.

Die Abgeordneten der Generalstände hatten von den Körperschaften, die sie entsandt hatten, also vor allem von den Provinzversammlungen, sogenannte Beschwerdehefte erhalten, in denen die Klagen, Forderungen und Vorschläge aufgezeichnet waren. In diesen Heften war kaum ein Wort gegen die Monarchie enthalten. Noch war Frankreich loyal gegen die Krone, beteuerte seine Ergebenheit und dankte dem König, daß er „geruhen wollte, dem Lande ein Vater zu sein". Als die Versammlung am 5. Mai 1789 in einem Saal des Versailler Schlosses zusammentrat, war der König allerdings nicht übermäßig gnädig. Die Königin und sein Bruder Artois hatten ihm in den Ohren gelegen, kühl zu sein. Seine Eröffnungsansprache war kurz, ja mürrisch und erwähnte mit keinem Wort, daß die Versammlung die Aufgabe habe, dem Königreich eine Verfassung zu geben. Auch Necker, der nach ihm sprach, ließ kein Wort davon laut werden und sprach drei Stunden nur von Finanzen. Die Enttäuschung war groß. Die Gereiztheit machte sich auch in der Abwicklung von Prozedurfragen bemerkbar. Der Dritte Stand verlangte, daß die verschiedenen Abstimmungen, also zunächst die über die Gültigkeit der Mandate, gemeinsam und nicht innerhalb der einzelnen Stände vorgenommen würden. Dabei zeichneten die großen Fronten sich bereits deutlicher ab, ein Teil des Klerus ging schon bald zur bürgerlichen Gruppe über, einige Aristokraten folgten ihm. Das Bild, das Auguste Couder von der historischen Sitzung gemalt hat, verrät noch nichts von den kommenden Stürmen. Das Königspaar und der Hof thronen prachtvoll geschmückt über der Versammlung. Auf der rechten Seite des Saales sitzt der Adelsstand, dessen Vertreter die mit Straußenfedern garnierten Hüte auf den Knien halten. Links sieht man den Klerus, in der Mitte drängen sich in schlichtem Schwarz die Abgeordneten des Dritten Standes. In ihrer vierten Reihe gewahrt man einen bescheidenen Mann, der in Nachdenken versunken ist, ein Rechtsanwalt aus Arras, Maximilien Robespierre. In der Reihe hinter ihm ist ein kraftvoller Mann mit einem Löwenhaupt aufgestanden; es ist der Graf Mirabeau, der sich nicht von seinen Standesgenossen, sondern von den Bürgerlichen hat entsenden lassen.

Eröffnung der Ständeversammlung in der Salle des Menus-Plaisirs, Versailles, am 5. Mai 1789. Gemälde von Auguste Couder

Da sich die Zusammenarbeit zwischen den drei Ständen nicht einstellen wollte, erklärte der Dritte Stand, der sich seines Übergewichts bewußt geworden war, daß er selbständig handeln wollte, und verkündete sich durch den Mund des Abbé Sieyès, daß er sich als Nationalversammlung betrachte. Der König war schlecht beraten, als er der Versammlung den bisherigen Sitzungssaal versperren ließ. Die Abgeordneten standen lange vor den verschlossenen Türen, man sagte ihnen, daß der Saal für eine königliche Sitzung hergerichtet werden müsse und daher nicht zur Verfügung stehe. Niemand von ihnen glaubte diese Ausrede; man war sich schnell darüber klar, daß man ihnen Nichtachtung bezeigen und ihre Arbeiten unmöglich machen wollte. Was sollte man tun? Zu den verärgerten Abgeordneten traten viele Menschen, die der Sitzung als Zuhörer auf den Tribünen hatten beiwohnen wollen. Der allgemeine Verdruß machte sich in heftigen Worten Luft. Es begann zu regnen, man stand ratlos umher und zerstreute sich langsam. Einige unter ihnen waren dafür, die Sache aufzugeben, andere schlugen vor, nach Paris zu ziehen. Schließlich wies der Doktor Guillotin darauf hin, daß man im Ballspielhaus, einer kalten, aber verdeckten Halle, untertreten könne. Dort fanden sich fast alle Abgeordneten wieder zusammen und beschlossen, sich durch einen Eid zu binden. Die Schwurformel, die von dem Präsidenten Bailly verlesen wurde, verpflichtete die Versammlung, sich nicht mehr zu trennen, bis das Königreich eine Verfassung habe. Damit hatte man über den Kopf des Königs hinweg gehandelt, ja einen feierlichen Akt des Ungehorsams begangen, und das Recht an sich gezogen, die Monarchie auf eine konstitutionelle Grundlage zu stellen. Alle Welt war sich darüber klar, daß eine entscheidende Wandlung erfolgt war.

Das war der „Ballhausschwur", der den großen Maler der Epoche, David, zu einem Bilde inspirierte, das die Begeisterung der Stunde mit ihrem bis zur Ekstase gesteigerten Pathos für alle Zeiten festhielt. Der Maler stellte den Rausch dar, aber er gab den Mienen und Gesten auch jene harte Entschlossenheit, die den Tag so folgenschwer machte.

Der Ballhausschwur am 20. Juni 1789
Gemälde von Louis David

> QU'EST-CE QUE
> LE
> **TIERS-ÉTAT?**
> TROISIEME ÉDITION.
>
> « Tant que le *Philosophe* n'excède point les limites de la verité, ne l'accusez pas d'aller trop loin. Sa fonction est de marquer le but, il faut donc qu'il y soit arrivé. Si restant en chemin, il osoit y élever son enseigne, elle pourroit être trompeuse. Au contraire, le devoir de l'*Administrateur* est de *combiner* et de *graduer* sa marche, suivant la nature des difficultés..... Si le Philosophe n'est au but, il ne sait ou il est. Si l'Administrateur ne voit le but, il ne sait où il va. »
>
> 1789.

Flugschrift des Abbé Sieyès:
„Was ist der Dritte Stand?"

Der Abbé de Sieyès (1748–1836) ist eine der wichtigsten politischen Figuren dieses stürmischen Jahrhunderts, ohne eigentlich je eine entscheidende Rolle gespielt zu haben. „Die Politik", erklärte er einmal im Gespräch, „ist eine Wissenschaft, die ich vollendet zu haben glaube." Er war der unentbehrliche Formulierer und stets zur Stelle, wenn es galt, eine Sache in Paragraphen aufzuteilen, eine Entschließung auszuarbeiten, Texte aufzustellen und Verfassungsartikel abzufassen. Seine eigentliche Leistung war die berühmte Schrift „Was ist der Dritte Stand?" Er fand in ihr die schlagenden Sätze: „Was ist der Dritte Stand? Alles. Was ist er in der bisherigen Staatsordnung gewesen? Nichts. Was verlangt er? Etwas sein." Die Schrift, ein leidenschaftliches Pamphlet gegen die Privilegien, hatte einen gewaltigen Widerhall und trug wesentlich dazu bei, das Selbstgefühl der bürgerlichen Partei zu festigen. Der Verfasser war später an der Abfassung der „Erklärung der Menschenrechte" beteiligt. Als Mitglied des Konvents stimmt er für den Tod des Königs mit dem berühmten Wort „La mort sans phrase". Im übrigen verhielt er sich während der Schreckensherrschaft mäuschenstill und machte sich so wenig bemerkbar, daß man nach dem Sturz Robespierres geradezu überrascht war, ihn auf der obersten Bankreihe des Konvents vorzufinden. Er hatte die Kunst geübt, vergessen zu werden und so zu überleben. Er machte dann die Verfassung des Direktoriums, war eine Zeitlang Gesandter in Berlin, was den Preußen sehr unbehaglich war, und wurde von Napoleon zum Grafen gemacht. Er fertigte dem Kaiser einen Plan zur Reorganisation des Deutschen Reiches an, wurde Senator und machte sich nützlich, ohne allzusehr aufzufallen. Nach der Rückkehr der Bourbonen wurde er als „Königsmörder" nach Brüssel verbannt, wo er als eine Art von überlebender Sehenswürdigkeit und uralter Zeuge großer Dinge und gewaltiger Begebenheiten seine Tage verbrachte.

Er starb im Alter von achtundachtzig Jahren. Die meisten seiner Taten waren damals schon vergessen, nur als Verfasser der Schrift „Was ist der Dritte Stand?" lebt er heute noch.

Der zunehmende Starrsinn des Königs steigerte die Autorität der Nationalversammlung, die sich aus eigenen Gnaden etabliert hatte. Ludwig verkannte, daß die im Ballhaus vergossenen Tränen der Begeisterung echt waren und ein Stück politische Wirklichkeit bildeten. Er versuchte, die Versammlung wieder nach Ständen getrennt beraten zu lassen und damit das Rad zurückzudrehen. Er schloß die gemeinsamen Beratungen, aber die Abgeordneten des Dritten Standes machten keine Miene, den Saal zu räumen. Unter der Führung Mirabeaus verharrten sie in trotzigem Schweigen und weigerten sich, dem Befehl des Königs zu folgen. Dieser sandte seinen Hofmarschall, der die Deputierten höflich aufforderte, den Saal zu verlassen. In diesem Augenblick trat Mirabeau mit Macht in die Geschichte ein, er donnerte den zierlichen Hofmarschall an: „Sagen Sie denjenigen, die Sie gesandt haben, daß wir hier sind kraft des Willens der Nation und daß uns nur die Gewalt der Bajonette von hier vertreiben kann."

Gabriel Honoré Riquetti, Graf von Mirabeau (1748 bis 1791) hieß dieser erstaunliche Mann bei vollem Namen. Er und nicht der ehrgeizige, nach billiger Volkstümlichkeit dürstende La Fayette war der große Mann der ersten Phase der Revolution, ja, er wäre imstande gewesen, das Land auf den Weg der konstitutionellen Monarchie zu führen, wenn sein früher Tod ihn nicht aus den öffentlichen Geschäften gerissen hätte. Er ragte in jedem Betracht weit über das gewöhnliche Maß hinaus. Mit seiner riesigen Gestalt, seinem leidenschaftlichen Gesicht, das von Blattern verwüstet war, seiner Posaunenstimme, seinem unersättlichen Appetit auf alle Genüsse des Lebens wirkte er wie eine Naturerscheinung. Sein Vater, mit dem er einen Krieg auf Leben und Tod führte, nannte ihn nur „das Ungeheuer" oder „eine maßlose Übertreibung der Natur". Seine Jugend verging in Skandalen, er wurde, auf Wunsch seines Vaters oder auf Initiative der Polizei und Gerichtsbarkeit, immer wieder eingesperrt, sei es wegen Entführung, wegen Verführung, wegen Schulden oder wegen Widerstand gegen die Staatsgewalt, er wurde zum Tode verurteilt und zu lebenslänglicher Haft begnadigt, er verbrachte Jahre seines Lebens im Turm von Vincennes, in den Kasematten von Joux oder im Chateau d'If. In dieser Einsamkeit arbeitet er wie ein Rasender, eignet sich das ganze erreichbare Wissen seiner Zeit an und ist, als er freigelassen wird, einer der universalsten Geister Frankreichs. Er reist, hält sich in Berlin auf, über das er berühmte Berichte schreibt, und läßt sich bei der

*Mirabeau.
Plastik von Houdon*

*Handschrift von Mirabeau:
Billett an den Grafen von der Mark
bei der Übersendung geheimer Papiere
vom 17. Juli 1790*

Einberufung der Generalstände, da er „wegen seiner Laster" aus dem Adelsstand ausgeschlossen worden ist, von der Bürgerschaft der Stadt Aix nach Versailles entsenden.

In kurzer Zeit wird er die stärkste Figur der Versammlung. Er überwindet seinen schlechten Ruf durch die unwiderstehliche Verführungskraft seines Wesens und entfaltet eine nie dagewesene Rednergabe. So sehr ihn auch seine eigene Wirkung auf die Massen berauscht, so wenig wird er doch ihr Sklave. Er ist ein durch und durch liberales Temperament, das den Zwang und die Willkür verabscheut, aber der Ordnung huldigt. Scharf tritt er den wachsenden Militärrevolten, aber auch der Ansammlung von Truppen am Hofe entgegen. Er ist ein moderner Geist, der die Monarchie retten und sie mit den Notwendigkeiten der modernen Zeit versöhnen will. Aber der Hof glaubt ihm nicht, obwohl er ihm unaufhörlich genaue Berichte sendet, die die Möglichkeit aufzeigen, die Revolution zu kanalisieren und mit ihrem Strom eine konstitutionelle Monarchie zu betreiben. Er ist entsetzt über die Verblendung des Königspaares: „Alles ist verloren! Der König und die Königin werden dabei zugrunde gehen, die Bevölkerung wird auf ihren Leichen herumtrampeln. Ja, ja, man wird auf ihren Leichen herumtrampeln!"

Immer wieder versucht er, das Ohr des Hofes zu gewinnen, um ihn vom Ernst der Lage zu überzeugen. Zu Malouet sagt er: „Sie sind einer der vernünftigen Freunde der Freiheit, und ich bin es auch. Sie sind erschreckt durch die Gewitter, die sich zusammenballen, mir geht es nicht anders. Es geht jetzt darum, zu wissen, ob die Monarchie und der Monarch den Sturm, der im Anzuge ist, überleben werden oder ob die Fehler, die man begangen hat und sicher noch machen wird, uns alle verschlingen werden. Ich wende mich an Sie, damit Sie eine Besprechung zustande bringen." Mirabeaus Wunsch, wenigstens mit Necker zu verhandeln, wurde erfüllt, aber der Minister zeigte sich wenig einsichtig; er behandelte Mirabeau wie einen lästigen Bittsteller, man trennte sich schnell und unfreundlich. Einen anderen Vermittler beschwor er: „Sagen Sie im Schloß, daß ich eher für sie als gegen sie bin." Er bot immer wieder seine Unterstützung an, aber alle seine Bitten und Warnungen waren vergeblich. Er starb vor der Zeit, ehe er sein großes und ehrgeiziges Werk ausführen konnte. Die Nachwelt betrachtete ihn lange als einen Abenteurer und halben Verräter. Erst als die Stürme der Revolution sich gelegt hatten, wurde man seines politischen Genies gewahr.

In dem Maße, wie die mühsam aufrechterhaltene Ordnung sich lockert, wächst die Lust an Schmähschriften und Spottzeichnungen. Diese sind keineswegs eine Erfindung der Revolution; das ganze 18. Jahrhundert hat sich mehr und mehr dem Vergnügen hingegeben, der Autorität zu spotten und den Geist der Aufsässigkeit in Wort und Schrift zu verbreiten. Die ersten Triumphe des Dritten Standes fanden ihren Weg in die volkstümlichen Bilderbogen, denn nicht alle Welt konnte lesen und sich an den Schriften über die Debatten der Nationalversammlung ergötzen. Zu dem gebildeten Bürger, der regelmäßig und mit Kennerschaft die Literatur pflegte, sich von den gefühlvollen Romanen der Epoche, aber auch von den Schriften der Reformatoren ergreifen ließ, trat die große Menge derjenigen, die als Handwerker oder Bauern das Lesen und Schreiben nur unvollkommen beherrschten und auf das Bild angewiesen waren. Zeitungen gab es wenige, erst der Sturz der Monarchie gab den Weg frei für eine Straßenpresse, die auch dem einfachen Mann zugänglich war. Bis dahin hatte es nicht viel mehr gegeben als Blätter, die sich als „Gelehrte Nachrichten" bezeichneten.

Das „Erwachen des Dritten Standes" ist hier mehr drastisch als kunstvoll dargestellt. Die Unterschrift lautet: „Meiner Treu, es war Zeit, daß ich aufwachte. Die Last meiner Ketten gab mir einen allzu schlimmen Alpdruck!" Hier kündigt sich schon die wachsende Vergröberung der revolutionären Propaganda an, denn wenn die Angehörigen des Dritten Standes auch den überwältigenden Teil der Steuerlast trugen, so lagen sie doch nicht in Ketten. Auch war die Bastille, die im Hintergrund zu sehen ist, längst nicht mehr eine grausame Zwingburg, sondern ein altmodischer Internierungsort, der ebenso gut verkommene Grafensöhne wie verbummelte Pamphletisten und Narren aufnahm. Der Dritte Stand war in diesem unordentlichen Gefängnis nur wenig vertreten. Der Skandal bestand freilich darin, daß die Unterschrift des Königs genügte, um jeden Sterblichen in diese Mauern zu bannen.

Das Erwachen des Dritten Standes.
Zeitgenössisches Flugblatt

*Die Königin als Brandstifterin.
Zeitgenössische Karikatur*

Auch diese satirische Zeichnung ist nicht gerade raffiniert, aber dafür ist sie deutlich. Die Königin, die Brüder des Königs und der Hof werden als eine Bande von Brandstiftern abgebildet, die sich bemühen, Feuer unter die Nationalversammlung zu legen, denn die Versammlung fühlt sich in der Tat durch die Feindseligkeit und die Intrigen des Hofes bedroht, wenn die Abgeordneten ihre Furcht auch nicht so heftig zeigen, wie es auf diesem Blatt den Anschein hat. Mirabeau hat es jedoch für nötig gehalten, die Mitglieder der Versammlung als unverletzlich erklären zu lassen, und so wird jeder, der die Sicherheit der Abgeordneten antastet, durch Gesetz „zum schändlichen Verräter an der Nation" gestempelt und dementsprechend verfolgt. Das sieht schlecht aus für die Hofgesellschaft, wenn sie tatsächlich böse Anschläge auf die Nationalversammlung plant, die dem Lande eine Verfassung geben soll.

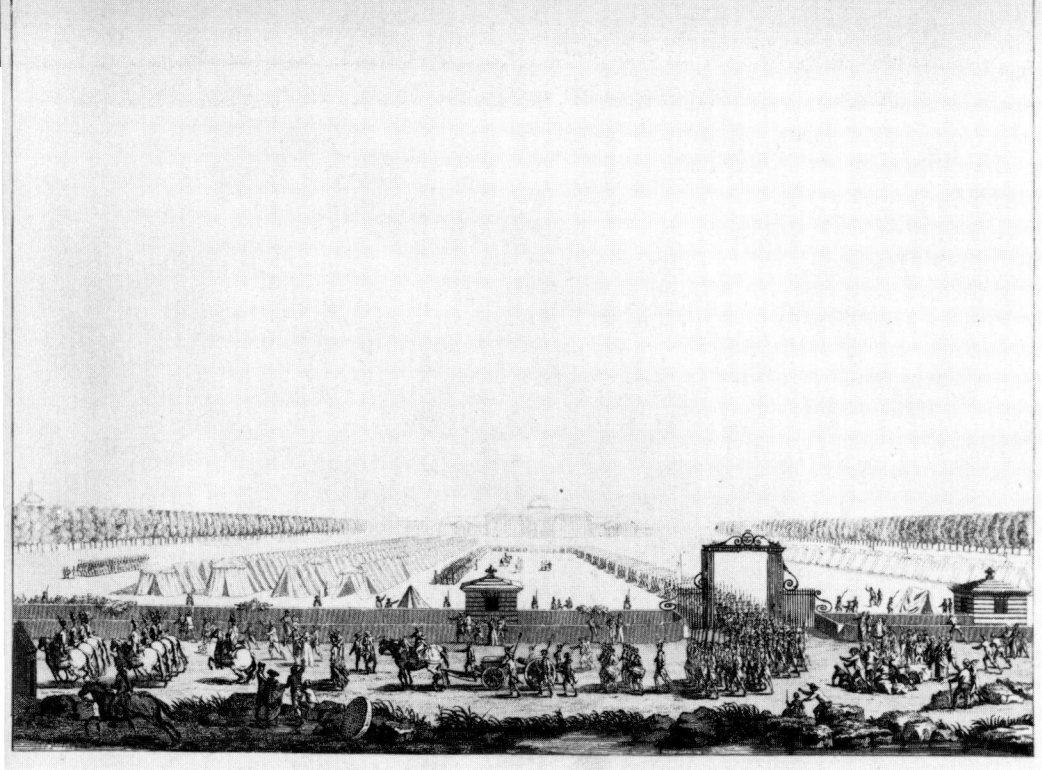

*Aufbruch der Truppen
vom Marsfeld am 12. Juli 1789.
Stich von Berthault nach J. L. Prieur*

Mit erschreckender Schnelligkeit breitet sich die Unordnung in Paris aus und wird zum offenen Aufstand. Der König ist nach wie vor in Versailles und hütet sich wohl, in die unruhige Hauptstadt zu kommen. Kann er seiner Truppen noch sicher sein? Vielleicht der ausländischen Söldnerregimenter, aber kaum der sogenannten französischen Garden, die in den ersten Julitagen den Gehorsam verweigern und unter Arrest gestellt werden müssen. Im Palais Royal formiert sich eine Bande von entschlossenen Leuten und dringt in die Arrestlokale ein, die Truppen werden in Freiheit gesetzt und mischen sich unter die Leute, die im Vergnügungsviertel des Palais Royal auf revolutionäre Reden lauschen und dabei mit den leichten Damen trinken. Der Hof beginnt für seine Sicherheit zu bangen und läßt auf dem Marsfeld, dem weiten Exerzierterrain vor der Militärschule, Verstärkungen ansammeln, die jederzeit in Paris eingesetzt werden können.
Unterdessen geht es im Hauptquartier der Revolution im Garten des Palais Royal lebhaft zu. Ein schöner junger Enthusiast namens Camille Desmoulins, Journalist seines Zeichens, steigt auf einen Stuhl und ruft die Menge zu den Waffen. Ist die Lage wirklich so bedrohlich? Camille

*Camille Desmoulins
ruft zu den Waffen.
Stich von Berthault nach J. L. Prieur*

Plünderung von Waffen aus der königlichen Rüstkammer. Zeichnung von J. L. Prieur

versichert es mit leidenschaftlichem Pathos: „Die deutschen Söldner sind auf dem Marsfeld angetreten, um heute abend über die Bürger von Paris herzufallen! Bewaffnet euch!" Man glaubt ihm, die königliche Rüstkammer (heute das Marineministerium an der Place de la Concorde) wird vom Volk geplündert, das nicht nur Gewehre, sondern auch historische Ritterrüstungen und alte Streitäxte an sich nimmt. Die Unruhen ziehen sich bis tief in die Nacht hin. Die Stadt ist vom Geläut der Sturmglocken erfüllt. Beim Schein der Fackeln wird nach Waffen gesucht und auch ein bißchen geplündert.

Der Mann, der diese Szenen gezeichnet hat, hieß J. L. Prieur. Er hat die Revolution mit Hunderten von genialen Blättern begleitet. Er war ein rechter Zigeuner, der schnell den Weg zu den Jakobinern fand. Schließlich wurde er Geschworener am Revolutionstribunal und kritzelte, während Fouquier-Tinville die Angeklagten aufs Schafott schickte, seine Löschblätter voll „von Schweinereien und kleinen Dummheiten". Offenbar langweilte er sich während der Verhandlungen, da er sich nur als Vollzugsorgan des Anklägers betrachtete und daher nicht zuhörte. Nach Robespierres Sturz wurde er geköpft.

Zu den Waffen. Zeichnung von J. L. Prieur

Sturm auf die Bastille am 14. Juli 1789

Die Stunden vergingen langsam und schwer vom Gefühl naher Katastrophen. Die Bürger versperrten sich in ihren Häusern und bildeten am 12. Juli eine Bürgerwache, aus der in den nächsten Wochen die Nationalgarde entstand. Am Morgen des 14. Juli drang eine gut geführte Gruppe von Aufständischen in das sogenannte Hotel des Invalides ein und raubte dort über zwanzigtausend Gewehre und eine Anzahl von Kanonen. Es fehlte zwar an ausreichender Munition, aber die Massen hielten jetzt Waffen in den Händen und wollten mehr davon. Sie strömten zur Bastille, weil sie in dieser alten Zitadelle weitere Waffen zu finden hofften.

Mit Schrecken sahen der Gouverneur de Launey und seine kleine Garnison, die aus einer Handvoll Invaliden und Schweizern bestand, diesen tobenden Haufen heranströmen. Niemand verstand so recht, was eigentlich vorging. Der Gouverneur dachte an nichts Böses, ja nicht einmal an Verteidigung, und ließ die alten Kanonen, die zwischen den Zinnen der mittelalterlichen Türme hervorlugten, bereitwillig zurückziehen. Aber schon wurden die Häuser in der Umgebung der Festung in Brand gesteckt. Der Angriff war im Gange.

Die Erstürmung der Bastille ist zu dem großen Symbol des Volksaufstandes geworden und in die unverwischbaren Bilder der Weltgeschichte eingegangen. Sie löste eine Flutwelle, die um den Erdball lief. Kant unterbrach in Königsberg bei der Nachricht seinen täglichen Spaziergang; so erfuhr die Stadt, daß etwas Ungeheures in der Welt geschehen sei.

Kein Sterblicher, an welchem Punkte der Erde er auch war, blieb unberührt. Das Gefühl der Endzeit vermischte sich mit der Ahnung vom Anbruch einer neuen Welt. Die Macht des Königtums war gebrochen. Noch trug der Herrscher die Krone, aber er war weder Schutz noch Zuflucht der Menschen mehr. Man brauchte ihn nicht mehr zu fürchten, man konnte nicht mehr auf ihn bauen. Die magische Wirkung der Majestät war dahin.

Im harten Licht der Forschung schrumpft das Ereignis selbst auf geringere Maße zusammen. Die Bastille war gar nicht die furchtbare Zwingburg, in der unglückliche Opfer königlicher Willkür in Ketten verdarben. In dem riesigen Bau waren nur sieben Gefangene, darunter ein Urkundenfälscher, ein Taugenichts, der auf Wunsch seiner Familie eingesperrt worden war, und zwei Irrsinnige. Viel Staat war mit diesen Opfern, die jubelnd befreit und im Triumphzug umhergeführt wurden, nicht zu machen. Eine alte Druckerpresse und ein mittelalterlicher Brustharnisch, die in der Festung gefunden wurden, rückten zu Folterwerkzeugen auf. Man fand Gräber von Selbstmördern, die nicht in geweihter Erde hatten beigesetzt werden können; aus den Gebeinen wurden die Überreste der heimlich hingerichteten Gefangenen.

Fast nichts, was bald die Moritaten und Bilderbogen an finsteren Schreckensbildern füllte, entsprach der Wahrheit. Aber die legendenhaften Züge wurden in den folgenden Jahren immer dramatischer und sind bis heute noch nicht ganz verwischt. Die Zahl derer, die an der Erstürmung teilgenommen haben wollten, wuchs nach und nach ins Unermeßliche, die Organisationen ehemaliger Bastillestürmer waren bald nicht mehr zu zählen. Ebenso vermehrten sich die Steine der abgebrochenen Festung im Laufe der Jahre ständig. Der Unternehmer des Abbruchs versorgte die halbe Welt mit angeblichen Steinen der Bastille und wurde ein reicher Mann dabei.

Gleichwohl war dieser 14. Juli 1789 ein dramatischer, ja blutiger Tag. Tausende von Menschen, teils Neugierige, teils Bewaffnete, umdrängten den alten Bau und versuchten ihm durch Brandlegung beizukommen. Der alte Gouverneur de Launey verlegte sich aufs Parlamentieren, empfing eine Delegation der Belagerer und lud sie sogar zu Tisch ein. Inzwischen gelang es einigen der Angreifer, die Zugbrücke zum Fall zu bringen. Ein Mann namens Maillard überschritt auf schwankem Brett den Festungsgraben und nahm eine Mitteilung des auf Kapitulation sinnenden de Launey entgegen. Die Menge drang in den ersten Hof und fuhr dort Kanonen auf. Man versprach dem Gouverneur und seiner Besatzung freien Abzug. Trotzdem wurde de Launey, sobald er sich sehen ließ, grausam umgebracht, seine verstümmelte Leiche wurde zerrissen, sein Kopf auf eine Pike gesteckt. Der Rest der Besatzung verkaufte sein Leben teuer, so daß es auch bei den Stürmenden Tote und Verwundete gab. Das Blut peitschte die Menge auf; sie zog mit dem Kopf de Launeys zum Rathaus. Der Vorstand der Kaufmannschaft, Flesselles, trat ihr entgegen und wurde sofort erschlagen. So endete dieser 14. Juli in Schrecken und Ungewißheit, erst die Nachwelt reinigte ihn und gab ihm den Glanz der Unsterblichkeit.

Maillard nimmt eine Mitteilung des Kommandanten der Bastille entgegen

Fahne der Nationalgarde. Bataillon S. Etienne du Mont

Die Nachricht von den Vorgängen des 14. Juli war einige Stunden später in Versailles. Der König war den ganzen Tag auf der Jagd gewesen und nahm die Nachricht mit einer Gefaßtheit auf, die an Gleichgültigkeit grenzte. Er beschloß, seinen Minister Breteuil abzurufen und abermals Necker mit der Führung der Geschäfte zu betrauen. Bevor er sich zu Bett legte, holte er sein Tagebuch hervor, in dem er gewöhnlich seine Jagdbeute, seine persönlichen Ausgaben, aber auch die wichtigsten Vorkommnisse des Tages aufschrieb. Diesmal hieß es: „14. Juli. Nichts." Die Hauptstadt blieb unruhig, aber die wohlhabenden Bürger und Handwerker, die dem Bastillesturm und dem blutigen Auftritt vor dem Rathaus ferngeblieben waren, begriffen langsam, daß sie den Lauf der Dinge nicht den Leuten von der Straße überlassen durften. Die eben aufgestellte Bürgerwehr, die bald den Namen der Nationalgarde annehmen sollte, erfreute sich wachsenden Zulaufs. Man hatte eine schöne Uniform und hoffte, mit ein wenig Wachdienst im eigenen Stadtviertel davonzukommen. Die Wehr war in Sektionen, die über die ganze Stadt verteilt waren, gegliedert. Jede Sektion hatte ihre Fahne. Meist trug sie das Schiff, „das treibt, aber nicht untergeht" und seit je das Wappen des ewig unruhigen Paris bildete.

SUBSISTANCES.

HOTEL-DE-VILLE
DE PARIS.

COMITÉ-PROVISOIRE.

Le Sr Coutout comptera au Sr Mahieu préposé au qp.^t de la briche pour les approvisionnemens la somme de quinze cens livres dont il lui fera tenu compte.

au Comité des Subsistances le 28 Juillet 1789

Bailly maire

Veytard De Lentre

Davin Dufour

Legrand de St René

Reçu le Montant cy dessus le 29 Juillet 1789 Mahieu

Zahlungsanweisung des „Comité des Subsistances", unterzeichnet von Bailly, vom 28. Juli 1789

Fahne der Nationalgarde District des carmelites 1789

Besonders eifrige Stadtviertel, vor allem solche, deren Bewohner anfänglich die Unruhestifter getadelt und die ersten Morde vielleicht sogar als Verbrechen verurteilt hatten, stifteten der Nationalgarde ihrer Sektionen schöne Fahnen, die in allen Farben prahlten und mit Symbolen überfüllt waren. Der gallische Hahn steht für Männlichkeit und Wachsamkeit; er kräht von der Trommel herab. Über den königlichen Lilien, an denen einstweilen noch niemand Ärgernis nimmt, ist die Krone der Monarchie angebracht. Das Wappen der Stadt Paris ist ebenfalls bekrönt; aber man gewahrt auch schon das Liktorenbündel, das mit Kanonenrohren und Waffen garniert ist. In der Mitte des Fahnentuches drängen sich die Embleme und Symbole eng zusammen, Bruderhände drücken sich, ein Äskulapstab trägt eine seltsame Mütze. Zepter, Degen und landwirtschaftliche Geräte bilden ein bedeutungsträchtiges Durcheinander; vieles stammt noch aus der Vergangenheit, aber vieles gehört auch schon den Abzeichen der Zukunft an.

*Bailly empfängt Ludwig XVI.
an der Barricade de la Conférence
am 17. Juli 1789.
Zeitgenössischer Farbstich*

Der Tag des Bastillesturmes ist in die Legalität eingetreten. Der König hat den Wundermann aufs neue berufen. Soll er noch länger in Versailles bleiben, wo seine Fremdenregimenter müßig gehen? Vernünftige Leute raten ihm, mit seiner Familie nach Paris überzusiedeln und dadurch kundzutun, daß er sich inmitten der Bevölkerung seiner Hauptstadt in Sicherheit fühlt.

Am 17. Juli zieht er mit den Seinen in Paris ein. Der Empfang ist freundlich, fast herzlich, der Astronom Bailly, der schon beim Ballhausschwur den Vorsitz geführt hat und soeben durch Zuruf zum Bürgermeister von Paris gewählt worden ist, empfängt den König am Stadttor und überreicht ihm die Schlüssel der Stadt. Historische Worte werden gewechselt. Bailly: „Ich bringe Eurer Majestät die gleichen Schlüssel, die einst Heinrich IV. dargeboten worden sind. Er hatte sein Volk wiedererobert; jetzt erobert das Volk seinen König wieder!" Und der König: „Das Volk kann sich immer auf meine Liebe verlassen."

Plünderung des Rathauses von Straßburg am 22. Juli 1789. Aquarell von Jean Hans

Noch sind wir in den Tagen, da die Ordnung gestört ist und die zunehmende Gesetzlosigkeit von den politisch unaufgeklärten Elementen ausgenutzt wird. Nicht immer kann man zwischen Plünderern und Freiheitskämpfern unterscheiden. In der Nationalversammlung sitzen selbst in den Reihen des Dritten Standes manche gebildete Leute, die über die Gewalttätigkeit des Pöbels die Nase rümpfen. Auch der Abgeordnete Robespierre, von dem man sonst nicht viel hörte, fand die Ausschreitungen der Straße wenig erbaulich. Paris gab indessen ein unwiderstehliches Beispiel, in allen größeren Städten Frankreichs wurde es nachgeahmt, allenthalben brachen Unordnungen aus, die halb Krawalle, halb politische Kundgebungen waren. Selbst in Straßburg, das im Frieden von Ryswijk (1697) bei Frankreich verblieben war, kam es zu schweren Unruhen, die zur Plünderung des Rathauses der ehrwürdigen Stadt führten. Mit deutscher Gründlichkeit wurde das Gebäude von allem geleert, was nicht niet- und nagelfest war.

Der König ist zwar entmachtet, aber er ist noch da und alles kann gut werden. Wenn auch die weiße Kokarde der Monarchie bei öffentlichen Aufzügen zu verschwinden beginnt, so hat zwar die neue Kokarde die Farben der Stadt Paris, aber das königliche Weiß bleibt erhalten. Die Trikolorenfarben machen ihren Weg. Die Revolten und Gewalttätigkeiten richten sich einstweilen gegen einen Feind, der zu allen Zeiten populär war, gegen den Fiskus. Die Gebäude des Stadtzolls werden demoliert, die Steuerregister werden verbrannt, die Leute der Finanzämter sind ihres Lebens nicht mehr sicher. Die Versorgung stockt, die Massen bekommen den Hunger zu fühlen. Man sucht die Verantwortlichen, man forscht nach Leuten, denen man die Schuld geben kann. Der Intendant von Paris, Bertier, also der Mann, dem die Versorgung der Hauptstadt obliegt, wird auf der Straße ermordet. Sein Schwiegervater Foulon, ein Mann von vierundsiebzig Jahren, wird beschuldigt, des Hungers der Bevölkerung mit den Worten: „Sie sollen Heu fressen!" gespottet zu haben. Man stopft ihm einen Knebel von Heu in den Schlund und hängt ihn an einer Laterne auf.

Die Justiz der Straße paßt wenig zu dem Wortlaut der neuen Verfassung, die gerade in diesen Wochen von der Nationalversammlung ausgearbeitet wird. Die Erklärung der Menschen- und Bürgerrechte, die der Verfassung vorangestellt werden soll, preist die Unverletzbarkeit und die Sicherheit des Individuums, aber die Männer, die diesen großartigen Text nach dem Muster der amerikanischen Erklärung der Menschenrechte von 1774 redigieren — es sind La Fayette, Talleyrand, Mounier und Sieyès — ahnen nicht, daß in diesem Augenblick hohe königliche Verwaltungsbeamte vom Pöbel ermordet werden. Gleichviel, der Funke, der von der Neuen Welt übergesprungen ist, hat gezündet. Die „Erklärung der Menschenrechte" hat ihren Weg durch die Völker und Zeiten angetreten, und keine Verletzung wird sie je töten können.

Die Ermordung Foulons am 23. Juli 1789. Zeichnung von J. L. Prieur

Erklärung der Menschen- und Bürgerrechte

Die Spannung zwischen Paris und Versailles wurde nachgerade verhängnisvoll. In der Hauptstadt tobten nicht nur die Leidenschaften, sondern auch der Hunger. Das gesamte Versorgungssystem dieser damals größten Stadt der Welt war zerstört. Die Nationalversammlung in Versailles arbeitete indessen weiter. In der Nacht vom 4. zum 5. November schlug der Vicomte de Noailles vor, daß der Adel sofort auf alle seine Privilegien verzichten solle. In einem Rausch der Begeisterung, unter Schluchzen und Schreien, wurde der Antrag angenommen. In sechs Stunden vollzog die Versammlung eine soziale Revolution. Es begeistert empfangen und von den Offizieren der königlichen Leibwache mit einem prahlerischen Festmahl gefeiert wurde. In Paris wußte man von diesem Bankett allerlei Anstößiges zu berichten. Man habe die neue Kokarde in den drei Farben mit Füßen getreten, und die Königin habe diese Ausschreitungen in eigener Person ermuntert.

Seit langem war ein Hungermarsch auf Versailles geplant; jetzt plötzlich brach er los. Tausende von Frauen, die, wie man glaubt, von den Agenten des Herzogs von Orleans auf die Beine gebracht wurden, kräftige Frauen aus dem

Der Weiberzug nach Versailles am 5. Oktober 1789. Zeitgenössischer englischer Stich

war ein gleichzeitig melodramatischer und großartiger Vorgang. Ganz Frankreich war durch diesen kühnen und selbstlosen Schritt des Adels tief aufgewühlt. Aber der König zeigte sich schwerfällig. Ein Komödiant oder Demagoge war er nie gewesen. Er verzichtete auf Tränen der Rührung und dachte an seine Sicherheit. Zwar hatte ihm die Versammlung in ihrer Begeisterung einstimmig den Titel eines „Erneuerers der französischen Freiheit" zuerkannt, aber er konnte sich nicht entschließen, die Beschlüsse der Versammlung zu ratifizieren und dadurch zum Gesetz zu machen. Statt dessen ließ er ein Regiment aus Flandern in die Residenz kommen, wo es vom Hof Volke, Marktweiber, Wäscherinnen, aber auch nicht wenige Dirnen und Vagabundinnen, setzten sich in Marsch und schleppten einige Kanonen mit. Ihnen schlossen sich Arbeitslose und Neugierige an. Dem Zug folgte ein großer Teil der Pariser Nationalgarden. La Fayette ritt an ihrer Spitze, er war sichtlich verlegen, da er den Sinn der Kundgebung nicht verstanden und sich zur Teilnahme nur widerstrebend hatte nötigen lassen. Es regnete in Strömen, die Demonstranten waren in kurzer Zeit durchnäßt und mit Schmutz bedeckt. Aber ihre Entschlossenheit, nach Brot zu verlangen und dem Hof energisch die Meinung zu sagen, war darum nicht geringer.

Als der Zug in der Residenzstadt eintraf, war es schon dunkel. Man drang in die Räume der Nationalversammlung ein, die Mehrzahl der Demonstranten umlagerte das Schloß und verhandelte durch die Gitter mit den Soldaten. Im Morgengrauen beherrschte der Pöbel das Schloß, tötete eine Anzahl von Garden und verlangte mit drohendem Geschrei, die königliche Familie zu sehen. Die Korridore des Schlosses waren erfüllt von betrunkenen Weibern und brüllenden Männern, die sich mit dem Blut der getöteten Soldaten beschmiert hatten. Erst jetzt griff die Nationalgarde ein, um den König und die Seinen zu schützen. La Fayette ließ das Schloß und seine Zugänge säubern, aber er vermochte nicht, sich der drohenden Forderung der Masse, daß der König unverzüglich nach Paris übersiedeln solle, zu widersetzen. Die endlose Kette der Demütigungen, denen

Karikatur auf die Einholung des Königs nach Paris

der Erbe des Heiligen Ludwig sich unterwerfen mußte, begann. Er war jetzt in den Händen der aufrührerischen Masse, der Sansculotismus war von diesem Tag an sein Herr. Ein endloser Zug des Pöbels eskortierte die zwei Kutschen, in die die achtköpfige Familie des Monarchen zusammengepfercht war. „Jetzt wird es uns an Brot nicht fehlen, wir bringen den Bäcker, die Bäckerin und den Bäckerjungen!" rief man, aber man rief auch Schlimmeres. „Die Schweineherde wird in den Stall zurückgebracht", hieß es wohl auch, wie eine grobe Spottzeichnung jener Tage zeigt. Man war zwar böse auf den König und vor allem auf seine Frau, „die Österreicherin", aber man war auch ein wenig stolz darauf, das Herrscherpaar wieder in Paris zu haben. Man illuminierte die Fenster und löste Freudenschüsse, die Straßen waren voll von Menschen, die den König grüßten. Erst in der Nacht konnte die Familie im Tuilerienschloß Quartier beziehen. Das Gebäude war fast leer, mühsam trieb man Betten und Stühle auf.

Karikatur auf die Armee des Prinzen Condé

Gleich nach der Erstürmung der Bastille setzt die erste Welle der Emigration ein. Die Polignac und Broglie überschreiten die Grenzen Frankreichs; der immer lauter werdende Ruf: „Die Aristokraten an die Laterne!" läßt sie nichts Gutes für die Zukunft ahnen. Andere Träger großer Adelsnamen schließen sich ihnen an; noch kann man die Tore von Paris ungehindert verlassen. Die Emigration wird freilich erst mit der Republik richtig einsetzen. Einstweilen können sich die Flüchtlinge noch nicht vorstellen, daß ihr Aufenthalt in der Fremde von langer Dauer sein werde. So gehen sie denn leichten Herzens und führen ihr Vermögen, ihre Vorurteile und ihre Manieren mit sich. Manche gehen nach Luxemburg, andere in die Schweiz, und die meisten gehen über den Rhein nach Trier oder nach Koblenz. Der Bruder des Königs, Artois, ist der erste Emigrant. Ihm folgt der Prinz de Condé, ein großer Herr und tüchtiger Feldherr, der sich in Koblenz niederläßt und daran denkt, mit bewaffneter Macht die Revolution niederzuschlagen. Viele Edelleute, die ihr Land verlassen haben, nehmen Dienst in der „Armee Condé". Aber niemals ist es dieser Streitmacht vergönnt, völlig ernst genommen zu werden. Zuviel Offiziere, zuwenig Soldaten, zuviel Uniformen und zuwenig Waffen! Der Spott der Welt begleitet die Bemühungen des Prinzen Condé. Man vergleicht die Truppe mit Spielzeugsoldaten und ihre Führer mit verwöhnten Kindern. In der Tat gelingt es der „Armée Condé" nie, eine große militärische Rolle zu spielen, wenn auch in ihren Reihen mancher französische Adlige, gegen sein eigenes Land kämpfend, tapfer sein Leben gelassen hat.

Die Nationalversammlung folgte dem König bald nach Paris und richtete sich in der sogenannten Manege an der Nordseite des Tuileriengartens ein. Ihre Beratungen standen von nun ab unter dem immer stärker werdenden Druck der Tribünen, also der Volksmenge, die den Sitzungen als Zuschauer beiwohnte und sie durch Zwischenrufe und Lärmszenen beeinflußte. Die scheinbare Ruhe, die seit dem Einzug des Königs in den Tuilerien in Paris herrschte, konnte nicht darüber hinwegtäuschen, daß die Agitation in der Bevölkerung zunahm.

Die Justiz der Straße war für eine Weile unterbrochen, aber man unterließ nichts, um den Klerus und die großen Herrn daran zu erinnern, daß es noch Laternen in Paris gab. Drohungen wechselten in diesen Wochen mit Zuversicht, ja mit Ausbrüchen der Lebensfreude. War nicht am Ende das Schlimmste überstanden, war Frankreich nicht bereit, sich in seiner neuen Form zurechtzufinden?

„Vorsicht, Abbé, die Laterne!"
Zeitgenössische Karikatur

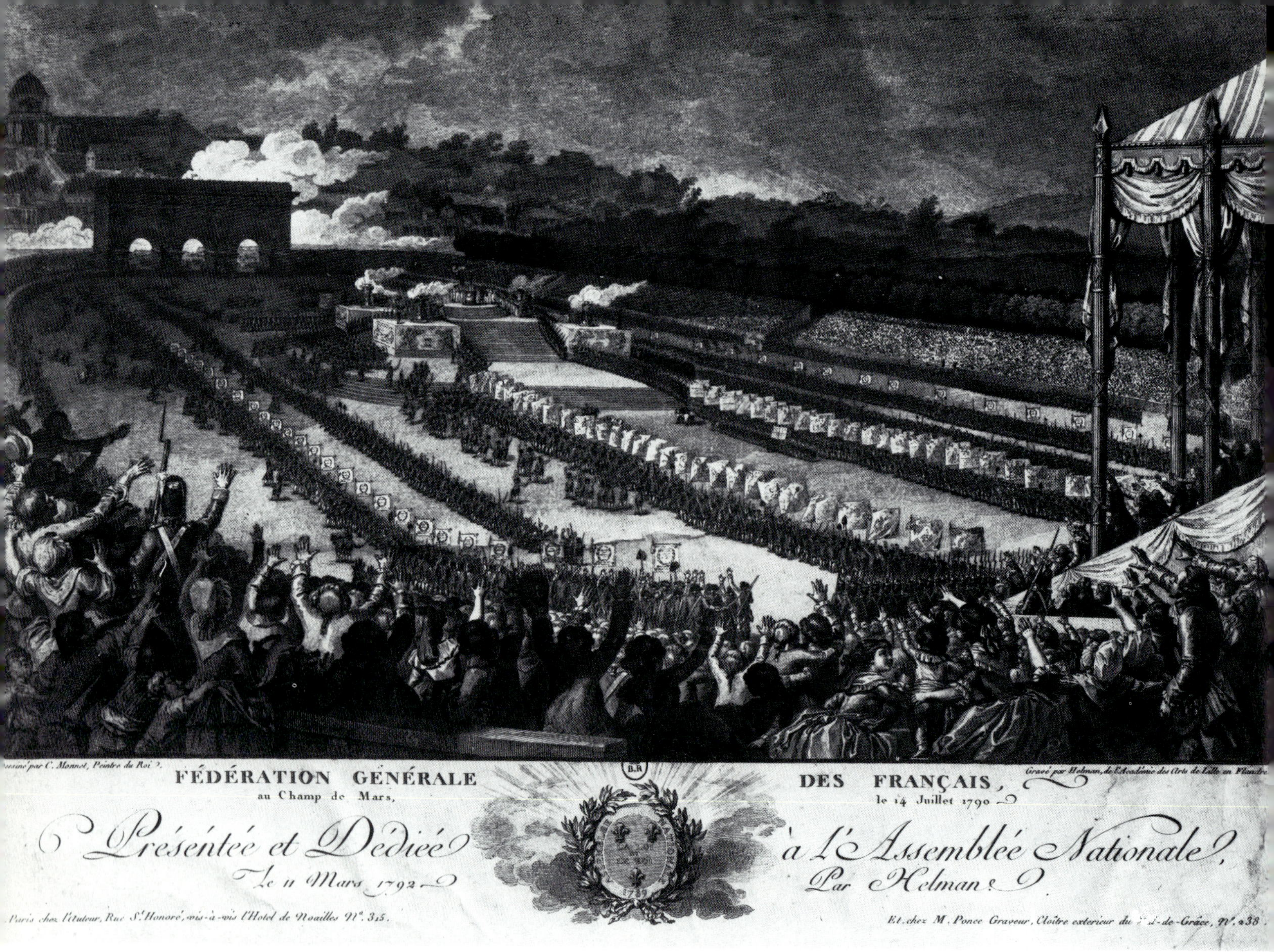

FÉDÉRATION GÉNÉRALE au Champ de Mars, DES FRANÇAIS, le 14 Juillet 1790

Présentée et Dédiée à L'Assemblée Nationale
Le 11 Mars 1792 Par Helman

Paris chez l'Auteur, Rue St. Honoré, vis-à-vis l'Hôtel de Noailles N°. 345.
Et chez M. Ponce Graveur, Cloître extérieur du Val-de-Grâce, N°. 38.

*Föderationsfest am 14. Juli 1790.
Stich von Helman nach C. Monnet*

Das Fest der Föderation, das am 14. Juli 1790 mit großem Gepränge auf dem Marsfeld gefeiert wurde, war weit mehr als eine leere patriotische Zeremonie, wenn uns die auf dem Bilde sichtbare Inszenierung des Festes auch recht theatralisch anmuten mag. Über 200 000 Personen waren aus dem Land zusammengeströmt, um mit feierlichem Schwur die Einheit des Staatsgebietes zu bekräftigen. Was einst Erwerbung oder Eroberung der Krone gewesen war, wurde jetzt ein Teil der „Nation". Auch Metz, Straßburg und das Elsaß leisteten den Schwur. Aus dem Machtbereich des Königs war die organische Einheit des französischen Territoriums geworden. Die Geschlossenheit des Landes wurde mit einem Schlag zum nationalen Glaubensartikel. Ein neues politisches Element war geboren; es sollte das ganze kommende Jahrhundert beherrschen und Frankreichs Form und nationale Aspekte vollständig bestimmen.

Der Gang der Geschichte geht über den Kopf des Königs hinweg. Er ist in den Tuilerien schon ein halber Gefangener. Das Schloß ist mit Nationalgardisten gefüllt, die ebenso gut zur Überwachung wie zum Schutz dienen. Die Verbindungen mit der Außenwelt werden schwierig, reißen aber doch nicht ganz ab, was dem Königspaar großes Unheil bringen wird. Muß man die sogenannte Dolchaffäre überhaupt ernst nehmen? Plötzlich, eines Abends, heißt es, daß die Höflinge sich mit Dolchen bewaffnet haben, „um das Volk zu ermorden"! In den Vorzimmern und im Treppenhaus entsteht ein wilder Tumult, die angebliche Entwaffnung geht nicht ohne Kolbenstöße und Fußtritte ab. Der König muß erfahren, daß er sorgfältig bewacht ist und daß seine Anhänger von den Wachen mit Mißtrauen beobachtet werden. Die Luft ist voll von Argwohn und Verdacht, der erste Mann Frankreichs ist nicht mehr Herr seiner Schritte.

Die Dolchaffäre in den Tuilerien. Stich von Berthault nach J. L. Prieur

Mirabeau war tot. Die junge Revolution hatte ihren Steuermann verloren. Obwohl man zu ahnen begann, daß der Verstorbene große Summen vom Hof erhalten hatte, betrauerte man ihn doch leidenschaftlich. Er hatte auch die verhängnisvollen Folgen des Bruches mit der Kirche vorausgesehen. Die Priester verweigerten den Bürgereid, und da Frankreich zwar kein frommes, aber ein tief katholisches Land war, zeigte sich der erste Riß, der sich allmählich zum Spalt zwischen Volk und Revolution erweitern sollte.

Ludwig XVI. wollte die Osterkommunion aus den Händen eines nicht vereidigten Priesters empfangen und beschloß, nach Saint-Cloud zu fahren. Die Bevölkerung verhinderte mit Gewalt seine Abfahrt. Der Gedanke an Flucht, zu der ihm Mirabeau so oft geraten hatte, ergriff von ihm Besitz. Aber auch andere dachten daran, Gerüchte waren im Umlauf, Volksredner und Agitatoren wie Danton, Marat und Desmoulins sprachen offen davon, daß der König mit seinem kaiserlichen Schwager in Wien konspirieren und sich in seinen Schutz begeben wolle. Gerade diese Möglichkeit hatte Mirabeau immer befürchtet und den König beschworen, ins Innere des Landes, nach Rouen oder in die Vendée zu flüchten, aber unter keinen Umständen nach Metz, also in die Nähe der Reichsgrenze, an der die österreichischen Truppen standen.

La Fayette besaß nicht das Vertrauen des Hofes, ja die Königin haßte ihn und hätte ihn um keinen Preis um Rat gefragt. Als man den König gehindert hatte, zur Ostermesse nach Saint-Cloud zu fahren, hatte der Marquis aus Protest den Oberbefehl über die Nationalgarde niedergelegt. Aber er war kein Mann eiserner Entschlüsse; er ertrug es nicht, abseits von den öffentlichen Geschäften zu stehen, und so ließ er sich denn leicht bereden, die Nationalgarde wieder zu übernehmen, was die Verachtung, die Marie Antoinette gegen ihn hegte, nur vermehrte. Sie hatte nur noch einen wahren Vertrauten, den

Verhaftung des Königs in Varennes am 22. Juni 1791. Stich von Berthault nach J. L. Prieur

schönen Schweden Fersen, für den ihr Herz schlug. Der blonde Graf war es denn auch, der die Flucht bewerkstelligte. Am Abend des 20. Juni 1790 verließ die königliche Familie verkleidet und mit falschen Papieren in einem übergroßen Reisewagen die Hauptstadt. Ihr Ziel war Montmédy, wo sie der Marschall Bouillé mit seinen ergebenen Truppen erwartete. Aber die Reise war eine einzige Kette von unglücklichen Zufällen, Ungeschicklichkeiten und Schwierigkeiten. In verschiedenen Orten glauben die Leute, den König zu erkennen. In Saint-Ménéhoult nimmt der Postmeister Drouet die Verfolgung des verdächtigen Wagens auf und überholt ihn in Varennes. Er verständigt die Nationalgarde, die Brücke wird gesperrt. Die Reise ist zu Ende. Während Bouillés Reiter am anderen Ende des Dorfes warten, wird die königliche Familie genötigt, ihren Wagen zu verlassen und im Hause des Bürgers Sauce unterzutreten. Ein Imbiß wird ihr vorgesetzt; indessen verbreitet sich die Nachricht von ihrer Anwesenheit in der ganzen Gegend. Die Sturmglocken läuten, reitende Boten alarmieren in allen Ortschaften die Nationalgarden. Die Bevölkerung greift zu den Waffen, sie dringt in den Raum ein, in dem die Familie um den Tisch versammelt ist. Der König leugnet nicht, wer er ist, die Menge ist halb respektvoll, halb drohend, von Weiterreise ist keine Rede.

Vierundzwanzig Stunden später ist die Flucht in Paris bekannt, die Erregung ist groß. Die Nationalversammlung fühlt, daß das Königtum nicht mehr zu retten ist; sie sendet sogleich ihre Beauftragten nach Varennes, um den König zurückzuführen. Um fünf Uhr nachmittags empfängt Ludwig das Dekret der Nationalversammlung. „Es gibt keinen König von Frankreich mehr!" ruft er aus. Zwei Stunden später ist der Reisewagen mit der königlichen Familie auf dem Rückweg nach Paris; er rollt zwischen festgeschlossenen Reihen von Nationalgarden durch das sommerlich schöne Frankreich der Hauptstadt entgegen.

Die Rückkehr der königlichen Familie nach Paris am 25. Juni 1791

Der Plan gewährt einen Blick auf die wichtigsten Örtlichkeiten der Revolutionsjahre. Die Seine ist vom Pont Royal überbrückt, über den man vom linken Ufer zu den Tuilerien gelangt. Schwer und langgezogen schließt dieser Palast die Tuileriengärten ab; in seinen Eckpavillons richten sich später die Behörden ein, im linken Flügel tagt der Wohlfahrtsausschuß unter dem Vorsitz Robespierres. Dort, wo sich heute die Rue de Rivoli hinzieht, gewahrt man längs der Tuileriengärten ein gestrecktes Gebäude, die sogenannte Manege, in der sich der Nationalkonvent einrichtet. Zwischen dem Louvre, links oben, und den Tuilerien erstreckt sich ein Viertel alter Gassen, das für die Bürgerkriegskämpfe der kommenden Monate ein ideales Gelände darstellt. Auch die weiten Plätze, die Place du Caroussel und der Hof der Tuilerien, werden bald die Schauplätze schwerer Kämpfe sein. Links unten ist die Place Vendôme sichtbar; gleich hinter ihr liegt das alte Jakobinerkloster, in dessen verlassener Kirche sich der Jakobinerklub niederläßt. Quer durch das Bild läuft die Rue Saint-Honoré, damals die Hauptgeschäftsstraße der Stadt. Sie führt am Palais Royal vorbei, dem Vergnügungsviertel der Revolutionszeit. Der Plan ist ein Teil des riesenhaften Plans Turgot, den der Vater des Ministers 1739 im Auftrag der Pariser Kaufmannschaft herstellte. Seine natürliche Größe betrug sieben Quadratmeter.

Ausschnitt aus einer Karte von Paris. Gegend um die Tuilerien

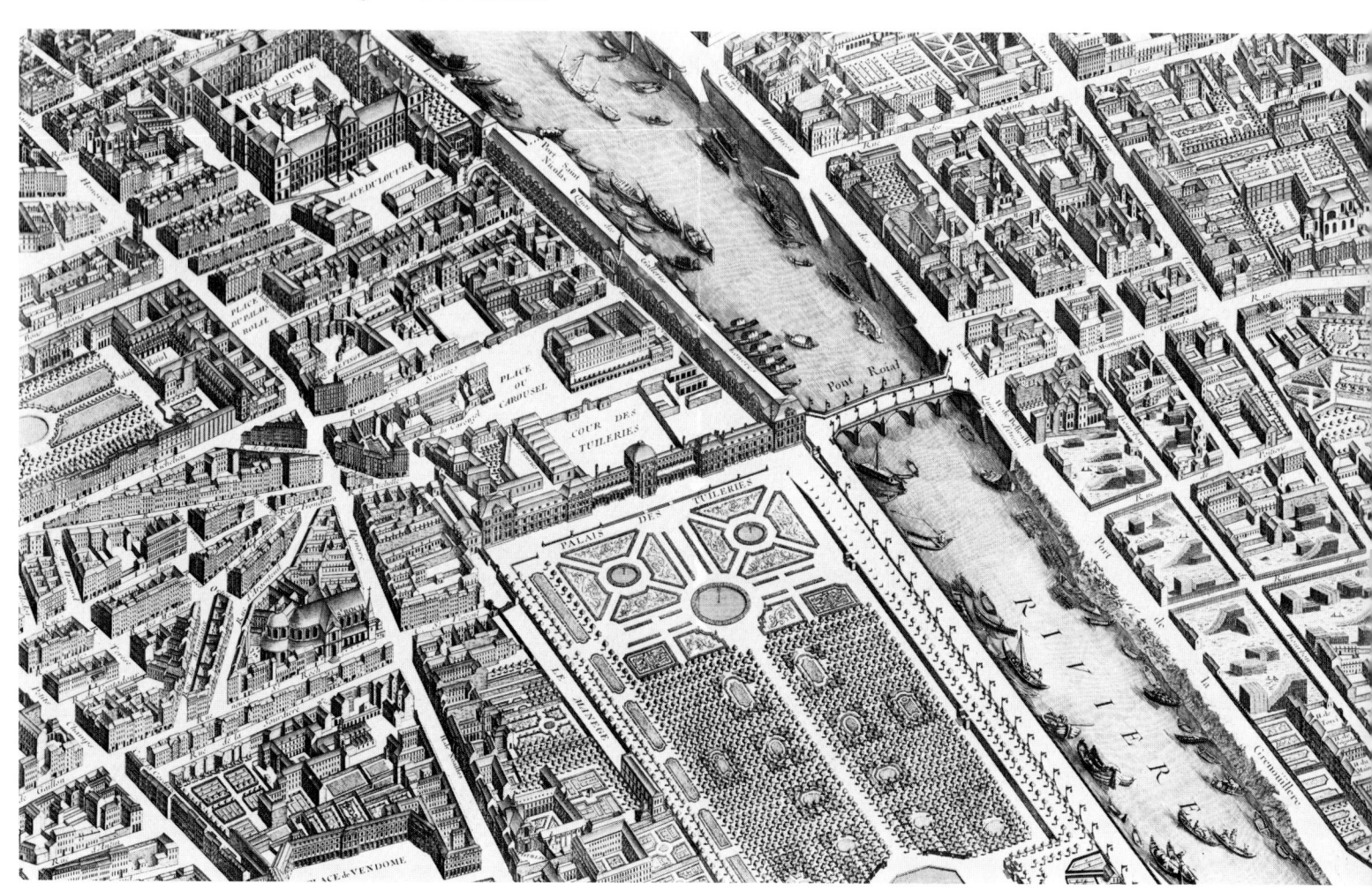

Die Rückführung des Königs nach Paris scheuchte ganz Europa auf. Die Emigration der großen Herren nahm rapide zu; sie erschienen jenseits des Rheins und predigten Rache. Wenige Wochen nach der mißglückten Flucht der königlichen Familie trafen die ausländischen Herrscher in Pillnitz zusammen und kündigten ihren Entschluß an, unverzüglich in die „französischen Angelegenheiten" einzugreifen. Weder der Kaiser von Österreich, Leopold, noch der König von Preußen, Friedrich Wilhelm, zeigten freilich viel Eifer, aber so behutsam die Erklärung auch abgefaßt war, so rief sie doch in Frankreich große Erregung hervor. Der Interventionskrieg war also beschlossen! Die ausländischen Herrscher wollten Ludwig mit Gewalt wieder in seine Rechte einsetzen, so glaubte man. Hatte man nicht Beweise dafür, daß der König selbst versucht hatte, die Intervention Österreichs, Preußens, Spaniens und Schwedens herbeizuführen!

In der Welt begann man dies neue Frankreich zu fürchten, weil seine Prinzipien auf die Nachbarländer überzugreifen und die alten Ordnungen zu erschüttern drohten. Der österreichische Minister Kaunitz erklärte, daß es jetzt darauf ankomme, zu verhindern, daß die französischen Ideen die Grenzen überschritten; im übrigen möge Frankreich in sich verkommen! Die Emigranten schürten in Trier und Koblenz zum Kriege. Aber auch die Gesetzgebende Versammlung in Paris, vor allem die Partei der Girondisten, brannte vor Ungeduld, mit Europa handgemein zu werden, weil der Krieg das sicherste Mittel schien, die Revolution zu verewigen und die Republik herbeizuführen. Man nötigte den König, eine neue, kriegswillige Regierung zu berufen. Roland wurde Innenminister, General Dumouriez übernahm das Außenministerium. Am 20. April wurde der Krieg an Österreich erklärt. Begeistert stürzte sich Frankreich in eine Flut, die dreiundzwanzig Jahre brauchte, um sich zu verlaufen.

Zusammenkunft der europäischen Monarchen in Pillnitz am 2. August 1791

Zeitgenössischer Druck der Marseillaise

Wie zierlich, fast rokokohaft sieht dieses Notenblatt aus, das im Sommer 1792 allenthalben zu kaufen war oder an die ins Feld rückenden Truppen verteilt wurde. Wie Ballettpuppen tänzelten diese Soldaten dahin. Man sah ihnen wahrlich nicht an, daß sie mit diesem Gesang bald schon Europa erschrecken würden. Ein Hauptmann namens Rouget de Lisle, der ein wenig die Geige spielte und Schäferliedchen verfaßte, wurde vom Bürgermeister von Straßburg, de Dietrich, aufgefordert, sich ein Marschlied für die Freiwilligen einfallen zu lassen. Dietrich sprach von ihnen als den „Kindern des Vaterlandes". Das Wort blieb im Ohr des Hauptmanns hängen, man schwärmte, trank Champagner. Als der Offizier spät nachts in sein Straßburger Quartier zurückkam, ergriff er seine Geige, die Melodie kam ihm wie von selbst. Auch die Worte flossen ihm mühelos aus der Feder: „... Auf, Kinder des Vaterlandes." Einige Tage später wurden die Noten gedruckt und an einige Regimentskapellen verteilt. Wie kam das Lied zu den Freiwilligen von Marseille? Auf ihrem langen Marsch nach Norden sangen sie es täglich. So drang es nach Paris und wurde in kurzer Zeit als die „Marseillaise" der Gesang des revolutionären Frankreich.

Der 20. Juni 1792 in den Tuilerien. Zeichnung von Bouillon

Der König trinkt aus der Flasche

Rasend schnell hat sich das Rad der Zeit gedreht seit dem Tage, da der König vergeblich versuchte, nach Saint-Cloud zur Messe zu fahren. Die Gesetzgebende Versammlung ist in Gruppen und Parteien gespalten, von denen der König wenig zu hoffen hat.

Die Girondisten sind glänzende Köpfe, große Redner und Urbilder dessen, was man heute die Intellektuellen nennt. Roland und seine romantische Gattin, Brissot und Condorcet sind blitzgescheite Leute, aber viel zu vernünftig für diese stürmische Zeit. Mächtiger als sie sind die politischen Gruppen, die sich in Klubs zusammenschließen und außerhalb der legalen Institutionen nach Macht streben, die Cordeliers, die Feuillants und vor allem die Jakobiner. Sie üben einen skrupellosen Druck auf die Politik aus und sind im Begriff, alle radikalen Elemente der Revolution in sich zu vereinigen. Sie sind es auch, die im Juni, als die ersten schlechten Nachrichten von der Front kommen und täglich mehr Anzeichen religiösen Widerstandes in der Bretagne und der Vendée sichtbar werden, zu einer großen Straßenkundgebung aufrufen, die gegen den König gerichtet ist. „Der Wille des Volkes kann nicht durch den Willen eines einzigen Mannes gehemmt werden", heißt es in einer Entschließung, die der Gesetzgebenden Versammlung unterbreitet wird.

Gegen Nachmittag nimmt die Kundgebung die Ausmaße eines Massenangriffs an. Man dringt in die Tuilerien ein, bricht die Türen auf und strömt in die Wohnräume der königlichen Familie. „Sie sind ein falscher Kerl", ruft der Schlächtermeister Legendre dem König zu, „aber Ihr Maß ist voll!" Der König hatte nur einen Gedanken, Frau und Kinder zu schützen, er ließ sich mit dem Pöbel auf Gespräche ein, setzte die rote Mütze auf und trank mit den Eindringlingen aus einer Flasche. Er zeigte Mut, aber er erniedrigte sich vergeblich. Der 20. Juni trug dazu bei, das Antlitz der Revolution zur Fratze zu entstellen. Die Masse wollte nicht so sehr politische Siege erringen als die „besseren Leute" demütigen. Die neue Form der Unterdrückung feierte ihre ersten Triumphe.

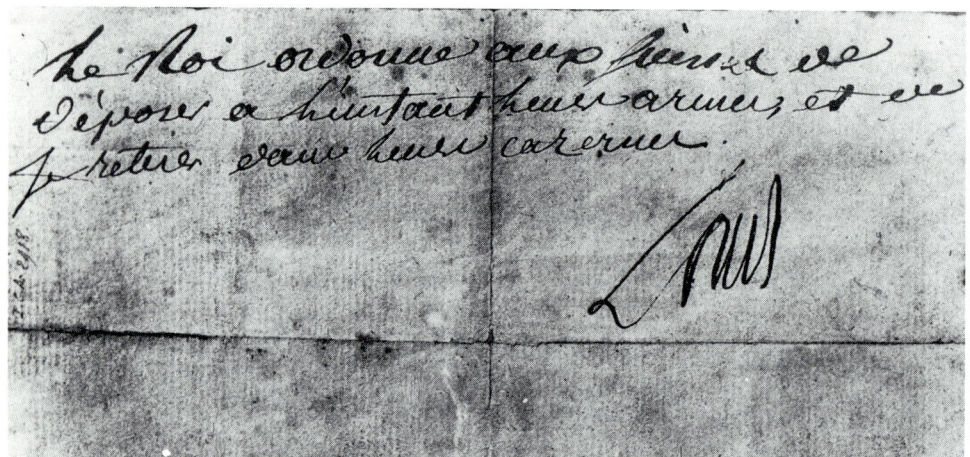

Befehl Ludwigs XVI., das Feuer einzustellen

Die schändlichen Ausschreitungen gegen den König, die er mannhaft erduldet hatte, wären seiner Sache zugute gekommen, wenn nicht gerade in diesen Tagen das Manifest des Herzogs von Braunschweig in Paris bekannt geworden wäre. Der Herzog, der die verbündeten Armeen befehligte, erließ, ehe er die Grenze überschritt, um mit seinen Truppen in Frankreich einzurücken, einen Aufruf, in dem er jeden Franzosen für die Sicherheit des Königs verantwortlich machte, der Bevölkerung die sofortige Rückkehr zum Gehorsam befahl und damit drohte, die Stadt Paris dem Erdboden gleichzumachen, wenn die königliche Familie oder auch nur die Tuilerien angetastet würden.

Diese Drohungen hatten eine zündende Wirkung auf die erregten Gemüter. Ganz Frankreich bäumte sich in patriotischem Zorn auf; der seit Wochen vorbereitete Angriff auf das Königsschloß mußte nun jeden Augenblick ausbrechen. Im Rathaus trat eine „Kommune" zusammen, eine Art von Gegenregierung, deren Führer Danton war, die Sturmglocke läutete die ganze Nacht, und in der Dämmerung setzten sich die Aufständischen, wohleingeteilt und gut geführt, in Marsch und blockierten die Zugänge zu den Tuilerien. Unter den Verteidigern des Schlosses waren nur die Schweizer Garden zuverlässig. Sie wehrten sich tapfer ihrer Haut, bis ihre Munition knapp wurde. Dann zogen sie sich in das Schloß zurück, wo sie sich verschanzten.

Der König flüchtete sich mit seiner Familie in die Räume der Nationalversammlung und fand Zuflucht in einem engen Winkel, der sogenannten Stenographenloge. Dort ließ sich der König den Befehl an die Schweizer abnötigen, das Feuer einzustellen. Auf einem kleinen Zettel befahl er seinen Verteidigern, nicht mehr zu schießen.

Sofort wird das Schloß von den Angreifern überschwemmt. Die Schweizer werden barbarisch in Stücke gehackt oder zum Fenster hinaus auf die Piken geworfen. Mord und Plünderung rasen, bis das riesige Gebäude vollständig ausgeräumt ist. Die Höfe, Gärten und Gänge sind voller Leichen und Trümmer. Ein junger Mensch in der Uniform eines Artillerieoffiziers betrachtet kalt und nachdenklich, ja angewidert dies Werk der Zerstörung; er heißt Napoleon Bonaparte.

Der König ist abgesetzt, das Ende der Monarchie ist gekommen. Eine neue Regierung ergreift die Zügel. Ihr starker Mann ist Danton.

Sturm auf die Tuilerien am 10. August 1792. Gemälde von Jacques Berteaux

Das großartige Gemälde von Jacques Berteaux war im Salon von 1793 zu sehen, kann also als historisches Zeugnis gelten. Man sieht die Schweizer in ihren roten Röcken vor dem Torbogen des mittleren Pavillons. Auf der rechten Seite drängt sich eine Gruppe von Aufständischen um eine Fahne, die zwar schon die drei Farben, aber auch noch die königlichen Lilien trägt. Im Vordergrund bringt ein halbentkleideter Mann mit Hilfe eines Weibes einen Schweizer Gardisten um — der Rauch der brennenden Gardekasernen verdunkelt den Sommerhimmel.

Proklamation „Das Vaterland ist in Gefahr" am 22. Juli 1792. Zeichnung von J. L. Prieur

„Das Vaterland ist in Gefahr!" Das ist kein leeres Wort. Der König ist mit seiner Familie interniert. Aber die feindlichen Armeen setzen ihren Vormarsch fort. In Flandern versuchte La Fayette noch einmal, in den Ablauf der Revolution einzugreifen und mit seiner Armee gegen Paris zu marschieren, um den König zu befreien. Aber dem unstäten und nach Volksgunst gierigen Mann wollte nichts mehr gelingen. Seine Soldaten wurden mißtrauisch, er mußte ums liebe Leben reiten und trat zu den Österreichern über, die den „Helden zweier Welten" ungeachtet seiner guten Absichten in den Kerker warfen.

In Lothringen rückten die Preußen vor, nahmen Longwy und Verdun und legten sich vor Thionville. Das Wort „Vaterland" gewann nun, wo der heimatliche Boden bedroht war, eine besondere Bedeutung, und „Patrioten" waren nun nicht mehr nur die Feinde der Monarchie, sondern auch jene, die die Verteidigung des Landes zur Sache der ganzen Nation machten. Man beschlagnahmte alle Waffen und mobilisierte die Nationalgarden „auf unbestimmte Zeit". Werden sie nach Paris kommen, diese Helfershelfer der Tyrannen, die den heiligen Boden mit ihrem unreinen Blut beschmutzen, wie es in der Marseillaise heißt, die jetzt überall gesungen wird?

Paris zeigt sich in diesen Wochen jener nationalen Begeisterung fähig, die das große und gefährliche Geschenk der Revolution an die Welt sein wird. Vaterland und Freiheit, diese Worte vermählen sich zu einem hochexplosiven Gemisch. Wieviel Blut wird noch im Namen dieser Worte fließen, wieviel Gewalttat und Unterdrückung, aber auch wieviel Opfermut und Hochherzigkeit werden sie entfesseln! Der König von Preußen marschiert gemächlich auf Paris zu, um die Franzosen für ihren frevlerischen Übermut zu bestrafen. Weiß er, daß unter den Tritten seiner Soldaten eine neue Saat aufgeht, die das kommende Jahrhundert bestimmen wird? Der Patriotismus steht gegen die fremden Könige und Heere auf und läßt ein Geschlecht heraufziehen, das bereit ist, im Namen des Vaterlandes eigenes und fremdes Blut in Strömen zu vergießen. Die Begeisterung rauscht. Wie oft wird Europa dies Rauschen noch vernehmen, zu seinem Glück, zu seinem Leid!

Die Einzeichnung der Freiwilligen von 1792. Gemälde von Auguste Couder

Die Armeen der Revolution sind einstweilen von fragwürdiger Konstitution. Noch ist die allgemeine Wehrpflicht nicht eingeführt, und die ehemals königlichen Regimenter, die aus Berufssoldaten bestehen, müssen durch Freiwillige ergänzt werden. Es ist leicht, königliche Schlösser zu plündern und randalierend durch die Straßen von Paris zu marschieren, aber es ist hart, sich der militärischen Disziplin zu unterstellen, das schwere Gepäck über fremde Landstraßen zu schleppen und unter freiem Himmel zu übernachten.

So bilden denn die Freiwilligen, die sich für den Dienst an der Front melden, eine Auslese. Sie sind die opferwilligen Jünglinge, die sich am ersten gegen Unordnung und Korruption wenden werden. Noch tragen sie hübsche saubere Uniformen und strahlen vor Begeisterung. Aber die Begeisterung wird sich in Härte verwandeln, wie ihre Uniformen zu Lumpen und ihre sauberen Stiefel zu Holzschuhen werden. Aus ihren Reihen gehen die militärischen Talente des neuen Frankreich hervor, Brune, Jourdan, Masséna, Lannes, Moreau, Oudinot und wie sie alle heißen. Die Welt wird ihre Namen lernen und sie nicht so schnell vergessen.

Georges Danton. Anonymes Porträt

Danton ist, bis die Herrschaft des Schreckens und der Tugend anbricht, die große Figur der Revolution. Alle seine Sünden und Laster haben ihm nicht so sehr geschadet wie Robespierre seine Tugenden. Er ist ein Kraftkerl, voll von Leidenschaften und Genußsucht, wild entschlossen, aus der Frucht des Lebens den letzten Tropfen herauszupressen. Seine elementare Rednergabe reißt ihn in Situationen, die er nicht vorhergesehen hat. Der Rausch des gesprochenen Wortes führt ihn über Schwierigkeiten, als ob es Katarakte seien, die die Gewalt seiner Rede wie im Taumel überspringt. Er ist der Ahnherr der parlamentarischen Beredsamkeit, der tobenden Wortschwelgerei, die in der Geschichte Frankreichs eine so große Rolle spielen und das Land in manche Sackgasse, aber auch aus vielen Krisen ins Freie führen wird.

Immer wird man ihn mit Mirabeau vergleichen, dem er an Temperament, an rednerischer Leidenschaft und an imponierender Häßlichkeit ähnelt. Aber er ist ein Mirabeau der Gosse, proletarisch, geldgierig und ohne Finesse. An Mut fehlt es ihm nicht, auch nicht an scharfem Blick für die jeweilige politische Lage. Er reißt das Land in den Stunden der Gefahr mit sich, er zwingt den Zagenden Opfermut auf und füllt das Wort Patriotismus mit der ganzen Trunkenheit, die ihn selbst beseelt und die sein Land fähig macht, den Feind abzuwehren und den Krieg in sein Land zu tragen.

Die Franzosen, soweit sie sich heute noch von den Tribünen herab, die Hand auf dem Herzen, als Nachfahren der Jakobiner und Erben der Revolution bezeichnen, denken nicht an Robespierre mit seiner konsequenten Anwendung des „Volkswillens", sondern an Dantons kompromißhafte, aber saftige Menschlichkeit. Dieser war ein vollblütiger Lebenskünstler, der gern fünf gerade sein ließ, der Geld nahm, wo er es kriegen konnte, vom Herzog von Orleans und selbst vom Hof; aber er war einer Begeisterung ohne Maß fähig und verstand es, andere zu begeistern.

„Er warf sich", schreibt ein Historiker von ihm, „in die Revolution wie ein Schnitter ins Kornfeld." Der breitschultrige Riese mit dem Löwenhaupt — ein Stier hatte ihm, als er ein Kind war, die Oberlippe zerfetzt — gebot über eine eherne Stimme, die mit Zaubergewalt auf die Massen wirkte und sie zu kopfloser Zustimmung zwang. Er war als armer Advokat aus Arcis-sur-Aube nach Paris gekommen und hatte sich dort mit der Tochter eines wohlhabenden Gastwirts verheiratet, die er sehr liebte. Diese Gabriele kannte ihn in seinen menschlichen Augenblicken, verstand, ihm zuzuhören, den Verzagten zu trösten, den Zornigen zu zügeln und den Traurigen zu erheitern. Denn an diesem Mann war nicht alles nur Wucht, Gebrüll und Rücksichtslosigkeit; er hatte seine Depressionen und Vorahnungen, und wenn er auch oft zu roher Gewalt, ja zu Blutvergießen und Mord aufrief, so widerte ihn die kalte Grausamkeit, deren Zeuge er später wurde, doch bis zum Lebensüberdruß an.

Er war ein Mensch durch und durch, und seine Mißgriffe und Schandtaten haben sein Andenken wohl trüben, aber nicht zerstören können. Der Aufruhr war sein Element, er liebte es, zu führen. Wohin er führte, war für ihn eine zweite Frage. Daß das absolute Königtum reif für die Zerstörung war und nie wiederkommen durfte, war freilich seine tiefe Überzeugung. Als er in die Gemeindeverwaltung von Paris einzog, wußte er, was die Kommune für den Kampf gegen das Königtum bedeutete. Sein politischer Instinkt und sein demagogisches Genie führten ihn ins Rathaus, von dem der Aufstand und der Aufbau der neuen Macht besser geleitet werden konnten als von irgendeiner anderen Stelle aus.

In seinem Stadtviertel gründete er den Klub der Cordeliers, wo er seine sichersten Freunde hatte, einen Desmoulins, einen Marat, einen Fabre d'Eglantine. Auch zu den Girondisten unterhielt er anfänglich freundschaftliche Beziehungen und ließ sich wohl auch im Salon der Madame Roland sehen.

Es ist unbestreitbar, daß er der eigentliche Organisator des 10. August gewesen ist, der das Ende der Monarchie bedeutete. So war es denn natürlich, daß er am Abend dieses blutigen Tages zum Justizminister ernannt wurde. Er blies dem Land jene Kraft ein, die es zum nationalen Widerstand gegen den anrückenden Feind befähigte. Der Kampfgeist, den die revolutionären Armeen zeigten und der dazu beitrug, der äußeren Gefahren, die die junge Republik bedrohten, Herr zu werden, stammte von Danton, der in der Stunde der Not imstande war, aus dem Volk den zündenden Funken zu schlagen. Das war sein großer Augenblick, der ihn unsterblich und zum Idol des streitbaren Republikanismus gemacht hat — ein Jahrhundert lang auf Kosten Robespierres, der erst sehr spät eine objektive Würdigung erfuhr.

Sein Leben endete früh und bitter. Er war erst fünfunddreißig Jahre alt, als ihn die aufziehende Schreckensherrschaft vernichtete. Er starb großartig, ohne Furcht, Redner bis zum letzten Hauch. Sein Feind, der ihn zu Fall brachte, hieß Robespierre.

Der Vormarsch der preußischen Armee gegen Paris schien unaufhaltsam zu sein. Der Feind erzwang sich den Weg durch die Argonnen und gewann die Straße nach Chalons. Die Bevölkerung der Hauptstadt verlor den Kopf, aber auch manche Politiker ließen sich aus der Fassung bringen. Der Minister Roland stellte ernsthaft die Frage zur Diskussion, ob die Regierung nicht Paris verlassen und im Süden des Landes ihren Sitz nehmen sollte.

Danton stürzte sich wie ein Raubtier auf diesen Vorschlag und zerfetzte ihn unter wilden Drohungen: „Wenn ein Schiff vom Untergang bedroht ist, wirft es alles ins Meer, was es gefährden könnte. So muß alles, was die Nation schädigen könnte, aus ihrer Mitte ausgestoßen werden!" Wer waren diese Schädlinge, von denen Danton sprach? Die wildesten Gerüchte gingen um. Überall sah man Verräter und Verschwörer, selbst in den Gefängnissen, die von Geistlichen, die den Eid verweigert hatten, und anderen Verdächtigen überfüllt waren. Die Kommune, die die eigentliche Regierungsgewalt ausübte, ließ in der Tat lange Listen von „Verschwörern" anfertigen, ja, man stellte bereits Gruppen von Kerlen zusammen, die an Hand dieser Listen die Gefängnisse „säubern" sollten. Der eigentliche Treiber bei diesen düsteren Vorbereitungen ist ein Journalist namens Marat, Arzt seines Zeichens, nicht ohne naturwissenschaftliche Bildung, aber halb verrückt vor Haß und obendrein von Krankheiten geplagt. Er stachelt die Kommune auf, in ihrem Werk der Verfolgung nicht nachzulassen und mit dem Blut der Priester und Adligen nicht zu sparen. Er rät sogar, einige führende Girondisten auf die Listen zu setzen, aber Danton verhindert es.

Im übrigen weiß Danton, was vorgeht, er verhindert nichts, im Gegenteil, er ermutigt die Kommune. Zu dem Durst nach Blut mischt sich die Furcht. Wenn nun der Feind wirklich in Paris einrückt und die Verderber der Monarchie bestraft? „Laßt hinter euch nichts als Blut und Leichen zurück!" schreibt Marat in seiner Zeitung. Aber er ist nicht der einzige, der zum Mord aufruft. Auch Billaud-Varenne, Collot d'Herbois, Hébert und andere Schreckensmänner beginnen in diesen Tagen ihre blutige Laufbahn und mobilisieren jene Elemente, die man später das Lumpenproletariat nennt.

Die Septembermassaker (2.–6. September 1792) Stich von Berthault nach Swebach-Desfontaines

Prinzessin Lamballe.
Nach P.-L. Grévedon

Am Mittag des 2. September läuten die Glocken von Paris Sturm. Es ist das Signal für die Septembermorde, die auf ewig die Revolution beflecken. In allen Gefängnissen werden Standgerichte abgehalten, die kaum einen der Gefangenen laufen lassen; fast alle werden sie auf die Höfe gejagt, wo die Mörderbanden sie mit Beilen, Säbeln und Piken umbringen. Die Henker werden vom Gemeinderat mit Wein und Erfrischungen bewirtet. Zwölfhundert wehrlose Menschen finden in diesen Tagen einen schrecklichen Tod, die verstümmelten Leichen häufen sich zu Bergen auf, in den angrenzenden Straßen fließt das Blut durch den Rinnstein. Als es keine politischen Gefangenen mehr gibt, machen sich die Würger in den Gefängnissen über die Diebe, Landstreicher und Prostituierten her. Töten, quälen, schlachten — was ist über dies Volk gekommen, das so viel Verstand, so viel häusliche Tugend hat? Man tut es freilich auf Anweisung der Obrigkeit, die die Greuel sorgfältig organisiert hat.

Eines der vielen Opfer ist die bezaubernde Prinzessin Lamballe, eine Freundin der Königin. Sie war schon emigriert, kehrte aber nach der Verhaftung der königlichen Familie nach Paris zurück, um der Freundin nahe zu sein. Die junge Frau wurde auf einem Prellstein mit Säbeln zerhackt. Mit ihrem zerfetzten Leichnam trieben die Mörder ihren gemeinen Spott. Ihren Kopf steckte man auf eine Pike und trug ihn zum Temple, wo die königliche Familie gefangen saß. Das blutige Haupt wurde der Königin so lange vor ihr Fenster gehalten, bis man sicher war, daß sie es gesehen hatte.

Gegenrevolutionäres Flugblatt

Dem Werk der rohen Mörder folgte das Werk der pflichtgetreuen Soldaten. Während Braunschweig sich auf der Straße nach Paris durch Schlamm und Regen mühsam vorwärtsbewegte, vereinigten sich die Truppen Dumouriez' und Kellermanns. Am 20. September stießen die Vorhuten bei Valmy zusammen. Nebel und Regen versperrten die Sicht. Erst gegen Mittag rückte die preußische Infanterie in Richtung auf die Mühle von Valmy vor. Es war die berühmteste Infanterie Europas, die sich dort taktfest wie bei einer Parade bergauf arbeitete. Kellermann besiegte mit einem „Es lebe die Nation!" das Zögern seiner jungen Soldaten. Sie eröffneten ein wütendes Feuer auf die Preußen, dann begann die französische Artillerie ihre Tätigkeit. Der Angriff kam ins Stocken, die Kanonade nahm an Heftigkeit zu. Um vier Uhr nachmittags bereitete Kellermann sich auf einen Bajonettangriff

des Gegners vor, aber die Preußen blieben stehen. Gegen Abend erlosch das Feuergefecht langsam auf beiden Seiten. Staunend, ja ungläubig stellten die Gegner fest, daß eine seltsame Stille eingetreten war, nur der Regen strömte hernieder. Kein Kampfgeschrei, keine Signale mehr. Gewiß, die Schlacht war weder gewonnen noch verloren. Aber die junge Republik war nicht zurückgewichen. Ein neues Selbstgefühl hatte sich ihrer bemächtigt. Sie hielt stand, sie war nicht mehr zu überrennen. Der feindliche Vormarsch war zu Ende.
Am anderen Tag trat in Paris der neugewählte Nationalkonvent zusammen.

Schlacht von Valmy am 20. September 1792.
Gemälde von Horace Vernet

Goethe begleitet den Herzog von Weimar, dessen Minister er ist, ins Feld und macht auf diese Weise die Campagne in Frankreich in den Reihen der preußischen Armee mit. Seine Teilnahme ist freilich nur die eines Zuschauers. Für ihn ist der Krieg keine Herzenssache, kaum eine politische Begebenheit, sondern ein Objekt der Betrachtung. Aufmerksam, doch leidenschaftslos verfolgt er die großen und kleinen Begebenheiten, läßt sich weder durch Kanonenkugeln, durch den Anblick von Toten und Verwundeten, durch die Leiden der Zivilbevölkerung, noch aber durch den unablässig herabströmenden Regen aus der Fassung bringen.

Er ist seiner Umgebung ein freundlicher Gefährte, erquickt sie durch wohlgelaunte Gespräche und läßt sie an allem teilhaben, was er in den Dörfern und Bauernhöfen an Eßbarem oder Trinkbarem anschafft. Über den Feldzug macht er sich wenig Illusionen, er ist, so fremd und unsympathisch ihm die Revolution auch ist, weit davon entfernt, sie für erschöpft oder gar reif für den Zusammenbruch zu halten. Alle „Freiheitsapostel" waren ihm seit je zuwider, sein Ordnungsbegriff ist zu gründlich durchdacht und zu wohl erprobt, als daß er unter dem Eindruck der gewaltsamen Vorgänge in Paris von ihm hätte abweichen können. Sein weises Verhältnis zum Umsturz, zu dessen Schrecken und Notwendigkeiten hat er am schönsten auf einigen Seiten von „Hermann und Dorothea" niedergelegt. Seine Gelassenheit entstammte einer gebändigten Natur, auch er hatte seine Dämonen, aber er hielt sie am Zügel oder ließ sie verwandelt in sein Werk eingehen. Er schützte sich gegen die Elementarkräfte, die in der Französischen Revolution steckten, aber er verkannte ihre Bedeutung nicht.

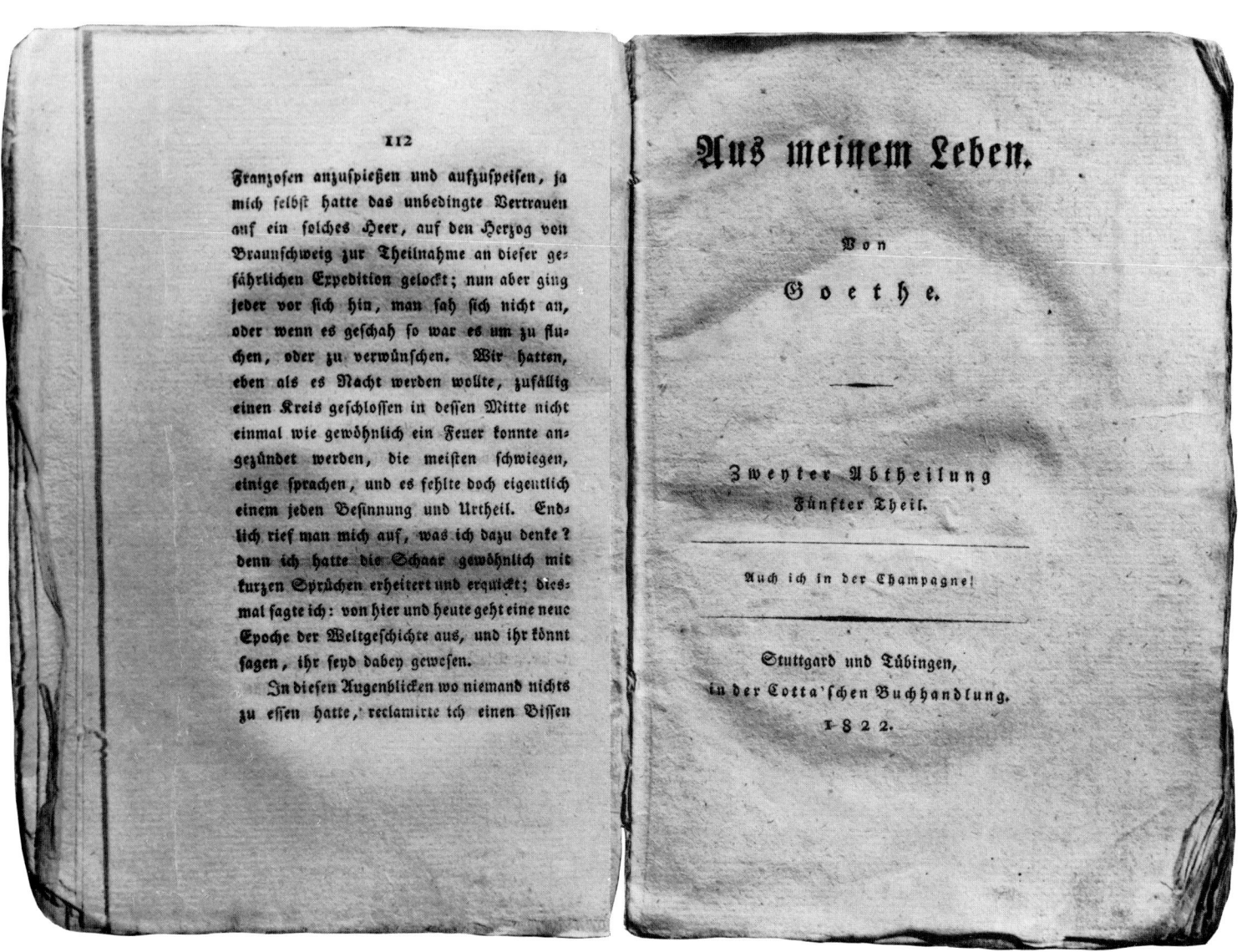

Festung Verdun.
Handzeichnung von Goethe,
entstanden während der
Campagne in Frankreich

In der „Campagne in Frankreich", die Goethe Jahrzehnte nach den Ereignissen an Hand seiner Tagebücher und Briefe von damals verfaßt hat, legt er sein Verhältnis zum Kriege mit großer Offenheit nieder: „So, zwischen Ordnung und Unordnung, zwischen Erhalten und Verderben, zwischen Rauben und Bezahlen, lebte man immer frei, und dies mag es wohl sein, was den Krieg für das Gemüt eigentlich verderblich macht."

Die Armee liegt vor Verdun, das sie bald einnehmen wird. Er macht eine sorgfältige Zeichnung von der Landschaft, in die die Festung eingebettet ist. „Um Mitternacht fing das Bombardement an...", und während die „geschwänzten Feuermeteore" auf die Stadt regneten, führte Goethe im Schutz einer Weinbergmauer mit dem Fürsten Reuß ein lebhaftes Gespräch über die Farbenlehre.

Diese unerschütterliche, fast kalte Gelassenheit verläßt ihn auch während der Kanonade bei Valmy nicht. Er ist sich klar darüber, daß dieser Tag dem Vormarsch der verbündeten Armeen ein Ende macht. „Die größte Bestürzung verbreitet sich über die Armee. Noch am Morgen hatte man nicht anders gedacht als die sämtlichen Franzosen anzuspießen und aufzuspeisen, ja mich selbst hatte das unbedingte Vertrauen auf ein solches Heer, auf den Herzog von Braunschweig, zur Teilnahme an dieser gefährlichen Expedition gelockt; nun aber ging jeder vor sich hin, man sah sich nicht an, oder wenn es geschah, so war es, um zu fluchen oder zu verwünschen. Wir hatten, eben als es Nacht werden wollte, zufällig einen Kreis geschlossen, in dessen Mitte nicht einmal, wie gewöhnlich, ein Feuer angezündet werden konnte; die meisten schwiegen, einige sprachen, und es fehlte doch eigentlich einem jeden Besinnung und Urteil."

Vor dieser trüben Gesellschaft, die von ihm ein aufmunterndes Wort erwartet, tut Goethe seinen berühmten Ausspruch: „Von hier und heute geht eine neue Epoche der Weltgeschichte aus, und ihr könnt sagen, ihr seid dabeigewesen."

Dann beginnt, wie Goethe sagt, der „ahnungsvolle Rückzug", das Zeitalter der Kriege ist eröffnet. Frankreich wird erst wieder bei Waterloo die Waffen niederlegen.

Bemerkung Goethes
zur Schlacht von Valmy in der
„Campagne in Frankreich"

*Chateaubriand mit 23 Jahren.
Gemälde von Girodet*

Noch ein anderer großer Dichter dieser Epoche nimmt an der „Campagne in Frankreich" teil. Das ist Chateaubriand, der als Freiwilliger zu der Armee der französischen Emigranten gestoßen ist. Er trägt nun die schmucke Uniform seines alten Regiments Navarra, dessen Weiß sich im Kreideschlamm der Campagne ein wenig besser bewährt als die himmelblaue Pracht anderer Adelsregimenter. In Trier findet er bei seinen Landsleuten, die in die „Armee der Prinzen" eingereiht sind, eine kühle Aufnahme, denn sie sind der Ansicht, daß er recht spät kommt. Der Sturz der Pariser Pöbelrepublik, so heißt es rings um ihn, sei nur noch eine Frage von Wochen. Er kann sich nur damit entschuldigen, daß er eben erst aus den amerikanischen Wäldern zurückgekehrt und unverzüglich an die Front geeilt sei. Die Regimenter bestehen fast ausschließlich aus Adligen und tragen hübsche Uniformen, nur die Einheiten, die aus nichtadligen jungen Leuten bestehen, dürfen lediglich eine schmucklose, dunkelgraue Uniform tragen. So verewigen, wie Chateaubriand notiert, „Leute, die derselben Sache anhängen und derselben Gefahr ausgesetzt sind, ihre gesellschaftlichen Ungleichheiten durch abscheuliche äußere Merkmale". Der junge Krieger ist mit einem Gewehr ausgerüstet, dessen Hahn verklemmt ist und das während des ganzen Feldzugs nicht einmal benutzt wird. Er führt nur zwei Hemden mit, dafür ist seine Patronentasche um so voller. Sie quillt von Manuskripten über, darunter eine Geschichte aus Amerika, die unter dem Namen „Atala" berühmt werden wird. Er schreibt bei jeder Gelegenheit, aber bald setzt der Herbstregen des Jahres 1792 ein, der nicht so bald enden und das Seine zum Scheitern des Feldzuges gegen die unbotmäßige Republik tun wird.

Die Koalition, in deren Reihen Chateaubriand Dienst tut, wird durch den Tag von Valmy jäh aus ihren Illusionen gerissen. Der junge französische Dichter ist bei Valmy nicht dabeigewesen, aber es hat auch anderswo Kanonenschüsse gegeben, und ein Granatsplitter hat ihm eine tüchtige Fleischwunde am Bein beigebracht. Es regnet mehr denn je, alle Welt verschlingt unreife Trauben und trinkt schlechtes Wasser. Auch Chateaubriand erkrankt, er schleppt sich wochenlang elend dahin, bis er nach Ostende kommt und ein Schiff nach England findet. Seine Feldzugserinnerungen bleiben lebendig. Er hat für sein ganzes Leben einen Einblick in die Leichtfertigkeit und den Egoismus der „Prinzen" getan — eine bittere Erfahrung für einen opferwilligen jungen Royalisten.

Frankreich hat sich um den Mann, dem die Patenschaft der „Marseillaise" zukommt, wenig gekümmert. Der Baron de Dietrich, ein hervorragender Kenner der Mineralogie, gebildet, Vertreter eines schönen Lebensstils, war ein glühender Anhänger der Französischen Revolution, ohne, wie so viele Männer seiner Art, die vollen Konsequenzen dieser Bewegung vorauszusehen. Er wünschte eine freiheitliche Entwicklung und war einer jener Geister, die in der Revolution den Beginn eines hochherzigen Weltbürgertums zu sehen glaubten. Die Gewalttaten, die zum Sturz des Königtums führten, und die Septembermorde erschreckten ihn. Er hatte seine Stadt gut verwaltet, aber es war klar, daß er den radikalen Elementen nicht behagte. Nachdem La Fayette zu den Österreichern desertiert war, machten seine Feinde auf seine Verbindungen mit ihm aufmerksam. Er wurde als Komplice La Fayettes verhaftet und zum Tode verurteilt. Seine Anklageschrift ist ein Kuriosum, denn es ist selten, daß eine amtliche Drucksache, die einen Antrag auf die Todesstrafe enthält, so zierlich gedruckt ist und sich mit klassizistischen Zierleisten und Blumenornamenten schmückt. Der Schmuck stammte noch aus dem galanten Jahrhundert. Der Inhalt zeugte von der erbarmungslosen Brutalität der neuen Zeit.

Anklageschrift gegen Friedrich Dietrich, Bürgermeister von Straßburg

Die Siege der Revolutionsarmee, die unter der Trikolore bei den Klängen der Marseillaise erfochten wurden, wühlten Europa von Grund auf und stürzten die Geister in namenlose Verwirrung. Das Für und Wider, das Goethe in den „Unterhaltungen deutscher Ausgewanderter" geschildert hat, zog sich wie ein tiefer Riß durch alle menschlichen Gemeinschaften, teilte die Menschen, riß alte Freunde auseinander und stiftete neue Bindungen. Man gab der freiheitlichen Bewegung, die von Frankreich ausging und sich dort durch kein Hindernis, durch kein Entsetzen vor vergossenem Blut und brutaler Zerstörung aufhalten ließ, die Weihe einer ideellen Macht, der sich kein fortschrittlich gesinnter Mensch entziehen dürfe, oder man verdammte sie als bösartigen Anschlag auf Sitte, Religion und auf alles, was Ehrfurcht erheischt. Die Revolution wurde in Europa vergöttert oder verflucht. Einen Mittelweg, so schien es, gab es nicht mehr, wenigstens nicht für die gebildeten Menschen, die Verstand und Kenntnisse genug hatten, um die umwälzenden Vorgänge wahrzunehmen.

Am tiefsten waren die Geister in Deutschland aufgerührt. Sie waren für die Befreiungspropaganda, die die revolutionäre Armee in den besetzten Gebieten verbreitete, am aufgeschlossensten. Als Custine das linke Rheinufer nahm und ins Kurfürstentum Mainz einrückte, fand er kluge und freiheitlich gesinnte Männer vor, die sich an das lockere Reichsgefüge nicht gebunden fühlten und der Bildung einer rheinischen Republik, die ein Teil der französischen Republik werden sollte, zustimmten. Georg Forster ist unter diesen Männern, die man im heutigen Jargon Kollaborateure nennen würde, am bekanntesten geworden. Er war einer der besten Schriftsteller seiner Zeit. Seine Reisebeschreibungen aus der Südsee, aber auch aus Europa, sind von unverwelkter Frische. Er begleitete den berühmten Kapitän Cook bei seiner zweiten Weltumseglung. Er war eine wahre Entdeckernatur, ein Sprachgenie, aber ohne inneres Gleichgewicht, zerquält und mit sich selbst zerfallen. Er war ein Mann ohne Glück, der in seiner Ehe scheiterte, es nie zu einem wirklichen Erfolg brachte und zwischen praktischer Politik und historischer Betrachtung schwankte.

An die Pariser Revolution knüpfte er maßlose Hoffnungen. Er gehörte zu jenen Idealisten, die von Paris her eine Erneuerung der Völker erwarteten und die „Neufranken" als Erlöser aus Fürstendruck und kleinstaatlicher Enge begrüßten. Forster wurde 1793, nachdem die Rheinische Republik am 21. März ausgerufen worden war, mit Adam

Lux nach Paris gesandt, um dem Konvent eine Adresse zu überreichen. Der Empfang war kühl, eher geschäftsmäßig. Der Konvent beschloß einstimmig die Einverleibung der Rheinischen Republik, im Sitzungsbericht wurden die Namen der deutschen Delegierten nicht einmal erwähnt. Forster kam in einem schlechten Moment, der Konvent war im Begriff, die Politik der „Befreiung" aufzugeben, und ließ die „Kollaborateure" kaltblütig fallen. Forster konnte das Scheitern seiner Träume nicht fassen: „Es ekelt mich an — es sind Teufel. Herzlose Teufel..." Paris war für ihn jetzt nur noch ein „ekelhaftes Labyrinth", er fühlte sich von Spitzeln und Aushorchern umgeben. Die Ausländer, Deutsche, Polen und Engländer, die aus Begeisterung nach Paris gekommen waren, wurden feindselig behandelt. Forster verlor seinen Glauben, er war einsam und krank. Er plagte sich bis in seine Todesstunde mit dem Problem, wie man in einer Revolution „seine Humanität bewahren" könne. Verlassen und ohne Hoffnung starb er an einer Grippe, von Tahiti und dem Glanz der Südsee fiebernd.

Georg Forster (1754–1794)

Zwar wird der Druck auf die Bevölkerung immer größer, zwar wird das Leben kärger, zwar wächst das Mißtrauen der Menschen gegeneinander, weil doch jeder als guter Patriot gelten möchte, aber ganz und gar läßt sich die alte Pariser Leichtfertigkeit nicht aus der Welt schaffen. Natürlich ist das Palais Royal nach wie vor der Mittelpunkt des Vergnügungslebens, wo die Frauen ihre neuen Moden und Frisuren zeigen. Die Männer bemühen sich, bärbeißig auszusehen, tragen haarige Hüte und zerren ihre Halsbinde bis zu den Ohren hinauf. Die Frauen zeigen einen wachsenden Drang zur Entblößung. Die enganliegenden Kleider mit prächtigen Halsausschnitten haben einen klassizistischen Stil, bringen aber auch den weiblichen Liebreiz zur Geltung. In der Haartracht und den Hutformen kann die meiste Phantasie entfaltet werden. Aber der Höhepunkt des Exzentrischen ist noch lange nicht erreicht. Je drückender die Herrschaft des Schreckens, um so tollkühner werden die Moden.

Typen und Moden der Revolutionszeit

Mit jedem Tag, da die Revolution radikaler wird, wächst auch die Macht des Jakobinerklubs. Ursprünglich war er eine Gesellschaft von politisch interessierten Männern, die sich mit Verfassungstheorien befaßte, ein Debattierklub also, dessen Mitglieder überwiegend aus gebildeten Leuten bestanden. Nach und nach schieden diese Elemente jedoch aus und überließen den scharfen Patrioten das Feld.

Der Klub und seine fast zweitausend Tochtergesellschaften, die über das ganze Land verteilt sind, werden das eigentliche Fundament der Revolution, besonders seitdem Robespierre ihr befruchtender Kopf geworden ist.

Der Klub wirkt nach oben und unten, er besetzt die Überwachungsausschüsse bei den Kommunen und Sektionen, er kontrolliert jede revolutionäre Körperschaft, sei es die Pariser Stadtverwaltung, sei es die Nationalgarde. Gleichzeitig handhabt er die Petitionen, die unaufhörlich im Konvent eingebracht werden und dessen Arbeit weitgehend bestimmen.

Jeder wichtige Beschluß der Ausschüsse und des Konvents wird erst dem Klub vorgelegt, der dann gewöhnlich eine Art Generalprobe der eigentlichen Sitzung und ihrer Debatten abhält. Jeder Abgeordnete, der von einer Dienstreise, sei es von der Front, sei es aus der Provinz, zurückkommt, stattet dem Klub Bericht ab, rechtfertigt sich vor ihm und fordert Entlastung von ihm. Jede große Rede im Konvent wird vor den Jakobinern wiederholt, wenn sie sie nicht gar vorher zu hören bekommen. Kurzum, sie sind das eigentliche „Volk" im Sinne Rousseaus, sie drücken den „allgemeinen Willen" aus und haben dementsprechend ein souveränes Kontrollrecht. Die Volksgesellschaften besetzen alle Ämter, so daß der Überwachende und der Überwachte bald identisch werden. Sie bestimmen, wer zum Militär eingezogen wird, wer einen „Bürgerausweis" erhält, wer verdächtig und wer zuverlässig ist. Sie ernennen die Geschworenen des Revolutions-

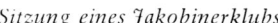

Sitzung eines Jakobinerklubs

tribunals, geben den Richtern Anweisungen und beanspruchen stets einen Teil der eingezogenen Vermögen von Verurteilten für ihre Organisation.

In Paris tagen die Jakobiner in einem ehemaligen Kloster in der Rue Saint-Honoré, das einst den Orden der Jakobinermönche beherbergte. Die Sitzungen finden gewöhnlich am Abend statt und sind sehr überfüllt, denn wie groß Robespierres instinktive Abneigung dagegen auch sein mag, er duldet doch Lärm, Geschrei, unordentliche Kleidung, kurz alles, was die Fiktion „Volk" unterstützt. Vor der Rednertribüne sieht man ein Modell der Bastille, erbaut aus „echten" Steinen der zerstörten Festung.

Gabriel, ein Künstler aus der berühmten Architektenfamilie, hat mit erbarmungslosem Stift eine Reihe von Porträts führender Revolutionäre gezeichnet. Es sind meist Figuren, die nach der Hinrichtung des Königs und dem Sturz der Girondisten hochgekommen waren.

Der Name Henriot ist für alle Zeiten mit der Vernichtung der Gironde verbunden. Den letzten Gesetzen des Konvents, die die nahende Schreckensherrschaft ankündigten, hatten diese gemäßigten Abgeordneten noch zugestimmt, wenn auch unter großen Bedenken. Am 10. März wurde das Revolutionstribunal ins Leben gerufen. Einige Wochen später richtete man den Wohlfahrtsausschuß ein, der mit fast unbegrenzten Vollmachten ausgestattet wurde und dessen Vorsitz Danton innehatte. Robespierre verband sich mit der Kommune, die einen bis dahin unbekannten Kapitän der Nationalgarde, Henriot, zum Oberbefehlshaber der Garnison von Paris ernannte. Mit seiner Truppe, die er durch einen Pöbelhaufen verstärkt hatte, damit der „Volkswille" ersichtlich wurde, besetzte er den Konvent und zwang ihn, neunundzwanzig Abgeordnete, die zu den Girondisten gehörten, auszuliefern. Henriot wurde General und behielt den Oberbefehl über die Truppen, die er so sicher und entschieden dem Willen Robespierres und der Kommune gefügig gemacht hatte.

Über die systematische und gleichsam ordentliche Schreckensherrschaft Robespierres ist das Bild eines Mannes in den Hintergrund getreten, der zu den anrüchigsten und verhängnisvollsten Figuren jener Jahre gehört, Hébert. Dieser Hébert, ein ehemaliger Theaterkontrolleur, verstand es, sich in der Kommune einen sicheren Platz zu schaffen, und zwar vor allem durch seine Zeitung „Le Père Duchesne", ein Straßenblatt niedrigster Sorte, das in der Sprache der Gosse geschrieben war. Da er das Blatt aus amtlichen Kassen subventionieren ließ, kannte er keine Sorgen um Papier und Verteilung und brachte das Blatt zeitweilig auf die für damalige Verhältnisse riesige Auflage von über einer halben Million. Hébert führte bei allen Ausschreitungen der Revolution, er erhob die rote Zipfelmütze der Galeerensträflinge zur ehrenhaften Kopfbedeckung und nahm an den antireligiösen Umtrieben teil, die darauf hinausliefen, die Glocken abzuschaffen, den Kalender mit den Heiligennamen zu ändern und die „Vernunft" auf die Kirchenaltäre zu setzen. Alles dies geschah zum Ärger Robespierres, der die rohe und gesinnungslose Demagogie dieses Kerls haßte und ihn fallen ließ, sobald er dessen mächtigen Einfluß in der Kommune brechen konnte. Hébert starb auf dem Schafott. Seine Hinrichtung wurde zu einem Volksfest, so wenig war es ihm gelungen, die Straße zu erobern, deren Herr er zu sein glaubte.

Carrier, der Prokonsul von Nantes, hat nie eine bedeutende politische Rolle gespielt. Er wurde nach der großen Niederlage der Königstreuen nach Nantes geschickt, dessen ganzes Hinterland durch Klebers Sieg zum Schweigen gebracht, aber noch lange nicht befriedet war. Carrier richtete in Nantes eine Schreckensherrschaft ohnegleichen auf. Der finstere, krankhaft grausame Mann ließ seine Opfer auf Schiffen auf die Loire schaffen und dort versenken. Er wurde nach Robespierres Sturz hingerichtet.

Von oben nach unten:
Henriot – Hébert – Carrier. Zeichnungen von Gabriel

*Maximilien Robespierre.
Anonymes Gemälde*

Dieser kokett gekleidete Mann mit dem höflichen Gesichtsausdruck ist der Erfinder des Terrors als eines politischen Mittels. Es ist Maximilien Robespierre (1758—1794), seines Zeichens Rechtsanwalt aus der nordfranzösischen Stadt Arras. Seine Vaterstadt schickte ihn beim Zusammentritt der Generalstände als Vertreter des Dritten Standes nach Versailles. Er war zunächst ein stiller und etwas schüchterner Abgeordneter, der wenig Gelegenheit hatte, hervorzutreten. Aber ein großer Kenner der politischen und menschlichen Psychologie, nämlich Mirabeau, sagte von ihm: „Dieser Mann wird es weit bringen, denn er glaubt, was er sagt."

Robespierre war ein Mann, der nichts für sich verlangte und nur einer Idee nachjagte, nämlich die Herrschaft des Volkes aufzurichten. Das Unglück war nur, daß er der einzige Mensch war, der wußte, was das Volk ist. Als allzu wörtlicher Anhänger Rousseaus glaubte er sich im Besitze des allgemeinen Volkswillens und errichtete in seinem Lande die lückenlose Herrschaft einer einzigen Partei. Als der Konvent ihm nicht mehr folgte, begann er die Widerspenstigen auszurotten. Als auch die Bevölkerung ihn nicht als den Bringer des Heils anerkennen wollte,

paris le 15 février l'an 2 de la république.

mon cher Danton, si, dans les grands malheurs qui puissent ébranler une ame telle que la tienne, la certitude d'avoir un ami tendre et dévoué peut t'offrir quelque consolation, je te la présente. je t'aime plus que jamais et jusqu'à la mort. dans ce moment ci, je suis toi même. ne ferme point ton cœur aux accens de l'amitié qui ressent toute ta peine. pleurons ensemble nos amis; et faisons bientôt ressentir les effets de notre douleur profond aux tirans qui sont les auteurs de nos malheurs publics et de nos malheurs privés. mon ami, je t'avois adressé ce langage de mon cœur, dans la belgique. j'aurois déja été te voir, si je n'avois respecté les premiers momens de ta juste affliction. embrasse ton ami.   Robespierre

Brief Robespierres an Danton vom 15. Februar 1793

Diesen von Freundschaft überströmenden Brief schreibt Robespierre an Danton im Februar 1793, als dessen erste Frau gestorben war. „Ich liebe Dich mehr denn je und bis in den Tod", schreibt er dem Trauernden, den er ein Jahr später hinrichten läßt.

richtete er die Herrschaft des Schreckens auf, organisierte einen lückenlosen politischen Machtapparat, bediente sich der Polizei und des Revolutionstribunals und rottete auf diese Weise seine Widersacher aus. Aber nicht nur derjenige, der ihm zuwiderhandelte, fiel seinem terroristischen System zum Opfer, sondern auch derjenige, der anders dachte als er. Robespierre war der Mann, der die Gesinnung als entscheidendes Element in die Politik einführte.

Kaum jemals ist in der modernen Geschichte ein Name heftiger umstritten worden als der seine. Seine Zeit konnte sich nicht darüber einigen, ob er ein Wüterich war, der mit Wonne das Blut seiner Mitmenschen vergoß, oder ob er aus Idealismus handelte. Er hatte nur wenig Freunde, er liebte niemanden, keine Frau spielte in seinem Leben eine Rolle. Bei einem Pariser Tischlermeister bewohnte er zwei bescheidene Zimmer, in denen er Tag und Nacht arbeitete, wenn er nicht an den Sitzungen des Konvents teilnahm oder dem Wohlfahrtsausschuß präsidierte. Er war weder ein großer Redner noch eine faszinierende Persönlichkeit, er war nichts weiter als konsequent und schreckte vor keiner Schlußfolgerung seines Denkens zurück.

Sein Name beherrschte die Welt. Von Spanien bis St. Petersburg, von Irland bis Konstantinopel gab es kein Wirtshaus, keinen geselligen Tisch, keine Kaminecke, wo nicht zweierlei Meinungen leidenschaftlich ausgetragen wurden. Brachte er der Welt die Freiheit oder die härteste aller Knechtschaften, nämlich die der Gesinnung? Denunziantentum, Spitzelei, Haussuchungen, willkürliche Verhaftungen, Todesurteile ohne Verfahren, alles das gehörte zu seinen Regierungsmethoden, niemand war seines Lebens sicher. Alles, was Diktatur, politische Unterdrückung und politische Schrecken je hervorgebracht haben, geht auf ihn zurück — ein schrecklicher, aber ein gewaltiger Mann.

Mit Recht trug er den Beinamen „der Unbestechliche", denn er hat die Korruption erbarmungslos bekämpft und seine ganze Feindschaft nicht nur gegen lasterhafte und schwelgerische Politiker, sondern gegen den Lebensgenuß in jeder, selbst in höherer Form gerichtet. Daß das Leben mit seinen Schmerzen und Schönheiten einen Wert in sich darstellte, erschien ihm absurd, ja eine strafwürdige Ketzerei, die den Tod verdiente. Sein Lieblingswort war „Tugend", er wollte eine tugendhafte Gemeinschaft errichten, wobei die Tugend sich nicht mit den normalen Vorstellungen eines sittlich vorbildlichen Lebens deckte, sondern eine völlige Unterordnung des menschlichen Verhaltens unter die Revolution bedeutete. Er sagte: „Die Triebfeder der Volksregierung sind zugleich die Tugend und der Schrecken."

Nein, er war kein Blutsäufer, er hielt sich von Szenen der Gewalt fern, er wohnte nie einer der zahllosen Hinrichtungen auch nur von weitem bei. Er verachtete die Leute, die die von ihm erteilten Blutbefehle mit Genugtuung ausführten. Er verachtete sogar die Generale und sah auf das Soldatenhandwerk und auf den Krieg herab. Die Guillotine war für ihn ein Mittel, „die Seelen zu bessern", aber auch ein Mittel, ihm alle Gegner vom Halse zu schaffen und seine Allmacht zu befestigen.

Im Grunde war es seine so gänzlich unfranzösische Lebensverachtung, die ihn zu Fall brachte. Hinter den Leuten, die sich gegen ihn zusammenrotteten, stand Frankreich, das vom Blutvergießen, vom Fanatismus genug hatte. Das Leben in Angst war unerträglich geworden.

Saint-Just. Anonymes Gemälde

Das geistige Erbe Robespierres hat lange brachgelegen, es wurde von den bösen Erinnerungen an die Schreckenszeit verdunkelt. Erst als die Revolution längst vorüber ist, tauchen die Robespierristen wieder aus ihren Schlupfwinkeln auf und entfalten alles das, was an sozialen, um nicht zu sagen klassenkämpferischen Elementen in seinen Reden und Schriften stak. Zwei Ströme gehen in langen Windungen von Robespierre aus. Es sind die beiden totalitären Strömungen unserer Epoche, die beide auf persönliche Macht, auf Gesinnungsterror und auf Menschenverachtung aufgebaut sind.

Saint-Just ging im Alter von siebenundzwanzig Jahren mit Robespierre unter. Seine umwälzenden Ideen einer sozialen Utopie blieben daher Stückwerk. Dieser schöne junge Mensch ist sicher die geheimnisvollste Figur der an undurchdringlichen und widerspruchsvollen Menschen so reichen Revolution. Das Bündnis zwischen ihm und Robespierre ist fest und voll von Rätseln. Waltet wirklich Zuneigung zwischen ihnen oder hat jeder im anderen den „schrecklichen Vereinfacher" erkannt, der vor keinem Argument, das die menschliche Existenz bieten kann, zurückschreckt? Saint-Just ist noch starrer als Robespierre. Im Konvent, im Wohlfahrtsausschuß, bei den Jakobinern bleibt er unbeweglich, in steinerner Harmonie wie die Standbilder der Götter. „Die Herrschaft gehört den Phlegmatikern!" ruft er seinem Freunde Robespierre zu, als auf dessen Gesicht der Zorn aufzuckt. Seine Erbarmungslosigkeit ist niemals die eines Wüterichs, sondern eines Totenrichters.

Fast alle großen Todesdekrete werden im Konvent von ihm vertreten, er fordert den Kopf des Königs, den Tod Héberts und seiner Gruppe, den Tod seines Freundes Desmoulins, Dantons und Héraults. Hart und hold steht er auf der Tribüne, das Licht bricht sich im Gold seiner Locken, leise schaukeln seine Ohrringe: kein Ausdruck, keine Bewegung unterbricht seine fast verklärte Ruhe. „Gelassen einherschreiten in Blut und Tränen" — wer kann es außer ihm! Er bringt jene mörderischen Gesetze ein, denen selbst ein Robespierre mehr Anschein der Legalität geben möchte, die Gesetze gegen die „Verdächtigen", die Bestimmungen über die Enteignung aller Verhafteten, die Pflicht zur Denunziation, die Aberkennung der Bürgerrechte, das abgekürzte Gerichtsverfahren, die Verfügung, daß auch „die Passiven und Gleichgültigen" zu bestrafen sind, alle diese Maßnahmen, die er mit dem Wort begründet: „Man muß die alte Welt ausrotten", oder noch deutlicher: „Es liegt etwas Schreckliches in der Liebe zum Vaterland; sie ist so ausschließlich, daß sie alles ohne Erbarmen, ohne Schaudern, ohne Achtung dem öffentlichen Interesse zum Opfer bringt."

Sein Tätigkeitsdrang ist ungeheuer, er ist immer in Bewegung. „Diejenigen", so schreibt er, „die Revolutionen in der Welt machen, dürfen erst im Grabe schlafen." Immer wieder geht er als politischer Kommissar an die Front. Er ist gern bei der Armee; die Spannung, die Gefahr und das ganze Leben bei der Truppe sagen ihm zu. Er ist dabei ein Stück berittener Zentralgewalt, seine Vollmachten sind unbeschränkt, er kann jede Maßnahme unverzüglich in Kraft setzen und ist Herr über Leben und Tod. Die Generale zittern vor ihm, er kommt an, schießt Fragen wie Pfeile auf sie ab, prüft alles, vom Hufbeschlag bis zu den Operationsplänen, notiert, ordnet an, degradiert, befördert und läßt verhaften. Die ganze Armee vom kleinsten Trommler bis zum Oberbefehlshaber fürchtet ihn, aber jeder weiß, daß er gerecht ist und nichts für sich verlangt. Mit ruhigen Schritten, den Hut mit dem dreifarbigen Federbusch auf der Spitze seines Säbels tragend, geht er der Kolonne voran, die unter dem Feuer der preußischen Kanonen gegen die Linien von Weißenburg vorrückt. Er ist allgegenwärtig, schnell wie der Blitz und sofort handelnd, bald ist er in Flandern, bald in der Pfalz, bald in Belgien, bald am Rhein. Die Generale dieser Epoche haben vor sich den Feind und hinter sich die Guillotine, dafür sorgt Saint-Just. Die Armee beugt sich wie ein Ährenfeld unter diesem Sturm, aber sie richtet sich von diesem Druck gestärkt und unbesiegbar auf. Saint-Just stellt nicht nur die Schlagkraft und Moral der Truppe wieder her, er liefert auch der genialen Organisationsarbeit Carnots den sittlichen Beitrag, der notwendig ist, um ein Volksheer zu schaffen.

Die „Institutionen", die er mit fünfundzwanzig Jahren zu schreiben begonnen hat, werden nie zu Ende geführt werden. Das Werk ist eine Gesellschaftsutopie von äußerster Strenge, der Mensch wird in ihm mit einer an Wahnsinn grenzenden Konsequenz dem Staat unterworfen. Der Staatsbürger hört auf, sein Leben selbst zu ordnen, sein Gewissen selbst zu prüfen, seine Kinder zu erziehen, seine Tage hinzubringen, zu atmen und zu denken — alles das soll mit Hilfe der Institutionen der Staat übernehmen. Es ist ein ödes, aber stählernes Paradies, das Saint-Just sich für die Menschheit ausdenkt. Er hat die Texte stückweise zusammennotiert, an den Lagerfeuern, im Konvent, an seinem kleinen Pult im Wohlfahrtsausschuß. Aber auch diesen Faden hat das Fallbeil durchschnitten.

Sitzung des Wohlfahrtsausschusses

Der Wohlfahrtsausschuß wird im April 1793 gegründet und stellt das eigentliche Vollzugsorgan des Konvents dar. Er wird zunächst von Danton geleitet, dieser muß aber bald darauf dies wichtige, ja entscheidende Amt Robespierre überlassen, weil er es gewagt hat, den Einbruch der Truppen der Pariser Garnison unter dem Befehl von Henriot in den Sitzungssaal des Konvents zu mißbilligen.

Robespierre hat nun die Hand am Hebel. Einige Ministerien bleiben zwar noch bestehen, aber in der Gesamtheit geht die vollziehende Gewalt an den Wohlfahrtsausschuß über. Auch der Konvent unterwirft sich mehr und mehr dieser Körperschaft. Ihm bleibt eigentlich nur noch die Verfügung über die öffentlichen Mittel, was nichts anderes heißt, als daß ihm die ganze Verantwortung für die lawinenartig anschwellende Inflation obliegt. Der sogenannte Sicherheitsausschuß, also die Polizei, wird ebenfalls dem Wohlfahrtsausschuß unterstellt.

Der Ausschuß besteht aus zwölf Mitgliedern, die sich jeden Monat zur Wiederwahl stellen müssen, aber regelmäßig wiedergewählt werden. Die bekanntesten Figuren in diesem Gremium sind außer Robespierre Männer wie Couthon, Saint-Just, Collot d'Herbois und Billaud-Varenne, die für die allgemeine Politik zuständig sind, Carnot, Prieur de la Côte d'Or und Robert Lindet für den Krieg, Jean Bon Saint-André für die Marine, Cambon für die Finanzen und Barère, der für die Außenpolitik zuständig ist und die Verbindung mit dem Konvent wahrnimmt. Es sitzen also sehr verschiedenartige Männer zusammen, Schwätzer und Schönredner wie Collot und Billaud, aber auch tüchtige Arbeiter, die in dem wachsenden politischen Chaos übermenschliche Leistungen vollbringen und Frankreich vor dem Untergang retten.

Vor allem haben sie in ihrer Mitte einen großen Mann, Lazare Carnot, der sich den Titel eines „Organisators des Sieges" erwirbt, weil er das zerrüttete Frankreich in den Stand setzt, seinen äußeren Feinden zu widerstehen, ja auf fast allen Schlachtfeldern Europas siegreich zu bleiben. Der Freiherr vom Stein war seiner ganzen Natur nach nicht imstande, den Wohlfahrtsausschuß sympathisch zu finden, aber er konnte nicht umhin, ihn zu bewundern, weil er die Energie besaß, die Kräfte der Nation zu organisieren und zu entwickeln.

Der Ausschuß tagte in einem Eckpavillon der Tuilerien, der heute zu den wenigen Gebäudeteilen gehört, die den Brand der Tuilerien überlebt haben. Er trat zu allen Tageszeiten zusammen, und die Menschen, die nachts vorbeigingen, warfen scheue Blicke auf die erleuchteten Fenster. Es ist möglich, daß hier und da eine Sitzung öffentlich abgehalten wurde. Das hier wiedergegebene Bild verdient, was seine Authentizität angeht, einiges Mißtrauen. Man weiß aber, daß die beiden Ausschüsse mitunter gemeinsam getagt haben und daß Bittsteller und Leute mit Denunziationen zugelassen waren. Der Raum mit seiner verblichenen Pracht ist getreu wiedergegeben.

*Fouquier-Tinville.
Zeichnung von F. Bonneville*

*Hinrichtungsbefehl für Bailly
in der Handschrift von Fouquier-Tinville*

Ohne das Revolutionstribunal ist das zugleich blutige und romantische Bild dieser aufwühlenden Epoche nicht denkbar. Es gibt kaum eine Einrichtung jener Jahre, die man nicht über das verdiente Maß hinaus verleumdet hat; die Revolution ist nun einmal bis heute ein Gegenstand der Polemik. Am Revolutionstribunal und an seinem Ankläger Fouquier-Tinville hingegen ist nichts zu retten, sie sind eine unabwaschbare Schande. Das Gericht ist kaum noch an eine gesetzliche Vorschrift gebunden und hat eigentlich nur noch die Aufgabe, die Identität des Angeklagten festzustellen. Die Voruntersuchung wird abgeschafft, Zeugen werden nicht mehr geduldet, die Verteidigung fällt fort. Es gibt nur eine Strafe, den Tod. Beweise werden nicht verlangt, es handelt sich, wie Couthon sagt, „weniger darum, zu bestrafen, als zu vernichten". Um zehn Uhr wird dem Angeklagten die Klageschrift eingehändigt, um vier Uhr steigt er auf den Karren, der ihn zur Hinrichtung führt. Es gibt Tage, an denen gegen mehr als hundert Personen verhandelt wird. „Das geht wie im Rottenfeuer", ruft Fouquier-Tinville aus und reibt sich die Hände. Erst nach dem Sturz Robespierres erfährt die Öffentlichkeit, was eigentlich geschehen ist. Die Prozesse gegen Fouquier und seine Helfer fördern die unfaßliche Wahrheit zutage. Aber sie alle verteidigen sich damit, daß sie nur auf Anweisung Robespierres gehandelt hätten: „Wir waren nur das Beil. Man kann doch nicht einem Beil den Prozeß machen!"

Ludwig XVI. im Temple.
Stich nach Garneray

Ludwig XVI., der abgesetzte König von Frankreich, ist einige Tage nach der Erstürmung der Tuilerien in den Temple überführt worden. Es ist eine alte Burg der Tempelritter, die jetzt nur noch als Gefängnis gebraucht wird. Der König und seine Familie werden in diesem drohenden Gebäude, von dem einst Jacques Molay und seine Tempelritter auf Befehl Philipps des Schönen zum Scheiterhaufen geführt wurden, mit einer geringen Dienerschaft im großen Turm untergebracht. Er, Marie Antoinette, die Schwester des Königs, Elisabeth, die Tochter des Königs, und der kleine Dauphin lebten dort unter strenger Bewachung. Nur die Tochter des Königs, die nachmalige Herzogin von Angoulême, entrann der Gefangenschaft lebend, da sie später an die Österreicher ausgetauscht wurde.

Anfänglich erlaubt man der königlichen Familie noch, sich in dem kleinen Garten zu ergehen. Aber zuviel Neugierige sammeln sich an, geben Zeichen der Sympathie, aber auch des Abscheus. Die Abschließung der Gefangenen wird immer strikter, dem König fehlt es an Bewegung, und da die Versorgung reichlich ist, wird er dick und kurzatmig. Dem Vater des großen Historikers der Revolution, Michelet, der zu dem Bewachungspersonal gehört, erschien der Gefangene wie ein „dicker Landwirt aus der Beauce", der Getreidegegend Frankreichs. Die Behandlung der Gefangenen war nicht schlecht, aber sie waren nun einmal in strengem Gewahrsam und sie wußten, daß man einen großen, schonungslosen Prozeß gegen sie vorbereitete.

DÉCRET

DE L'ASSEMBLÉE NATIONALE.

Du *vingt un septembre* 1792.

L'AN QUATRIÈME DE LA LIBERTÉ.

Dekret vom 21. September 1792: „Der Nationalkonvent erklärt einstimmig, daß das Königtum in Frankreich abgeschafft ist." Links am Rande die Unterschrift Dantons.

Die Leute haben schon halb vergessen, daß ein junger Mann namens Desmoulins vor Jahren hier in diesen Laubengängen auf einen Stuhl geklettert ist und die Bevölkerung aufgewiegelt hat. „Zu den Waffen!" hat er gerufen. „Ja, ich bin's, der zur Freiheit ruft!" Seitdem hat „die Freiheit" in Paris recht hübsche Fortschritte gemacht, aber der Garten des Palais Royal ist immer noch von Parisern überfüllt. Es sind freilich Leute, die nicht zu den Waffen gerufen werden wollen, sondern spazierengehen und sich vor allem mit den Damen beschäftigen, mögen diese nun der Gesellschaft angehören oder vom „Handel mit ihren Reizen" leben, wie man es rücksichtsvoll ausdrückt. Je drückender die Atmosphäre, je größer die

Der Garten des Palais Royal im Jahr 1792.
Stich nach P.-L. Debucourt

Sorge um die eigene Sicherheit, um so heftiger wird die Vergnügungssucht und um so extravaganter werden die Kleider und Frisuren. Der Schleichhandel blüht; ungeachtet der strengen Gesetze gegen den Wucher und den Kriegsgewinn gibt es immer noch Leute genug, die an der Versorgung der Armeen große Summen verdienen und diese schnell wieder auszugeben bemüht sind. Wie könnte sonst die Speisekarte bei Beauvilliers unter den Arkaden des Palais Royal einhundertundfünfzig Gerichte anbieten, die Desserts nicht gerechnet! Zu allen Notzeiten gibt es dergleichen Anstößigkeiten, und Paris macht davon keine Ausnahme. Der Künstler, der diese geputzte Menge gezeichnet hat, ist der berühmte Debucourt, dem wir so manches Zeugnis des Lebens unter der Revolution verdanken.

Die wirkliche Guillotine

Am 20. Januar wird Ludwig XVI. („Louis Capet") zum Tode verurteilt. Die Vollstreckung des Urteils wird auf den folgenden Tag festgesetzt. Wie die nebenstehende Proklamation zeigt, wird der Weg, den der Wagen mit dem Verurteilten zurückzulegen hat, genau beschrieben. „Louis Capet", heißt es da, „wird um acht Uhr morgens vom Temple abfahren, so daß die Hinrichtung zur Mittagsstunde erfolgt sein kann."

Der unglückliche Mann, der in den letzten Monaten so viel Würde und Haltung gezeigt hat, wird also das erlauchteste Opfer der Guillotine sein, jenes Hinrichtungsinstrumentes, das während der Schreckensherrschaft eine so schauerliche Berühmtheit erhält. Ein Arzt und Menschenfreund, der einst als Abgeordneter des Dritten Standes in der Nationalversammlung saß und stets gegen die mittelalterlichen Hinrichtungsmethoden wetterte, beantragte eine Reform des Strafvollzuges und empfahl für die Vollstreckung der Todesstrafe eine von ihm erdachte Maschine. Sie wurde dann auch gebaut, aber nach dem Entwurf eines anderen Arztes, eines Dr. Louis, so daß das berüchtigte Fallbeil eigentlich zu Unrecht den Namen des Dr. Guillotin trägt. Die erste Maschine wird von einem elsässischen Klavierbauer namens Tobias Schmidt hergestellt. Am 15. April 1792 wird sie zum erstenmal verwendet, und zwar zur Exekutierung eines Straßenräubers, der lange auf sein Ende hatte warten müssen, da der Klavierbauer mit seiner Arbeit nicht rechtzeitig fertig wurde.

Bald stand sie auf dem schönsten Platz der Alten Welt, schlank, elegant und rot gestrichen, und arbeitete musterhaft. Ohne dies vollkommene und schnelle Hinrichtungsinstrument hätte der Terror nicht einen solchen Umfang annehmen können. Dies diskrete, fixe und saubere Ding kam im richtigen Augenblick. Gewiß, auch ohne diese Erfindung hätte es die Septembermorde, den 10. August und den Thermidor gegeben. Aber ohne die Guillotine hätte das Revolutionstribunal nicht so summarisch arbeiten können. Gab es nicht eines Tages jene „rote Messe", die vierundfünfzig Enthauptungen in achtundzwanzig Minuten brachte? Wie wäre dergleichen mit dem Beil oder dem Richtschwert möglich gewesen? Das moderne Instrument schuf ja überhaupt erst die Möglichkeit, die Ausrottung Andersdenkender beliebig zu steigern. Es tötete die Menschen nicht, es schaffte sie ab. Und schließlich schien es ganz von allein zu arbeiten, das Messer fiel und stieg und fiel, der Henker konnte kaum folgen. Die Gehilfen des Henkers waren kräftige Kerle. Sie trugen die Ärmel über ihren athletischen Armen hochgestreift und die berühmten phrygischen Mützen auf dem Kopf. Sie waren stets guter Laune und riefen der Zuschauermenge, wenn sie allzusehr drängte, grobe Scherze zu. Das Stammpublikum ist vollständig da, der arbeitsscheue Pöbel der Vorstädte, einige Weiber, wahre Megären, die kleine Schemel mitgebracht haben und sich nun mit dem Strickzeug die Wartezeit verkürzen. Aber die Mehrzahl der Bevölkerung äußert so unzweideutig ihren Abscheu, daß die Hinrichtungsstätte schließlich aus dem Zentrum an den Rand der Stadt verlegt werden muß.

PROCLAMATION

DU
CONSEIL EXÉCUTIF
PROVISOIRE.

EXTRAIT des Registres du Conseil, du 20 Janvier 1793, l'an second de la République.

Le Conseil exécutif provisoire délibérant sur les mesures à prendre pour l'exécution du décret de la Convention nationale, des 15, 17, 19 & 20 janvier 1793, arrête les dispositions suivantes :

1.° L'exécution du jugement de Louis Capet se fera demain lundi 21.

2.° Le lieu de l'exécution sera la *Place de la Révolution*, ci-devant *Louis XV*, entre le piéd-d'estal & les Champs-élysées.

3.° Louis Capet partira du Temple à huit heures du matin, de manière que l'exécution puisse être faite à midi.

4.° Des Commissaires du Département de Paris, des Commissaires de la Municipalité, deux membres du Tribunal criminel assisteront à l'exécution ; le Secrétaire-greffier de ce Tribunal en dressera le procès-verbal, & lesdits Commissaires & Membres du Tribunal, aussitôt après l'exécution consommée, viendront en rendre compte au Conseil, lequel restera en séance permanente pendant toute cette journée.

Le Conseil exécutif provisoire.

ROLAND, CLAVIERE, MONGE, LEBRUN, GARAT, PASCHE.

Par le Conseil, GROUVELLE.

A PARIS, DE L'IMPRIMERIE NATIONALE EXÉCUTIVE DU LOUVRE. 1793.

Proklamation der Hinrichtung Ludwigs XVI. vom 20. Januar 1793

Ludwig wurde im Angesicht des Todes groß. Die Verbindung mit fremden Mächten, von denen er Hilfe erwartet hatte, war nicht zu bestreiten. Der König verteidigte sich mit Festigkeit, aber ohne große Hoffnung. Er wußte, daß die Revolution sein Blut brauchte. „Wir wollen den König nicht richten, wir wollen ihn töten", hatte Danton gesagt. Der Konvent stimmte auf Marats Vorschlag namentlich ab. So mußte jeder offen bekennen, auf welcher Seite er stand. Die Abstimmung dauerte die ganze Nacht. 387 Abgeordnete stimmten für den Tod. 360 hatten den Mut, mit „Nein" zu stimmen oder Einschränkungen zu machen. Cambon bezeichnete die neue Lage genau: „Endlich haben wir an der Insel der Freiheit angelegt, und wir haben das Schiff verbrannt, das uns hierher gebracht hat." Garat begab sich in den Temple und überbrachte Ludwig das Urteil. Man erteilte ihm die Erlaubnis, zwei Stunden mit seiner Familie zu verbringen und von ihr Abschied zu nehmen. Außerdem erhielt er Gelegenheit, einem nicht vereidigten Priester die Beichte abzulegen. Er verbrachte die letzte Nacht seines Lebens in festem Schlaf.

Letztes Porträt des Königs, drei Tage vor seiner Hinrichtung. Von Ducreux

Hinrichtung Ludwigs XVI. am 21. Januar 1793

Die Bevölkerung von Paris nahm die Hinrichtung des Königs ohne revolutionären Jubel, ja eher in gedrückter Stimmung hin. Das Aufgebot an Truppen war gewaltig, eine doppelte Reihe von Nationalgarden säumte den Weg vom Temple bis zu den Tuilerien. Fünfzehnhundert Mann eskortierten den Wagen, in dem der Verurteilte mit seinem Beichtvater zwischen zwei Gendarmen saß. Auf der Place de la Révolution (heute de la Concorde), in dessen Mitte sich das Schafott erhob, drängten sich mehr als zwanzigtausend Menschen zusammen. Unter den Zuschauern waren schon unterwegs viele Rufe „Gnade!" laut geworden, weswegen Santerre, der die Eskorte befehligte, auf dem ganzen Weg die Trommeln rühren ließ. Der König stieg langsam aus dem Wagen, ließ sich nach einigem Widerstreben die Hände binden, erstieg die Stufen und eilte nach vorn, weil er reden wollte. Man sagte ihm, er dürfe nicht reden, aber er hob seine Stimme und rief der Menge zu: „Volk, ich sterbe unschuldig!" Auf dem weiten Platz ertönte kein Schrei. Keine Beschimpfung. Nur ein gedämpftes Stimmengemurmel rauschte auf. Ludwig drehte sich um und sagte zu den Amtspersonen, die um ihn standen: „Meine Herrn, ich bin unschuldig an all dem, wessen man mich anklagt. Ich wünsche, daß mein Blut das Glück der Franzosen kitten möge!" Er wollte weiterreden, aber Santerre gab ein Zeichen, stärker zu trommeln, und so gingen die Worte des Königs unter. Als das Messer fiel, stieß er einen gellenden Schrei aus. Ein Gehilfe des Henkers hob den abgeschlagenen Kopf an den Haaren und zeigte ihn unter dem Ruf „Es lebe die Nation!" der Menge. Samson, der als Henker von Paris die Exekution leitete, schrieb einige Tage später: „Um der Wahrheit die Ehre zu geben, er hat dieses alles mit einer Kaltblütigkeit und Festigkeit durchgestanden, die uns alle erstaunte. Ich bin überzeugt, daß er diese Festigkeit aus den Grundsätzen der Religion geschöpft hat." Der Leichnam wurde auf den Friedhof der Madeleine geschafft und mit Kalk übergossen.

Tassen und Teller mit Hinrichtungsszenen

Au nom de la très Sainte Trinité du Père du Fils et du St Esprit.

Aujourd'hui vingt-cinquième jour de Décembre, mil sept cent quatre vingt douze. Moi Louis XVIe du nom Roy de France, étant depuis plus de quatre mois enfermé avec ma famille dans la Tour du Temple à Paris, par ceux qui étaient mes sujets, et privé de toutte communication quelconque, mesme depuis le onze du courant avec ma famille. de plus impliqué dans un Procès, dont il est impossible de prevoir l'issue à cause des passions des hommes, et dont on ne trouve aucun pretexte ni moyen dans aucune loy existante, n'ayant que Dieu pour temoin de mes pensées, et auquel je puisse m'adresser. je déclare ici en sa presence mes dernieres volontés et mes sentiments.

Je laisse mon ame a Dieu mon créateur, je le prie de la recevoir dans sa misericorde, de ne pas la juger d'apres ses merites, mais par ceux de Notre Seigneur Jesus Christ, qui s'est offert en sacrifice a Dieu son Pere, pour nous autres hommes quelque indignes que nous en fussions, et moi le premier.

Je meurs dans l'union de notre sainte Mere l'Eglise Catholique Apostolique et Romaine, qui tient ses pouvoirs par une succession non interrompue de St Pierre auquel J.C. les avoit confiés. je crois fermement et je confesse tout ce qui est contenu dans le Symbole et les commandements de Dieu et de l'Eglise, les Sacrements et les Mysteres tels que l'Eglise Catholique les enseigne et les a toujours enseignés. je n'ai jamais pretendu me rendre juge dans les differentes manieres d'expliquer les dogmes qui dechire l'Eglise de J.C. mais je m'en suis rapporté et rapporterai toujours si Dieu m'accorde vie, aux decisions que les superieurs Ecclesiastiques unis a la Sainte Eglise Catholique, donnent et donneront conformement a la discipline de l'Eglise suivie depuis J.C. je plains de tout mon cœur nos freres qui peuvent etre dans l'erreur, mais je ne pretends pas les juger, et je ne les aime pas moins

Eigenhändiges Testament Ludwigs XVI.

*Lazare Carnot.
Medaille von David d'Angers*

*Ein Nationalgardist
auf die Wache ziehend.
Aus dem Tagebuch
von der Einnahme Frankfurts
durch die Neufranken, 1793*

Gegen keinen Mann der Revolution hat auch die strengste Geschichtsschreibung weniger Einwände erhoben als gegen Lazare Carnot. Er war im Wohlfahrtsausschuß der Fachmann und hatte sowohl mit Robespierre wie mit Saint-Just immer wieder Zusammenstöße, weil er die reine Politisierung der Armee ablehnte. Aber er setzte sich immer wieder durch. Er fand für den Krieg kaum mehr als eine brauchbare Artillerie vor, die ihm die Monarchie hinterlassen hatte. Sonst fehlte es an allem, vor allem an Handfeuerwaffen, Bekleidung und Stiefeln. Carnot verstand es, alle Hilfsquellen des Landes, aber auch der besetzten Gebiete, zu erschließen. Ohne ihn hätte die Revolution nicht einen einzigen ihrer zahlreichen Feldzüge führen können. Das von ihm geschaffene Heeresgesetz kam praktisch der Einführung der allgemeinen Dienstpflicht gleich. Den Soldaten und Offizieren fehlte es an Erfahrung und Zusammenhalt. Carnot zog daraus die Lehren für eine neue Kriegsweise, nämlich die des Massenangriffs, die dem nationalen Geist und dem Temperament der Franzosen entsprach. Es kam ihm darauf an, die Männer zu finden, die eine solche „unordentliche", aber stürmische Kriegsweise zu handhaben verstanden. Er fand solche Offiziere, und er hatte den Mut, sie gegen das Mißtrauen der politischen Stellen zu schützen. „Greife immer an", lautete eine seiner Instruktionen, „und stets mit überlegenen Kräften." Carnot war von Hause aus Pionieroffizier mit wissenschaftlichen Neigungen. Er kämpfte bei Wattignies, aber sein eigentlicher Platz war am Schreibtisch. Organisieren war seine Lust: Material beschaffen, Truppen bewegen und tüchtige Menschen herausfinden, das füllte seine Tage und Nächte aus. Er überlebte die Schreckensherrschaft, wurde unter Bonaparte Kriegsminister, trat aber bald zurück, weil er dessen Diktatur mißbilligte. Erst als das Glück den Kaiser verließ — während der hundert Tage —, lieh er ihm noch einmal seine Dienste. Die Bourbonen verbannten ihn, er ging nach Magdeburg, wo er 1823 starb.

Soldaten der Revolution. Lithographie von Denis Raffet

Raffet, der große Illustrator und Zeichner, hat die Epochen, aus denen er seinen Stoff geschöpft hat, nicht mehr miterlebt. Er wurde 1804 geboren, aber sein Leben war ganz den großen Erinnerungen an die Revolution und die Zeit Napoleons gewidmet. Viele Künstler haben die Epoche großartiger und farbenprächtiger behandelt, aber niemand hat mit soviel Natürlichkeit, grimmigem Humor und Ehrlichkeit die Soldaten der aus der Revolution geborenen Kriege gezeichnet wie er, der so gar kein Talent für die Verherrlichung hatte und unter dessen Stift Generale, Kaiser, Grenadiere und Marketenderinnen alle die gleiche Zerzaustheit und Rauheit gewannen. Goethe hat diese Soldaten in einer Stelle seiner Schrift über die Belagerung von Mainz ganz ähnlich geschildert, wie Raffet sie später radiert hat. Er sieht dem Abrücken der französischen Garnison aus Mainz zu. „Es war ergreifend und furchtbar und ein ernster Augenblick, als die Reitenden, lange, hagere Männer, von gewissen Jahren, die Mienen gleichfalls jenen Tönen gemäß, heranrückten; einzeln hätte man sie dem Don Quichotte vergleichen können, in Massen erschienen sie höchst ehrwürdig."

Was Raffet verlockte, war die Abgerissenheit, ja Bettelhaftigkeit dieser Soldaten, die doch gleichzeitig überall siegreich vordrangen und dem erstaunten Europa die höchste Überraschung bereiteten. Die Unterschrift zu der hier wiedergegebenen Lithographie lautet: „Tagesbefehl! Das Bataillon Unter-Loire hat sich vor dem Feind gut verhalten; dafür wird jedem Mann ein paar Holzschuhe zugeteilt." Das waren die Leute, die die von Carnot gelehrte neue Taktik des Massenangriffs anwandten, das linke Rheinufer besetzten, die Österreicher aus Belgien verdrängten, in Savoyen und die Grafschaft Nizza eindrangen und, von politischen Kommissaren des Konvents begleitet, die Unwiderstehlichkeit der Revolution verkündeten. Das Jahr 1793 brachte zunächst Rückschläge, Dumouriez wurde bei Neerwinden geschlagen, Kléber mußte Mainz hergeben, aber dann kam der Sieg von Hondschoote, wo Houchard die Engländer zwang, die Belagerung von Dünkirchen aufzugeben. Maubeuge wurde durch den Sieg bei Wattignies entsetzt, und schließlich wurden Belgien und Holland von den revolutionären Truppen besetzt. Sambre und Meuse wurden überschritten, aus zerlumpten Hungerleidern waren stolze Sieger geworden, auch wenn ihnen immer noch die Stiefel fehlten.

Die Assignaten waren ursprünglich Schatzanweisungen, die auf die beschlagnahmten Kirchengüter ausgestellt wurden. Talleyrand war es, der die Enteignung der Kirche in Frankreich durchgesetzt hatte. Schon sehr bald aber nahm der Staat auf die Deckung keine Rücksicht mehr und bestritt seinen laufenden Bedarf durch willkürlichen Druck dieser Anweisungen, die schließlich das ausschließliche Zahlungsmittel der Republik wurden. Ihre massenhafte Herstellung, die sich im Maße ihrer Entwertung steigerte, war einer der großen Skandale der Revolution. Die nachfahrenden Geschlechter können über diesen klassischen Ablauf der Inflation nur lächeln. Auch Inflationen müssen gelernt sein, und das Frankreich von damals hielt sehr lange an diesem beliebig herstellbaren Zahlungsmittel fest, weil der Bevölkerung durch neue Enteignungen, durch Beschlagnahme der Ernten und durch Kriegsbeute immer wieder eine Ergänzung der Substanz vorgetäuscht wurde. Cambon hieß der Mann, der diese Währungsmanipulationen vornahm und sich dabei sehr geschickt die Unterstützung der Schichten sicherte, die an der Entwertung verdienten. Das waren vor allem die Bauern und die Leute, die sich die vom Staat beschlagnahmten Güter, Gebäude und Grundstücke zu billigen Preisen sicherten. Da der Staat die Assignaten zum Nennwert annahm, brauchte derjenige, der ein „Nationalgut" kaufen wollte, nur den Kursfall abwarten, um aus dem Unterschied zwischen dem aufgedruckten und dem echten Wert seinen Nutzen zu ziehen. Die Hauptnutznießer waren gewiß nicht die Landarbeiter und kleinen Pächter, sondern die Großbauern, die Wirte, Weinhändler, Krämer und dörflichen Handwerker, die so eine neue Schicht bildeten. Die Zeche bezahlten die Großstädter, also vor allem die Pariser.

Assignaten

*Marats Triumph.
Gemälde von Louis-Léopold Boilly*

Nichts hat den Untergang der Girondisten so beschleunigt wie ihr Versuch, Marat wegen Aufwiegelung des Volkes gegen den Konvent unter Anklage zu stellen. Das Gericht sprach ihn einstimmig frei. Die Volksmenge trug ihn im Triumphzug in den Konvent zurück. Er war unbesiegbar, seine Zeitung „Der Volksfreund" hatte einen fast unbegrenzten Einfluß auf die Bevölkerung, weil in ihr tatsächlich alle Anschläge gegen die Revolution vorausgesagt worden waren. Seine mißtrauische Wachsamkeit, sein beredter Groll gegen die Bourgeoisie, sein Haß gegen die Lebenstüchtigen und Erfolgreichen machten ihn zum Abgott jener Schicht, die man später das Lumpenproletariat nannte. Alles, was sich die Feinde der Republik an Auswurf und Gesindel ausmalen konnten, war leibhaftig unter der lärmenden Anhängerschaft dieses ewig kranken, von Haß verzehrten Mannes zu finden.

Ein junges Mädchen aus Caen, Charlotte Corday, schön und von stiller Exaltiertheit, die in diesem Mann den Verderber Frankreichs sah, fuhr nach Paris, kaufte ein Küchenmesser und verschaffte sich Zutritt zu dem berühmten Demagogen. Dieser, der an einer juckenden Hautkrankheit litt und daher einen Teil des Tages in der Badewanne zubrachte, empfing sie endlich, weil sie ihn glauben zu machen verstanden hatte, daß sie ihm einige Verschwörer denunzieren wollte. Er nahm die Namen entgegen und sagte: „Innerhalb vierzehn Tagen sollen ihre Köpfe fallen." In diesem Augenblick stieß Charlotte ihm das Messer mit solcher Kraft in die Brust, daß die Lunge, die Aorta und das Herz getroffen wurden. Marat war wenige Minuten später tot. Die Täterin ließ sich ohne Widerstand ergreifen und wurde am anderen Tage hingerichtet. Ihre reine Schönheit machte auf die Bevölkerung einen großen Eindruck, und der Henker wurde getadelt, weil er dem Kopf der Hingerichteten einen Backenstreich versetzt hatte. Das Attentat änderte nichts an der politischen Lage, aber die Gegner der Revolution hatten nun ihre Märtyrerin. „Die Judith der Revolution", wie Desmoulins sie in gefährlichem Enthusiasmus nannte, wurde in kurzer Zeit eine fast mythische Figur. Der Mainzer Abgeordnete Adam Lux, der mit Forster nach Paris gekommen war, geriet über die Tat des jungen Mädchens in fast religiöse Verzückung. Er verfaßte eine Schrift, in der er erklärte, daß Charlotte in der Geschichte einen Platz neben Brutus verdiene. Lux wurde zum Tode verurteilt. Er „sprang" aufs Schafott, so trunken war seine Begeisterung, für Charlotte sterben zu dürfen. Die Ermordung Marats hat dem Maler David, der damals schon ein tätiger Mitarbeiter Robespierres war, eines seiner großartigsten Gemälde abgerungen, ein ganz unpolitisches Bild, von der stillen Majestät des Todes.

pardonnés moi mon cher papa d'avoir disposé de mon existence sans votre permission, j'ai vengé bien d'innocentes victimes, j'ai prévenu bien d'autres désastres, le peuple un jour désabusé, se réjouira d'être délivré d'un tyran, si j'ai cherché a vous persuadé que je passois en angleterre c'esque j'esperois garder l'incognito mais j'en ai reconnu l'impossibilité, j'espere que vous ne serés point tourmenté en tous cas je crois que vous auriés des défenseurs a Caen, j'ai pris pour défenseur gustave doulcet, un tel attentat ne permet nulle défense, c'est pour la forme, adieu mon cher papa je vous prie de m'oublier ou plutôt de vous réjouir de mon sort la cause en est belle, j'embrasse ma soeur que j'aime de tout mon coeur ainsi que tous mes parens, n'oubliés pas ce vers de Corneille

le Crime fait la honte et non pas l'échafaud

C'est demain a huit heures que l'on me juge, ce 16 juillet

17 juillet 1793.

Brief von Charlotte Corday an ihren Vater, vom 15. Juli 1793

Charlotte Corday richtete an ihren Vater in Caen einen Abschiedsbrief, in dem sie ihn um Verzeihung dafür bittet, daß sie ohne seine Erlaubnis über ihr Leben verfügt habe. Sie fordert ihn auf, den Vers des Dichters Corneille, aus dessen Familie sie übrigens stammte, nicht zu vergessen:
„Das Verbrechen macht die Schande aus, und nicht das Schafott."

Rechts:
Marats Tod.
Gemälde von Louis David

Gardejäger zu Pferd

Maria Walewska.
Gemälde von François Gérard

Rechts:
Brief Napoleons an
Maria Walewska

Die schöne polnische Gräfin hat in Napoleons Leben als einzige Frau neben Joséphine eine Rolle gespielt. Der Kaiser lernte sie 1807 in Warschau kennen. Daß die junge Frau dem mächtigen Mann von den polnischen Patrioten ein wenig zugespielt wurde, damit sie bei ihm die Sache des unterdrückten Polens vertreten könne, unterliegt keinem Zweifel. Maria gewann die Zuneigung des Kaisers durch ihre Sanftheit und Diskretion. Er hat sie in seiner Weise geliebt und viele Stunden seines Lebens in ihrer Gesellschaft verbracht, gerade, weil sie keinen Einfluß auf ihn zu gewinnen versuchte und von ausgeglichener Gemütsart war. Gewiß hat er ihr zuliebe die Teilung Polens nicht rückgängig gemacht und sich mit der Schaffung eines unbedeutenden Großherzogtums Warschau begnügt, aber er hat immer eine Schwäche für die Polen gehabt und sie von allen Hilfsvölkern, die ihm Truppen stellten, am besten behandelt. Maria schenkt ihm einen Sohn, der unter Napoleon III. eine Zeitlang französischer Außenminister sein wird. Später besucht sie Napoleon auf Elba. Stets war sie still, liebenswürdig und loyal, und so war sie doch etwas mehr als eine Episode im Leben des Kaisers.

Den obenstehenden Brief schrieb Napoleon an Maria Walewska einige Tage nach seiner Abdankung in Fontainebleau 1814.

Napoleon empfängt im Schloß Finckenstein den persischen Gesandten (27. April 1807). Gemälde von Mulard

Lange Monate residiert der Kaiser im Schloß Finckenstein und regiert von hier aus mit fester Hand Europa. Er genießt die Abgeschiedenheit, zumal da ihm die reizende polnische Gräfin Maria Walewska von Zeit zu Zeit Gesellschaft leistet. Ein vollkommenes System von Kurieren ermöglicht ihm die weitgespannte Arbeit von diesem abgelegenen Ort aus. Noch ist der Friede mit dem Zaren nicht geschlossen, darum bemüht sich Napoleon, die alten Rivalitäten, unter denen das Zarenreich zu leiden hat, zu beleben. Er knüpft mit dem türkischen Sultan Verbindungen an und empfängt eine persische Gesandtschaft, um den Schah mit dem Sultan zu versöhnen und sich ihre Feindschaft gegen Rußland nutzbar zu machen. Das Erscheinen dieser orientalischen Mission mitten in den Sümpfen Ostpreußens regt die Einbildungskraft der französischen Soldaten mächtig an. Welch ein gewaltiger Mann ist doch ihr Kaiser, daß er diese asiatischen Mächte bewegen kann, ihre Sendboten bis nach Finckenstein zu schicken. Mehr denn je erscheint diesen Grenadieren, die sich langweilen, das einsame ostpreußische Schloß als der Mittelpunkt der Welt.

Schloß Finckenstein in Westpreußen von der Westseite

Das Siegel Napoleons, oben: Vorderseite, rechts: Rückseite

Das Staatssiegel Napoleons erfährt mannigfaltige Änderungen. Vom Jahre 1810 ab verschwinden alle revolutionären Bestandteile aus den Staatssymbolen. Statt dessen wird der Kaiser seinem heimlichen Wunschbild, Karl dem Großen, immer ähnlicher. Seine Europa-Idee geht weit über Frankreich hinaus, sie beginnt tatsächlich den politischen Vorstellungen des Mittelalters ähnlich zu werden. Darum thront Napoleon auf diesem Staatssiegel bereits in der Gestalt Karls des Großen, den die Franzosen Charlemagne nennen.

Alles muß jetzt Form und Bild gewinnen. Noch kann man sich selbst keine Denkmäler setzen, aber der Ruhm der Großen Armee dringt in die Gegenstände des täglichen Gebrauchs ein. Isabey entwirft einen großen Porzellantisch, in dessen Mitte Napoleon cäsarischer denn je thront. Er ist umgeben von seinen wichtigsten Marschällen und Herzögen; es grenzt schon an ein Sternbild.

Von Isabey entworfener Porzellantisch mit den Marschällen Napoleons

Als der Frieden von Tilsit geschlossen wird, ist Napoleon achtunddreißig Jahre alt. Sein Gestirn steht im Scheitelpunkt, die Vollkommenheit seiner strategischen und politischen Leistungsfähigkeit ist erreicht. Was er unternimmt, ist von einer solchen Meisterschaft geprägt, daß kein vernünftiger Feldherr oder Staatsmann noch ernstlich damit rechnen kann, ihn im Schach zu halten oder gar zu besiegen. Der Sommer des Jahres 1807 ist gekommen. Auf einem Floß inmitten des Grenzflusses Njemen findet die Begegnung zwischen dem Kaiser und dem Zaren statt. Jeder Zug dieses Treffens ist von ihm inszeniert: die Szene soll die Einbildungskraft der Völker ansprechen.

Verblendete Autokratie versucht die Welt glauben zu machen, daß das Schicksal neuzeitlicher Völker in den Händen zweier Cäsaren liegt. Hier beginnt Napoleons Verblendung, die von dem listenreichen Zaren kunstvoll unterstützt wird. Das Floß im Njemen, welch ein Schauspiel, welch eine Verkennung der Kräfte, die sich in den Herzen der Völker regen!

Alles, was aus dem Tag hervorgeht, ist falsch, das französisch-russische Bündnis, das Königreich Westfalen, das Großherzogtum Warschau und die Verschärfung der Kontinentalsperre. Dauerhaft ist nur die Vereinfachung des deutschen Chaos, die Napoleon ungewollt herbeiführt.

Begegnung des Zaren Alexander I. mit Napoleon auf dem Njemen. Zeichnung von Ludwig Wolf

Napoleon empfängt
Königin Luise in Tilsit
(6. Juni 1807).
Gemälde von Nicolas Gosse

Königin Luise
im Reitkleid (1810).
Gemälde von Ternite

Die preußische Monarchie hat zur weiblichen Anmut nicht viel beigesteuert. Königin Luise ist ein Lichtblick —, kein Wunder, daß sie der Hort des preußischen Patriotismus wurde und daß die gekränkte Schwärmerei für das Vaterland sich an ihre reizvolle Person klammerte. Sie war eine mecklenburgische Prinzessin und schenkte ihrem Gatten, dem König Friedrich Wilhelm III., acht Kinder, deren zweites der erste deutsche Kaiser, Wilhelm I., wurde. Sie war die Seele des Widerstandes gegen Napoleon und wurde nach dem Frieden von Tilsit, der Preußen fast vernichtete, nicht müde, auf eine Wiedergeburt des Landes zu hoffen und die großen Reformatoren gegen die Engstirnigkeit ihres Gatten zu unterstützen. So wurde sie das Idol aller Preußen, ja Deutschen, die an eine Befreiung und an eine bessere Zukunft glaubten. Sie starb 1810 im Alter von vierunddreißig Jahren. Es war ihr also nicht mehr vergönnt, den Sieg Preußens, seine revolutionäre Modernisierung, die, ach, nur so kurz währte, und den Sturz Napoleons zu erleben. Was Preußen erlitt, war in ihrem Leid verkörpert.

Nach der russischen Niederlage bei Friedland hat Preußen von dem Zaren nichts mehr zu hoffen. Die Friedensverhandlungen werden ausschließlich zwischen dem Kaiser und dem Zaren geführt. Immerhin lud Napoleon das preußische Königspaar zum Diner ein. Es fiel der Königin Luise nicht leicht, diesem Mann, der sie in seinen Verlautbarungen oft ohne Höflichkeit verhöhnt hatte, unbefangen gegenüberzutreten. Aber was dem König an Festigkeit und Energie fehlte, das besaß sie und bezeugte es bis zum letzten Augenblick. Der Kaiser spielte bei Tisch den Galanten, was ihm nicht oft passierte. Sie bekämpfte Schritt für Schritt seine brutalen Forderungen. Als der Kaiser ihr bei Tisch eine Rose überreichte, sagte sie: „Gut, aber mit Magdeburg." Aber es war umsonst. Preußen verlor Hannover, alle Besitzungen links der Elbe, alles, was es bei der Teilung Polens gewonnen hatte, und behielt nur Brandenburg, Pommern, Ostpreußen und Schlesien. Die Artikel über die Kriegsentschädigung waren von Berthier so zweideutig abgefaßt, daß Preußen sich weder an einen Betrag noch an eine Frist halten konnte.

Napoleon am Sarg Friedrichs des Großen. Zeichnung von Ludwig Wolf

Friedrich der Große ist dem Kaiser stets als Vorbild eines vollkommenen Herrschers, gleich groß als Feldherr wie als Gesetzgeber, erschienen. Er sucht seine Begräbnisstätte auf, er nimmt seinen Degen an sich und bezeichnet ihn als die schönste Trophäe, die er je errungen habe. Die Weckuhr Friedrichs wird ihn nach Sankt Helena begleiten. Mit dem Preußen, das diesem König seine Größe verdankt, hat er freilich kein Erbarmen, er nimmt das ganze Gebiet zwischen Elbe und Rhein in Besitz. Dann wendet er seinen Blick nach England und verfügt am 21. November von Berlin aus die Kontinentalsperre, welche die Einfuhr englischer Waren in alle von Frankreich beherrschten Länder verbietet.

Ganz Europa soll gegen England zusammengeschlossen werden, auch Rußland muß gezwungen werden, diesem Bund beizutreten. Er besetzt Warschau und marschiert von dort nach Norden auf Königsberg zu. Bei Preußisch-Eylau stößt er in einem schweren Schneesturm auf die Russen. Eine der blutigsten Schlachten in der napoleonischen Geschichte rollt ab, ohne eine Entscheidung zu bringen. Mehr als 25 000 Tote und Sterbende bedecken das Schlachtfeld. Der Kaiser bezeichnet den Tag als eine „nutzlose Metzelei" und erklärt: „Dies Schauspiel ist dazu angetan, den Herrschern Liebe zum Frieden und Abscheu vor dem Kriege einzuflößen." Das hindert ihn nicht, planvoll einen neuen Schlag gegen Rußland vorzubereiten.

Schlacht bei Eylau am 8. Februar 1807. Gemälde von Antoine-Jean Gros

201

*Napoleon bei seiner Garde in Berlin.
Zeichnung von Ludwig Wolf*

Der Kaiser wohnt im königlichen Schloß, jede seiner Minuten ist ausgefüllt, wie die riesige Korrespondenz beweist, die aus Berlin datiert. Dazwischen kümmert er sich um seine Truppen und besichtigt vor dem Zeughaus die kaiserliche Garde. Der Chef der preußischen Zivilverwaltung, Fürst Hatzfeld, wird auf seine Güter verwiesen. Er kommt nicht weit, denn seine Korrespondenz mit Hohenlohe, den er über die Bewegungen der französischen Armee auf dem laufenden hält, wird aufgefangen. Er wird verhaftet, das Kriegsgericht und die Erschießung sind ihm sicher. Seine Frau fleht den Kaiser um Gnade an und versichert ihm, daß ihr Mann unschuldig sei. „So!" sagt Napoleon und reicht ihr einen der Briefe, „ist das die Handschrift Ihres Mannes?" Die arme Frau, die kurz vor der Entbindung steht, muß sich überzeugen, daß Hatzfeld in der Tat schuldig ist. Gerührt von ihrer Verzweiflung weist der Kaiser auf das lodernde Kaminfeuer. „Vernichten Sie das Beweisstück und machen Sie dadurch die Härte des Kriegsgesetzes zunichte." Berthier erhält den Befehl, Hatzfeld freizulassen. Allerdings war der Kaiser schon von Ségur und Duroc zur Milde gestimmt worden, sonst hätte er die Frau des Verhafteten gar nicht empfangen. Die Geschichte macht die Runde durch ganz Europa und wirbt um so mehr für den Ruf des Kaisers, als dieser sich in die Kriegsgerichtsbarkeit nur selten einmischte und nicht allzu oft Gnade walten ließ.

*Napoleon und die Fürst Hatzfeld.
Stich von Clement nach Monsiau*

Napoleon zieht durch das Brandenburger Tor in Berlin ein. Stich nach einer Zeichnung von Ludwig Wolf

Stumpf und wie vor den Kopf geschlagen nimmt Preußen seine Niederlage hin. In Berlin, das der Kaiser am 27. Oktober in prunkvollem Aufzuge betritt, herrscht eine an Gleichgültigkeit grenzende Stimmung; kein Wort des Zornes oder des Schmerzes wird laut. Die Verwaltung und die zurückgebliebenen Minister empfangen den Sieger, als sei er ihr neuer Souverän, und verpflichten sich, „mit allen ihren Kräften an der Ausführung der Maßnahmen mitzuwirken, die von der französischen Armee ergriffen werden, und mit keinem ihrer Feinde", zu denen einstweilen noch Preußen gehörte, „Verbindungen irgendwelcher Art zu unterhalten". Der König, der mit Königin Luise nach Ostpreußen geflohen ist, hat seine in Berlin verbliebenen Minister angewiesen, „dafür Sorge zu tragen, daß Napoleon gut empfangen, als Gast behandelt und auf Kosten des preußischen Schatzamtes untergebracht wird". Nur der Einspruch der Königin hindert ihn, die skandalösen Waffenstillstandsbedingungen anzunehmen. Die Entführung der Quadriga auf dem Brandenburger Tor kann niemand verhindern, weil Napoleon niemanden fragt.

Der Pferdedieb von Berlin. Karikatur von Gottfried Schadow

Napoleon und Wieland

Urkunde,
mit der Goethe und Wieland von Napoleon zu Rittern der Ehrenlegion ernannt werden

Am Tage nach der Schlacht, die dem alten Preußen ein Ende macht, trifft der Kaiser in Weimar ein und nimmt im herzoglichen Schloß Quartier. Marschall Lannes wird bei Goethe einquartiert, was dem Dichter allerlei Belästigungen nicht erspart. Betrunkene Nachzügler dringen gewaltsam in sein Haus ein und bedrohen ihn. Erst der tapferen Christiane Vulpius gelingt es, die Soldaten zu vertreiben. Der Kaiser hat es eilig, weiterzukommen, er nimmt mit den Personen, die der kleinen Residenz einen Weltruf als Bildungsstätte geschaffen haben, keine Fühlung auf. Die Begegnung mit Wieland, die auf diesem kunstlosen Blatt dargestellt wird, findet erst im Jahre 1808 statt. Der Kaiser empfängt Goethe in Erfurt, bald darauf führt er anläßlich eines Balles im herzoglichen Schloß zu Weimar eine Unterredung mit Wieland. Man streitet sich gelehrt über Tacitus, den Napoleon nicht mag, weil er alle Herrscher in düsteren Farben malt. Der alte Wieland verteidigt in seinem zierlichsten Französisch den römischen Historiker. Napoleon vergißt das Zusammentreffen nicht und verleiht ihm, gleichzeitig mit Goethe, die Ehrenlegion. Beide Männer waren von dem Sieger bezaubert. Dieser zeigte sich in der Tat von seiner besten Seite, wie immer, wenn er Menschen gewinnen wollte. Man hat in Napoleons Gespräch mit Goethe viel hineingeheimnißt, aber das berühmte „Voilà un homme!", mit dem er den Dichter begrüßt hat, ist keine Legende. Übrigens behandelt Napoleon das kleine Herzogtum, dessen Herrscher preußischer General war, verhältnismäßig glimpflich. Dabei mag der Gedanke an die geistige Bedeutung Weimars eine Rolle gespielt haben.

man die Unterwerfung gegen den Eroberer nicht weitertreiben dürfe.

Was stand an tatsächlichen Mitteln hinter diesen Emotionen, welche Kampfkraft repräsentierten die Gardeoffiziere, die ihre Säbel auf den Stufen der französischen Botschaft in Berlin wetzten?

Das Land war erregt, es forderte das Ende der Demütigungen vor „dem Korsen". Man hatte eine hohe Meinung von der Armee, die unter Friedrich dem Großen die beste Europas gewesen war. Selbst moderne junge Offiziere wie Scharnhorst und Clausewitz dachten günstig von dieser legendären Armee, wenn sie auch die tölpelhafte Arroganz der älteren Generäle nicht teilten.

Wer waren diese Preußen, waren sie Deutsche und hatten sie eine Vorstellung von der Welt, die sich nach dem Untergang des Reiches bilden müsse? In Wirklichkeit war Preußen ein Chaos; der letzte Rest von gesamtdeutschem Gefühl war nach elfjähriger „Neutralität" ausgemerzt. Das Gefühl für die Wirklichkeit war erloschen. Am 7. Oktober 1806 stellte Friedrich Wilhelm III. den Franzosen das Ultimatum, das gesamte deutsche Gebiet sofort zu räumen.

Zehn Tage später waren die preußischen Armeen vernichtet. Marschall Davout schlug bei Auerstädt den König und den alten Herzog von Braunschweig, denselben, der einst gedroht hatte, er werde das revolutionäre Paris dem Erdboden gleichmachen. Bei Jena zerstreute Napoleon die von Hohenlohe geführte Armee bis zur Unkenntlichkeit. Der König befahl beiden Gruppen den Rückzug auf Weimar und vollendete durch das Aufeinandertreffen zweier geschlagener Armeen die tödliche Verwirrung.

Nicht der Mut und die Opferbereitschaft hatten den preußischen Soldaten gefehlt; versagt hatte der Geist ihrer Führer, die sich dünkelhaft an längst überholte Kampfmethoden geklammert hatten. Murat führte die Verfolgung. Fast alle Festungen wurden schmählich geräumt, nur einige wenige Männer, damals noch fast unbekannt, widerstanden der allgemeinen Kopflosigkeit, Blücher, Yorck, Gneisenau. Der Gouverneur von Berlin ließ anschlagen: „Der König hat eine Bataille verlohren (sic!). Jetzt ist Ruhe die erste Bürgerpflicht."

Ein finsteres Jahr, aber eine Epoche der höchsten geistigen Blüte, so weit waren Politik und Geist voneinander ausgewichen! Es waren die großen Jahre Goethes, Schillers, Jean Pauls, Hölderlins, der Romantiker und der deutschen Philosophie. Das Rätsel Deutschland begann sich bemerkbar zu machen, erst sich selbst und dann die Welt verwirrend.

Ein napoleonischer Dragoner. Von Lejeune

Schlacht von Jena am 14. Oktober 1806. Stich von Bovinet nach Swebach

Was hilft Preußen angesichts des ungeheuren Druckes, den Napoleon auf den Kontinent ausübt, sein Streben nach Neutralität? Seit der Schaffung des Rheinbundes, dem die meisten deutschen Fürsten als Satelliten Napoleons angehörten, hatte das deutsche Reich aufgehört zu existieren.

Sechzehn Reichsstände, dazu der Erzkanzler Dalberg, die Könige von Bayern und Württemberg, die Großherzöge von Baden und Hessen sagten sich offiziell vom Reichsverbande los und erklärten den französischen Kaiser zu ihrem Protektor. Viel niedrige Gewinnsucht und Eigennutz bereiteten unfreiwillig den Weg zur deutschen Einheit vor.

Noch widerstand Preußen, es zögerte, sich in ein System einzufügen, das zum Vernichtungskampf gegen England bestimmt war. Es wagte nicht, Hannover zu nehmen, weil es ihm einen Konflikt mit England eingebracht haben würde. Preußen versuchte, gegen einen großen Teil seiner öffentlichen Meinung, Friedenspolitik zu treiben, und wurde kriegerisch, als die Koalition praktisch besiegt war.

„Der Gedanke, daß Preußen sich allein gegen mich engagieren werde", schrieb der Kaiser an Talleyrand, „ist so lächerlich, daß er nicht einmal erörtert zu werden verdient." Aber der Geist in Berlin ging in hohen Wogen, die Offiziere, die Elite, selbst die Königin glaubten, daß

*Joseph Fouché.
Gemälde von Claude-Marie Dubuse*

Fouché, später Herzog von Otranto, ist ein Opfer der Literatur geworden. Seine völlige Verachtung aller Grundsätze, seine den Sinn für Romantik ansprechenden Polizeimethoden und seine unwahrscheinlichen Erfolge unter allen Regimen haben ihn zu einem billigen Modell des politischen Bösewichts gemacht. Gewiß, er war kein herzgewinnender Biedermann, aber dafür einer der größten Verwaltungsbeamten seiner Zeit. Auch er war, ähnlich wie Talleyrand, für den geistlichen Stand bestimmt, empfing jedoch niemals die Weihen. Er war Abgeordneter im Konvent, schlug den antirevolutionären Aufstand von Lyon grausam, aber wirksam nieder und war der treibende Geist der Verschwörung, die am 9. Thermidor zum Sturz Robespierres führte. Unter dem Direktorium wurde er Polizeiminister und hatte dies heikle Amt bis 1810 inne. Napoleon wußte, was er an ihm hatte, aber er wußte auch, daß dieser undurchdringliche Mann, der nichts für sich verlangte und ein tugendhaftes Leben führte, ihm nie blind ergeben war. Fouché war ein moderner Mensch: er baute eine Staatspolizei auf und überwachte mit Hilfe einer unübertroffenen Kartei die Gesinnung der Bürger. In jedem Stadium der Jahrhundertwende vermochte er zu sagen, was Frankreich eigentlich war und was es dachte. Sein Nachrichtennetz war lückenlos; er konnte nicht nur alles ermitteln, sondern auch vieles lenken. Ähnlich wie Talleyrand half er Frankreich, den napoleonischen Zusammenbruch zu überleben, und bereitete die zweite Restauration vor. Seine Ideen waren weniger geistvoll als die Talleyrands, aber sie waren ebenso realistisch und, wie man heute hinzusetzen muß, vaterlandsliebend.

Talleyrand und Fouché sind in dem Staatssystem der Zeit die wichtigsten Figuren, und beide haben ihren schlechten Ruf bis auf den heutigen Tag bewahrt. Vieles von dem, was ihnen immer noch angekreidet wird, ist mehr überlieferte Anekdote als ernsthaft politische Wertung. Es ist freilich nicht leicht, eine Figur wie Talleyrand sympathisch zu finden. Er stammt aus einer sehr vornehmen Familie und wird, da er einen verkrüppelten Fuß hat, für den geistlichen Stand bestimmt. Als Bischof von Autun stürzt er sich in die Revolution und veranlaßt die Beschlagnahmung der Kirchengüter in Frankreich. Unter dem Direktorium wird er Außenminister und bleibt unter Napoleon bis 1807 in dieser Stellung. Aber auch ohne Amt ist er der einflußreichste Diplomat seiner Zeit. Er leitet den Abstieg des Kaisers dadurch ein, daß er auf dem Fürstenkongreß in Erfurt den Zaren beschwört, „Europa zu retten" und Napoleon Widerstand zu leisten. Das war eine große politische Entscheidung, und man hätte sie kaum als Verrat gekennzeichnet, wenn Talleyrand nicht so unglaublich zynisch, korrupt und impertinent gewesen wäre. Aber mag er auch den Kaiser verraten haben, er hat seinem Lande stets die Treue gehalten und genau den Punkt erkannt, an dem die Sache Napoleons nicht mehr mit der Sache Frankreichs identisch war. Auf diese Weise konnte er bei dessen Sturz für Frankreich wesentliche Vorteile herausschlagen.

Die Würde und Klugheit, mit der Talleyrand ein vernünftiges Programm vertritt, das auf Napoleons Maßlosigkeiten verzichtet und der wahren Position Frankreichs entspricht, verschaffen ihm die führende Stellung auf dem Wiener Kongreß — keine schlechte Leistung für den Vertreter der besiegten Macht.

Talleyrand.
Gemälde von Pierre Prud'hon

Er plünderte im Venezianischen, in Deutschland, in Portugal und Spanien. Er zankte sich mit Ney so schamlos, daß die Operationen darunter litten. Aber die Madonna von Murillo, die er in Spanien gestohlen hatte, brachte er heil nach Hause.

Nicolas *Soult*, Herzog von Dalmatien, war ein sehr kluger Mann mit politischem Instinkt. Er gab das in Portugal eingeheimste Diebesgut schnell zurück, als er eine Chance witterte, König dieses unglücklichen Landes zu werden. Aber Wellington machte ihm einen Strich durch die Rechnung; statt dessen wurde er 1814 Kriegsminister der Bourbonen und — unter Louis-Philippe — Ministerpräsident. „Que de souvenirs! Que de regrets!" wie Lucien Bonaparte nach dem Ende an einen Gefährten seiner Jugend schrieb.

Sätzen in „Krieg und Frieden" getan hat. Er ist seit je der Schrecken der besetzten Gebiete, besonders Hamburg kann ein Lied davon singen. Er hat selten für sich, dafür aber um so wilder für Frankreich geplündert. Mürrisch und fleißig betreibt er seinen Dienst und ist von einer geradezu entsetzlichen Tüchtigkeit; er wird Napoleons Kriegsminister, als die Sache des Kaisers schon halb verloren ist. Persönliche Vorteile interessieren ihn ebenso wenig wie persönliche Rücksichten. Ein Gewaltmensch, der nichts für sich will.

Alexandre *Berthier*, Fürst von Neufchâtel, Fürst von Wagram, ist der einzige Generalstäbler, der sich neben Napoleon entfalten kann. Der kleine häßliche Mann, der die Gewohnheit hat, sich die Fingernägel bis aufs Blut abzubeißen, ist ein Kartenleser und Rechner ohnegleichen. Seine Fassungskraft für Einzelheiten ist fast unbegrenzt, seine Arbeitskraft übertrifft selbst die seines Kaisers. Es ist bezeugt, daß er während eines Feldzuges dreizehn Tage und Nächte nicht zu Bett ging. Er kannte jede Entfernung, jeden Soll- und Istbestand aller Divisionen, alle Straßen Europas und jede Frage des Nachschubs. Auch er verließ Napoleon, aber sein Gewissen plagte ihn so, daß er sich bei der Wiederkehr des Kaisers im Jahre 1815 zum Fenster des Bamberger Schlosses hinausstürzte.

André *Masséna*, Herzog von Rivoli, Fürst von Essling, erwarb schon früh, fast vor Napoleon, militärischen Ruhm. Er rettete das revolutionäre Frankreich bei Zürich, wo er die Russen schlug, glänzte bei Wagram und versagte in Spanien. Er war der größte Plünderer unter allen französischen Generälen, und das wollte damals etwas heißen.

Linke Seite:

Louis-Nicolas Davout.
Gemälde nach Claude Gautherot

Louis-Alexandre Berthier.
Gemälde von J.-A.-C. Pajou

Rechte Seite:

André Masséna.
Anonymes Gemälde

Nicolas Soult.
Gemälde von De Rudder nach Broc

„Ehre, Ruhm und Reichtum" hat er seinen Gefährten der italienischen Feldzüge versprochen, und wahrlich, er hat Wort gehalten. Seine Korpskommandanten, seine Minister, von denen viele ihn in der Stunde der Not verraten werden, heißen in seinem Munde seine getreuen Paladine, die Gegner nennen sie nicht minder bereitwillig seine Spießgesellen. Das ist, wie Talleyrand sagt, eine Frage des Datums, aber es ist unbestreitbar, daß es ihm gelingt, ausgezeichnete Generäle, Diplomaten und Verwalter aus dem Boden zu stampfen. Sein Genie erzeugt Talente, und was sie auch treiben, welches Unrecht sie auch begehen, der Kaiser deckt sie alle. Fast alle sind sie gewalttätige Plünderer, die in Feindesland wie die Hunnen hausen und ganze Wagenzüge kostbaren Diebesguts nach Hause senden, um dort ihre Schlösser auszustatten. Viele von ihnen hassen sich untereinander und schämen sich nicht, ihre Pflicht zu verletzen, wenn sie dadurch ihren Rivalen eines auswischen können. Das von den napoleonischen Armeen ausgesogene und gequälte Europa sieht in den meisten dieser Männer, die mit wohlklingenden Herzogstiteln geschmückt sind, Räuber und Unterdrücker; aber der Kaiser kann sich über sie nicht beklagen. Sie dienen ihm, sie gewinnen ihm Schlachten, sie halten für ihn die geknebelten Völker im Schach, sie sind seine Getreuen — bis die Stunde des Verrats schlägt.

Louis-Nicolas *Davout*, Herzog von Auerstädt, Fürst von Eckmühl, war schon in Ägypten und bei Austerlitz dabei. Er ist ein harter, ja grausamer Mann, aber von unerhörter Energie und großer Lust am Verwalten. Kein Historiker kann ihn vollständiger schildern, als Tolstoi es mit einigen

Je fester sich das neue Kaisertum installiert, um so wichtiger wird der Ruf nach einer neuen Elite. Wenn er das Haupt einer neuen Dynastie sein will, muß es einen neuen Adel geben, freilich einen Adel des Verdienstes, dessen Glanz von der Gnade des neuen Herrschers abhängt. So ruft er denn jene dreißig Herzogs- und Fürstentitel ins Leben, deren Inhaber die höchsten Stellen im Staat und in der Armee einnehmen. Daß der Kaiser die Liste dieser Titel handschriftlich aufstellt, verrät die Bedeutung, die er der Sache beimißt, es sind Titel, die oft an Schlachtfelder und Siege erinnern, doch häufig auch unbedeutende, meist italienische Ortsnamen wiederholen. Berthier wird Fürst von Neufchâtel, Talleyrand Fürst von Benevent. Bernadotte Fürst von Ponte Corvo. Sie sind Souveräne, aber die Titel, die sich an mit eigener Hand erkämpfte Siege knüpfen, klingen doch noch schöner, wenn sie auch auf französisch meist unaussprechlich sind, wie Elchingen (Ney), Essling (Masséna), Eckmühl (Davout) und Albufera (Suchet). Alle diese Männer haben keine Ahnentafel aufzuweisen, aber sie beanspruchen nach Lannes' stolzem Wort, „selbst Ahnen" zu sein. Außerdem ernennt der Kaiser über tausend Barone und fast vierhundert Grafen. Man bedenke, daß es erst zehn Jahre her ist, als es genügte, Graf zu sein, um aufs Schafott geschickt zu werden!

Liste der 24 Herzogtümer. Handschriftliche Aufstellung von Napoleon

Das Resultat von Austerlitz

Ein volkstümliches koloriertes Blatt zeigt das Ergebnis des „Dreikaisertages". Die Waage stellt das „kontinentale Gleichgewicht" dar. Der Russe „glaubt sich viel schwerer", der Österreicher bemerkt, daß er „um die Hälfte zusammengeschmolzen ist", Preußen zieht einstweilen noch an seiner bäuerischen Pfeife. Aber Lord Pitt stellt erschrocken fest: „Goddam, jetzt sind unsere Guineen zum Teufel!"

Der Sieger Napoleon ist schlank und schön, obwohl er gerade in diesem Jahr schon dick zu werden beginnt. Sein prächtiges Kostüm ist eher das eines Zirkusdirektors als eines neuen Karls des Großen.
Aber die Spitze seines Degens, mit der er die Waagschale herunterdrückt, stellt die volle Realität dar. Europa ist jetzt in der Hand dieses Siegers.

Zwei Tage später empfängt Napoleon den österreichischen Kaiser in den französischen Vorpostenlinien, um mit ihm die Einzelheiten des Waffenstillstands zu vereinbaren. Die Russen bekommen die Möglichkeit, ihre Truppen nach und nach zurückzuziehen. Der Zar soll geschont werden, man schickt ihm Gefangene und Trophäen zurück. Napoleon versucht den Zaren offensichtlich zu gewinnen. Einstweilen muß Österreich die Zeche bezahlen. Im Frieden von Preßburg tritt es Venedig, Istrien, Dalmatien und seine Besitzungen in Schwaben und Tirol ab. Europa wird um und um geformt, die Auflösung des Heiligen Römischen Reiches Deutscher Nation hat begonnen. Württemberg und Bayern werden Königreiche von Napoleons Gnaden. Joseph Bonaparte erhält den Bourbonenthron von Neapel, Louis wird König von Holland.

Der Rheinbund (1806) unter Napoleons Protektorat macht Hunderten von deutschen Kleinsouveränitäten, soweit sie den Reichsdeputationshauptschluß und Preßburg noch überlebt haben, ein Ende. Fürstentümer, Grafschaften, freie Städte und geistliche Herrschaften verschwinden, und mit ihnen die Reste der „deutschen Libertäten". Eine neue Konzeption von Europa löst sich aus dem Chaos, an dem die deutschen Kleinfürsten borniert festgehalten hatten. Ein Sohn der Revolution muß kommen, um ihnen Vernunft beizubringen.

Napoleon und Franz I. nach der Schlacht von Austerlitz.
Gemälde von Antoine-Jean Gros

Napoleon in der Schlacht bei Austerlitz am 2. Dezember 1805.
Stich nach François Gérard

Am 2. Dezember, dem Jahrestag seiner Krönung, stand Napoleon den Armeen des Kaisers von Österreich und des Zaren gegenüber. Das Land, das er in den letzten Tagen so sorgfältig erkundet hatte, glänzte in strahlender Wintersonne. Die Schlacht fand genau dort statt, wo er sie sich gewünscht hatte.
Es war die „Modellschlacht" des Kaisers, ohne Zufälle und Improvisationen, genau, wie sie seiner planenden Phantasie entsprungen war. Davout, Soult, Murat und Lannes halfen ihm bei dieser glänzendsten aller Operationen.
Es war seine vierzigste Schlacht, zum ersten Male hatte er Gelegenheit, sich mit den Soldaten Suwarows und Kutusows zu messen. Die russische Garde vernichtet, die Trümmer der besiegten Armeen auf das unter ihnen brechende Eis des Sees getrieben, furchtbare Verluste, blutiger Triumph – kurz, eine klassische Schlacht mit all ihrer unmenschlichen Großartigkeit.
„Dreikaiserschlacht", „Sonne von Austerlitz", „Soldaten, ich bin zufrieden mit euch" und ähnliche historische Aussprüche machten aus diesem Tag ein Prunkstück napoleonischen Stils, der sein Jahrhundert ergriff und auf das gesamte Leben der Zeit einwirkte, die Menschen von heute jedoch kalt läßt, ja irritiert, weil die Gegenwart gelernt hat, gegen eine Größe skeptisch zu sein, die so viel Blut gekostet hat.

England bezahlt diesen Sieg, der ihm die Vorherrschaft zur See sichert, mit dem Tode seines besten Seemanns. Lord Nelson wird von einer Kugel der „Redoutable" getötet. Ein unersetzlicher Mann ist mit ihm dahin. Zehn Jahre lang hatte er mit seinem Geschwader die See für England behauptet und sich durch Mißerfolge, Mißstände in der Versorgung und Rekrutierung nie aus der Fassung bringen lassen. Der zierliche, ja zarte Mann hatte niemals Furcht gekannt oder seine Person geschont. Lange Jahre war er praktisch der Herr über das Mittelmeer. Dabei fielen ihm manche politischen Aufgaben zu, bei deren Lösung er sich viel Kritik zuzog, da er sich von seiner Geliebten, der schönen Lady Hamilton, deren Mann britischer Botschafter am Hof von Neapel war, mehr als erwünscht lenken ließ. Sein Sieg, den er mit seinem Blute besiegelte, blieb auf den Gang des Krieges auf dem Festland ohne Einfluß. Aber England war jetzt zur See nicht mehr zu treffen; die unheilvolle Idee der Kontinentalsperre war die Folge.

Admiral Nelson (1758–1805). Gemälde von L. J. Abbott

Am 21. November reitet Napoleon durch die mährische Landschaft nördlich von Brünn und sucht ein Gelände aus, auf dem er dem Feind eine Schlacht liefern kann. In denselben Mittagsstunden geht an Nelsons Admiralsschiff „Victory" das berühmte Signal hoch, das die Schlacht von Trafalgar einleitet. Villeneuve versucht, nach Cadix zu entkommen, seine Kursänderung ist für die Engländer das Zeichen, sich auf seine Flotte zu stürzen. Nelson teilt die Masse der französischen Schiffe in drei Teile. Das spanische Hilfsgeschwader hält sich vorsichtig außer der Reichweite der britischen Kanonen. Der Zusammenprall der beiden Flotten ist furchtbar. Die Franzosen schlagen sich wacker, aber ihre Feuerkraft und ihre Manövrierfähigkeiten bleiben weit hinter denen der Briten zurück. Am Abend ist das Geschwader Villeneuve vernichtet. Der Admiral fällt in Gefangenschaft, er gibt sich im folgenden Jahr selbst den Tod. Frankreich ist keine Seemacht mehr.

Schlacht von Trafalgar. Gemälde von William Turner

Urkunde der Kapitulation von Ulm

Ein napoleonischer Husar. Von Lejeune

Der Sieg von Ulm hat den vollen Wert der Generäle erwiesen, denen der Kaiser seine Armeekorps anvertraut hat. Michel Ney aus Saarlouis hat seinen großen Tag, er liefert den Österreichern bei Elchingen ein erbittertes Gefecht und besetzt die Befestigungen auf dem Michelsberg, die Ulm beherrschen. Die Kapitulationsurkunde wird von Mack und Napoleons Generalstabschef Berthier unterzeichnet. Der Vorbeimarsch der besiegten Armee dauert fünf Stunden. Die russische Armee hat nicht die Zeit gefunden, ihren Verbündeten zu Hilfe zu kommen. Murat und Lannes besetzen durch einen Handstreich die Donaubrükken vor Wien. Napoleon nimmt am gleichen Tag Quartier im Schloß von Schönbrunn. In wenigen Tagen zieht er seine Korps in und um Wien zusammen und begibt sich dann nach Brünn, während Alexander und Franz II. in Olmütz zusammentreffen. Der Kaiser studiert tagelang das Gelände bis in die kleinsten Einzelheiten. Die Verbündeten haben indessen ihr Hauptquartier in eine Ortschaft namens Austerlitz verlegt. Der November geht zu Ende.

Übergabe von Ulm am 20. Oktober 1805. Gemälde von Charles Thévenin

Aufgeschoben ist nicht aufgehoben. „Wenn der Friede auf dem Kontinent hergestellt ist, werde ich mich wieder dem Ozean zuwenden", schreibt Napoleon. Auf dem Kontinent hat sich jetzt die dritte Koalition gegen den Kaiser gebildet. Der neue Zar, Alexander I., verbündet sich mit Österreich und England. In weniger als einem Monat wirft Napoleon seine Armee von der Kanalküste nach Süddeutschland. Am 30. September, während Nelson schon vor Cadix kreuzt, gibt er seiner Armee die Bezeichnung „Die Große Armee". Jetzt ist er ganz der Napoleon, dem das Glück sich an die Fersen heftet, der unwiderstehliche Feldherr, wie es ihn in der Geschichte nur einmal geben wird. Die Legende hat nun ihre höchste Leuchtkraft. Der Feldzug hat an Blitzesschnelle und militärischer Vollkommenheit nicht seinesgleichen. In vierzehn Tagen zwingt Napoleon die Österreicher bei Ulm, zu kapitulieren. General Mack übergibt Napoleon seinen Degen. Beinahe ohne Kämpfe ist eine österreichische Armee von 100 000 Mann ausgeschaltet. Kaum daß der Feldzug begonnen hat, ist er auch schon gewonnen. Der Weg nach Wien ist frei.

Fast zur selben Stunde, da die österreichischen Fahnen in der alten Donaustadt dem Sieger dargeboten werden, läuft Admiral Villeneuve aus Cadix aus, um Nelson eine Schlacht zu liefern. Aber die spanischen Gewässer sind weit, Napoleon ist bereits nach Wien unterwegs, dem furchtbaren Spätherbstwetter mit seinem Schneeregen und grundlosen Straßen trotzend. Alles an ihm ist Kraft, Schnelligkeit und Präzision. Er ist in diesen Wochen ein Wunder an menschlicher Leistungsfähigkeit.

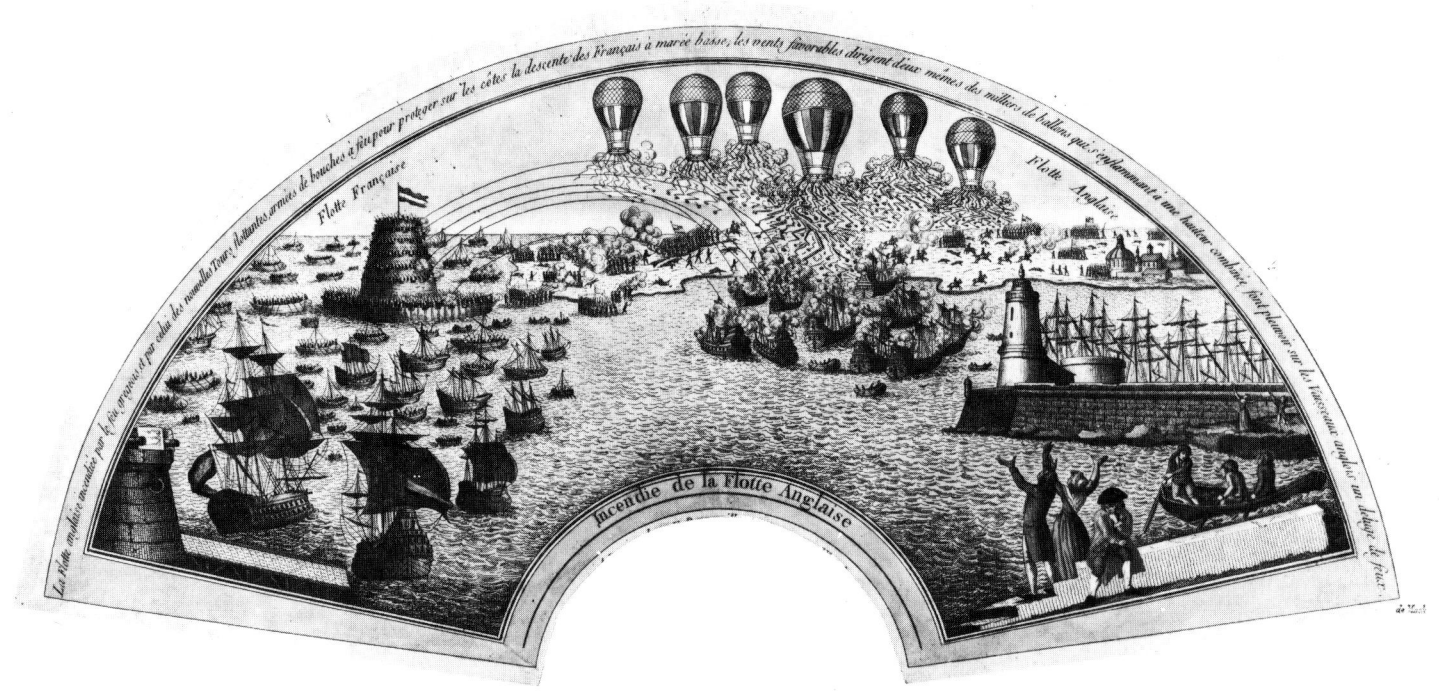

*Ein Wunschtraum:
Angriff auf die englische Flotte
mit Hilfe von Ballons*

Je größer die Schwierigkeiten wurden, die sich dem Landungsunternehmen entgegenstellten, um so stärker wurde die Phantasie der Bevölkerung in Bewegung gesetzt. Wie, es sollte nicht möglich sein, diese Überfahrt über den Kanal, die doch höchstens zwei Stunden dauerte, zu bewerkstelligen! Man dachte sich tausend Mittel aus, vor allem schwärmte man für Angriffe aus der Luft, wie dies volkstümliche Blatt zeigt. Luftballons sollten „griechisches Feuer" auf die britischen Geschwader werfen. Ein Advokat namens Thilorier erfand ein „fliegendes Heerlager" an Bord eines riesenhaften Ballons, der die Landung ausführen sollte. Napoleon hielt sich an die Wirklichkeit, er stellte sofort eine besondere Flottille auf, die aus Prahmen, Lastkähnen, Flößen und vielen anderen Spezialfahrzeugen bestand. Diese Flottille wuchs sehr langsam, weil Napoleon selbst im stillen den Glauben an die Durchführbarkeit des Abenteuers verlor. Immerhin kamen unter den spähenden Augen der britischen Seemacht fast zweitausend Fahrzeuge zusammen. Das Truppenaufgebot, dessen Kern das Lager von Boulogne bildete, war gewaltig. Von Brügge bis Montreuil, also im weiten Raum des Ärmelkanals, standen 150 000 Mann. Es war ein Heerlager, aus dem nach und nach die Grande Armée entstand.

Unterdessen fegten die britischen Geschwader die Meere rein, in den europäischen Gewässern hielten sich über vierhundert Kriegsschiffe unter dem Union Jack auf. Sidney Smith beherrschte die Nordsee. Lord Keith überwachte die französischen Küsten bei Dünkirchen, Collingwood stand im Golf von Biscaya, Nelson hatte mit sechsundfünfzig Schiffen das Mittelmeer in der Hand. Die französischen Seestreitkräfte waren diesem Aufgebot nicht im entferntesten gewachsen. Ende August 1805 wurde das „Lager von Boulogne" wie mit einem Zauberschlage aufgehoben. Es war eine Affäre von Stunden. Napoleon jagte am 2. September nach Paris.

Napoleons Lieblingsidee, mit England zu Lande fertig zu werden und eine Armee über den Kanal zu setzen, führte zu umständlichen Vorbereitungen, die durch den Frieden von Amiens unterbrochen wurden. Dieser Frieden war indessen nur ein Waffenstillstand. Im Mai 1803 wurden die Feindseligkeiten wieder aufgenommen, England nahm Malta und brachte eine Reihe von französischen Schiffen auf. Die Vorbereitungen zu einer Landung in England wurden vorangetrieben. Das sogenannte „Lager von Boulogne" war nie aufgelöst worden. Napoleon machte sich nun daran, eine Landungsflottille zusammenzustellen. In England blieb man kaltblütig. Gillray zeichnete eine berühmte Karikatur, die Napoleon als Gulliver in seinem „little boat" auf einem Wasserbecken dahinsegelnd zeigt. Der König und sein Hof sehen dem hübschen Schauspiel aufmerksam zu, während Pitt hinter dem königlichen Sessel in strammer Haltung die Lage überwacht, damit er, falls sie ernst werden sollte, sofort eingreifen kann.

Karikatur auf die Flotte von Boulogne. Von Gillray

William Pitt der Jüngere kann die Seele aller Koalitionen seit 1793 genannt werden. Er ist neben Burke der konsequenteste Feind der Französischen Revolution und trägt die ganze Last dieses endlosen Krieges. Nichts vermag ihn zu entmutigen, nicht militärische Niederlagen, Abfall seiner Alliierten, Aufstände in Irland, Unruhen in England selbst, schließlich die Zahlungseinstellung der Bank von England. Er wird zum Inbegriff des zähen Festhaltens und bringt seinem Land den Vergleich mit der Bulldogge ein, die nichts mehr losläßt, was sie einmal zwischen den Zähnen hat. 1801 überläßt er Addington seinen Platz, der Frieden von Amiens wird geschlossen, aber dieser bildet nur eine Atempause. Im Mai 1804 ruft das Land ihn zurück. Wieder steht England fast allein in der Welt gegen den Erzfeind, der bei Austerlitz die Koalition zerschlägt. Aber fast gleichzeitig gewinnt England durch den Sieg von Trafalgar die Herrschaft zur See. Pitt überlebt die Frucht seiner Hartnäckigkeit nicht mehr, er stirbt 1806, überarbeitet und krank.

William Pitt.
Gemälde von T. Happner

Fahne der napoleonischen Armee

Wappen Napoleons in Mailand, 1805

Napoleon fördert mit Macht die Bildung eines kaiserlichen Stils. Wappen, Fahnen, Abzeichen und Monogramme erhalten eine wohlüberlegte Form, die sich auch im Aussehen der Möbel und der Dekorationsstoffe ausdrückt. Es ist der Stil des Empire, der von Paris aus seinen Weg um die Welt macht, ein politischer Stil, der ganz im Dienst des cäsarischen Gedankens steht. Die Marseillaise hört man nicht mehr, aber die Trikolore bleibt in Ehren.

Um so zeremoniöser und inhaltsloser ist das fast zu gleicher Zeit entstandene Kolossalgemälde „Napoleon verteilt die Adler an die Armee". Die Szene ist theatralisch bis zum Grotesken. Die Verteilung der neuen Feldzeichen ist ein reines Bühnenbild; auf schräger Fläche stürmen die Feldherrn, die Hand auf dem Herzen, bergan, um dem neuen Cäsar, der sie mit neronischer Geste beherrscht, ihre Ergebenheit zu versichern.

Wiederum hat der nachgeborene Betrachter das Gefühl, daß der große Künstler das tönende Pathos anwende, um sich über die halb barbarische, halb sklavische Szene ein wenig lustig zu machen. Ein Staatsmaler hat oft nur die Übertreibung als einzigen Ausweg aus dem Zwang des politischen Dienstes.

Napoleon verteilt die Adler an die Armee.
Gemälde von Louis David

Die Feier in Notre-Dame ist von einer solchen Großartigkeit, daß sie den Gedanken an die Einmaligkeit, aber auch an die Vergänglichkeit hervorruft. Die Laufbahn dieses Mannes erreicht an diesem Tag einen Höhepunkt, der von allen Schauern und Schatten des Schicksals umweht ist. Viele Jahre steigender Erfolge werden noch kommen, aber mit diesem 2. Dezember 1804 ist ein Punkt überschritten, dessen die menschliche Einbildungskraft noch Herr werden kann. Was dann noch kommt, liegt in der Gewalt höherer Mächte, aus deren Einwirkung das Drama der Geschichte entsteht. Darf ein Mensch so hoch steigen? Gewiß, es ist die Größe seiner Person und die Gewalt seines Geistes, die ihn auf diesen Gipfel geführt haben. Aber von nun ab sprengt er jedes Maß. Die Welt wird nie vergessen, daß er diesen Triumph seiner Feldherrnkunst abgerungen hat. Der Papst wäre nie nach Paris gekommen, die Krone Italiens, die Anerkennung Europas wäre ihm nie zugefallen, wenn man nicht sein Schwert fürchtete. Die furchtbare und gleichzeitig großartige Zweideutigkeit seiner Laufbahn liegt darin, daß er zwar überzeugt, aber auch zwingt, daß er die Vernunft walten läßt, aber auch Gewalt anwendet. Dies prunkvolle Schauspiel in Notre-Dame ist weitgehend durch Gewalt zustande gekommen.

Es war keine Krönung, es war eine Salbung. Der Papst benetzte den neuen Cäsar mit dem heiligen Öl, aber Napoleon, der den Papst zwei Stunden lang in der kalten Kirche hatte warten lassen, ließ sich nicht krönen, er ergriff die Krone und setzte sie sich selbst aufs Haupt. Joséphine war an diesem Tage schöner denn je, ihre holde Anmut kontrastierte mit der geschichtsbewußten Grimmigkeit, die Napoleon an den Tag legte. Sie empfing die Salbung aus der Hand des Heiligen Vaters und ließ sich von dem Kaiser die Krone auf ihr zierliches Haupt setzen, während die Schwestern des Kaisers, rasend vor Eifersucht, die schwere Schleppe, die sie tragen sollten, losließen und damit Joséphine fast zu Boden rissen. Sonst gab es keinen Zwischenfall, alles ging wie am Schnürchen. Das Ganze war mit kleinen Puppen, die Isabey hergestellt hatte, unzählige Male geprobt worden. Die makellose und kalte Zeremonie hatte nur einen menschlichen Akzent, der unbemerkt vorüberging. In seinem Prunkkostüm, das kaiserliche Zepter in der Hand, beim Donnern der Kanonen und dem Brausen der Orgel flüsterte Napoleon seinem Bruder zu: „Joseph, wenn unser Vater uns jetzt sähe!" So tauchte in dieser Stunde das Bild des kleinen korsischen Edelmanns wieder auf, der sich sein Leben lang für seine vielen Kinder abgeplagt hatte. Wieviel Mühen und Demütigungen waren nötig gewesen, um aus dem kleinen Napoleon einen Artillerieoffizier zu machen! Dieser Gedanke an den verstorbenen Vater zu dieser Stunde dient dem neuen Cäsar zur Ehre, denn er leidet wahrlich nicht an überströmenden Gefühlen. Sein Familiensinn hat mit dem Herzen nichts zu tun, es ist vielmehr ein Sinn für Zusammengehörigkeit und Solidarität, die Keimzellen des Machtinstinkts darstellen. Napoleon hat seine Mutter unwandelbar verehrt und sie als einzigen Kritiker seiner Handlungen anerkannt. Auf Davids Krönungsbild sitzt sie in der Mittelloge, in Wirklichkeit hat sie an der Festzeremonie nicht teilgenommen. Es widerstrebte ihrem gesunden Sinn, daß einer ihrer Söhne sich vom Papst zum Kaiser salben ließ.

David, der von nun an der „Maler des Kaisers" hieß, hat mit seinem Krönungsbild das Höchste geleistet, was ein Künstler einer lieblosen Staatszeremonie abgewinnen kann. Nur ein Genie kann diesen ebenso leeren wie großartigen Vorgang zu einem Bilde zusammendrängen, das durch seine Farbenpracht und seine Harmonie in der Staatsmalerei niemals seinesgleichen haben wird. Die Köpfe des Kaisers, des Papstes und Capraras, vor allem aber die ganz beiläufigen Porträts der Würdenträger rechts vorne, also Cambacérès', Talleyrands, Berthiers und Eugens, suchen als psychologisch durchdringende Bildnisse ihresgleichen. Es ist, als ob das Genie des großen Künstlers auf grandiose Weise der aufgeblähten Feierlichkeit des Staatsaktes spottete. In diesem Bilde ist in kurzen Augenblicken der Maler David stärker als der Kaiser.

Die große Zeremonie ist auf den 2. Dezember 1804 festgesetzt. Sie wird in Notre-Dame stattfinden. Für den Prunk und die Feierlichkeiten ist gesorgt, prachtvolle Kostüme werden bereitgestellt, ein Heer von Stickerinnen und kunstreichen Handwerkern ist Tag und Nacht damit beschäftigt, Staatsgewänder von nie dagewesener Herrlichkeit herzustellen.

Der Krönungsmantel Napoleons

Bild nächste Seite:
Krönungsfeier in Notre-Dame am 2. Dezember 1804

Die beiden Konsuln Cambacérès und Lebrun tragen Napoleon die Kaiserwürde an, 18. Mai 1804

Unschuldig vergossenes Blut wird schnell vergessen. Bonapartes Aufstieg ist ebensowenig aufzuhalten wie der Gang der Gestirne. Die Idee, dem Ersten Konsul die Kaiserkrone anzutragen, lag in der Luft. Ein völlig unbekanntes Mitglied des Tribunals namens Curée brachte den Antrag ein. „Niemals", sagte Chateaubriand, „ist ein strahlenderer Herrscher aus dem Antrag eines obskureren Sklaven hervorgegangen." Am 18. Mai 1804 trugen die beiden Konsuln Cambacérès und Lebrun ihm die Kaiserwürde an. Napoleon war wahrlich nicht überrascht. Kein Rausch überkam ihn, alles war klug geplant.

Napoleon wollte nicht der Nachfolger der Bourbonen sein, er wollte in die Fußstapfen Karls des Großen treten. Es gelang ihm, den Papst Pius VII. zur Reise nach Paris zu bewegen. Karl der Große war nach Rom gegangen, um die Weihe des Herrn der Christenheit zu empfangen. Napoleon wollte mehr sein. Im Wald von Fontainebleau erwartete er den Papst am sogenannten Kreuz von Saint-Hérem. Er hatte angeordnet, daß Pius mit der größten Ehrfurcht empfangen werde. Der Papst bezog das Schloß Fontainebleau, in dem er später noch einmal residieren sollte – als Gefangener Napoleons.

Napoleon und Papst Pius VII. treffen sich im Wald von Fontainebleau, 25. November 1804

Der Herzog von Enghien (1772–1804). Gemälde von Schilly

Bonaparte glaubt nicht ernstlich, daß der Herzog von Enghien, der Enkel des Prinzen Condé, der Prinz ist, den Georges Cadoudal erwartet hatte. Aber er will zwischen sich und der Restauration „einen Graben voll Blut" ziehen. Der junge Herzog lebt in dem badischen Dörfchen Ettenheim nahe am Rhein, der hier die Grenze bildet. Bonaparte hat keine Beweise gegen den jungen Mann, aber er sucht ihn sich als Opfer aus, dessen Tod die alte Zeit für immer von der Gegenwart trennen soll.

An einem Märzmorgen verletzt eine Abteilung französischer Dragoner die Grenze, fällt in badisches Gebiet ein und entführt den Herzog nach Frankreich, das er seit fünfzehn Jahren nicht mehr betreten hat. Man schafft ihn in die Festung von Vincennes vor den Toren von Paris, ruft in der Nacht ein Kriegsgericht zusammen und verurteilt ihn nach einigen summarischen Formalitäten zum Tode. Das Urteil wird noch in der Nacht im Festungsgraben von Vincennes vollstreckt.

Enghien stirbt nobel, wortkarg und immer noch etwas verdutzt über das, was mit ihm geschehen ist. Das Entsetzen über diesen Vorgang war überall außerhalb Frankreichs groß. Es war ein brutaler Rechtsbruch, aber war es ein Mißgriff? Talleyrand, der im hohen Grade mitschuldig war, meinte: „Es war schlimmer als ein Verbrechen, es war ein Fehler."

Der Herzog von Enghien vor seiner Erschießung

Die Hoffnung, daß die Bourbonen wieder ihren Thron einnehmen könnten, war auch bei den gläubigsten Royalisten geschwunden. Bonaparte war zum Ersten Konsul auf Lebenszeit ernannt worden, mit dem Recht, seinen eigenen Nachfolger zu bestimmen. Das war fast schon die erbliche Monarchie, aber nicht die der alten Könige.

Die Aufstände der königstreuen Bauern, der Chouans, in der Bretagne und der Vendée starben dahin. Die Überlebenden hausten in Dickichten und Ruinen, ihre Führer lebten als Geächtete, begnügten sich mit Handstreichen, überfielen Postkutschen und andere staatliche Transporte. Die Prinzen wollten von diesen „Straßenräubern" und Heckenschützen nichts mehr wissen.

Georges Cadoudal, ein einfacher Gerichtsschreiber, aber ein Löwe an Mut und Unternehmungsgeist, wollte nicht resignieren. Er begab sich nach Paris mit dem Plan, den Ersten Konsul zu entführen. Er trat mit Pichegru in Verbindung, der aus seiner Verbannung nach London entkommen war, und auch mit Moreau, der gänzlich beiseite geschoben war und seinen Groll in Paris pflegte. Der Anschlag war sehr sorgfältig vorbereitet und sollte ausgeführt werden, sobald ein königlicher Prinz erscheine, um den Platz des entführten Bonaparte einzunehmen.

Der Prinz kam nicht, das Komplott wurde verraten. Der Polizeidirektor Réal arbeitete mit der Präzision einer Maschine. Niemand entschlüpfte ihm. Cadoudal wurde unweit des Odeon von Polizisten gestellt. Er wehrte sich wie ein Rasender und tötete zwei seiner Verfolger. Er starb mutig, ja herausfordernd unter dem Fallbeil. Er war einer der wenigen Männer, vor denen Bonaparte Furcht gehabt hatte. Aber dieser war noch nicht beruhigt, er plante einen letzten Schlag, der die Royalisten für immer entmutigen sollte.

Verhaftung von Georges Cadoudal am 9. März 1804

Attentat mit der „machine infernal" in der Rue Saint-Nicaise am 24. Dezember 1800

Am Heiligen Abend des Jahres 1800 fuhr der Erste Konsul in Begleitung von Lannes, Berthier und Lauriston in die Oper, um der ersten Aufführung von Haydns „Schöpfung" beizuwohnen. Es war eine rauhe Winternacht. Bonaparte war eingenickt und träumte, daß er in den Tagliamento gestürzt sei und ertrinke. In Wirklichkeit war der Wagen einer furchtbaren Explosion entgangen, die die halbe Rue Nicaise zerstörte. Ein Karren mit einer Höllenmaschine hatte die enge Straße versperrt, aber der Wagen war knapp an ihm vorbeigerast, als die Explosion erfolgte. „Weiter! In die Oper!" rief Napoleon. Eine Viertelstunde später erschien er, steinern ruhig, in seiner Loge und verbeugte sich vor den Zuschauern, die bereits von dem Attentat erfahren hatten. Er war überzeugt, daß die ehemaligen Jakobiner versucht hatten, ihn aus dem Wege zu räumen. Fouché verhaftete über hundert ehemalige Schreckensmänner, die sofort, ohne Verhandlung und ohne Urteil deportiert wurden. Auf den Terror wollte Napoleon mit Terror antworten. Es zeigte sich jedoch bald, daß die Urheber ganz woanders, nämlich in den Kreisen der Royalisten, der ehemaligen „Chouans", zu suchen waren. Zwei der Täter, Gefährten des gewaltigen bretonischen Verschwörers Georges Cadoudal, jedoch nicht von ihm beauftragt, wurden verhaftet und hingerichtet. Der dritte, ein Edelmann namens Limoëlan, entkam nach Amerika und trat dort in den geistlichen Stand. Die Enthüllung der wahren Täter schadete der royalistischen Sache im Volke ungeheuer. Aber die grundlos deportierten Jakobiner wurden darum doch nicht zurückgerufen. Der Erste Konsul wollte endgültig alle Gefahren beseitigen, die seiner Person und damit seiner Diktatur drohten. Er wußte, daß England die Verschwörer ermutigte, und er nahm Fouchés Mahnung ernst: „Die Luft ist voller Dolche." Er wollte seine Macht befestigen, er wollte sie dauerhaft machen, er wollte die Alleinherrschaft, er wollte den Thron.

que l'une ne puisse l'être sans l'autre.

Un autre acte particulier signé à la même date que le présent traité, relatif à un réglement définitif entre les puissances contractantes, est pareillement approuvé et sera ratifié en la même forme, en même tems et conjointement.

Art. 10.

Le présent traité sera ratifié en bonne et due forme, et les ratifications seront échangées dans l'espace de six mois, après la date de la signature des plénipotentiaires, ou plutôt s'il est possible.

En foi de quoi les Plénipotentiaires respectifs ont signé les articles ci dessus, tant en langue française qu'en langue anglaise, déclarant néanmoins que le présent traité a été originairement rédigé et arrêté en langue française, et ils y ont apposé leurs Sceaux.

Fait à Paris le dix-iéme jour de floréal de l'an onze de la République française et le 30 Avril 1803.

Barbé Marbois   Robt R Livingston

Jas Monroe

Traité
entre la République française
& les États-unis d'Amérique

Le Premier Consul de la République française, au nom du peuple français, et le Président des États-unis d'Amérique, desirans prévenir tout sujet de mésintelligence relativement aux objets de discussion, mentionnés dans les articles 2 & 5 de la convention du { 8 Vendemiaire an 9. / 30 Septembre 1800. } et relativement aux droits réclamés pour les États-unis, en vertu du traité conclu à Madrid le 27 octobre 1795, entre sa Majesté catholique et lesdits États-unis : et voulant fortifier de plus en plus les rapports d'union & d'amitié qui, à l'époque de ladite convention, ont été heureusement rétablis entre les deux États, ont respectivement nommé pour Plénipotentiaires, savoir : Le Premier Consul, au nom du peuple français, le Citoyen François Barbé-marbois Ministre du Trésor public ; et le Président des États-unis d'Amérique par et avec l'avis et le consentement du Sénat desdits États, Robert R Livingston Ministre plénipotentiaire des États-unis, & James Monroë, Ministre plénipotentiaire et envoyé extraordinaire des dits États, auprès du Gouvernement de la République française : lesquels, après avoir fait l'échange de leurs pleins-pouvoirs, sont convenus des

A.F. IV 1704
6° d°
10

Erstausgabe des Code Civil

Vertrag über den Verkauf von Louisiana an die Vereinigten Staaten von Amerika (1803)

Gleich nach dem Sieg von Marengo bildete Bonaparte einen Ausschuß zur Codifizierung des bürgerlichen Rechts. Er und Cambacérès waren die tätigsten Mitarbeiter dieses Ausschusses. Zwei Jahre dauerten die Beratungen. Der Erste Konsul fehlte selten, er stand Diskussionen bis zu zwanzig Stunden durch. Einige Berichte über diese Sitzungen sind in Kurzschrift aufgenommen worden und so überliefert. Der Code Civil wurde im Jahre 1804 beendet und erhielt den Namen Code Napoléon. Er wurde zum Modell für die moderne Welt und war eine größere und vor allem dauerhaftere Leistung als die schönsten Triumphe auf den Schlachtfeldern.

Mit den überseeischen Besitzungen hat Napoleon nie Glück gehabt. Das Meer war seinem Stern nicht günstig. Spanien hat das erst halb erschlossene Gebiet von Louisiana an Frankreich zurückgegeben. Die Regierung der Vereinigten Staaten, die wohl bemerkt, daß Napoleons Interesse an diesem Gebiet nicht groß ist, sendet Monroe nach Paris, um mit Talleyrand über den Verkauf zu verhandeln. Er erhält für 15 Millionen Dollar das endlose Gebiet von New Orleans bis hinauf zur kanadischen Grenze. In New Orleans wird die Trikolore eingeholt, das Sternenbanner steigt hoch. Der friedlichste, vorteilhafteste Landgewinn, den je eine Großmacht erzielt hat.

Welcher Art war der Staat unter dem Ersten Konsul? Die Verfassung des Jahres VIII — so sagte man einstweilen noch — war durch eine Volksabstimmung gebilligt worden. Bonaparte hatte von Rousseau gelernt, daß man die Demokratie durch das Mittel des Plebiszits am sichersten im Schach halten und am Ende zerstören könne. Die Verfassung sah nicht etwa ein Parlament vor, sondern gleich drei Versammlungen, von denen keine etwas zu entscheiden hatte. Am wenigsten das sogenannte Tribunat, dessen Aufgabe es war, über die Gesetze zu debattieren und ihre Annahme oder Ablehnung zu empfehlen. Die Tribunen waren also Männer, die Vergnügen am Streit der Grundsätze und Theorien haben mußten.

In ihren Reihen befand sich ein Mann namens Benjamin Constant (1767—1830), der in den nächsten dreißig Jahren an jeder politischen Wegbiegung auftauchen und zu jedem Programm etwas beisteuern wird. Er war der Sprößling einer angesehenen Schweizer Familie, nahm aber bald die französische Staatsangehörigkeit an. Er war ein Wunderkind, das mit sieben Jahren fließend das klassische Griechisch sprach und vollendet Klavier spielte. Als junger Mann führte er ein Wanderleben, wurde Kammerjunker am Hofe des Herzogs von Braunschweig und heiratete erst ein Fräulein von Cramm und dann ein Fräulein von Hardenberg. Die Frau seines Lebens war jedoch Madame de Staël, mit der er jahrzehntelang aufs innigste verbunden war, von der er sich ständig unter schrecklichen Szenen zu trennen versuchte, ohne je von ihr loszukommen. Sie übten gegenseitig den größten Einfluß aufeinander aus, so daß diese Verbindung der Ausgangspunkt wichtiger politischer und soziologischer Ideen der Jahrhundertwende wurde. Constant war ein schwankender Charakter, ein Spieler und Schürzenjäger, aber auch ein großer Schriftsteller, dessen Roman „Adolphe" ein Meisterwerk der Selbstbeobachtung ist. Im Tribunat kam er nicht weit, weil es nicht seine Sache war, sich zu fügen.

„Ich bin kein Freund des Schwertes", erklärte er und machte unbarmherzig Opposition. Napoleon rechnete ihn „zu den Metaphysikern, die man ertränken sollte". Nicht mit Unrecht machte er Madame Staël für diese Opposition mitverantwortlich.

Benjamin Constant. Gemälde von Claude Giraudon

Das Konkordat, das die Beziehungen zwischen Kirche und Staat in Frankreich regelte und den religiösen Frieden wiederherstellte, war eine rein politische Maßnahme, die zur Befestigung der Ordnung im Lande dienen sollte, denn, so sagte Napoleon, „wenn Sie dem Volk den Glauben nehmen, haben Sie bald nur Straßenräuber". Für die theologische oder gar seelische Seite der Religion hatte er weniger Interesse. Mochten die Veteranen der Revolution die Wiederkehr der freien Ausübung des Kultes auch als „Pfäfferei" verspotten, Frankreich war nun einmal ein christliches und katholisches Land. In Mailand hatte er der Geistlichkeit erklärt: „Nur die Religion kann dem Staat eine feste und dauerhafte Stütze geben. Eine Gesellschaft ohne Religion ist wie ein Schiff ohne Kompaß." Der Erste Konsul bestimmte Ostern 1802 als den Tag, an dem die Wiederherstellung der Religion mit einem Tedeum in der Kirche Notre Dame festlich begangen wurde. Die Konsuln erschienen mit Bonaparte an der Spitze in großem Pomp achtspännig unter Salven, Musik, Volksjubel und Präsentiergriffen vor der ehrwürdigen Kathedrale. Die Minister, Generäle, Diplomaten und sonstigen Würdenträger verlängerten den Zug. Der päpstliche Legat Caprara zelebrierte die Messe. Méhul und Cherubini dirigierten die Festmusik. Viele dieser Generäle und Minister hatten seit ihrer Kindheit keinen Gottesdienst mehr erlebt; sie fanden die Veranstaltung recht eindrucksvoll, obwohl sie bisher sehr gut ohne dergleichen ausgekommen waren. Die Bevölkerung war begeistert, sie genoß den Tag doppelt, weil nun auch der Krieg mit England vorbei war.

Der französische Klerus leistet dem Ersten Konsul den Eid (Ostern 1802). Stich nach Nodet

GÉNIE

DU CHRISTIANISME,

OU

BEAUTÉS

DE

LA RELIGION CHRÉTIENNE;

PAR

FRANÇOIS-AUGUSTE CHATEAUBRIAND.

Chose admirable! la religion chrétienne, qui ne semble avoir d'objet que la félicité de l'autre vie, fait encore notre bonheur dans celle-ci.

MONTESQUIEU, *Esprit des Loix*, Liv. XXIV, ch. III.

TOME PREMIER.

—

A PARIS,

CHEZ MIGNERET, IMPRIMEUR,
RUE DU SÉPULCRE, F. S. G. N.º 28.

===

AN X. — 1802.

Chateaubriand vibriert vor Verlangen nach Erfolg. Aus dem riesigen Manuskript löst er eine Episode heraus und veröffentlicht sie. Es ist die rührende Liebesgeschichte „Atala", die in den Wäldern Amerikas spielt. Sie erzielt einen stürmischen Erfolg. Die schöne Atala ist sofort in aller Munde, überall werden Bilderbogen, Gemälde, ja Wachsfiguren verbreitet, die den „Wilden" Chactas und den Pater Aubry darstellen, wie sie die tote Atala zu Grabe tragen. Der Dichter ist über Nacht berühmt. Auch der Erste Konsul hört von ihm und läßt sich einige Bogen des gerade in Druck befindlichen „Genius des Christentums" geben und versieht sie mit Randbemerkungen. Sein Interesse ist geweckt, der Dichter versteht bald, warum. Wir sind im Jahre 1802. Am 8. April wird das Konkordat verabschiedet, die katholische Religion ist wieder in ihre Rechte eingesetzt. Am 14. April erscheint Chateaubriands Buch zum Preise der christlichen Religion. Die Glocken von Paris haben ihre Stimmen wiedergefunden. Der Erfolg des Buches, dessen Veröffentlichung durch die Gleichzeitigkeit der Ereignisse wie ein offizieller Akt wirkt, ist unbeschreiblich. Es ist, als ob die Glocken zu seinem Ruhm geläutet hätten. Die Tat Napoleons und die seine werden nicht nur in den Augen des Publikums, sondern auch in seinem eigenen Bewußtsein zu einer Einheit, von der man glauben könnte, daß sie gemeinsam vorbereitet sei. Der Tag ist die Geburtsstunde seines politischen Ehrgeizes. Er lebt von nun an in dem Gedanken, daß es seine Rolle sei, der irdischen Macht, in wessen Händen sie sich auch befindet, mit seinen geistigen Kräften und Ideen zur Seite zu stehen. Daß Macht und Geist vereint sein müssen, wird nun die große Chimäre seines Lebens.

Titelseite der Erstausgabe „Genius des Christentums" von Chateaubriand

Die Grablegung Atalas. Gemälde von Anne-Louis Girodet-Trioson

Schloß Combourg, in dem Chateaubriand seine Jugend verbrachte

Pauline de Beaumont

Das Leben, das der Dichter und spätere Staatsmann bis zu seiner Begegnung mit Napoleon geführt, spiegelt mit seinen Stürmen, Hoffnungen und Enttäuschungen getreulich die Weltenwende dieser Jahre wider. Der mittellose, aber stolze bretonische Edelmann, der in einer finsteren Ritterburg aufgewachsen ist, hat die Erstürmung der Bastille mit angesehen, ist vor dem Schrecken der Revolution in die Urwälder Amerikas geflohen und ist, als das Schiff der Monarchie zu sinken begann, nach Europa zurückgekehrt und hat in der Emigrantenarmee die „Kampagne in Frankreich" mitgemacht. Nach langen Hungerjahren im englischen Exil ist er dann nach Paris zurückgekehrt und hat das Leben eines nach Ruhm und unmittelbarer Wirkung dürstenden Schriftstellers begonnen. Hier begegnet er Pauline de Beaumont. Die schöne, geistvolle und schon von der Krankheit gezeichnete Frau, die nicht mehr lange zu leben hat, setzt sich glühend für ihren geliebten Dichter ein. Sie bewundert sein Genie und verlangt von ihren Freunden, das gleiche zu tun. Sie treibt ihn vorwärts, er soll sein großes Werk „Der Genius des Christentums", das die „Schönheiten der Religion" beschreibt und leidenschaftlich an die schlummernden religiösen Instinkte des französischen Volkes appelliert, beenden. „Ein zweiter Pascal ist unter uns", flüstert sie ihren Freunden zu, wenn Chateaubriand erscheint. Das ist er nun wahrlich nicht, denn er wird nie ein Denker sein, dafür aber immer größere Reichtümer an Poesie entfalten.

*Chateaubriand.
Gemälde von
Anne-Louis Girodet-Trioson*

Der Dichter Chateaubriand ist gute dreißig Jahre alt, als Frankreich sich im Ruhm Bonapartes zu sonnen beginnt. Vom ersten Augenblick an hat er sich als ein Gegenspieler dieses Mannes gefühlt, er hat nie aufgehört, ihn zu bewundern und zu bekämpfen. „Napoleon und ich", ist sein beständiger Gedanke, manchmal vielleicht auch „Ich und Napoleon". Sein Sinn für Größe fand in der Betrachtung Napoleons Befriedigung, sein Sinn für Freiheit und Menschenwürde wurde durch ihn ständig verletzt. So ist es zu erklären, daß kein Zeitgenosse dem „Mann des Schicksals" nobler gerecht geworden und niemand ihn schonungsloser durchschaut hat. Chateaubriand war Royalist; an der kleinlichen Gesinnung der Menschen, die in der gleichen Sache verbunden waren, ermaß er das große Format des Gegners. Immer wieder flüchtete er sich vor der Erbärmlichkeit der Zeit in den gewaltigen Schatten, den Napoleon warf. Der Weltschmerz, der sein Lebensgefühl war, floß in sein Verhältnis zu dem großen Diktator.

Der Frieden war ein Provisorium, aber Bonaparte benutzte diese Spanne gut. Dies eine Jahr war das beste seines Lebens. Die Regierungserklärung von 1799 hatte mit den Worten geschlossen: „Bürger, die Revolution ist zu Ende." Aber Frankreich war gleichwohl durch und durch anders geworden, und Bonaparte hütete sich einstweilen, irgend etwas zu unternehmen, was als Wiederherstellung der überwundenen Verhältnisse gedeutet werden konnte. Frankreich war williger Ton in seiner Hand, ein Rausch der Produktivität erfaßte ihn, er begann die Arbeit am Konkordat und am Code Civil, er stiftete die Ehrenlegion, rief die „Bank von Frankreich" ins Leben, baute Häfen und Straßen, ermutigte die Wissenschaften und wandte insbesondere den sich gewaltig regenden Naturwissenschaften seine Aufmerksamkeit zu. Er organisierte das Erziehungswesen und die „Université de France" und erließ Bestimmungen, die „den Begabten jede Laufbahn eröffneten".

Gleichzeitig richtete er das straff zentralisierte System der Präfekten ein. Eine neue Struktur wurde geboren und freudig entgegengenommen. Nie war Frankreich so glücklich und seiner selbst so froh gewesen; die Zeiten Heinrichs IV., so schien es, waren wiedergekommen. Das Land konnte sich rühmen, von dem intelligentesten Menschen regiert zu werden, den die moderne Geschichte gekannt hat.

Alessandro Volta führt Bonaparte seine galvanische Säule vor (1801). Gemälde von Alexandre E. Fragonard

Der Triumph des Ersten Konsuls. Zeichnung von Pierre-Paul Prud'hon

Man bot Österreich einen Friedensschluß an, aber es gehorchte dem Druck Englands und lehnte ab. So wurden denn die Feindseligkeiten wieder aufgenommen. Moreau stand zwischen Isar und Inn und erwartete den Feind im Wald von Hohenlinden. Moreau und ein neuer Mann namens Michel Ney rieben die feindliche Armee vollständig auf. Der Weg nach Wien war offen. Der Kaiser in Wien schloß sofort einen Waffenstillstand (3. Dezember 1800). Sechs Wochen später unterzeichneten Joseph Bonaparte und Cobenzl den Frieden von Luneville, der die Lage von Campo Formio wiederherstellte, aber auch eine Neuordnung des Heiligen Römischen Reiches vorsah. England stand nun allein im Kriege gegen Frankreich. Es hatte sieben Jahre gekämpft, hatte Frankreich seine sämtlichen Kolonien weggenommen, hatte Malta wieder besetzt und die Franzosen für immer aus Ägypten vertrieben. Aber es hatte sich an den Rand des finanziellen Ruins gebracht und brauchte eine Atempause. Mit offenkundiger Ironie und mit heimlicher Sorge beobachtete es die militärischen Vorkehrungen an der Kanalküste, besonders bei Boulogne, die als die Absicht Bonapartes gedeutet werden mußten, in England zu landen. Als Pitt, der Anhänger des Vernichtungskrieges gegen die Republik, zurücktrat (Februar 1801) und Addington seine Stelle einnahm, begannen die Verhandlungen, die zum Friedensabschluß von Amiens führten (25. März 1802). Der Jubel war in beiden Ländern gleich groß. Der außenpolitische Triumph des Ersten Konsuls war vollständig, er war nun in Frankreich allmächtig und galt in Europa als unbesiegbar. Aber so groß und aufrichtig die Erleichterung der geplagten Völker auch war, die führenden Männer auf beiden Seiten hatten wenig Vertrauen in diesen Frieden, der eine Rivalität überdeckte, aber nicht beseitigte. Und tatsächlich währte er auch nur ein Jahr.

Vorbei ist der Friede der ersten Frühlingstage in Malmaison. England hat auf neue Friedensfühler des Ersten Konsuls mit schneidender Ablehnung geantwortet. Zwei österreichische Armeen bedrohen Frankreich, die eine nähert sich dem Rhein, die andere rückt durch Italien gegen die Alpengrenze vor, ihre Spitze steht schon dicht bei Nizza. Bonaparte beschloß, den Feind in Italien zu überraschen, und führte seine Armee zu diesem Zweck über den Großen Sankt Bernhard. Die Bezwingung dieses Passes, über den keine Straße führte, gehört zu den epischen Großtaten der Epoche und hat den Heldenliedern und der pathetischen Malerei unendlichen Stoff geboten.

Übergang über den Großen St. Bernhard am 14. Mai 1800. Lithographie von V. Adam

Bonaparte auf dem Großen St. Bernhard. Gemälde von Louis David

Am 2. Juni rückte er in Mailand ein und stellte die Cisalpinische Republik wieder her. Bei Marengo wurde er mit den Österreichern handgemein. Nach fünf Stunden mußte er die Schlacht verlorengeben, als in letzter Minute Desaix mit seiner Division erschien und das Glück wendete. Desaix fiel beim ersten Angriff, aber der Feind kapitulierte und räumte Piemont und die Lombardei. Bonaparte traf zum Fest des 14. Juli in Paris wieder ein. Es war einer der großen Triumphe, deren noch viele folgen sollten, ein mit Jubel erfüllter Hochsommertag, mit Fahnen, Ansprachen, Aufzügen und Belohnungen. „Wie war dein Frankreich schön unter dieser Sonne", schrieb später Victor Hugo.

Joséphine hat Malmaison gekauft, als Bonaparte in Syrien war und vergeblich Saint-Jean-d'Acre belagerte. Fast im gleichen Augenblick erfuhr der General durch seinen Freund Junot, daß seine Frau ihn daheim mit einem hübschen Laffen betrog. Diese Enthüllung gab seiner überschäumenden Jünglingsliebe zu dieser unwiderstehlich anmutigen Frau den Todesstreich. Zwar kommt nach seiner Rückkehr eine Versöhnung zustande, aber die Zeit der glühenden, fast rasenden Liebesbriefe ist vorbei. Joséphine weiß nach und nach, welch gewaltige Persönlichkeit ihr Mann ist. Aber sie bleibt bis zum bitteren Ende zu leichtsinnig, zu vergnügungssüchtig und zu unernst, um sich unbeirrbar an diesen großen Mann und sein Werk zu binden. Ihr Luxus ist überwältigend. Napoleon hat kaum noch den Mut, ihr Vernunft zu predigen. „Wenn ich mit ihr rede, werde ich ärgerlich, ich lasse mich hinreißen, sie weint, ich verzeihe ihr, ich schreie sie an, sie verspricht mir Besserung, aber am nächsten Tag ist es wieder dasselbe!" Nach der Scheidung kehrt sie nach Malmaison zurück und lebt dort bis zu ihrem Tode im Jahre 1814. In das schöne Bild von Prud'hon ist eine melancholische Vorahnung künftiger Einsamkeit gemischt.

Joséphine in Malmaison.
Gemälde von
Pierre-Paul Prud'hon

Martigny, le 28 floréal an 8 de la République

[Lettre manuscrite de Bonaparte, difficilement lisible]

Brief Bonapartes an Joséphine

Malmaison bei Rueil unweit von Paris ist der Inbegriff des friedlichen Rastens und der jugendlichen Sorglosigkeit in der Saga Napoleon geworden.

Aber wie arm war sein Leben an solchen Augenblicken, wie schnell gingen sie vorüber, wie oft waren sie nur Etappen vor dem kriegerischen Aufbruch oder flüchtige Stationen zwischen zwei Feldzügen. Mit Malmaison ist die Vorstellung dieses jungen Mannes verbunden, der soeben Erster Konsul geworden ist und dessen äußerer Umriß bereits eine gewisse Majestät anzunehmen beginnt.

Hier unter diesen Bäumen, auf diesen Parkwegen erörterte er mit Cambacérès und Lebrun, den beiden Mitkonsuln, die inzwischen Sieyès und Ducos ersetzt haben, mit Talleyrand und Fouché, mit Berthier und mit seinen Brüdern Joseph und Lucien die dringlichsten Maßnahmen, die dem zerrütteten Lande seine Struktur wiedergeben sollen.

Hier waltet Joséphine voll Anmut, pflegt ihre Rosen und entfaltet eine Liebenswürdigkeit, wie sie eben eine Gattin mit nicht ganz reinem Gewissen aufzubringen versteht.

Der nebenstehende Brief Napoleons an Joséphine ist aus dem Felde, wenige Tage vor dem Übergang über die Alpen, geschrieben. Er ist kühl und freundlich.

Blick auf Malmaison. Stich nach Garbizza

Spätere Geschlechter haben den Staatsstreich als ein Verbrechen gegen die Republik getadelt. Er wurde indessen in Frankreich nicht so empfunden. Bonaparte erschien als der Retter, der es dem Lande ersparte, vor der einst so triumphierend gestürzten Bourbonenherrschaft zu Kreuze zu kriechen. Man war überzeugt, daß er die revolutionären Errungenschaften sicherstelle, was auch weitgehend zutraf. Das Land war zwar ausgeblutet, aber seine Institutionen hatten einen Riesenschritt vorwärts getan, es war das modernste Land der Welt, und Bonaparte dachte nicht daran, diesen Zustand zu ändern. Welche Verblendung verriet der Bruder des hingerichteten Königs, daß er aus dem Exil zwei Briefe an den Ersten Konsul schrieb und ihn dadurch zu ehren glaubte, daß er ihm vorschlug, ihm den Königsthron zurückzugeben! Der dreiunddreißigjährige Diktator antwortete dem alten Herrn höflich, fast herablassend: „Sie können nicht Ihre Rückkehr nach Frankreich wünschen; Sie müßten über hunderttausend Leichen marschieren. Opfern Sie Ihr Interesse der Ruhe und dem Glück Frankreichs. Die Geschichte wird es Ihnen anrechnen."

Brief Bonapartes an den Comte de Provence, den späteren Ludwig XVIII.

Eintrittskarte für den Rat der Fünfhundert

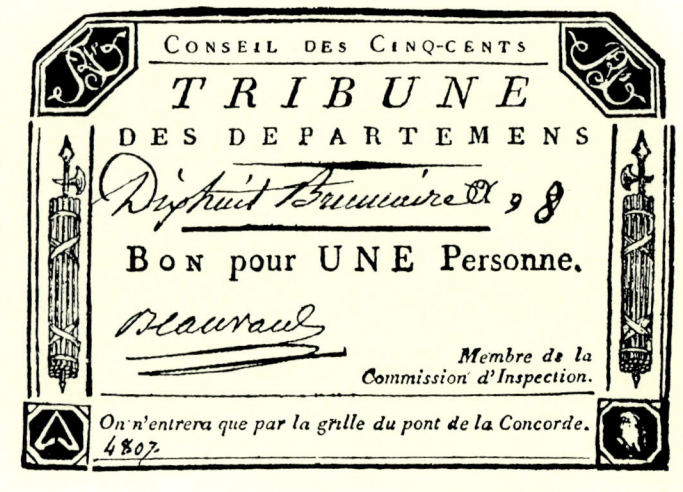

Am Abend dieses umwälzenden, aber abenteuerlichen Tages ist Bonaparte Erster Konsul und bildet mit Sieyès und Ducos die Regierung Frankreichs. Das Parlament wird vertagt. Der Sieger des Tages erläßt einen Aufruf, in dem er die Einzelheiten des Staatsstreichs auf seine Art schildert und erklärt, daß „die schützenden, konservativen, liberalen Ideen wieder in ihre Rechte eingetreten sind". Im Grunde ist er wenig zufrieden damit, daß die Abgeordneten vor den Soldaten durchs Fenster flüchten mußten, denn wie alle Diktatoren hatte er gewünscht, „legal" zur Macht zu gelangen, im Rahmen der Verfassung zu bleiben und das Zauberwort „Gesetz" nicht zu beeinträchtigen. Aber Frankreich ist es gleichgültig, wie alles gekommen ist, es nimmt den Staatsstreich gelassen, ja zufrieden hin und sieht den Ersten Konsul schon in der Glorie, die der Pinsel Ingres' ihm bald verleihen wird.

Bonaparte als Erster Konsul.
Gemälde von Dominique Ingres

PROCLAMATION
DU GÉNÉRAL EN CHEF
BONAPARTE.

Le 19 Brumaire onze heures du soir.

A mon retour à Paris, j'ai trouvé la division dans toutes les Autorités, et l'accord établi sur cette seule vérité que la Constitution était à moitié détruite et ne pouvait sauver la liberté.

Tous les partis sont venus à moi, m'ont confié leurs desseins, dévoilé leurs secrets, et m'ont demandé mon appui ; j'ai refusé d'être l'homme d'un parti.

Le Conseil des Anciens m'a appelé ; j'ai répondu à son appel. Un plan de restauration générale avait été concerté par des hommes en qui la nation est accoutumée à voir des défenseurs de la liberté, de l'égalité, de la propriété : ce plan demandait un examen calme, libre, exempt de toute influence et de toute crainte. En conséquence, le Conseil des Anciens a résolu la translation du Corps législatif à Saint-Cloud ; il m'a chargé de la disposition de la force nécessaire à son indépendance. J'ai cru devoir à mes concitoyens, aux soldats périssant dans nos armées, à la gloire nationale acquise au prix de leur sang, d'accepter le commandement.

Les Conseils se rassemblent à Saint-Cloud ; les troupes républicaines garantissent la sûreté au dehors. Mais des assassins établissent la terreur au dedans ; plusieurs Députés du Conseil des Cinq-cents, armés de stylets et d'armes à feu, font circuler tout autour d'eux des menaces de mort.

Les plans qui devaient être développés, sont resserrés, la majorité désorganisée, les Orateurs les plus intrépides déconcertés, et l'inutilité de toute proposition sage évidente.

Je porte mon indignation et ma douleur au Conseil des Anciens ; je lui demande d'assurer l'exécution de ses généreux desseins ; je lui représente les maux de la Patrie qui les lui ont fait concevoir : il s'unit à moi par de nouveaux témoignages de sa constante volonté.

Je me présente au Conseil des Cinq-cents ; seul, sans armes, la tête découverte, tel que les Anciens m'avaient reçu et applaudi ; je venais rappeler a la majorité ses volontés et l'assurer de son pouvoir.

Les stylets qui menaçaient les Députés, sont aussitôt levés sur leur libérateur ; vingt assassins se précipitent sur moi et cherchent ma poitrine : les Grenadiers du Corps législatif, que j'avais laissés à la porte de la salle, accourent, se mettent entre les assassins et moi. L'un de ces braves Grenadiers (*Thomé*) est frappé d'un coup de stylet dont ses habits sont percés. Ils m'enlèvent.

Au même moment, les cris de *hors la loi* se font entendre contre le défenseur *de la loi.* C'était le cri farouche des assassins, contre la force destinée à les réprimer.

Ils se pressent autour du président, la menace à la bouche, les armes à la main ; ils lui ordonnent de prononcer le hors la loi : l'on m'avertit ; je donne ordre de l'arracher à leur fureur, et six Grenadiers du Corps législatif s'en emparent. Aussitôt après, des Grenadiers du Corps législatif entrent au pas de charge dans la salle, et la font évacuer.

Les factieux intimidés se dispersent et s'éloignent. La majorité, soustraite à leurs coups, rentre librement et paisiblement dans la salle de ses séances, entend les propositions qui devaient lui être faites pour le salut public, délibère, et prépare la résolution salutaire qui doit devenir la loi nouvelle et provisoire de la République.

Français, vous reconnaîtrez sans doute, à cette conduite, le zèle d'un soldat de la liberté, d'un citoyen dévoué à la République. Les idées conservatrices, tutélaires, libérales, sont rentrées dans leurs droits par la dispersion des factieux qui opprimaient les Conseils, et qui, pour être devenus les plus odieux des hommes, n'ont pas cessé d'être les plus méprisables.

Signé BONAPARTE.

Pour copie conforme : ALEX. BERTHIER.

A PARIS, DE L'IMPRIMERIE DE LA RÉPUBLIQUE Brumaire an VIII.

Der 18. Brumaire (9. November 1799).
Gemälde von François Bouchot

Rechte Seite:
Proklamation Bonapartes
vom 19. Brumaire

Der Staatsstreich vom 18. Brumaire (9. November 1799), durch den Bonaparte zur Macht gelangt, ist ein großes, ja welthistorisches Ereignis und hat doch etwas von einer Tragikomödie. Alle Welt weiß, daß die Verschwörung im Gange ist, und jeder ist überrascht, als der Streich kommt. Sieyès möchte den Umsturz lieber durch Moreau vollziehen lassen, aber dieser weist auf Bonaparte und sagt: „Das ist Ihr Mann." Bernadotte, der gerade Kriegsminister ist, weigert sich mitzuwirken und erklärt sich bereit, Bonaparte zu verhaften. Als dann die Trommeln rasseln und die Truppen marschieren, um die Volksvertreter auseinanderzujagen, verschwindet er für einen Tag im Walde. Joséphine, in deren Hause sich die Verschwörer seit Tagen regelmäßig versammeln, bleibt im kritischen Augenblick klugerweise im Bett liegen, während unten im Salon Sieyès, Talleyrand und Fouché den Lauf der Dinge abwarten. Als eine wichtige, ja entscheidende Figur erweist sich der jüngere Bonaparte, Lucien. Er ist Vorsitzender des Rates der Fünfhundert, der mit dem Rat der Alten vorsorglich aus Paris verlegt wird und in Saint-Cloud im Schutze von Truppen tagt, die den Verschwörern ergeben sind. Bonaparte reitet im prächtigen Zug mit Berthier, Lannes, Macdonald, Moreau und Murat zu den Tuilerien und ruft den Direktoren das Wort entgegen: „Was habt ihr mit diesem Frankreich gemacht, das ich euch so glanzvoll hinterlassen habe!" Die Regierung reicht ihm, ohne zu mucksen, ihren Rücktritt ein.

Am folgenden Tag droht die Unternehmung fehlzuschlagen. Der Rat der Alten stürzt sich auf Bonaparte und bedroht ihn. Der Tumult ist gewaltig. Bonaparte, der nicht dafür geschaffen ist, sich in der Masse zu bewegen, verliert die Fassung. Dolche werden geschwungen, der General wird umhergestoßen. Lucien rettet die Lage, er ruft die Grenadiere herein, die Abgeordneten flüchten durchs Fenster.

Bankett für die Generale Bonaparte und Moreau am 6. November 1799

Der Staatsstreich steht vor der Tür, die Mitglieder des Direktoriums haben sich selbst aufgegeben, sie wissen, daß die Dauerkrise, in der Frankreich sich befindet, nur noch mit Gewalt zu lösen ist. Sieyès ist wieder einmal der Mann der „Formel", die er einstweilen noch nicht gefunden hat. Er schaut nach wie vor nach dem „Degen" aus, der den Knoten durchhauen soll. Der Präsident des Direktoriums gibt Bonaparte und dem kaum minder angesehenen General Moreau in der ehemaligen Kirche Saint-Sulpice, die jetzt der Tempel des Friedens heißt, ein riesiges Bankett. Die Stimmung ist bedrückt und ahnungsvoll. Die beiden Generäle haben sich nichts zu sagen. Die Gäste flüstern und beobachten einander. Keiner traut mehr dem anderen. Kaum ist das Essen zu Ende, als sich Bonaparte erhebt und zu Berthier sagt: „Ich langweile mich. Laß uns verschwinden." Und sie verschwinden.

Kampf der Russen und Franzosen auf der Teufelsbrücke im Jahre 1799. Gemälde von Johann Baptiste Seele

Aber die Verbündeten bringen Frankreich in schwere Bedrängnis. Seine Armeen werden überall geschlagen. Bei Stockach ist Erzherzog Karl siegreich, in Italien gehen Neapel, Rom und die Cisalpinische Republik verloren. Nach der Niederlage von Novi, wo Joubert fällt, müssen die Franzosen auch Piemont wieder hergeben. Masséna, der Sohn eines Winzers aus Nizza, der als Marschall und Fürst sein Leben beschließen wird, rettet Frankreich in dieser Stunde der Gefahr. Zum erstenmal treten die Russen in Westeuropa auf. Zar Paul I., der es für seine Sendung hält, die lästerliche Revolution zu bekämpfen, schickt den alten Helden der Türkenkriege und blutigen Unterwerfer der Polen, Suworow, mit einem starken Heer in den Kampf gegen Frankreich. Er unternimmt das Kraftstück, mit seiner Armee im Spätherbst den Sankt Gotthard zu überschreiten. Aber schon hat Masséna sich über den übrigen Teil der russischen Armee unter Korsakow geworfen und schlägt sie bei Zürich vollständig. Damit ist die Gefahr des verbündeten Einmarsches in Frankreich gebannt. Zar Paul zieht grollend seine Truppen zurück, aber Frankreich hat die Tapferkeit der Russen zu spüren bekommen, und sie gelten von nun ab als Soldaten einer militärischen Großmacht. Frankreich hat jetzt auf dem Kontinent nur noch mit Österreich zu tun.

Einzug der Franzosen in Bern am 5. März 1798. Stich von Berthault nach Girardet

Als Bonaparte nach Frankreich zurückkehrt, hat das neue Bündnis gegen die Republik, das man die Zweite Koalition nennt, schon seine volle Wirksamkeit erreicht. England, Österreich und Rußland schließen sich zusammen, um die Ausdehnung Frankreichs bis zum Rhein zu verhindern. Seit Campo Formio ist die Republik expansiver denn je. Sie nimmt die Ermordung eines Generals Duphot in Rom als Vorwand, um den Kirchenstaat in eine „Römische Republik" zu verwandeln und den achtzigjährigen Papst nach Valence zu verschleppen, wo er bald stirbt. Sie besetzt Turin und zwingt den König von Piemont, nach Sardinien zu flüchten, sie verwandelt das Königreich Neapel in eine Satellitenrepublik und bricht schließlich in die Schweiz ein. Am 5. März 1798 rückt der General Brune in Bern ein, um die „Berner von der Tyrannei der großen Familien" zu befreien. Brune läßt in Bern den Freiheitsbaum aufpflanzen, aber die Bevölkerung unterwirft sich nicht. In den Urkantonen brechen schwere Aufstände aus, die französischen Truppen haben am Vierwaldstättersee eine blutige Schlacht zu liefern. Sie wüten gegen die ungebärdige Bevölkerung. In Stans verbrennen sie dreiundsechzig Männer, Frauen und Kinder, die sich in die Kirche geflüchtet haben. Dem Lande wird ein Betrag abgepreßt, der die Kosten der Ägypten-Expedition decken soll.

Das Paris, das er vorfindet, ist nicht schön; es ist verelendet, vernachlässigt und zeigt allenthalben Spuren des Verfalls. Dem Elend des Volkes steht ein anstößiger Luxus der Spekulanten gegenüber, die oft von den korrupten Politikern nicht zu unterscheiden sind und mit ihnen meist auf gutem Fuße stehen. Napoleon hat auf dem Wege zur Hauptstadt schon einen kleinen Begriff von den Zuständen im Lande erhalten. Sein Gepäckwagen ist bei Aix von Straßenräubern geplündert worden, von „französischen Beduinen", wie der Mameluck Roustan sagt, den er seit Ägypten in seinem Gefolge als exotisches Prunkstück mitführt.

Auch in Paris ist das Bild für das Auge eines Ordnungsmenschen nicht erfreulich. Es gibt Leute von anstößigem Reichtum, an deren Tür die Kunden sich drängen wie einst am Portal eines Fürsten. Bittsteller, Künstler, Stellungsuchende, unterstützungsbedürftige hübsche Damen, Handwerker und bloß Neugierige, alles das hat Debucourt, dessen Auge durch die politischen Wandlungen an Schärfe nicht verloren hat, auf diesem Blatt zusammengedrängt.

Es gewährt einen ausgezeichneten Eindruck vom Pariser Straßenleben in den Tagen des Direktoriums.

An der Tür eines Neureichen. Stich von P.-L. Debucourt

In Frankreich herrscht Unordnung, die Regierung ist der Lage nicht mehr gewachsen, General Scherer ist an der Etsch geschlagen worden, Italien ist verloren. Jourdan hat sich über den Rhein zurückgezogen. Das Direktorium denkt in seiner Ratlosigkeit daran, einem der siegreichen Generäle die Macht zu überlassen. Auf der Fregatte „Muiron" und drei Begleitschiffen tritt Napoleon die Rückreise an. Sein sprichwörtliches Glück läßt ihn nicht im Stich, quer durch die englischen Kriegsschiffe findet er seinen Weg nach Frankreich zurück. Die Tollkühnheit dieses Zuges läßt den schlechten Eindruck vergessen, den sein hastiges Verschwinden aus Ägypten hervorgerufen hat. Am 7. Oktober kommt die Küste Südfrankreichs in Sicht. Er landet vor der Nase der britischen Kreuzer in der Bucht von Fréjus, bei Saint-Raphael. Seine Ankunft wird bei der Bevölkerung schnell bekannt, die Leute strömen zusammen, um dem schon von Legenden umgebenen jungen Krieger zuzujubeln. Mit Befriedigung stellt er seine Wirkung auf die Massen fest. Einige Stunden später ist er auf dem Wege nach Paris. Sein Bruder Joseph ist ihm entgegengereist; er weiht ihn in die innenpolitische Lage ein und berichtet ihm, daß der alte Verschwörer Sieyès „einen Säbel sucht".

Die Rückkehr Bonapartes aus Ägypten am 7. Oktober 1799. Gemälde von Louis Meyer

Napoleon verhält sich, als wolle er für immer in Ägypten bleiben. Eine Woche nach der Katastrophe von Abukir gründet er das „Institut d'Égypte". Er versucht, die Bevölkerung zu gewinnen, unterhält mit der Geistlichkeit enge Fühlung, zeigt sich mitunter in türkischer Kleidung und legt ein so aktives Interesse für den Koran und seine Lehre an den Tag, daß man ihm die Absicht unterschiebt, zum Islam überzutreten. Mit den Wissenschaftlern seiner Umgebung, mit Geoffroy Saint-Hilaire, mit Monge und Berthollet erörtert er nicht nur „die Altertümer", sondern die Rolle der Wissenschaft überhaupt. Er findet dabei das schöne Wort von der „Würde der Wissenschaften". Bonaparte hat einen seiner großen Augenblicke: die Flotte ist zerstört, der Feldzug gegen Syrien ist vor Saint-d'Acre zusammengebrochen. Wird man je wieder nach Hause kommen, und wann wird das sein? Noch einmal schlägt er die Türken an einem Ort von bitterem Klang, nämlich in der Gegend von Abukir, die wir auf einer der vorigen Seiten gezeigt haben.

Dann aber wenden sich seine Gedanken mehr und mehr der Heimat zu. Sir Sidney Smith spielt ihm einen Packen europäischer Zeitungen zu, den er in einer Nacht durchstudiert. Er, der seit Monaten keine Nachricht mehr von zu Hause erhalten hat, erfährt nicht viel Gutes aus Europa. Der Krieg hat wieder begonnen, die Republik weicht überall zurück. Er weiß nicht, daß das Direktorium ihn bereits zurückberufen hat, und verläßt auf eigene Faust fast heimlich Ägypten.

Napoleon in türkischer Kleidung

Napoleon während der Schlacht bei den Pyramiden. Stich nach Guérin

Das Schiff „Le Tonnant" in der Seeschlacht von Abukir am 2. August 1798. Lithographie von Mayer

Mit fünfzehn Schlachtschiffen jagte Nelson die französische Flotte, die er vor der syrischen Küste vergeblich gesucht hatte. Während er die Küste von Morea umsegelte, zog Bonaparte in Kairo ein. Wenige Tage darauf wurde die Flotte des Admirals Brueys von ihm in der Nilmündung, unweit von Abukir, ausgemacht. Es gelang ihm, sich mit sieben Schiffen hinter den linken Flügel der Franzosen zu legen und sie unter zwei Feuer zu nehmen. Sie mußten sich langsam zusammenschießen lassen, ohne sich selbst regen zu können. Das Flaggschiff des Admirals Brueys hatte drei feindliche Fahrzeuge an seinen Flanken hängen. Dem Admiral wurde das linke Bein fortgerissen, aber er weigerte sich, die Brücke zu verlassen. Er versank mit seinem Schiff, das bei Anbruch der Nacht in die Luft flog. Der Kampf dauerte bis in den nächsten Tag hinein.

Der „Le Tonnant", der vollständig in Trümmer geschossen war, wollte sich nicht ergeben. Der Kapitän, Du Petit-Thouars, nagelte, als Masten und Aufbauten zerstört waren, seine Flagge an einen Maststumpf. Nur vier Schiffe unter Admiral Villeneuve, die nicht in den Kampf hatten eingreifen können, retteten sich nach Malta. Napoleon war von Frankreich abgeschnitten und gleichsam in Ägypten eingesperrt. Er nahm die Hiobsbotschaft mit großer Gelassenheit hin.

*Die Landschlacht von Abukir
am 24. Juli 1799.
Gemälde von General L.-F. Lejeune*

Ägypten gilt zwar als türkische Provinz, ist aber in Wirklichkeit von einer unabhängigen Kriegerkaste beherrscht, von den Mamelucken, einer prunkvollen Kavallerie, deren Tapferkeit Bewunderung, deren Grausamkeit Entsetzen erregt. Dieses Reiterheer auf seinen maßlos geschmückten Araberrossen, in seinen roten Mänteln und seinen in allen Farben strahlenden Bannern wirft sich dem französischen Vormarsch auf Kairo entgegen. Am Fuße der großen Pyramiden kommt es zur Schlacht. Napoleon hatte seine Truppen mit dem pompösen Ausspruch ermuntert: „Vierzig Jahrhunderte schauen auf euch herab!" Es wurde ein leichter Sieg, da die rasenden Reiterangriffe sich immer wieder an den geschlossenen Karrees der französischen Infanterie brachen. Napoleon verlor nur 30 Mann, während der Feind 2000 Tote zurückließ und sich mit seinen Resten in der Wüste zerstreute. Zwei Tage später zog Napoleon in Kairo ein.

Die Landschlacht von Abukir, die fast ein Jahr später stattfindet und den ägyptischen Feldzug, was Napoleons Führung angeht, gleichsam beendet, zeigt uns noch einmal die türkische Armee, die von Sir Sidney Smith auf der Höhe von Abukir an Land gesetzt worden ist. Abermals werden die Mamelucken entscheidend geschlagen (24. Juli 1799). Einen Monat später bricht Napoleon nach Frankreich auf und überläßt Kléber den Oberbefehl. Von dieser letzten großen Schlacht im Orient hat Lejeune, selbst ein Offizier, der es später sogar zum General brachte, das prächtige Schlachtengemälde gefertigt, das dank der orientalischen Kostüme und der südlichen Küstenlandschaft der Monotonie widersteht, die sonst so leicht von Schlachtenbildern ausgeht. Auf der Landzunge haben die Türken sich verschanzt, auf der Reede liegt noch das britische Geschwader, das die türkischen Truppen an Land gesetzt hat.

In Leoben hatten die österreichischen Unterhändler einen symbolischen Stuhl für ihren Kaiser aufgestellt. Napoleon hatte ausgerufen: „Nehmen Sie diesen Sessel weg. Ich kann keinen Sitz, der höher ist als der meine, ansehen, ohne Lust zu bekommen, ihn einzunehmen." Dies Selbstgefühl entsprach der europäischen Lage. Nur England bleibt unerreichbar und nirgendwo zu fassen. Ein Versuch des jungen Hoche, in Irland zu landen, ist gescheitert. Da faßt der siegreiche General den Plan, England auf dem Umweg über Ägypten zu treffen. Schon Leibniz hatte dem König von Frankreich 1672 ein solches Unternehmen vorgeschlagen. Talleyrand holte das Projekt wieder aus den Akten hervor. Napoleon verband seine besonderen Vorstellungen mit dem Plan. Am 19. Mai 1798 brach er mit 40 000 Mann, einem stolzen Stab von Wissenschaftlern und fast der gesamten Flotte auf. Drei Wochen später besetzte er Malta, während Nelson ihn an der syrischen Küste suchte. Am 1. Juli zieht er in Alexandrien ein, wo er Kléber zurückläßt, um auf das weitaus wichtigere Kairo zu marschieren.

Landung auf Malta
am 10. Juni 1798.
Lithographie von Motte

Der alte Wurmser ist geschlagen, aber die Österreicher sind zum erstenmal imstande, dem jungen Eroberer einen Heerführer entgegenzusetzen, den Erzherzog Karl, einen großen General und edlen Mann. Allerdings kann auch Karl den Vormarsch der Franzosen nicht aufhalten. Die Spitzen Napoleons erreichen unter Masséna schon den Semmering, als sich die Österreicher endlich entschließen, über einen Waffenstillstand zu verhandeln. Bonaparte tritt bei den Verhandlungen in Leoben schon als der Beherrscher Italiens auf, das er nie wieder loslassen wird. Er diktiert seinen Willen dem Papst, dem König von Neapel und der Republik Genua. Er entwirft die Umrisse neuer Republiken, deren Verfassung genau der vom Jahre III entspricht. Das Direktorium in Paris schreckt vor soviel Selbständigkeit zurück, aber der siegreiche Heerführer scheut die Kraftprobe nicht; er verhandelt souverän mit den Sendlingen der fremden Mächte, alle Welt sieht, wer die wahre Macht in den Händen hat. Der Friede von Campo Formio, der bald darauf folgt, besiegelt die Auflösung der ersten Koalition.

Verhandlungen
für den Frieden von Leoben (18. April 1797).
Stich nach Lethière

*Bonaparte
bei Arcole.
Gemälde von
Antoine-Jean Gros*

Es gilt, die Macht Österreichs endgültig in Italien zu erschüttern und dabei auch die piemontesischen Truppen hinwegzufegen. Bonaparte arbeitet wie der Blitz. In Nizza versammelt er seine Unterführer, deren Skepsis er durch seine Entschlossenheit in Bewunderung verwandelt. Noch gründlicher erobert er seine Soldaten, die von allem entblößt sind und Hunger leiden. Er spricht ihre Misere aus und verspricht ihnen eine üppige Zukunft der Plünderungen. Der Feldzug, der ihm, wie sein Kamerad Marmont sagt, „die Tore zur Unsterblichkeit aufstieß", dauerte ein Jahr und bildete eine Kette von Operationen, die in der Kriegsgeschichte einzig dastehen. Der Krieg begann im äußersten Süden der Alpen, bei Nizza, und endete bei Leoben, zwei Tagemärsche von Wien. Mit seinen 36 000 Mann schlug er achtzehn Schlachten, so Montenotte, Lodi, Arcole, wo er selbst, mit der Fahne in der Hand, den Angriff führte, Rivoli, und zog unter dem Jubel der Bevölkerung in Mailand ein. Die Welt hält den Atem an, einen solchen Siegeszug hat sie noch nie gesehen. Parma und Modena unterwerfen sich, der Großherzog von Toscana kommt ihm am Tor entgegen, der Papst sendet Unterhändler. Die Wagenzüge mit Beutegut rollen nach Frankreich hinein. Noch einmal raffen sich die Österreicher auf und säubern das Etschtal. Zum erstenmal fragt Napoleon seine Generäle, Masséna und Augereau, um Rat; der Sieg von Castiglione jagt den Feind in die Festung Mantua zurück.

Einzug der Franzosen in Mailand.
Stich nach Duplessis-Bertaux

La Poule.
Tanzbild aus der Zeit
des Direktoriums

Getanzt wird leidenschaftlich, wenn die Welt in Gärung ist und die Erde sich allzu schnell dreht. Madame Hamelin, die später noch Chateaubriand gefallen wird, Aimée de Coigny, der Chéniers letztes Gedicht gegolten hat, und vor allem die junge Madame Récamier gaben den Bällen den Glanz ihrer Schönheit. Tief dekolletiert, in durchsichtigen Gewändern zeigten diese Frauen ihre Leiber und ihr Lächeln. Man hatte lange genug gedarbt.

Diese Karikatur soll das elegante Treiben auf dem spöttisch „Klein-Koblenz" genannten Boulevard geißeln. Links sieht man Isabey selbst, neben ihm geht, geputzt und affektiert, der berühmte Ballettmeister Vestries. Am rechten Rand des Bildes ist Talleyrand zu erkennen, der längst wieder in Frankreich ist und seine Karten mischt. Hinter ihm gewahrt man Bonaparte. Das Paar im Vordergrund ist Madame Récamier und der Politiker Garat.

Klein-Koblenz.
Der Boulevard de Gand
im Jahre 1798.
Karikatur von
Jean-Baptiste Isabey

Madame Tallien ist die intimste Freundin Joséphines. Beide waren während der Schreckensherrschaft zur gleichen Zeit eingekerkert, Thérésia in Petite Force und Joséphine in Les Carmes, wo ihre Zelle noch zu sehen ist. Tallien, den sie heiratet, ist der Mann, den sie zum Sturz Robespierres getrieben hat. Ohne Thérésias stürmische Lebenslust hätten Tallien und seine Mitverschwörer vielleicht noch gezögert, zuzuschlagen. Madame Tallien ließ sich gern „Unsere Liebe Frau vom Thermidor" nennen, sie war die Königin des Vergnügungslebens, das sich unter dem Direktorium zwischen Welt und Halbwelt entfaltete. Die indolente und vergnügungssüchtige Joséphine stand ganz unter ihrem Einfluß. Madame Tallien gab jene großen politischen Diners, bei denen die einflußreichen Männer sich trafen und wichtige Entscheidungen fällten. Zu solchen Abenden gehörten hübsche und elegante Frauen, die ein wenig von der Grazie des Ancien Régime bewahrt hatten und doch den Männern den Kopf zu verdrehen verstanden.

Madame Tallien.
Stich von Ruotte

Joséphine Bonaparte als Fünfunddreißigjährige (1798). Skizze von Jean-Baptiste Isabey

Holde, lässige Joséphine, keinem Maler ist es je gelungen, deinen Schmelz, dein weibliches Raffinement und den Zauber deiner tropischen Herkunft völlig wiederzugeben. Napoleon erfährt erst im Umgang mit ihr, was eine Frau sein kann. Erloschen ist die Erinnerung an die Verlobte von einst, die brave Désirée Clary in Marseille. Er erfährt, wie eine Frau sein muß, die den Mann über sich selbst hinaus steigert. Joséphine ist ein wenig ins Treiben geraten — zu viel Verehrer, zu viel Geschenke, zu viele Einladungen auf Bälle in durchsichtigem Gewand. Es war Zeit, auf festen Grund zu gelangen. Bonaparte umwarb sie glühend, er war ernsthaft verliebt in sie, zum erstenmal in seinem Leben. Sie studierte vor dem Spiegel oft ihr Gesicht. Zeigten sich die ersten Falten? Barras riet ihr, für die Werbungen des jungen Generals nicht taub zu bleiben. Die Mitgift, die er erhielt, war der Oberbefehl in Italien. Sie heirateten schnell, Napoleon ließ Joséphine und den Standesbeamten eine Stunde warten. Sporenklirrend kam er hereingestürzt. „Los, schnell, beeilen wir uns!"

*Bonaparte
als Achtundzwanzigjähriger (1797).
Skizze von Louis David*

Nie wieder hat David, der noch unzählige Male seine Kunst in den Dienst des großen Mannes stellen wird, diesen so unbefangen und frei von aller Repräsentation gesehen wie in diesem Augenblick, wo er vom Direktorium den Oberbefehl in Italien erhalten hat. Mit einem Schlag ist das Träumerische aus dem Gesicht des jungen Mannes gewichen, ein fester Wille strafft seine Züge. Die Augen blicken nicht so sehr in die Zukunft als auf die Situation, auf die Menschen, mit denen er zu tun hat, und auf die Machtmittel, über die er verfügt. „Seien Sie ruhig, ich bin meiner Sache sicher", sagt er zu Carnot, der mit den Schwierigkeiten der italienischen Operationen wohlvertraut ist. Plötzlich, gleichsam über Nacht, strahlt dieser junge General Autorität aus. Er hat die Lage an der italienischen Front genau studiert, er zweifelt keinen Augenblick an seinem Siege, und er ahnt auch, daß dieser Sieg unaufhaltsam zu politischen Schritten führen wird. Sein Plan ist fertig. Kellermann, der Held von Valmy, hat ihn gesehen und aufgeschrien: „Der Mann ist reif fürs Irrenhaus!"

Wie Napoleon seine spätere Frau, die unwiderstehliche Joséphine, kennenlernte, ist umstritten. Diese naive Zeichnung stellt den Ausgangspunkt der Bekanntschaft dar. Ob sie die Wahrheit wiedergibt, weiß man nicht genau, es ist aber wahrscheinlich, und obendrein ist die Geschichte rührend. Joséphine ist eine junge Witwe mit zwei Kindern, Eugène und Hortense. Ihr Gatte, der Vicomte Alexander de Beauharnais, ist während der Schreckensherrschaft guillotiniert worden. Der kleine Eugène bewahrt den Degen seines Vaters als kostbares Vermächtnis. Am 13. Vendémiaire wird Napoleon zum Oberbefehlshaber der Armee des Inneren ernannt und ordnet die Beschlagnahme aller Waffen an, die sich noch in privaten Händen befinden. Der Knabe läßt sich den Degen nur mit Gewalt entreißen, er eilt zu dem General Bonaparte und erweicht mit seinen leidenschaftlichen Bitten dessen Herz. Der General ist ganz Huld und entfaltet jenes Lächeln, mit dem er später noch soviel Menschen gewinnen wird. Der Knabe bekommt seinen Degen und erzählt zu Hause seiner Mutter, was für ein großartiger und zartfühlender Mann dieser General Bonaparte sei. Joséphine stattet dem General einige Tage später in seinem Hauptquartier einen Dankesbesuch ab. Napoleon ist von dieser eleganten und gesellschaftlich sicheren Frau beeindruckt. Sie beschäftigt ihn, er räumt ihr einen Platz in seinen ehrgeizigen Plänen und bald auch in seinem Herzen ein.

Bonaparte und der junge Eugène Beauharnais

Der zweiundzwanzigjährige Artillerieoffizier sendet an die Nationalversammlung in Paris eine Versicherung seiner Ergebenheit: „Ich schwöre, die Waffen, die man mir in die Hand gegeben hat, zur Verteidigung des Vaterlandes zu gebrauchen und die Verfassung gegen alle Feinde von innen und außen aufrechtzuerhalten..."
Damals schreibt Napoleon noch leserlich. In acht Jahren werden nur noch vertraute Kenner seine Handschrift entziffern können.

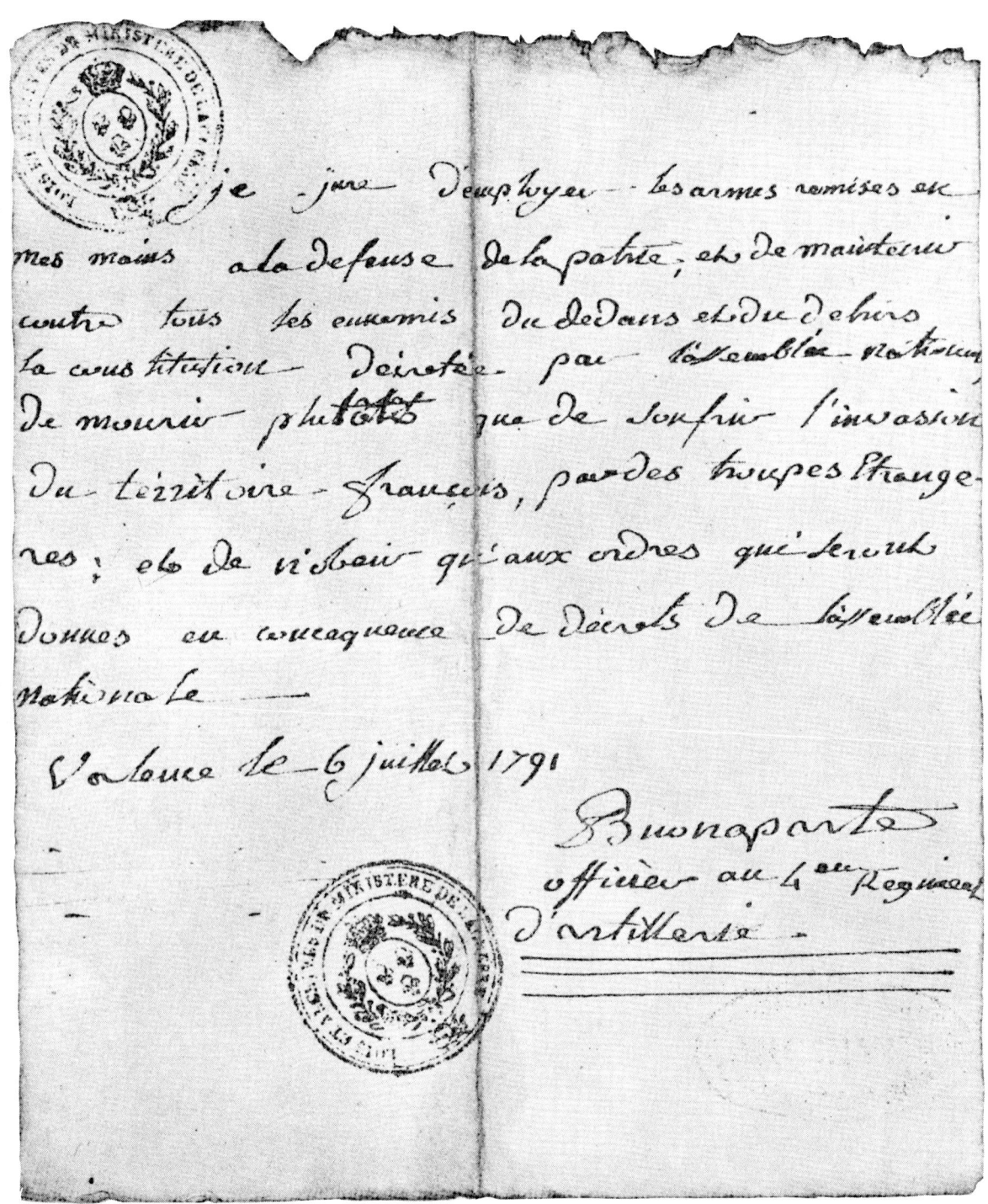

Brief des zweiundzwanzigjährigen Napoleon aus Valence vom 6. Juli 1791 an die Nationalversammlung in Paris

Napoleon bei der Belagerung von Toulon

Der junge Artillerieoffizier kam nach Nizza in Garnison. Frankreich war von Revolutionswirren zerrissen. Die Hafenfeste Toulon verweigerte der Republik den Gehorsam und rief die englische Flotte zu Hilfe, worauf die Stadt sofort von den französischen Truppen belagert wurde. Dabei trat Napoleon zum erstenmal militärisch hervor. Sein genialer Blick für das Gelände zeigte ihm sofort das Fort L'Eguillette als den Punkt, den man besetzen müsse, um die englische Flotte zu vertreiben und die Stadt zur Übergabe zu zwingen. Er kannte Leute im Belagerungsstab, die seinen Plan gegen die Begriffsstutzigkeit der älteren Offiziere unterstützten. Es dauerte gleichwohl noch fast sechs Wochen, bis man Bonaparte Gehör schenkte und ihm einen Teil der Artillerieoperation übertrug. Er lenkte selbst die Beschießung und griff kräftig zu. Einem verwundeten Kanonier entriß er den Rohrwischer, wobei er sich die Krätze holte, die er nie wieder völlig los wurde. Er kämpfte das Fort nieder, worauf die vereinigte englische und spanische Flotte schleunigst auslief und Toulon der Rache des Konvents überließ. In den Berichten der Kommissare des Konvents, unter denen sich der jüngere Robespierre befand, wurde Bonapartes Leistung gewürdigt. Er wurde zum Generalmajor ernannt und galt nun als Schützling der Leute um Robespierre, was ihm, als das Rad sich drehte, vorübergehend Unannehmlichkeiten zuzog.

Napoleon als Vierzehnjähriger

*Ankunft Napoleons
und seiner Familie in Toulon am 13. Juni 1793.
Lithographie von Villain*

Als der Knabe Napoleon Bonaparte mit neun Jahren nach Frankreich ging, um in den Genuß eines Freiplatzes an der königlichen Militärschule in Brienne zu kommen, sprach er nur mangelhaft französisch. Sein Vater war ein kleiner korsischer Edelmann, der zunächst an der Seite des Nationalhelden Paoli für die Unabhängigkeit der Insel gekämpft, sich aber bald zur „französischen" Partei geschlagen hatte. Er erwirkte Stipendien für seine vielen Kinder. Napoleon hatte es in Brienne nicht leicht, er war arm und forderte durch seinen verschlossenen Ehrgeiz den Spott seiner Mitschüler heraus. Seine Leistungen überstiegen den Durchschnitt weit, seine Lesewut war maßlos, er begann schon früh, alles verfügbare Papier mit seinen Gedanken zu bekritzeln. Noch wußte er nicht, ob seine Zukunft in der Kriegskunst oder in der Literatur lag, aber seine Passion für Mathematik trieb ihn schließlich zum Artilleriewesen. Bei einem Urlaub in Ajaccio machte er das endgültige Zerwürfnis des Clans Bonaparte mit Paoli mit, der jetzt offen gegen Frankreich auftrat. Im Sommer 1793 verließ die Familie fast fluchtartig die alte Heimat und landete in Toulon. Napoleon betrat Korsika nur noch einmal bei seiner Rückkehr aus Ägypten.

Tradition auftrat. Wenn die von ihm selbst eingesetzten gesetzgeberischen Organe ihm Schwierigkeiten machten, brach er in einen seiner künstlichen Wutanfälle aus: „Das ist Ungeziefer, das ich auf meinen Kleidern herumtrage. Ich werde ihnen das französische Volk entgegenstellen. Ich bin ein Sohn der Revolution. Man soll nicht glauben, daß ich mich beleidigen lasse wie ein König!" Wieviel Hochmut steckt in diesem Auftrumpfen mit seinem revolutionären Ursprung! Aber hatte er nicht recht? Erst durch ihn hat die Revolution ihre Macht über den ganzen Erdball getragen. Deutschland, Rußland und Südamerika haben erst durch ihn die ersten Ideen einer politischen und sozialen Umwälzung empfangen. Ja, gerade die Männer, die ihn aus nationalen Gründen bekämpften, wurden Träger der revolutionären Ideen. Es ist kein Zufall, daß der König von Preußen die großen Reformatoren seines Staats innern nur die „Jakobiner" nannte. Nationalgefühl, Selbstbewußtsein gegenüber dem Herrscher, Volksheere, das alles kam von diesem Mann, der ein Tyrann und Eroberer war und doch die Welt in Bewegung brachte.

Ein Leben geht von ihm aus und dauert Generationen lang. Die Jugend aller Völker beginnt unter seinem Stern, die Enge und Gleichförmigkeit, die dem beginnenden Jahrhundert eigentümlich ist, stürmisch oder melancholisch zu hassen, sie lechzt nach großen Begebenheiten und wünscht sich abenteuerliche Schicksale. Alles, was jung ist und Phantasie hat, spricht das Wort des jungen Helden nach, daß Europa ein Maulwurfshaufen sei, der keinen Raum für wahre Größe biete. Soviel Menschenverachtung und Lust an der Macht er auch entfaltet, er bringt die erstarrte Welt in Bewegung und flößt ihr den Mut ein, von nun ab zäher denn je um ihre Freiheit zu ringen.

Er war kein moderner Mensch im heutigen Verstand, denn er hatte weder Sinn für die elementare Macht der Massen noch der Technik. Daß beide einmal die beherrschenden Probleme darstellen würden, sah er nicht voraus. Er, der es verstand, Menschen und Völker zu beherrschen, konnte sich nicht vorstellen, daß die größte Beschränkung der menschlichen Freiheit von Mächten kommen würde, die er nicht einmal dem Namen nach kannte. Er ließ nur die menschliche Energie gelten, sie war für ihn eine würdige Macht, um Völker und Menschen zur Ordnung zusammenzufassen. „Das Volk", hat einer seiner Biographen gesagt, „betrachtet ihn zugleich als seinen Tyrannen und seinen Befreier." Darin drückt sich das doppelte Gesicht der Freiheit aus, die er zugleich gefördert und gehemmt hat.

War seine großartige Erscheinung auf der Weltenbühne nutzlos? Als er fiel, mußte Frankreich wieder von vorne anfangen, außenpolitisch sank es auf den Stand zur Zeit der Girondisten zurück. „Wenn wir", so sagte er, „Schlachten auf dem ganzen Kontinent geliefert haben, so darum, weil zwei Gesellschaften sich gegenüberstanden, nämlich das alte Regime und jene, die von 1789 stammt. Sie konnten nicht gleichzeitig bestehen, die jüngere hat die ältere verschlungen. Ich weiß wohl, daß mich am Ende der Rechnung der Krieg gestürzt hat, mich, den Repräsentanten der Französischen Revolution und das Werkzeug ihrer Grundsätze. Aber was bedeutet das! Die Zivilisation hat eine Schlacht verloren, die Zivilisation wird ihre Revanche nehmen."

Napoleon ist von seinen Feinden besser verstanden worden als von seinen Anbetern. Madame de Staël hat ihn genau bezeichnet, als sie schrieb, er sei zugleich mehr und weniger als ein Mensch gewesen. Damit ist alles angedeutet, was von diesem riesenhaften Mann ausgeht, seine Zeit überwältigt und durch die Jahrhunderte fortwirkt bis auf den heutigen Tag. Er hob die Menschen seiner Epoche über sich selbst hinaus, aber er verletzte sie auch im Kern ihrer Persönlichkeit. Er hat den Beweis geliefert, daß die persönliche Größe zwar ein Zeitalter größer machen, aber auch den Einzelmenschen verkleinern kann. Ein anderer Feind Napoleons, Chateaubriand, hat Worte für ihn gefunden, die großartiger sind als die schönsten Lobreden. Er hat freilich klar ausgesprochen, warum der große Mann unterliegen mußte: „Welch große Lehre, sie mahnt uns, immer wieder daran zu denken, daß alles, was die Menschenwürde verletzt, tödlich ist." Napoleon hat Deutschland schreckliche Wunden beigebracht und ihm doch gleichzeitig dazu verholfen, eine Nation zu werden. Bei uns war man schließlich mehr geneigt, in ihm das grenzenlose Genie übermenschlichen Formates zu bewundern als in Frankreich. Das Land, von dem ihn sein korsischer Ursprung um Haaresbreite trennte, übernahm gern den Ruhm, den sein militärisches Genie errang, aber es hat sich mit seiner maßlosen und alle alltäglichen Grenzen sprengenden Größe nie zu befreunden vermocht. So sind sein Ruhm und das Geheimnis seiner Person nicht auf Frankreich beschränkt geblieben, sondern Sache der ganzen Menschheit geworden.

Das Zeitalter Napoleons schließt eine Summe von Ereignissen ab, die mit dem Streben nach politischer und sozialer Freiheit begann und schließlich im schrecklichen Mißbrauch der Freiheit verdarb. Es war ein Mißbrauch, der unwiderruflich den Diktator, ja den Tyrannen auf den Plan rief. Aber Napoleon hat die Französische Revolution nicht widerlegt, sondern fortgesetzt. Seine Lehrjahre fielen mit den stürmischen Jahren des Umsturzes zusammen, er beobachtete vom Fenster eines Freundes aus den Sturm auf das königliche Schloß, der zum Sturz der Monarchie führte. Beide Ereignisse studierte er mit der Losgelöstheit eines Generalstäblers, sie vermehrten seine eingeborene Abneigung gegen das, was man später die Masse nannte. Wie intensiv er sich auch in seiner Jugend mit Rousseau und dessen Lehre vom „Allgemeinen Willen" beschäftigt hatte, er billigte doch diesem „Willen" niemals eine Wirklichkeit zu. Ihn beschäftigte nur eines, die Vollendung und Entfaltung seiner Persönlichkeit, so sehr war er von der Autonomie des tätigen Menschen durchdrungen. Die völlige Freisetzung des Individuums wurde erst durch die Revolution möglich; was er ihr verdankte, vergaß er nie. Er betrachtete sich als ein Geschöpf der Revolution, ohne sich dadurch vom Pfade seiner großartigen, aber auch oft brutalen Selbstentfaltung ablenken zu lassen. Nach dem Staatsstreich erklärte er seinen Gefährten: „Wir haben den Roman der Revolution beendet, jetzt müssen wir mit ihrer Geschichte anfangen und nur darauf sehen, was bei der Anwendung ihrer Prinzipien möglich und realistisch ist."

Welche Rolle spielte dieser Mann, der so vielen Freiheiten ein Ende gemacht, so viele Menschen entwürdigt und so viele Völker unterdrückt hat, in der Geschichte der Freiheit, wie sie sich im 19. Jahrhundert vor unseren Augen entfaltet? Sein Land nahm seine souveräne Verachtung aller Freiheitsvorstellungen zunächst willig hin, weil er als ein glaubwürdiger Verfechter der revolutionären

Das Zeitalter Napoleons

unvergleichlichen Konversationsgabe herumstreitet und dabei gewöhnlich den Sieg davonträgt. Ihre Feinde, die recht zahlreich sind, behaupten freilich, von einer Unterhaltung mit ihr könne ernsthaft nicht die Rede sein, weil sie stets allein spräche und niemanden aufkommen lasse. Aber ganz so herrisch wird sie trotz ihrer in die Augen springenden Überlegenheit wohl doch nicht auftreten, denn sonst würden nicht so viel große Männer ihre Gesellschaft suchen. Augenblicklich sind die häufigsten Besucher ihres Salons Leute wie Barras, Tallien, Cambacérès, Sieyès, Roederer, Suard und Marie-Joseph Chénier, der Bruder des unglücklichen André. Ein interessanter junger Mann ist jüngst in diesem Kreise aufgetaucht, der im Leben Germaines und auch sonst noch eine große Rolle spielen wird. Es ist ein junger Schweizer Edelmann namens Benjamin Constant, der gerade seine ersten Schritte auf dem Feld der politischen Publizistik tut.

Auf dem Blatt Debucourts sehen alle Personen aus wie Verschwörer, die die Köpfe zusammenstecken. Der Anschein trügt wohl kaum. Germaine, die ja eine Tochter Neckers ist und ihn für einen großen Mann hält, der das Königtum hätte retten können, wenn man auf ihn gehört hätte, kann es nun einmal nicht lassen, den Parteien und ihren Führern gute Lehren zu erteilen, und gerät so in den Ruf einer Intrigantin, die sogar im Konvent als solche öffentlich angegriffen wird. Die Polizei rät ihr, sich einige Zeit von Paris fernzuhalten. Es ist nicht ihre erste Verbannung. Sie erfährt bald die Wahrheit dessen, was ein Freund in diesen Tagen notierte: „Solange die Revolution andauert, kann nichts Festgefügtes entstehen, es sei denn eine Tyrannei."

Auch dieses Blatt stammt von dem unermüdlichen Debucourt. Gewiß ist es nicht eines seiner besten, aber es zeigt einen interessanten Kreis, der sich um die Gattin des schwedischen Botschafters in Paris gruppiert. Es ist in der Tat Madame de Staël, die uns hier zum ersten Male entgegentritt und von der wir noch viel hören werden. Diese bedeutendste Frau ihres Zeitalters wird später auch einer der gewichtigsten Gegenspieler Napoleons sein, der sich bei der Verfolgung dieser politisch sehr scharfsinnigen Frau manche Blöße geben wird. Einstweilen residiert Madame de Staël noch in ihrem Botschafterpalais in Paris und geht ihrer Passion für die Vorgänge des öffentlichen Lebens zunächst in gesellschaftlicher Form nach. Ihre besten Freunde sind schon längst vor dem Terror über alle Berge und Meere geflohen. Talleyrand hält sich in Amerika auf, und Narbonne, der noch in dem ersten, dem monarchischen Akt der Revolution Kriegsminister war, ist von der tapferen Germaine de Staël blutenden Herzens aus dem Land geschmuggelt worden und lebt jetzt in England. Auch Germaine ist ziemlich viel auf Reisen, aber es zieht sie immer wieder nach Paris zurück, wo sie einflußreiche oder auch nur geistreiche Leute empfängt und sich mit ihnen dank ihrer

Eine Zusammenkunft bei Madame de Staël. Stich von P.-L. Debucourt

Wie zu allen Zeiten des Umsturzes macht auch diesmal die neu hochgekommene Oberschicht den Fehler, daß sie nicht die Diskretion und Geduld hat, ihren Reichtum zu verbergen. Die Damen sind unersättlich im Verlangen nach immer neuen Kleidermoden und Frisuren. Die Herren Friseure erleben große Zeiten, und da die klassischen Vorbilder schon seit Jahren tonangebend sind, denken sie sich Haartrachten aus, zu denen sie sich durch antike Statuen anregen lassen. Die Damen ertragen es nicht, eine Frisur länger als einige Wochen zu haben, sie bedrängen die Friseure, stets etwas Neues zu erfinden, das immer extravaganter wird und mit dem hektischen Wandel der Kleidermode Schritt halten muß. Die müßigen Männer,

Der Coiffeur komponiert eine Frisur nach antiken Modellen. Stich von P.-L. Debucourt

Karikatur auf die Modetorheiten. Die Paare tanzen eine Gavotte

Die Neureichen beim Spiel. Stich nach P.-L. Debucourt

die sich durch die Nachrichten vom Kriegsschauplatz oder von neuen Straßenunruhen tief gelangweilt fühlen, versammeln sich in den Spielhäusern und verbringen ihre Zeit damit, ganze Vermögen auf dem Spieltisch zu gewinnen oder zu verlieren. Der Zeichner Debucourt hat in seinen zahlreichen Stichen viele Szenen festgehalten, die für dies fieberhafte Leben der Hauptstadt in jenen Jahren charakteristisch sind. Führte Haß seinen Stift oder war es nur der Sinn für das Lächerliche, das in dem Vergnügungsleben dieser kleinen Schicht am Rande des Abgrunds zum Ausdruck kam? Die Gesichter verraten Gier und Überdruß im gleichen Maße, und die hübschen Frauen sind um ihre Begleiter nicht zu beneiden.

Der Mann, der an der Spitze des Direktoriums stand, war Barras, ein früherer Vicomte, der sich beim Sturz Robespierres durch Kaltblütigkeit und listenreichen Scharfsinn bemerkbar gemacht und mit dem Aufstand des 13. Vendémiaire mit Hilfe Bonapartes fertig geworden war. Wenige Figuren der ausgehenden Revolution haben es zu einem so schlechten Ruf gebracht wie dieser pfiffige und geräuschlose Aristokrat, der seinen Hang zum guten Leben und zur prunkvollen Repräsentation nie verbarg. Er liebte es, großartig aufzutreten, sich mit schönen Damen zu umgeben und das Geld, woher es auch kommen mochte, mit vollen Händen auszugeben.

Man hat auf sein Haupt alle Schande jener verlotterten Jahre gehäuft, obwohl er nicht schlechter und vielleicht sogar klüger als die meisten seiner Genossen war. Die gesetzgebende Gewalt lag bei dem Rat der Fünfhundert und bei dem Rat der Alten, der eine Art von Senat darstellte. Unter den Direktoren war Carnot der bekannteste. Sieyès hatte abgelehnt. Der elsässische Advokat Reubell war ein energischer Mann, von den zwei anderen Direktoren hörte man nicht viel. Die Regierung ließ sich in dem ausgeplünderten Palais Luxembourg nieder, das während des Terrors als Gefängnis gedient hatte. Aber Barras ließ es schnell wieder auf Hochglanz bringen.

Links:
Gracchus Babeuf.
Anonymer Stich

Rechts:
Öffentliche
Audienz des Direktoriums.
Stich nach einer Zeichnung
von Chataigner

Paul Barras als Direktor.
Stich nach H. le Dru

Die Revolution starb an ihren militärischen Triumphen. Sie wäre vielleicht mißtrauischer gegen die Generäle gewesen, wenn es nicht immer wieder zu schweren Ausbrüchen des Robespierrismus gekommen wäre. Die Not der Bevölkerung war so groß, daß die Masse für kommunistische Gedankengänge täglich zugänglicher wurde und aus den Worten Robespierres und Saint-Justs soziale Heilslehren herauszulesen begann. Die „Verschwörung der Gleichen" wurde von Gracchus Babeuf geleitet, einem wütenden Kollektivisten, der rein kommunistische Lehren predigte. Unter seiner Anhängerschaft gab es Narren und Fanatiker, es gab einen Prinzen Karl von Hessen, eine Schwester Marats, einen Dichter und einige Offiziere, von denen einer die Verschwörer an die Polizei verriet. Der Prozeß gegen die Verhafteten dauerte fast ein Jahr und förderte das Bild einer erstaunlichen Ausbreitung sozialer Utopien ganz moderner Art zutage. Babeuf wurde im Mai 1797 hingerichtet. Der Vorfall war ein neues schwerwiegendes Argument gegen die Jakobiner, die immer noch nicht Ruhe geben wollten. Die Reaktion wurde stärker, die Emigranten kamen langsam zurück, die Straßen, die nach Heiligen benannt gewesen waren, nahmen ihre alten Namen zurück. Ludwig XVIII. richtete eine Proklamation an die Bevölkerung und rief sie zur Reue und Ordnung auf. Aber er kam wahrlich zu früh damit.

Die Verfassung des Jahres III hatte eine Regierung eingerichtet, die die vollziehende Gewalt in die Hände von fünf Direktoren legte.

Das Direktorium regierte das Land vier Jahre lang, es hatte keinen Augenblick Ruhe. Aufstände von rechts und links machten ihm das Leben schwer. Die Inflation nahm ein nie dagewesenes Tempo an. Hunger, Krankheiten und ein unheilvolles Stocken aller Produktivität machte diese Jahre zu den trübsten der modernen französischen Geschichte. Das neue Wahlgesetz war weniger liberal als das vorausgegangene und öffnete den Weg für eine neue Plutokratie, die sich inmitten der sozialen Unruhen, der Geldentwertung und der zunehmenden Spekulation gebildet hatte.

Wahrlich, in den Tagen des Direktoriums war die Republik weiter vom Paradies der Freiheit, Gleichheit und Brüderlichkeit entfernt als je zuvor. Korruption, Elend, Misere und herausfordernde Verschwendung der Geldleute waren das Zeichen dieser Jahre.

Zwar hatte die Regierung im Februar 1796 die Druckstöcke, die zur Herstellung der Assignaten dienten, in feierlicher Zeremonie auf der Place Vendôme verbrannt, dafür begann ein erbarmungsloser Kampf zwischen dem Fiskus und dem Steuerzahler, bei dem der Staat rettungslos den kürzeren zog.

sich zum Aufstand. Am 3. Oktober 1795 (13. Vendémiaire) riefen sie die ihnen ergebenen Nationalgarden zu den Waffen. Eine Streitmacht von 20 000 Mann marschierte in zwei Kolonnen auf den Konvent, die eine rückte am linken Seineufer entlang, die andere nahm die damalige Hauptstraße von Paris, die Rue Saint-Honoré. Der Konvent war in größter Gefahr, er hatte nur fünftausend Mann Truppen. Man gab Barras den Oberbefehl, der sich schon am 9. Thermidor in einer ähnlichen Situation bewährt hatte.

Barras war ein zynischer und sehr realistisch denkender Mann, er wußte, daß er von der militärischen Führung nichts verstand. Er brauchte einen Fachmann. Hatte ihn nicht ein junger General besucht, ein Korse, der halb verhungert war und in seiner abgeschabten Uniform nichts darstellte, aber eine unheimliche Intelligenz und einen noch beunruhigenderen Ehrgeiz an den Tag legte? Wo war dieser junge Mensch, Artillerist seines Zeichens und, wie es schien, „zu allem fähig"? Man trieb ihn im Theater Feydau auf, zwei Schritt vom bedrohten Konvent, wo er sich in aller Ruhe ein Lustspiel ansah. Barras machte ihn sofort zu seinem Stellvertreter, und dieser Bonaparte verlor keine Minute, er ließ noch in der Nacht den Artilleriepark von Sablons durch einen jungen Offizier namens Murat nach Paris überführen und kartätschte am anderen Vormittag die Aufständischen vor der Kirche Saint-Roch zusammen. Es war eine musterhafte kleine Operation. Viertausend biedere Pariser Bürger und Handwerker, die geglaubt hatten, sie könnten nun endlich einen Schlußstrich unter die Revolution ziehen, lagen tot und zerfetzt auf dem Pflaster. Wer ist dieser „General Vendémiaire"? Niemand kennt ihn, aber Barras legt am Abend sein Kommando nieder und übergibt es Bonaparte. Er heißt jetzt „Kommandierender General der Armee des Inneren". Der Konvent ist gerettet, aber der letzte Akt der Revolution hat begonnen.

Gewiß, die Herrschaft des Schreckens war zu Ende; die Menschen konnten wieder ruhig schlafen – vorausgesetzt, daß ihnen der Magen nicht zu sehr knurrte. Die Siege an der Front verhalfen zwar den Soldaten zu neuen Stiefeln und Mänteln, aber sie konnten den schrecklichen Verfall der französischen Wirtschaft nicht aufhalten. Die Ernte war ein völliger Fehlschlag, der Winter war der härteste seit Jahren, es gab kein Brennholz, keine Kleider und schließlich kein Brot. Die sterbende Revolution raffte sich noch einmal auf, um die Macht der Straße zu erproben. Am 12. Germinal (1. April 1795) drangen die Demonstranten von der Straße in den Sitzungssaal des Konvents ein, bedrohten die Abgeordneten und schrien nach Brot. Die Folge war, daß die letzten Terroristen, große Namen der Zeit vor dem Thermidor, deportiert wurden.

Aber das Elend wurde dadurch nicht behoben. Am 1. Prairial (1. Mai) kam es zu einem zweiten Aufstand, zu dem sich die Hungernden und Besiegten zusammenfanden. Die Brotration hatte am Vortage 60 Gramm für jede Person betragen. Abermals wurde der Sitzungssaal erstürmt, und erst die Soldaten der regulären Armee vermochten den Konvent zu befreien. Zu den Soldaten gesellten sich freilich diesmal die sogenannten Muscadins, die antirevolutionäre Jugend, die Halbstarken und Bummler, die der asketischen Revolution widerstanden hatten. Zum erstenmal trat die Rechte wieder in Erscheinung. Die Ausschreitungen des Pöbels hatten den ehemaligen Royalisten den Mut gegeben, aus ihren Schlupflöchern wieder aufzutauchen.

Aber der Konvent, der durch die Nachrichten aus dem Süden, wo es wahre Royalistenaufstände gegeben hatte, erschreckt war, nahm eine neue Verfassung an, die Verfassung des Jahres III, deren Wahlgesetz bestimmte, daß zwei Drittel des neuen Parlaments aus dem Konvent genommen werden mußten. Damit brachen die politischen Hoffnungen der Royalisten zusammen. Sie entschlossen

Linke Seite:
Teil eines Rapports von Bonaparte
über den 13. Vendémiaire

Rechte Seite:
Der 13. Vendémiaire (5. Oktober 1795).
Stich von Helman nach C. Monnet

Die Eroberung der holländischen Flotte im Helder, Januar 1795

Erstaunlich, fast wunderbar war das Auftauchen immer neuer militärischer Führer von außergewöhnlichen Talenten. Wer der Republik prophezeit hatte, daß sie am Mangel an geschulten Fachleuten zugrunde gehen würde, mußte von der Fülle fähiger Verwaltungsbeamter, Diplomaten und Offiziere überrascht sein. Pichegru erfocht strahlende Siege mit einer Armee, die erst in der Ausbildung war und, was ihre Versorgung anging, auf Plünderungen angewiesen blieb. Unter seiner Führung drangen die Franzosen zum zweitenmal in Belgien ein und drängten die Engländer auf Antwerpen zurück. In weniger als drei Monaten eroberte Pichegru ganz Holland, wobei es ihm gelang, die im Helder eingefrorene holländische Flotte von seinen Husaren erobern zu lassen. Wohl niemals vorher war es einer Kavallerie gelungen, eine Kriegsflotte im Sturm zu nehmen. Belgien und die Niederlande wurden zu Satellitenstaaten der Republik. Vom Augenblick an, wo die französischen Armeen Belgien in der Hand hatten, war die unversöhnliche Feindschaft Englands wachgerufen. Von nun an würde England die Waffen nicht niederlegen, bis Frankreichs Macht gebrochen war. Pichegrus Siege waren der Auftakt zum ewigen Krieg.

Noch ist die Armee die Trägerin der revolutionären Botschaft; das macht sich auf dem linken Rheinufer, vor allem in den von ihr eroberten geistlichen Fürstentümern besonders fühlbar. Nach dem Sieg von Fleurus werden die Österreicher ins Maastal gedrängt und dann auf den Rhein zurückgeworfen. Im August ziehen die Franzosen in Trier ein. Im Schatten der gewaltigen Porta Nigra nehmen sie von den verbliebenen Behörden des ehemaligen Kurfürstentums die Unterwerfung entgegen. Trier zeigt sich neben Mainz dem trikoloren Evangelium am zugänglichsten, in beiden Städten hatten die geistlichen Herrn keine dauerhafte Autorität. Ihre Anwesenheit hatte nur geringe Spuren in der Bevölkerung zurückgelassen. Obwohl die französische Besatzung anfänglich ziemlich unangenehm fühlbar war und sich in hemmungslosem Plündern erging, wurde die örtliche Intelligenz doch bald für die neue Zeit und für ihre Vertreter, die „Neufranken", gewonnen, wozu die Wiedereröffnung der Universität nicht wenig beitrug.

Einzug der Franzosen in Trier am 9. August 1794. Gemälde von Léon Moreaux

*Die Schließung des Jakobinerklubs.
Stich nach Duplessis-Berteaux*

Das Ende des Terrors bedeutet auch das Ende des Jakobinerklubs. Mit seiner Allmacht war es über Nacht vorbei, niemand legte mehr Wert darauf, Mitglied dieser Gesellschaft gewesen zu sein. Die berüchtigtsten Jakobiner wurden bald darauf verhaftet, andere wieder suchten ihr Heil in der Flucht. Der Konvent, der in seine Rechte wieder voll eingesetzt wurde, ging mit dem Klub zunächst recht glimpflich um, er verbot ihm lediglich, mit den Tochtergesellschaften in der Provinz Verbindung zu halten und neue Mitglieder aufzunehmen, wozu sich freilich niemand mehr drängte. Erst im November wurde die endgültige Auflösung der Gesellschaft und die Schließung ihres Lokals verfügt. Es war einer der eifrigsten Jakobiner von einst, der Metzgermeister Legendre, der die Schließung vornahm. Legendre war während dieser blutigen und stürmischen Jahre alles gewesen, was man überhaupt nur sein konnte. Maratist, Dantonist, Hébertist und Robespierrist. Nach dessen Sturz war er der heftigste und lautstärkste Verdammer der gestürzten Schreckensherrschaft und ihrer führenden Männer. Ihm wurde zu seiner größten Genugtuung der Auftrag zuteil, die Eingänge der ehemaligen Klosterkirche, in denen die mächtige Gesellschaft getagt hatte, zu versiegeln. Die Baulichkeiten wurden abgerissen, kein Stein sollte mehr auf dem anderen gelassen werden. So geschah es, der Platz wurde freigelassen und zur Errichtung einer Markthalle bestimmt. Um die Rache voll zu machen, gab man diesem Platz, über den einst die Leute in Scharen gepilgert waren, um Robespierre neue Triumphe zu bereiten, den Namen Marché du Neuf-Thermidor. Später wurde er in Marché Saint-Honoré umgetauft. So heißt er heute noch, er ist nach wie vor ein Lebensmittelmarkt, der in einer eisernen Halle abgehalten wird.

*André Chenier.
Gemälde von Savée*

Auf einem der letzten Karren wurde ein großer französischer Dichter zur Richtstätte geführt. André Chenier wurde am 7. Thermidor zum Tode verurteilt und am gleichen Tag hingerichtet. Zwei Tage noch, und er wäre gerettet gewesen. André Chenier war der letzte große Hellene der französischen Poesie, sein eigentliches Meisterwerk „Die junge Gefangene", das er im Gefängnis Saint-Lazare geschrieben hatte, wurde mit den übrigen Manuskripten aus seiner Gefangenschaft zerstreut. Die literarische Hinterlassenschaft fand sich nur mühsam zusammen. Das berühmte Gedicht auf die junge Gefangene wurde 1819 endlich veröffentlicht, und erst da wurde voll ersichtlich, welch ein Genie die französische Literatur durch die Schreckensherrschaft verloren hatte.

Der Dichter wurde 1762 in Konstantinopel geboren. Sein Vater war dort französischer Generalkonsul, seine Mutter war eine Griechin von ungewöhnlicher Schönheit. In den Jahren vor der Revolution schrieb er seine Elegien und Idyllen nach antikem Vorbild. Er begrüßte die Umwälzung in seinem Vaterland, weil er sie für ein liberales Ereignis und den Beginn einer Ära der Reformen hielt. Erst der Sturz der Monarchie belehrte ihn über den eigentlichen Sinn der Ereignisse. Damit begann auch seine Entfremdung von seinem Bruder Marie-Joseph, der ebenfalls ein Dichter war, aber seine Kunst in den Dienst der Revolution stellte. Im Gefängnis wurde eine Mitgefangene, die übrigens keineswegs mehr jung war, Gegenstand seiner Anbetung. Diese Mademoiselle de Coigny erwiderte seine Gefühle nicht. Sie verschenkte das Manuskript des berühmten Gedichtes und machte sich nichts daraus, Gegenstand eines so herrlichen Stückes Poesie zu sein. Sie wurde nach dem 10. Thermidor in Freiheit gesetzt.

Links:
Die Hinrichtung
Robespierres und
seiner Genossen

Der letzte Karren.
Lithographie von Denis Raffet

Paris ist in diesen Tagen in Feststimmung, die sich in den Gefängnissen am stärksten Luft macht. Ist es wahr, daß der Schrecken zu Ende und daß Robespierre gestürzt ist? In der Nachbarschaft der Gefängnisse sind die Menschen auf die Dächer gestiegen, um den Häftlingen in den Höfen freudige Zeichen zu machen und ihnen ihre baldige Befreiung anzukündigen. Im Gefängnis Le Plessis drücken die Männer das Gitter ein, das sie von der Frauenabteilung trennt. Alles umarmt sich, lacht und weint vor Freude. Die düsteren Mauern hallen von heiteren Gesängen wider. Die frisch eingelieferten Robespierristen werden mit ironischem Beifallklatschen, mit Beschimpfungen und schließlich mit Schlägen empfangen. Eine neue Zeit mit neuer Macht und neuen Opfern ist gekommen. Aber noch dreht sich das Schwungrad des Schreckens. Die Leute denken, „daß es von nun an keine Hinrichtungen mehr geben wird". Aber die Behörden haben keine Anweisungen. Samson, der an Fouquier-Tinville zögernd die Frage richtet, ob er keine neuen Befehle zu geben habe, wird von ihm angeschrien: „Vollstrecke das Gesetz!" Fünfundvierzig Verurteilte treten im Hof des Tribunals die letzte Fahrt an; es ist der berühmte letzte Karren. Das Volk in den Straßen drängt sich in den Zug, es versucht, die Pferde anzuhalten. Aber der Sergeant, der die Eskorte befehlt, gerät in Zorn, seine Reiter lassen die Pferde steigen, eine Frau stürzt. Angstschreie ertönen. Der Haufen weicht zurück. Der letzte Karren hat freien Weg, langsam rollt er nach Südosten in den Staub des dumpfen Abends.

Wie erschreckend, wie gewaltig ist der Aufstieg zur unbeschränkten Macht, und wie rasend schnell vollzieht sich der Sturz. Da Robespierre und die Seinen in Acht erklärt worden sind, bedarf es keiner Verhandlung mehr gegen sie. Fouquier-Tinville begnügt sich damit, ihre Identität festzustellen, und fort geht es zur Exekution.

Die Guillotine, die schon seit Wochen an den östlichen Stadtrand verbannt worden ist, wird zur Feier des heutigen Tages noch einmal auf ihre alte Stelle transportiert. Auf der Place de la Revolution, im Angesicht der herrlichen Säulenbauten von Gabriel, sind zahllose Menschen zusammengeströmt, es ist fast wie ein Volksfest.

Man läßt sich die berühmten Leute zeigen, die die meisten nie erblickt haben, da ja die Zeit der Volksreden längst vorbei ist, man pfeift sie aus und brüllt dazu: „Nieder mit den Höchstlöhnen!" Der verkrüppelte Couthon paßt nicht auf die Guillotine, man muß ihn auf die Seite legen. Saint-Just ist bleich wie Marmor und ebenso regungslos. Starr hält er seinen schönen Kopf aufgerichtet, leise schaukeln seine Ohrringe. Kalt blickt er auf das blutige Dreieck aus Stahl. Für ihn hat der Tod keinen Schrecken. „Die großen Männer sterben nicht in ihrem Bett", hat er einst gesagt.

Robespierre ersteigt schnellen Schritts die hölzernen Stufen. Da steht er unter dem hellen Himmel eines Pariser Sommerabends; gleich einem Orkan dringt der Schrei des Volkes zu ihm auf, dieses Volkes, dessen Willen nur er erkannt zu haben, nur er verwirklicht zu haben glaubt!

Der Henker reißt ihm den dicken Verband herunter, den er um den Kopf trägt. Die fürchterliche Wunde kommt zum Vorschein. Blut stürzt hervor. Robespierre stößt einen wilden Schmerzensschrei aus: das ist Wirklichkeit, armer, ungeliebter Utopist! Der Schrei der leidenden Kreatur, das ist das letzte, was die Welt von dem Unbestechlichen zu hören bekommt.

Im Konvent wird die Nachricht vom Tode dieses Mannes und seiner wenigen Getreuen mit Jubel aufgenommen. Der Tyrann ist gestürzt, die Republik der Geschäftsfreunde, der Kriegsgewinnler, der ausgehaltenen Frauen und der Lebemänner kann beginnen. Die Herrschaft der Tugend, aber auch des Terrors, ist gebrochen.

Anklagen nicht weit. Tallien stößt ihn von seinem Rednerpult, schwingt einen Dolch und schreit, auf Robespierre deutend: „Man will den Konvent erwürgen." Er verlangt, daß der Unbestechliche sofort in Anklagezustand versetzt und dem Gericht ausgeliefert werde. Ein unbeschreiblicher Tumult bricht los, Robespierre wird niedergeschrien, die Glocke des Präsidenten übertönt seine Stimme. Der erste, dessen Stimme wieder hörbar wird, ist Tallien. Er beantragt die sofortige Verhaftung Henriots und anderer Terroristen, ein neuer Tumult bricht los.

„Präsident von Mördern", schreit Robespierre zum Präsidenten des Konvents hinauf, „zum letzten Male verlange ich das Wort." Aber er wird das Wort nicht mehr erhalten. Um halb sechs nachmittags wird seine Verhaftung einstimmig beschlossen. Sein Bruder verlangt, daß gegen ihn die gleiche Maßnahme ergriffen werde. Auch die Verhaftung von Le Bas, Saint-Just und Couthon wird ohne Widerspruch beschlossen. Saint-Just hat seit Beginn der Sitzung kein Wort mehr gesprochen. Bewegungslos, mit verächtlicher Miene, blickt er in den lärmenden Aufruhr.

Inzwischen ist die Kommune in Bewegung geraten und rüstet sich zum Widerstand gegen den Konvent. Die Verhafteten gelangen anstatt ins Gefängnis in das Rathaus. Ist Robespierre noch einmal gerettet? Die Sturmglocke läutet und alarmiert die Nationalgarde. Aber der Konvent spricht unterdessen die Ächtung Robespierres und der Seinen aus: man braucht sie also nur noch zu verhaften, um sie ohne Urteil hinrichten zu lassen.

Die Geächteten sind im Stadthaus versammelt, die sieben Fenster des großen Saales sind hell erleuchtet, aber auf dem Platz draußen herrscht Verwirrung. Die Soldaten, die auf beiden Seiten aufmarschiert sind, erhalten keine Befehle. Um Mitternacht stürzt ein wolkenbruchartiger Regen hernieder und zerstreut die Truppen. Die Soldaten der Konvention, die unter dem Befehl von Barras und Merlin de Thionville stehen, dringen ins Stadthaus ein. Sie finden den Unbestechlichen mit zerschmettertem Kiefer. Hat er selbst auf sich geschossen oder hat ihn die Kugel eines Gendarmen getroffen? Man wird es nie wissen. Der 9. Thermidor ist zu Ende. Die Dämmerung des 10. Thermidor bricht an.

Die Nacht des 9. Thermidor vor dem Rathaus. Stich von Helman nach C. Monnet

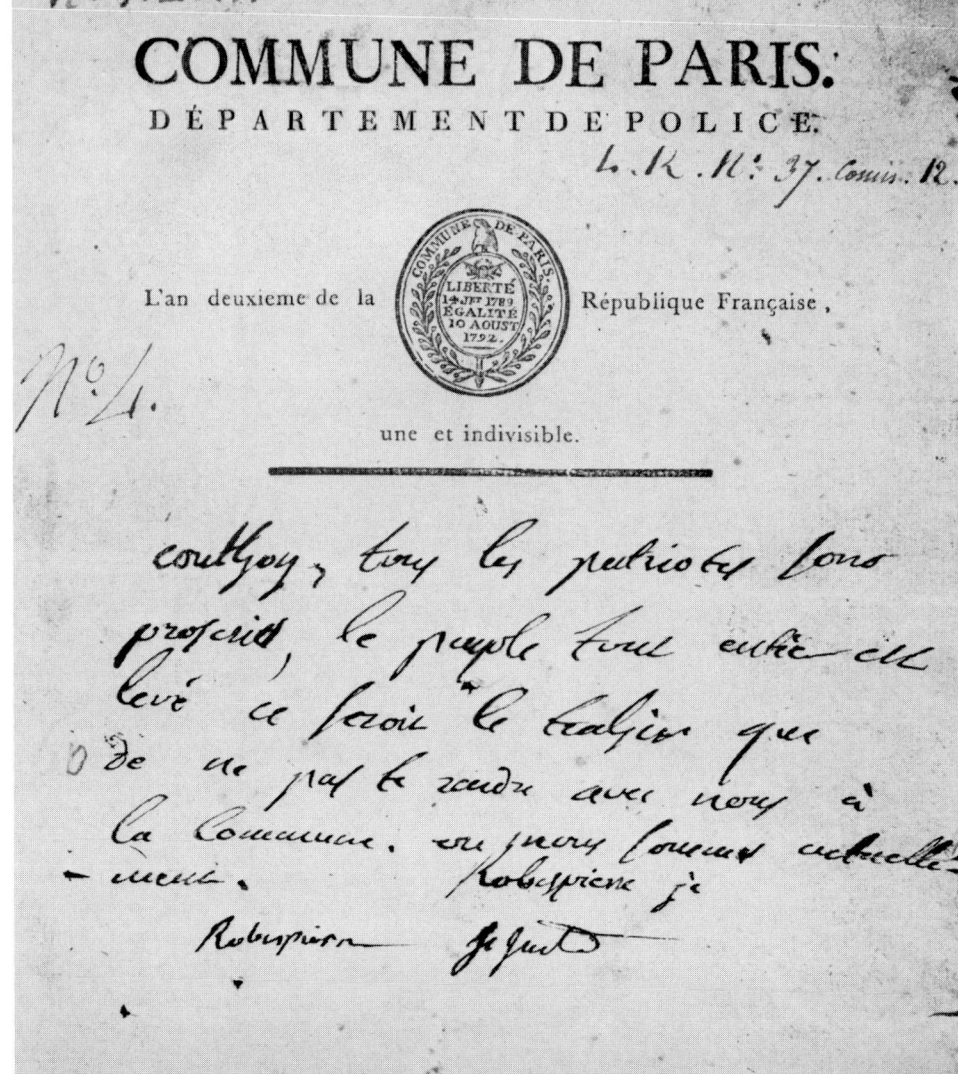

Brief Robespierres, seines Bruders und Saint-Justs vom 9. Thermidor an Couthon mit der Aufforderung, sofort zu ihnen zu stoßen.

Der Sturz Robespierres und der Zusammenbruch seiner Schreckensherrschaft wird wahrlich nicht durch die edelsten und tugendhaftesten Männer des Konvents herbeigeführt, sondern von solchen, die am leidenschaftlichsten am Leben hängen und die notwendige politische Kaltblütigkeit haben, den Aufstand des Konvents gegen den Unbestechlichen lückenlos zu organisieren.

Der Mann der Stunde ist Joseph Fouché, selbst ein erprobter Terrorist, an dessen Händen viel unschuldiges Blut klebt, aber ein Mann, dessen Nerven nie versagen und der ein untrügliches Urteil über den richtigen Zeitpunkt und die richtige Situation hat. Fouché ist es, der die Furchtsamen zum Handeln treibt, indem er ihre Furcht steigert und im Konvent eine förmliche Verschwörung gegen Robespierre, Saint-Just und Couthon zustande bringt.

Es kommt darauf an, zu verhindern, daß die drei Tyrannen neue Anträge zur Vereinfachung der Terrormaschinerie einbringen und sich von dem vollkommen eingeschüchterten Konvent die Ächtung der wenigen Abgeordneten bewilligen lassen, die noch des Widerstandes fähig sind. Man weiß, daß neue Anträge tödlichster Art vorbereitet werden, ja, daß die Absicht besteht, den halben Konvent zu verhaften und auszurotten.

Fouché ist rastlos tätig, er teilt Barras, Billaud, Barère, Cambon und Tallien ihre Rollen zu. Tallien ist besonders eifrig bei der Sache. Seine schöne Geliebte, Thérésa Cabarrus, soll morgen oder übermorgen hingerichtet werden. Sie hat ihm soeben eine heimliche Botschaft aus dem Gefängnis gesandt, ihre Verurteilung angekündigt und sich über die Feigheit der Männer beklagt, die nicht mehr den Mut haben, gegen den Diktator aufzustehen.

Der 9. Thermidor (27. Juli) ist ein glühend heißer Tag, der Himmel ist voller Gewitterwolken, die sich nicht entladen. Seit Wochen ist kein Tropfen Regen gefallen, die Menschen kriechen im Schatten der Häuser dahin, jeder Schritt wirbelt eine Staubwolke auf, ein glühender Wind schleicht über die Dächer. Der Konvent ist schlecht besucht, ein Teil seiner Mitglieder hält sich schon versteckt oder ist bereit, jeden Augenblick die Flucht zu ergreifen. Plötzlich steht Saint-Just auf der Tribüne, eiligst füllt sich der Saal. Aber Saint-Just kommt mit der Verlesung seiner

Handschrift des Generals Moreau

Die Schlacht von Fleurus. Kolorierte Zeichnung

daß der Konvent in Paris im Aufruhr gegen die Diktatur Robespierres ist. Noch keuchend vom Siege trifft er am 11. Messidor in Paris ein.

Das kolorierte Blatt auf dieser Seite ist wahrlich kein Kunstwerk. Aber es zeigt etwas Neues, nämlich einen Fesselballon. Dies Beobachtungsmittel wurde bei Fleurus zum ersten Male verwendet. Der General in der Mitte des Blattes ist der General Jourdan, von dem man noch hören wird. Er wird Marschall von Frankreich werden, in Spanien kämpfen und sogar noch unter dem Bürgerkönig dienen. Napoleon macht ihn zum Grafen und ärgert sich oft über ihn, trennt sich aber nicht von ihm, weil dieser ehemalige Hausierer das Symbol unbeugsamen Republikanismus aus dem Jahre 1794 ist und an die großen Feldzüge der Revolution erinnert. Entgegen dem Anschein, den dieser Bilderbogen gewährt, hat er mit Napoleon nicht die mindeste Ähnlichkeit. Es ist nur eine Ähnlichkeit der Hüte.

Die Fahnen, die in Frankreich zur Feier des Sieges von Fleurus wehten, waren vom Hauch der Hoffnungen gebläht. Kann Frankreich jetzt aufatmen, ist jetzt die Stunde endlich da, wo man das Rad des Todes anhalten und sich wieder einem unbedrohten Leben hingeben kann?

Der Sieg ist groß, zum sechsten Male haben die Truppen der Revolution unter Jourdans Führung die Sambre überschritten. Charleroi hat kapituliert. Koburgs Truppen wurden von der zerlumpten und schlecht genährten Infanterie Klébers, Marceaus und Lefebvres mit blankem Bajonett aus ihren Stellungen geworfen und von der Kavallerie Hautpouls zerstreut. Am 26. Juni werden die Österreicher bei Fleurus endgültig geschlagen. Hoch über dem Pulverdampf und den zerfetzten Trikoloren erschüttert der Klang der Marseillaise unwiderstehlich die Luft. Saint-Just ist mit dabei, gelassen marschiert er an der Spitze der verfolgenden Sieger. Kaum einige Stunden später, und er springt in seinen Reisewagen, denn er weiß, geheimen Besuch Fouquiers, der ihnen ein neues „Belastungsdokument" mitteilt. Danton, Desmoulins und Gefährten werden zum Tode verurteilt.

Da sind sie denn am Ende ihrer stürmischen Laufbahn, diese wahrlich nicht fleckenlosen Männer, aber doch einst gewissenhaft genug, gegen den totalen Staat des Unbestechlichen aufzustehen. Camille Desmoulins hat nicht die gewaltige Natur seines Freundes Danton. Seine junge Frau, die entzückende Lucile, ist ebenfalls verhaftet worden. Er schreibt ihr leidenschaftliche Briefe, er kann es nicht fassen, daß er von dieser geliebten Frau für immer getrennt werden soll. Diese wenigen Briefe, die zwischen diesen beiden jungen Liebenden hin und her gehen, sind herzzerreißend. Sie klammern sich ans Leben, sie wollen noch einmal glücklich sein. Die Schrift ist von Tränen verwischt: „Ich bin in Tränen ausgebrochen oder vielmehr, ich habe geschluchzt und habe in meinem Grabe geschrien: Lucile, Lucile! Wo bist Du? ... Ich sehe noch Lucile! Ich sehe sie, meine Vielgeliebte! Meine Lucile! Meine gebundenen Hände umarmen Dich, mein Kopf läßt noch, wenn er vom Rumpf getrennt ist, seine sterbenden Augen auf Dir ruhen!"

Arme Menschen, denen die Frucht ihrer tollkühnen und leichtsinnigen Gedanken von damals nun so sterbensbitter schmeckt! Aus dem letzten Brief Desmoulins spricht eine fast naive Unbewußtheit dessen, was er während der Revolution angerichtet hat: „Aber Robespierre, der meinen Haftbefehl unterzeichnet hat, aber die Republik nach allem, was ich für sie getan habe! Das ist der Lohn, den ich für so viele Tugenden und Opfer erhalte! Ich, der ich mich für die Republik seit fünf Jahren so großem Haß und so vielen Gefahren ausgesetzt habe, ich, der ich keinen Menschen um Verzeihung zu bitten habe als nur Dich, in aller Welt! Du hast sie mir gewährt, weil Du weißt, daß mein Herz trotz seinen Schwächen Deiner nicht unwert ist. Ich werde von Menschen, die sich meine Freunde nannten, die sich Republikaner nannten, in einen Kerker in Einzelhaft geworfen, als ob ich ein Verschwörer wäre. Sokrates trank den Schierling, aber er sah doch seine Freunde und seine Frau in seinem Gefängnis. Wieviel härter ist es, von Dir getrennt zu sein!"

Daß nicht nur unsere Taten, sondern auch unsere Gedanken uns nachfolgen, niemand hat es schrecklicher erlebt als dieser Camille, der es einst im Grunde gar nicht so ernst gemeint hat. Noch auf dem Richtkarren schreit er um Hilfe, bis der tapfere Danton ihn anherrscht: „Still! Glaubst du, daß du dieses Pack erweichen kannst!"

Danton stirbt wie ein Held, fast prahlerisch, bis zuletzt auf ein großes Wort bedacht. Niemand kann von nun an mehr der Diktatur Robespierres im Wege stehen. Die arme Lucile wird einige Tage später hingerichtet.

Letzter Brief von Camille Desmoulins an seine Frau Lucile aus dem Gefängnis

Camille Desmoulins. Gemälde von Rouillard

Lucile Desmoulins. Gemälde von Louis-Léopold Boilly

„Sie werden es nicht wagen!" gab Danton jenen zur Antwort, die ihn vor Verhaftung und Anklage warnten. Doch war er in seinem Inneren nicht mehr so sicher, er fühlte das Verhängnis nahen, aber als jemand ihm zur Flucht ins Ausland riet, tat er einen seiner Aussprüche, die ihn für die Franzosen unsterblich gemacht haben: „Man nimmt die Erde seines Vaterlandes nicht an den Schuhsohlen mit." Er erklärte auch, „daß er lieber geköpft werden als selbst köpfen wolle", und sein Freund Camille Desmoulins schlug in seiner Zeitung „einen Ausschuß für Milde" vor. Robespierre war entschlossen, die letzten Männer, die noch eine Einwirkung auf das Volk hatten und gegen den wachsenden Terror zu kämpfen wagten, zu beseitigen. Danton wehrte sich mit einem solchen Schwung gegen die Anklagen, daß seine riesige Stimme, die bis auf die Straße drang, die Bevölkerung aufwiegelte. Im Saal nahmen die Zuhörer, die die Tribünen füllten, mehr und mehr für ihn Partei. Danton wird schließlich von den Verhandlungen ausgeschlossen und von den Gendarmen hinausgeführt. Er erstickt fast vor Raserei, aber Herman hebt die Sitzung auf. Die Geschworenen empfangen den

Das obenstehende Dokument gehört zu einem Erlaß desselben Wohlfahrtsausschusses. Carnots Namenszug ist ebenso unerschütterlich wie der Mann selbst, Robespierre ist an diesem Tage abwesend. Von anderen Personen wie Collot d'Herbois, Billaud-Varenne und Barère wird man in den nächsten Tagen dieses heißen Sommers 1794 noch viel hören. Das Siegel des Ausschusses hat sich ein wenig geändert, von dem Konvent ist keine Rede mehr, dagegen liest man „Aktivität, Reinheit und Überwachung", eine knappe Formel mit drohendem Unterton.

Hier hat ein Maler, der nicht nur aus der Familie des großen Malers der galanten Zeit stammt, sondern in seinem Strich noch die Spuren dieser versunkenen Epoche trägt, sich an einem düsteren Gegenstand versucht. Er stellt einen Revolutionsausschuß während der Schreckensherrschaft dar und gibt sich große Mühe, die Roheit und Gefährlichkeit dieser Kerle, die Herrn über Leben und Tod der „besseren Leute" sind, getreu wiederzugeben. Aber er kann seinen Pinsel nicht daran hindern, diesen finstern Gesellen eine gewisse Anmut zu leihen, die ihnen gewiß gänzlich fremd war. Die Flasche kreist, die Tabakpfeifen qualmen, aber an den Wänden sind die Büsten von großen Patrioten angebracht, vermutlich von Marat und Robespierre. Ein nettes, ach, nur allzu bürgerlich aussehendes Ehepaar mit der kleinen Tochter tritt verängstigt ein, der Gatte weist die Vorladung vor, der Protokollführer hat die Feder angesetzt. Eine angstvolle Beklommenheit liegt über der Szene. Wird diese kleine Familie den Raum noch verlassen und frei nach Hause gehen können? Höchst zweifelhaft, denn inzwischen hat Couthon das berüchtigte Gesetz vom 22. Prairial eingebracht, das jeden Rechtsschutz beseitigt. Die Todesstrafe kann durch Verwaltungsakt, also ohne Gerichtsverhandlung, verhängt werden — auch über die Abgeordneten des Konvents!

Oben: Unterschriften auf einem Erlaß des Wohlfahrtsausschusses

Ein Revolutionsausschuß während der Schreckensherrschaft. Stich von Berthault nach A. E. Fragonard

ÉGALITÉ, LIBERTÉ.

COMITÉ DE SALUT PUBLIC
DE LA CONVENTION NATIONALE..

Au nom de la République.

A tous les Corps administratifs, & Officiers civils & militaires.
Laissez passer librement le Citoyen *André Toussaint DO, Courier chargé de deux dépêches pour les représentans près l'armée* ..... natif de *Fontainebleau* Département de *Seine et Marne* âgé de *33 ans* taille de *5 pieds 6 pouces* cheveux et sourcils *bruns* front *couvert* nez *grand* yeux *gris* bouche *moyenne*, menton *rond*, visage *oval* allant de *Paris* à *l'armée du Rhin à Strasbourg*.

Le présent Passe-port valable pour *le temps de sa course* seulement

Fait au Comité de Salut Public, le *2 mai 1793*, l'an second de la République Française.

Billaud Varenne   Carnot   Hérault   Robespierre

Paß aus dem Jahr 1793

Ein schön gedrucktes Dokument, das der Wohlfahrtsausschuß einem an die Front abgehenden Kurier ausgestellt hat. Trotz der kargen Zeit ist der natürliche Schönheitssinn des 18. Jahrhunderts aus den Amtsformularen der Republik noch nicht ganz ausgetrieben. Die Unterschriften sind gut leserlich, rechts steht der etwas kleinliche Namenszug des Unbestechlichen. Hérault de Sechelles allerdings wird seinen Namen nicht mehr lange zwischen den Carnots und Robespierre setzen können, denn er steigt mit Danton bald aufs Blutgerüst.

Das Fest des Höchsten Wesens am 8. Juni 1794. Stich von Nadot

Im Juni des Jahres 1794 konnte Robespierre glauben, daß er keine Feinde mehr habe und daß niemand ihn mehr daran hindern könne, nunmehr ein Reich der Tugend auf Erden zu errichten. Danton war tot. Die Hébertisten waren ausgerottet, und von den Girondisten sprach man kaum noch, so endgültig waren ihre Spuren getilgt. Robespierre war allmächtig, er beherrschte den Konvent und die Ausschüsse und konnte mit Hilfe der ihm blind ergebenen Jakobiner alles durchsetzen, was er wollte. Daher war er auch für die Maschinenarbeit des Revolutionstribunals und der Guillotine voll verantwortlich. Wo er einen Feind witterte, da ließ er zuschlagen. Sein Mißtrauen war krankhaft, aber nicht unberechtigt. Nicht nur, daß das Volk dieses ewigen Blutvergießens und dieses harten Lebens im totalen Staat der Jakobiner müde wurde, auch der Konvent hatte es satt, täglich für sein Leben zu zittern.

Im Mai war ein Mädchen von zwanzig Jahren, Cécile Renault, in den Hof des Hauses, in dem Robespierre wohnte, eingedrungen, um nachzusehen, „wie ein Tyrann aussieht". In ihrem Körbchen trug sie zwei kleine Taschenmesser. Die Kleine wird zum Hauptstück eines „Amalgams" gemacht, mit ihr verurteilt man fünfzig Personen, die mit dem „Attentat" nichts zu tun haben. Man kleidet sie in rote Hemden „als Vatermörder" und köpft sie in achtundzwanzig Minuten. „Das alles für einen einzigen Mann?" lautet die Frage, die in aller Munde ist.

Robespierre bekämpft den Atheismus. Die Vorstellung von einem „Höchsten Wesen" gehört zu seinem Ordnungsbegriff. Am 8. Juni wird unter seinem Vorsitz das Fest dieses „Höchsten Wesens" gefeiert. David, der Bühnenbildner aller revolutionären Feste, Aufmärsche und Kundgebungen, hat alles prachtvoll arrangiert. Der Tag soll für Robespierre der Höhepunkt seines Lebens werden. Das Arrangement läßt nichts zu wünschen übrig, aber der Unbestechliche, der sich sonst gern von der Außenwelt abschließt, erfährt unzweideutig, daß die Leute mehr Furcht als Liebe für ihn empfinden und keine Lust haben, ihm zuzujubeln. Er wittert Opposition, ja Gefahr. Jäh fühlt er, daß der Lebenswille der Menschen stärker ist als seine Prinzipien.

Eintrittskarte zum Fest

Lazare Hoche war mit dem Ruhm dreier siegreicher Feldzüge bedeckt, er war schön wie Achilles und bei seinen Soldaten so beliebt, daß sie ihn einen „Engel in Reitstiefeln“ nannten. Ihm gelang es, den endlosen Krieg der royalistischen Bauern des Westens gegen die Republik zu beenden. Die Provinzen waren im größten Elend. Die englische Hilfe wurde immer geringfügiger, die Aussicht, daß ein Mitglied der königlichen Familie aus dem Ausland herbeieilen würde, war längst geschwunden. Hoche führte schnelle militärische Operationen, aber ohne Grausamkeit und Zerstörungslust; er verhandelte klug und ehrenhaft mit den Aufständischen, gebrauchte keine Hinterlist und brach kein Versprechen. Mit den wenigen noch überlebenden Führern der „Chouannerie“ unterzeichnete er eine Art von Friedensvertrag, der den Bürgerkrieg beenden sollte (Mai 1795). Hoche erhielt von der Pariser Regierung den Ehrennamen „Pacificateur de la Vendée“ und wandte sich anderen Kriegsschauplätzen zu. Die Bedingungen wurden jedoch von beiden Seiten nicht loyal erfüllt, besonders die Behinderung der Glaubensübung hörte nicht auf. Nach und nach flammte der Krieg wieder auf, wenn er auch nie wieder die alte Ausdehnung annahm. Erst nach Waterloo legten auch die letzten Chouans ihre Waffen für immer nieder.

a Ste Barbe, le 20 Messidor
an 3e Républicain.

Le Général en Chef
au Citoyen Guyot

Veuillez bien m'envoyer deux
mille pelles, pioches, serpes et haches.
J'ai le plus grand besoin d'obus de
six pouces envoyez m'en
L. Hoche

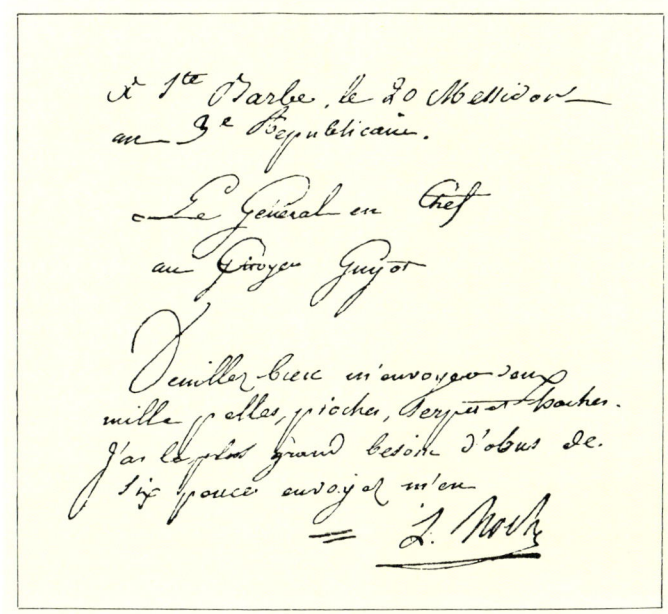

Handschrift von Lazare Hoche

Befriedung der Vendée.
Stich von Girardet

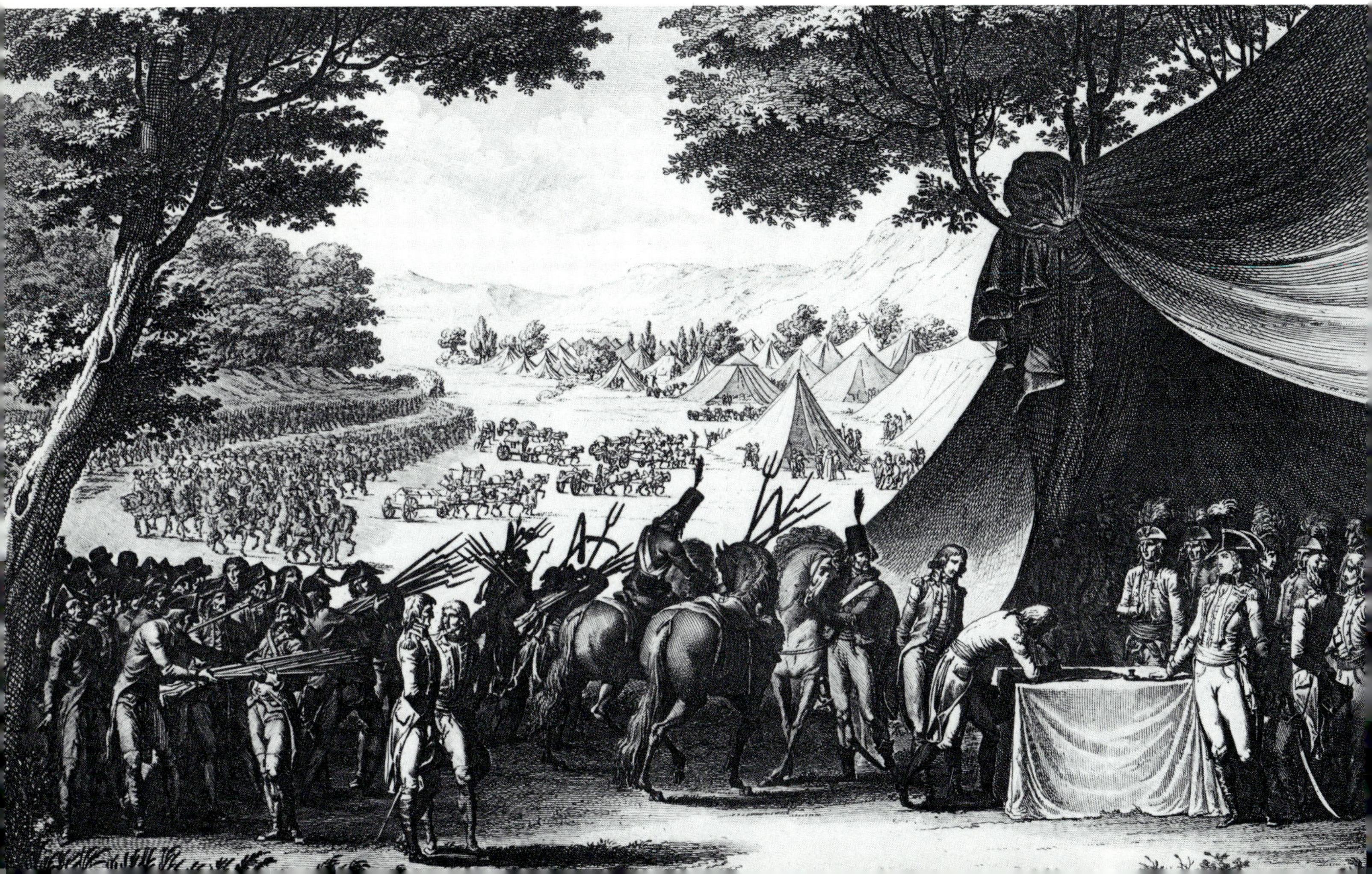

schändlich mißbraucht worden. Chateaubriand hat über das hoffnungslose Antichambrieren der Chouans in den Londoner Ämtern und in den Salons der Emigrierten einige ergreifende Seiten geschrieben. Die britische Regierung lieferte ihnen zwar Waffen, aber die königlichen Prinzen hüteten sich wohl, in den Gebieten des Bürgerkriegs zu erscheinen; sie ließen die Bauern und Junker, die seit Jahren in den Wäldern und Heiden der Vendée und der Bretagne für sie starben, jämmerlich im Stich. Die Feigheit der „Prinzen", die wohl in den Koalitionsarmeen gegen ihr Land kämpften, aber ihre wahren Anhänger, die Chouans, kaltblütig verleugneten, ist und bleibt ein Schandfleck in der Geschichte der Bourbonen.

Als Cathelineau gefallen war, wurde der Marquis d'Elbée Oberbefehlshaber der aufrührerischen Streitkräfte. In der Schlacht von Cholat, wo diese Streitkräfte von Kléber praktisch vernichtet wurden, wurde er gefangengenommen und in Noirmoutier erschossen. Er konnte nicht mehr aufrecht stehen, da er schwer verwundet war, er wurde sitzend erschossen; der Sessel ist heute noch im Besitz der Familie d'Elbée.

Der Marquis de Charette führte den Krieg noch lange weiter, aber seine Lage war verzweifelt. Der absolute Mangel an Solidarität und Opfermut, den die im Ausland lebenden Mitglieder des Königshauses gegen ihn an den Tag legten, trieb ihn zur Verzweiflung.

Es ist Winter und fast schon März. Seit Wochen strömt ein eisiger Regen herab. Hilfe von außen kommt nicht. Es gibt ein huldvolles Handschreiben Ludwigs XVIII., das ist alles. Die Bauern werfen ihre Gewehre in die mit Schmelzwasser gefüllten Gräben, sie kehren zu den verbrannten Resten ihrer Hütten zurück. Charette irrt fast allein durch das Land, eine junge Frau, die Marquise von Grégo, liefert ihn an den Feind aus.

Er wurde in Nantes erschossen, ehe er erfahren konnte, daß die schöne Marquise, die nur zwanzig Jahre alt war, nicht nur die Spionin, sondern auch die Geliebte des Generals war, der die Truppen der Republik in der Vendée befehligte. Diese kleine Person, so schreibt der General an seine Regierung, habe ihm so gut gedient, daß man recht daran tue, ihr das von der Republik beschlagnahmte Vermögen zurückzugeben, was auch geschah.

Dieser General war der junge Lazare Hoche, einer der fähigsten jungen Offiziere seiner Zeit. Mit fünfundzwanzig Jahren erhielt er den Oberbefehl über die Moselarmee. Er war noch nicht dreißig Jahre, als er im Feldlager von Wetzlar an einer Krankheit starb.

Henri de La Rochejaquelein.
Stich von Hourdain nach einer Zeichnung von Guérin

Lazare Hoche

Erschießung des Generals d'Elbée. Gemälde von Julien Le Blant

Die Aufstände der Bauern gegen die Republik rissen nicht ab und endeten erst mit der Rückkehr der Bourbonen nach der endgültigen Niederlage Napoleons. Die Aufstände begannen im Westen Frankreichs, in der Vendée und der Bretagne, also in Gebieten, die damals verhältnismäßig unzugänglich waren und von den Vorgängen in Paris nur undeutliche Kunde erhielten.

Es waren Landstriche mit viel Sumpf und Wald, die Bauern waren fromm und dem König ergeben. Ihr Widerstand gegen die Staatsgewalt begann in dem Augenblick, als die Republik von der Geistlichkeit den Eid auf die Verfassung verlangte. Der zweite Anstoß war die Einführung der allgemeinen Wehrpflicht; die Bauern des Poitou und des Anjou weigerten sich ebenso wie die Bretonen, in der Armee der Republik zu dienen.

Diese Bauern waren harte, um nicht zu sagen halbwilde Männer. Sie waren allen Strapazen gewachsen und jederzeit bereit, für ihren Gott und ihren König zu sterben. Sie fanden ohne Schwierigkeiten Führer in den Edelleuten ihrer Landschaft, Gutsbesitzern, früheren Offizieren, Adeligen, die das Bild des Herzen Jesu auf dem Aufschlag ihres Jagdrockes trugen. Stofflet war ein einfacher Jagdhüter, Cathelineau ein Fuhrunternehmer, aber der Marquis de Charette und der Graf Rochejaquelein standen ihnen an Fanatismus und Ausdauer nicht nach. Mit geringsten Mitteln führten sie jahrelang einen wütenden und erbarmungslosen Kleinkrieg gegen die „Blauen", das heißt gegen die Truppen der Republik, die ihnen in dem unzugänglichen Gelände oft unterlegen waren.

Nach und nach gaben sich die Aufständischen eine feste Organisation, sie nannten sich die „katholisch-königliche Armee" und bereiteten der Republik ernste Sorgen, da sie weite Teile der westlichen Provinzen vollkommen beherrschten. Der Krieg wurde auf beiden Seiten mit einer Grausamkeit ohnegleichen geführt, man tötete sich mitleidlos, man verbrannte die Dörfer und Städte, man metzelte die Frauen und Kinder nieder, und dies alles unter dem Ruf: „Es lebe der König!" oder „Es lebe die Republik!"

Die „Chouans", wie man die aufständischen Bauern nannte, sind, wie man heute weiß, von den emigrierten Royalisten in England und von der englischen Regierung

Lavoisier wird in seinem Laboratorium verhaftet. Stich von Duplessis-Bertaux

Welches Kraut auf dem Feld der Republik ist gegen einen Weisen gewachsen, der behauptet, daß die Wahrheit seiner Wissenschaft unabhängig von den Grundsätzen der Freiheit und Gleichheit ist? Kann Robespierre noch neutrale Gebiete dulden, auf denen der Menschengeist sich sammeln kann, ohne nach seiner Gesinnung gefragt zu werden? Lavoisier, der als Chemiker den Sauerstoff entdeckt und das Verhalten der Körper im gasförmigen Zustande untersucht hat, der als erster verkündet hat: „Nichts geht verloren, nichts wird geschaffen" — der große Lavoisier wird eines Tages in seinem Laboratorium verhaftet, weil er einst vom König eine Stelle als Steuerpächter erhalten hat. Er fürchtet sich nicht vor dem Sterben, aber er möchte noch ein wichtiges Experiment zu Ende führen. Das Gericht verweigert ihm den Aufschub mit der Begründung: „Die Republik braucht weder Gelehrte noch Chemiker!"

Auch der große Condorcet muß den Weg ins Reich des Todes antreten. Er, der Mathematiker, Philosoph und „Physiokrat", sitzt im Konvent und predigt Mäßigung, obwohl er einsieht, daß den Radikalen mit Vernunft nicht mehr beizukommen ist. Er protestiert gegen die Ausrottung der Girondisten. Nach langer Flucht wird er verhaftet und entzieht sich der Hinrichtung durch eine starke Dosis Gift. Er hatte gerade sein Werk „Übersicht über die Fortschritte des menschlichen Geistes" vollendet.

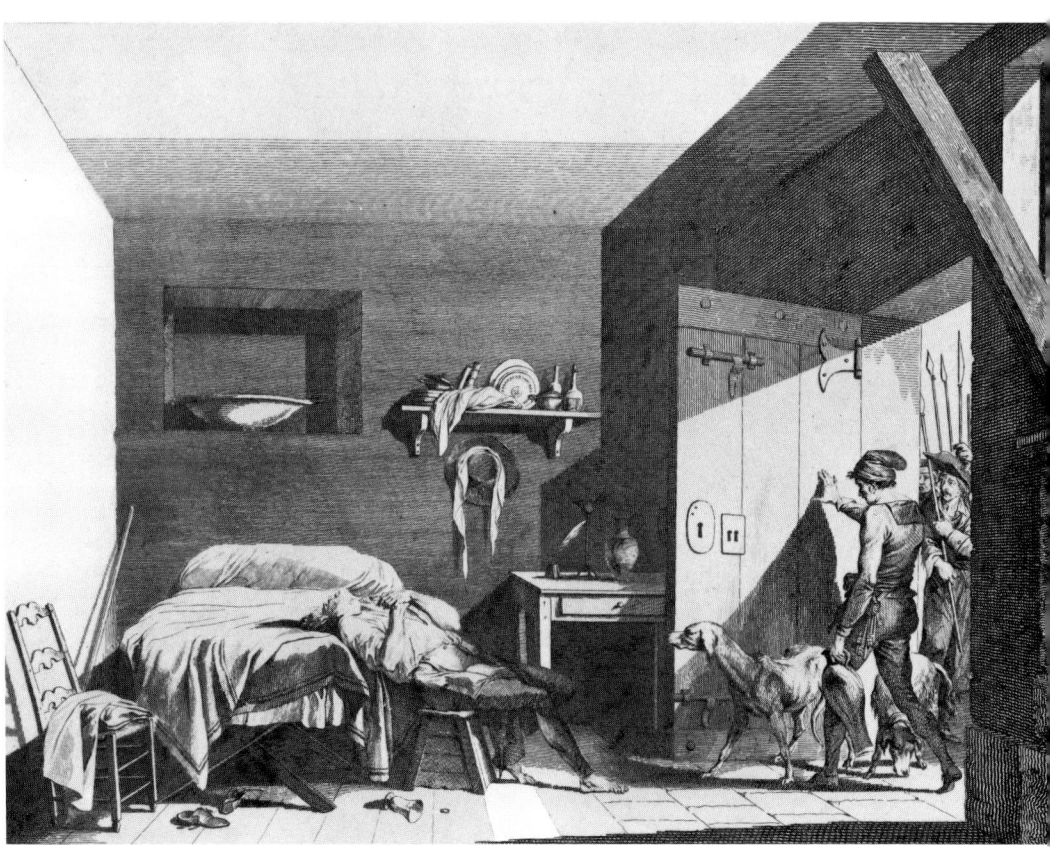

Der Tod von Condorcet. Stich von Duplessis-Bertaux

Duplessis-Bertaux hat zahlreiche Stiche aus der Schreckenszeit geliefert, die uns um so mehr beeindrucken, als die klassizistischen Umrisse, die er seinen Szenen gibt, mit ihrem brutalen Inhalt wirkungsvoll kontrastieren. Es liegt ein bitterer satirischer Sinn in der Genauigkeit und Sauberkeit des Striches, der dramatische Szenen der Gewalt ins rechte Licht rückt. Dies Blatt ist berühmt geworden, es stellt den Richtkarren dar, der mit seiner Ladung von Verurteilten die Rue Saint-Honoré entlang rollt. Diesmal sind es die Hébertisten, die zum Tode geführt werden, morgen werden es Danton, Desmoulins und die Seinen sein, die diesen Weg zurückzulegen haben. Der Schauplatz ist immer der gleiche. Die Rue Saint-Honoré ist die Hauptstraße des alten Paris, in ihr liegen die teuersten Geschäfte, die besuchtesten Cafés und die besten Wohnhäuser. Hinter dem klassizistischen Torbogen, der mit der Trikolore geschmückt ist, liegt ein Hof, in dem die ehemalige Kirche des Jakobinerordens steht. Sie dient schon seit langem als Versammlungsraum der Gesellschaft der Jakobiner, wie uns die Inschrift auf dem Giebel des Gebäudes anzeigt.

Wenige Schritte von hier liegt das Haus, in dessen Hinterhof der „Unbestechliche" bei der Familie des Tischlers Duplay wohnt. Robespierre lebt schlicht und unauffällig. Zwei kleine Zimmer umschließen seinen Alltag; aber es ist wichtig für ihn, daß er nur wenige Schritte zum Jakobinerklub zurückzulegen hat, denn vor dieser Versammlung erforscht er täglich sein politisches Gewissen und hält die Generalprobe dessen ab, was er vor der breiteren Öffentlichkeit des Konvents wagen kann.

Die Rue Saint-Honoré ist eine elegante Straße, deren geschäftliches Leben sich dadurch erhält, daß die Leute in ihr auf- und abschlendern, die Auslagen betrachten und Lust zum Kaufen bekommen. Nun wird sie nach und nach eine Straße des Schreckens, die von den meisten Leuten gemieden wird, denn die Neugier, die in jeder Menschennatur steckt, weicht langsam dem Überdruß gegen die Monotonie des tristen Schauspiels, das sich täglich wiederholt. Erst als die Guillotine an den östlichen Stadtrand verlegt wird — denn die Sorge um den Umsatz des Handels ist schon damals mächtig —, gewinnt die Straße ihren alten Ruf zurück und wird wieder für die besseren Leute gangbar, die dort ihre Einkäufe machen wollen. Auch die Revolution braucht elegante Geschäftsstraßen, in denen die Leute spazieren können, ohne von düsteren Bildern geplagt zu werden.

Der Richtkarren in der Rue Saint-Honoré.
Stich von Berthault
nach Duplessis-Bertaux

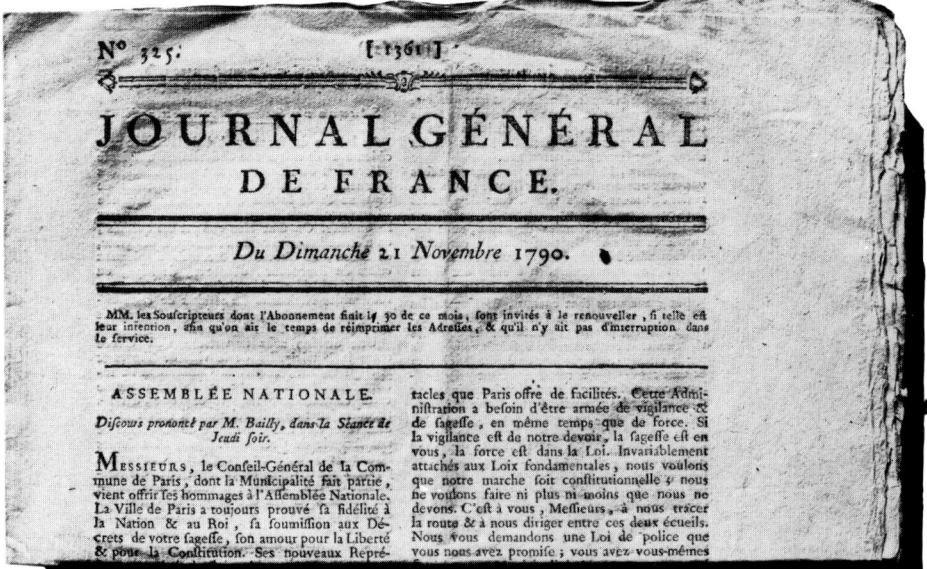

Zeitungen der Revolutionszeit

Die Zeitungen jener Jahre sind überwiegend auf die primitivste Weise hergestellt, sie bedürfen keines Apparates und kommen mit den bescheidensten handwerklichen Mitteln zustande. Eine Handvoll Assignaten genügte, um ein wenig Papier zu beschaffen und den Drucker zu bezahlen. Die Geringfügigkeit des Aufwandes war eine gewisse Gewähr für die Unabhängigkeit des Blattes, das allerdings oft nur wenige Wochen lebte. Fast immer wird hinter einem solchen Blatt, langlebig oder flüchtig, eine Persönlichkeit sichtbar, ein persönlicher Ehrgeiz, ein persönlicher Groll oder eine Überzeugung, die oft nur eine fixe Idee ist. Frankreich erhielt in diesen Jahren seine vielfältige Stimme.

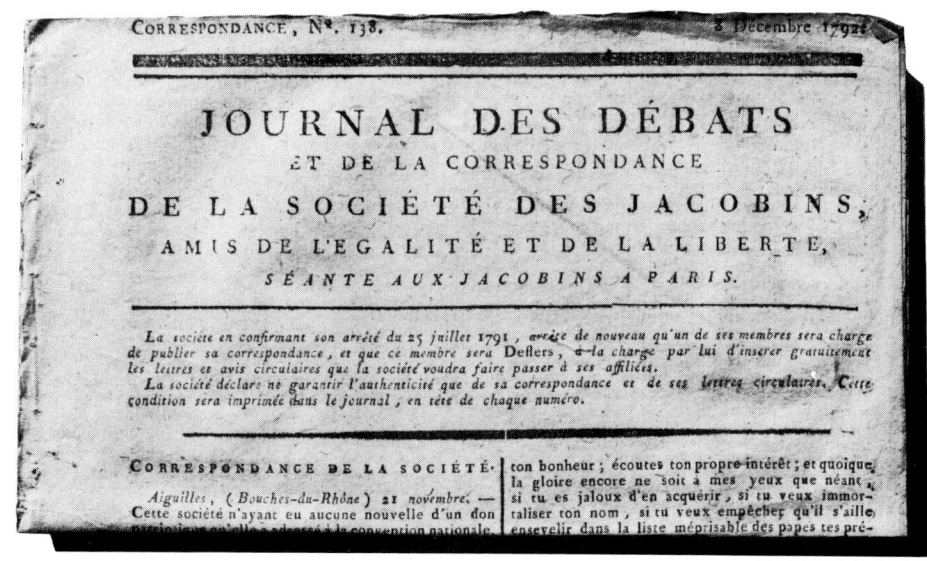

*Pressefreiheit.
Kolorierter Stich*

Die mit einem Schlage einsetzende Meinungsfreiheit, die einen wichtigen Bestandteil der die Verfassung von 1791 einleitenden Menschenrechte bildete, hat einen wahren Ausbruch von Pamphleten, Zeitungen und Flugblättern zur Folge. Der in der Pariser Nationalbibliothek befindliche „Katalog der revolutionären Zeitungen" weist für die Jahre von 1789 bis 1799 fast tausend „periodische Druckschriften" auf, von denen es einige, wie der „Ami du peuple" von Marat, der „Père Duchesne" von Hébert, der „Vieux Cordelier" von Desmoulins und „Les Revolutions de Paris" von Loustalot, zu hohen Auflagen brachten. Fast alle diese Zeitungen wurden praktisch nur von einem Mann geschrieben, der die Nachrichten sammelte und den „Leitartikel" verfaßte. Die Leute rissen sich die frischen Zeitungen aus den Händen. Die Ausrufer erfüllten die Straßen mit ihrem Geschrei, besonders an den Tagen, an denen wichtige Sitzungen im Konvent oder aufsehenerregende Hinrichtungen stattgefunden hatten. Die Presse war fast bis zum Ende der Revolution vollständig frei. „Die Freiheit der Presse", hatte Mirabeau erklärt, „hat denselben Charakter wie alle anderen Freiheiten. Sie ist ein Naturrecht. Das Gesetz darf sie nur beschützen und nicht verringern." So erschienen denn auch ungehindert reaktionäre Zeitungen, ja in den ersten vier Jahren überwogen die von den Vertretern des Ancien Régime geschriebenen Blätter. Die neue Zeit bedurfte noch eines Anlaufs, um publizistische Gaben auszubilden. Soweit heute noch Exemplare von dieser Presse existieren, verraten sie den erst schrittweise freiwerdenden kritischen Sinn einer Zeit, die gleichsam über Nacht aufgefordert wird, ihren Augen und ihrem Urteil zu trauen.

Herzog Philippe von Orleans wurde im November 1793 ein Opfer dieser Revolution, zu deren Ausbruch und Entwicklung er so viel beigetragen hatte. Er war in der Monarchie der nächste Prinz von Geblüt, war ungeheuer reich und hatte in der Hauptstadt eine große Anhängerschaft nicht nur unter den Aristokraten und „Philosophen", sondern auch unter den kleinen Leuten, ja beim Pöbel. Zu seinen besonderen Freunden gehörten nicht nur Mirabeau, der Herzog von Lauzun und Chamfort, sondern auch Camille Desmoulins und Danton, die beide große Summen von ihm bezogen. Zudem war er das Oberhaupt der französischen Freimaurer, ein Umstand, der zur damaligen Zeit gewiß nicht bedeutungslos war, aber von neueren Historikern übermäßig in den Vordergrund gerückt worden ist. Es geht nicht an, die revolutionäre Bewegung, die zum Sturz der Monarchie führte, als das Werk einiger Verschwörer zu deuten, die nach einem einheitlichen Plan und unter straffer Führung gehandelt hätten. Es ist freilich wahr, daß einige umstürzlerische Unternehmungen, wie der Weiberzug nach Versailles, ohne das Geld und die Agenten des Herzogs Philippe nicht zustande gekommen wären.

Daß Philippe von der Beseitigung seines königlichen Vetters die Krone Frankreichs für sich erhofft habe, ist kaum anzunehmen, obwohl sein Sohn Louis-Philippe sie eines Tages erringen sollte. Er war vielmehr ein getreues Produkt des 18. Jahrhunderts, ein hemmungsloser „Liberaler", der mehr politischen Ehrgeiz als Selbsterhaltungstrieb hatte und seine sozialen Fundamente und schließlich sogar seine Existenz mit Vergnügen in die Luft sprengte, nur um den Triumph seiner „philosophischen" Prinzipien voll genießen zu können. Das Palais Royal war nicht nur die ihm gehörige Residenz, sondern auch der Sitz der Lebewelt, der Intrigen und der Sittenlosigkeit. Das alles sicherte ihm einen großen Einfluß.

Als Abgeordneter des Konvents stimmte er für den Tod des Königs mit den Worten: „Den Tod, auf Ehre und Gewissen!" Dieser und andere Beweise seiner revolutionären Gesinnungstüchtigkeit brachten ihm den Beinamen Philippe-Egalité ein, der von der Kommune verliehen wurde und den er bis zu seinem Ende führte. Als sein Sohn, der spätere Bürgerkönig, der im Stabe Dumouriez' an der Front stand, mit diesem General nach der Hinrichtung des Königs zum Feinde überging, war Philippe-Egalités Verderben nicht mehr aufzuhalten. Er wurde wegen Hochverrats zum Tode verurteilt und nahm das Urteil mit zynischer Gelassenheit hin. Er bestellte sich

Philippe-Egalité im Gefängnis

Seine Handschrift

kurz vor der Hinrichtung ein gutes Frühstück, zwölf Austern und zwei Koteletts und plauderte behaglich mit dem Kommissar des Konvents. Der Todeskarren fuhr am Palais Royal vorüber, über dessen Einfahrtstor jetzt das Wort „Nationaleigentum" prangte. Der Henker, der ihn in Empfang nahm, wollte ihm die Schuhe ausziehen, aber Philippe wehrte es ihm mit den Worten: „Nicht doch, das geht nachher besser. Beeilen wir uns lieber." Er bewahrte seine herausfordernde Ruhe bis zum letzten Augenblick.

Der Dauphin Ludwig XVII. Anonyme Zeichnung

Der ehemalige Thronfolger war schon vor den Prozessen gegen das Königspaar von seinen Eltern getrennt worden und lebte in einem besonderen Raum des Temple. Er wurde scharf bewacht, da man ernsthaft daran dachte, ihn als Geisel zu verwerten und unter Umständen gegen einen wertvollen Gefangenen auszutauschen. Von der Hinrichtung seiner Mutter erfuhr er nichts. Er ahnte auch nicht, daß alle Royalisten in Frankreich und im Ausland von nichts anderem träumten, als dieses blonde Kind zu befreien und das Knie vor ihm zu beugen.

Als Aufseher hatte er einen erprobten Jakobiner, einen Schuster namens Simon, dem man tausend Schandtaten gegen den Knaben nachsagte. Indessen weiß man von Mißhandlungen und ähnlichen Greueln nichts. Das zarte und verwöhnte Kind welkte in seinem Kerker einfach dahin. Es starb 1795 mit zehn Jahren. Niemand wollte an seinen Tod glauben. Es gab später mehrere „Dauphins", darunter einen Uhrmacher namens Naundorf, der es fast bis zur Anerkennung seines angeblichen Ursprungs brachte. Die Schwester des verstorbenen Knaben, die spätere Herzogin von Angoulême, wollte freilich nichts von ihm wissen.

Am 30. Oktober 1793 waren die Girondisten, soweit sie nicht geflohen waren, aufs Schafott gestiegen. Sie zeigten einen stolzen Mut, die Nacht vor ihrem Tode hatten sie gemeinsam bei einem Bankett verbracht, die Marseillaise singend zogen sie zur Richtstätte. Madame Roland, die die Muse dieser politischen Gruppe gewesen war, wurde einige Tage später zum Tode verurteilt. Aus dem Gefängnis schrieb sie einen Brief an Robespierre, in dem sie ihn mutig abkanzelte. Sie war neununddreißig Jahre, als sie zum Tode verurteilt wurde, schön, mit strahlenden Augen, und für die Politik passioniert. Vor dem Revolutionstribunal trat sie mit großer Energie auf. Auch auf dem Schafott zeigte sie weder Furcht noch Schmerz. Sie ließ einem Mitverurteilten den Vortritt: „Bitte nach Ihnen, Sie werden nicht den Mut haben, mich sterben zu sehen!" Vom Henker erbat sie sich Stift und Papier, „um die seltsamen Gedanken aufzuzeichnen, die in ihr aufstiegen". Die Bitte wurde ihr abgeschlagen. Als ihr Blick auf eine seit einigen Tagen unweit der Guillotine aufgerichtete Statue der Freiheit fiel, rief sie aus: „O Freiheit, was für Verbrechen begeht man nicht in deinem Namen!"

Madame Roland. Gemälde von Heinsius

Angeklagten infame Fragen, die sich auf ihren Umgang mit ihrem kleinen Sohn beziehen. Selbst diesem hartgesottenen Gericht stockt der Atem. Stolz und still antwortet die Königin: „Die Natur sträubt sich, auf eine solche Beschuldigung gegen eine Mutter zu antworten. Ich appelliere an alle hier anwesenden Mütter!"
Robespierre, der abends von diesem Zwischenfall erfährt, tobt über die brutale Dummheit dieses Hébert. Es ist ein jammervoller Prozeß, der über zwanzig Stunden dauert. Marie Antoinette verleugnet nicht ihre Verachtung für diese Prozedur. Ohne Herausforderung bleibt sie stolz, kühl und hoheitsvoll, eine Königin bis zum letzten Atemzug.
Am 16. Oktober, um vier Uhr morgens, wurde das Todesurteil gefällt. Die Kerzen im Saal waren heruntergebrannt, undeutliche Dämmerung herrschte im Saal. Die Königin wurde gefragt, ob sie noch etwas zu sagen habe. Sie schüttelte stumm den Kopf. Zwischen den Wachen verschwand sie in der zunehmenden Dunkelheit.
Vor dreiundzwanzig Jahren hat die junge blühende Erzherzogin Wien verlassen und gerührt dem Volk zugewinkt, das über ihre Abreise wehklagte. Heute ist das lebensfrohe junge Weib von einst, das in Versailles und in Trianon das Entzücken einer eleganten und leichtfertigen Jugend war, eine alte Frau geworden. Kummer und Kerkerhaft haben ihre Gestalt gebeugt und ihre Züge entstellt. Graue Strähnen ziehen sich durch ihr Haar. Das berühmte Porträt von Kucharsky, das man zunächst irrtümlich Prieur zugeschrieben hatte, zeigt ein entrücktes Gesicht und Augen, die vom Weinen wie erloschen sind. Aber gleichwohl ist aus der Haltung die Majestät noch nicht verschwunden. Das Leid hat diese Züge veredelt und dem Blick eine Richtung ins Jenseits gegeben.
Marie Antoinette wurde um die Mittagstunde hingerichtet. Seit den frühen Morgenstunden waren die Sektionen der Nationalgarde auf den Beinen. Auf den großen Plätzen, Brücken und Hauptstraßen war Artillerie aufgefahren. Dreißigtausend Soldaten hielten die Straßen besetzt. Um elf Uhr wurde die Königin herausgeführt. Sie hatte ein „Morgenkleid aus weißem Piqué" an und wurde mit auf dem Rücken zusammengebundenen Händen auf einem Karren zum Richtplatz geschafft.
In diesem Augenblick hat David sie gezeichnet. Vom Fenster eines Freundes aus konnte er den Zug genau betrachten. Mit der Feder zeichnete er dieses Bild der Schmerzen, dessen leidvolle Umrisse ein härteres Urteil über die Schreckensherrschaft darstellen, als selbst der gestrengste Historiker es fällen könnte. Der große David! Welch ein Künstler! Hat je ein Maler mit so wenigen Federstrichen so viel Leid und unbesiegbare Haltung festhalten können!
David war in jenem Augenblick schon Mitglied des Sicherheitsausschusses, hatte also Macht über die Polizei und war tief in den Terror verstrickt. Auch für ihn wird sich das Rad des Lebens drehen. Viele Triumphe, prunkvolle Zeremonien und festliche Aufzüge wird er noch anordnen und malen. Herrliche Porträts werden aus seinem Pinsel hervorgehen. Aber die Stunde der Wahrheit, die herzzerreißende Sekunde ist doch der Augenblick, wo er die jämmerlichen und doch unbeugsamen Umrisse einer armen alten Frau zeichnet, die zum Sterben geht und einst Königin von Frankreich war.

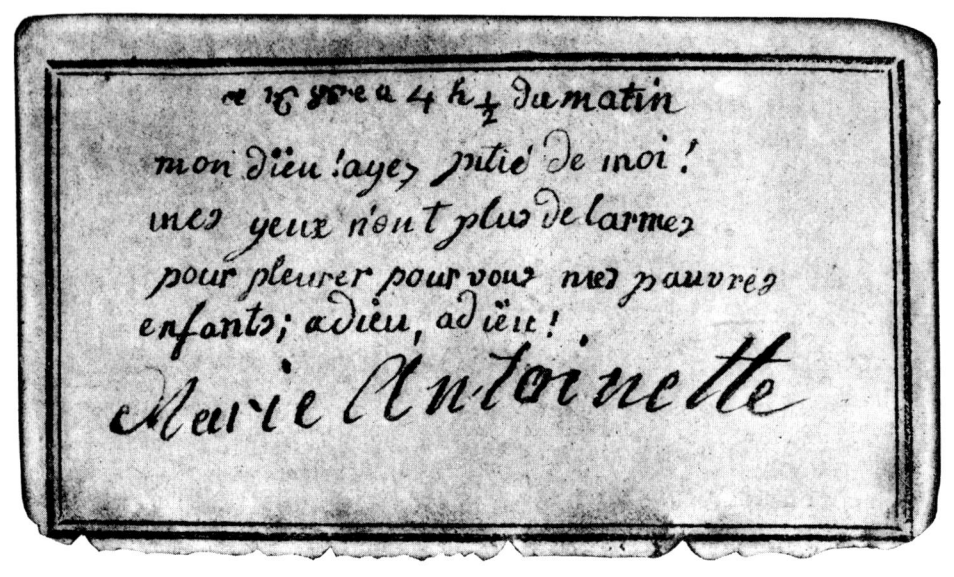

Marie Antoinette (La veuve Capet). Gemälde von Kucharsky

Rechts innen:
Letzte schriftliche Worte
der Königin auf dem Einband
ihres Gebetbuches

Rechts außen:
Marie Antoinette
auf dem Weg zur Hinrichtung.
Federzeichnung
von Louis David

Im August wird die Königin Marie Antoinette, jetzt nur noch die Witwe Capet genannt, von ihrer Familie im Temple getrennt und in die Conciergerie überführt, wo sie bis zum Beginn ihres Prozesses am 14. Oktober in einer engen Zelle eingeschlossen bleibt. Der Kerker ist noch erhalten, ist aber durch zahlreiche Veränderungen wie Gedenktafeln, Altäre und andere Zeugnisse der Verehrung unkenntlich geworden und läßt seine ursprüngliche Enge und Düsterkeit nur noch ahnen.

Von diesem dunklen Verlies aus hält ihre Existenz die Außenwelt mehr in Atem als in den Tagen ihres Glanzes. Überall in Europa werden tollkühne und, ach, nur allzu romantische Pläne geschmiedet, um sie durch einen Handstreich oder durch Bestechung zu retten. Aber jeder Versuch, mit ihr in Verbindung zu treten, scheitert und dient höchstens dazu, Stoff für spätere Romane abzugeben.

Der Prozeß ist sorgfältig vorbereitet, Fouquier-Tinville vertritt die Anklage, Herman führt den Vorsitz. Die politischen Anklagepunkte unterscheiden sich nur wenig von denen, die im Prozeß gegen den König vorgebracht wurden. Auch die Königin bestreitet nicht, daß sie Verbindung mit ihrer Familie in Wien, also mit dem Auslande, gehabt und zu einer Intervention zur Rettung der königlichen Familie aufgefordert habe.

Aber man will mehr, man will sie mit Schande bedecken, man will sie als ein verdorbenes, sittenloses Frauenzimmer anprangern. Das besorgt Hébert, der als Vertreter der Kommune an den Verhandlungen teilnimmt. Er stellt der

Mehr denn je leben die Pariser in diesen Monaten auf der Straße. Alle Welt ist auf Neuigkeiten aus, und was an der Front, im Konvent und im Wohlfahrtsausschuß vor sich geht, das erfährt man am schnellsten dadurch, daß man sich zu den Gruppen gesellt, aufmerksam zuhört und möglichst selten eine Meinung äußert. Es gibt Menschen, die nicht mehr imstande sind, auch nur eine halbe Stunde zu Hause zu bleiben, die am frühen Morgen fortgehen, erst um Brot anstehen, dann einen Blick in den Sitzungssaal des Revolutionstribunals werfen — denn die Verhandlungen sind ja öffentlich —, wohl auch ein Viertelstündchen zuhören und, ihr Brot kauend, die hastig Verurteilten anstarren, dann am schlammigen Ufer der Seine spazierengehen, in ein Kaffeehaus eintreten und sich dort in kein Gespräch einzulassen wagen, weil sie die übrigen Gäste für Spitzel halten, was diese auch von ihnen denken. Andere wühlen in den Handkarren der Trödler nach alten Schuhen oder schauen nach gebrauchten Kleidern aus. Es gibt auch wohlgenährte Bürger in sauberem Rock, an dessen Aufschlag sie freilich eine riesige Rosette in den Farben der Trikolore tragen, um sich als gute Patrioten auszuweisen. Leute in unordentlicher Kleidung haben das nicht nötig, man sieht es ihnen schon von weitem an, daß sie wackere Sansculotten sind, Säulen der Revolution, auch wenn sie, anstatt zu arbeiten, um einen Prellstein versammelt Karten spielen. Bürgersteige sind noch nicht überall eingeführt, und wenn Wagen kommen, dann gilt es, schleunigst beiseite zu springen.

Eine Straße in Paris während der Schreckenszeit, 1793

Siegel der Französischen Republik

Unten:
Mitgliedskarte der Gesellschaft der Freunde der Republik

Unten links:
Ein Bürgerschein

Gegen Ende des Jahres 1793 standen die Symbole der Republik fest und erlitten bis zum Schluß keine Veränderung mehr. Die Figur der Republik stützte sich auf das Liktorenbündel und hielt auf ihrem Zepter die berühmte phrygische Mütze aus roter Wolle, die von den befreiten Galeerensträflingen in Brest volkstümlich gemacht worden war. Das Staatswesen hieß jetzt „die eine und unteilbare Republik", weil man die straffe Zentralisation des Territoriums und ihrer Verwaltung als endgültig betrachtete.

Sehr kostbar war der Besitz eines Bürgerausweises. Da die Bevölkerung auf den Straßen und an anderen öffentlichen Orten unaufhörlich kontrolliert wurde, kam nur der ungeschoren davon, der einen ordentlichen Ausweis hatte. Dieser war nicht leicht zu bekommen. Ganze Bevölkerungsgruppen, vor allem frühere Aristokraten, hatten überhaupt keine Aussicht, ihn zu erhalten. Für die anderen Bürger wurde er nur ausgestellt, wenn die Gesellschaft der Jakobiner ihre Zustimmung gegeben hatte. Auf diese Weise war die Überwachung der Gesinnung der Bürger lückenlos.

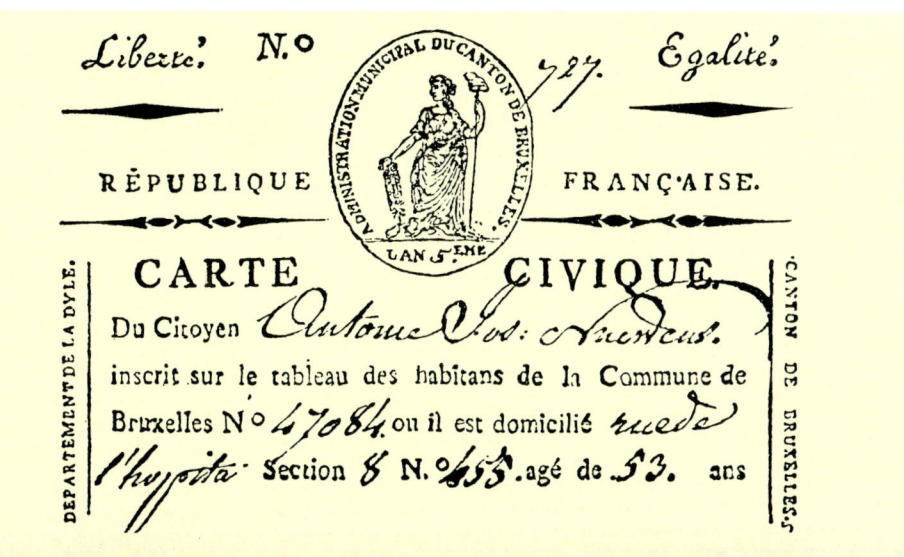

Nach dem Frieden von Tilsit, der aus dem Zaren einen Verbündeten macht und ihn in die gegen die englischen Waren gerichtete Kontinentalsperre hineinzwingt, erreicht die Begeisterung der Franzosen für den Kaiser einen neuen Höhepunkt und grenzt an Vergötzung. Noch sind die Blutopfer, die er ihnen abverlangt, erträglich. Alle Herrschergröße der Geschichte, so behauptet dies Flugblatt, ergibt, zusammengezählt, die Größe Napoleons. Unter den aufgezählten Herrschern nimmt er Karl den Großen und Cäsar am liebsten für sich in Anspruch. Sie bilden das wichtigste Element seiner Selbststilisierung, mit deren Hilfe er versucht, das Bild, das sich die Geschichte von ihm machen wird, schon zu seinen Lebzeiten festzulegen.

Volkstümliches Blatt zur Verherrlichung Napoleons

Hamburg wird immer, auch wenn es in französischer Gewalt ist, das große Loch in der Kontinentalsperre sein. Trotz schärfster Bewachung und brutalsten Kontrollmethoden, auf die sich der rücksichtslose Gouverneur Davout versteht, werden ganze Schiffsladungen englischer Waren eingeschmuggelt, darunter viele Kleiderstoffe und Gewebe, die von hier bis nach Paris ihren Weg nehmen, denn die weiblichen Toilettenbedürfnisse stellen einen mächtigen Faktor im heimlichen und offenen Kampf gegen die Aussperrung dar. Besonders bedruckte Stoffe, die England unnachahmlich herstellt, werden über tausend Hindernisse hinweg große Mode, vor allem in Paris. Jede beschlagnahmte Ladung wird öffentlich verbrannt. Es ist ein Jammer, zusehen zu müssen, wie diese so schwer aufzutreibenden Herrlichkeiten in Rauch und Flammen aufgehen. Auch die sogenannten Kolonialwaren werden auf dem Kontinent zur Seltenheit. Napoleon unternimmt viel, um mit den inländischen Mitteln Ersatz zu schaffen. Er ruft

Verbrennung englischer Waren in Hamburg

Textilzweige ins Leben, die nicht zuletzt die Stoffdrucke hervorbringen sollen. Sorge bereitete ihm auch die Frage der Gewürze und des Zuckers. Es ist ein großer Augenblick, da Champagny als Minister des Inneren ihm die ersten Proben von Rübenzucker vorführt. Das Problem des Kaffeemangels kann freilich einstweilen kein Innenminister lösen. Der Kaffee kommt nun einmal übers Meer und muß den Weg über die Häfen nehmen, die indessen gesperrt sind. Das ist um so ärgerlicher, als der Kaiser selbst ein passionierter Kaffeetrinker ist. Wenn er auch kaum Mangel leiden muß, so demütigt es ihn doch, daß seine Leute den Kaffeedunst neidisch einschnuppern. Aber die Findigkeit des menschlichen Geistes ist unerschöpflich, wenn es gilt, Schleichhandel zu treiben, und die Polizei mag soviel Kisten und Bündel durchwühlen, wie sie will.

*Champagny
führt dem Kaiser Rübenzucker vor.
Stich nach Monnet*

Bild unten: Kaffeeträger von Altona nach Hamburg

*Französische Soldaten
fahnden in Leipzig auf englische Waren.
Radierung von Geißler*

Vom dänischen Altona bis Hamburg ist es nur ein Schritt, und die Ausflügler, die aus dem Dänischen zurückkommen, sind gleichsam mit Kaffee gepolstert. Wo eine Wölbung ist, besteht sie aus Kaffee. Niemand hält den üppigen Busen der Damen, den Buckel des Zwerges oder den Bauch des Dickwanstes für echt. Ist nicht alles Kaffee? Der hohe Hut, der Turban, das Nähkörbchen, sie alle sind Verstecke würzigen Inhalts. Der Einzelne ist immer schlauer als die Behörden, und selbst der große Kaiser kann manche Löcher, seien sie noch so klein, nicht stopfen.

*Die Mutter Napoleons.
Lithographie von Ballagny*

Letizia Bonaparte war die Mutter des Kaisers, dazu des Königs von Neapel, von Spanien, des Königs von Holland, des Königs von Westfalen, der Königin von Neapel, der Großherzogin von Toskana, der Fürstin von Guastalla —, die Titel sind unzählbar, aber flüchtig; sie hatten eine kurze Dauer.

Sie begleitete jede Ernennung, Erhöhung und Krönung mit Skepsis, ja mit Mißtrauen. Ihr häufigstes Wort, mit hartem korsischem Akzent gesprochen, lautete: „Wenn das nur dauert!" Sie starb im Alter von sechsundachtzig Jahren in Rom, wo ihr der Papst eine Zufluchtsstätte gewährt hatte.

In ihrer stürmischen Familie, zwischen ihren leidenschaftlichen, ja gewalttätigen Kindern herrschte sie als verehrte, strenge Mutter, aber auf den Kaiser hatte sie wenig Einfluß. Er beugte vor ihr das Knie, aber nicht seinen Willen.

Sie war eine kluge, aber schlichte Korsin, fast eine Bäuerin mit großem Sinn für Sparsamkeit und häusliche Autorität. Nie konnte sie sich über das Zerwürfnis zwischen Napoleon und seinem Bruder Lucien trösten. Lucien lenkte nicht ein, er lebte ohne Ehrgeiz sein eigenes Leben.

Ihm galt Letizias stille Liebe; er war es, der sie, als alles vorüber war, nach Rom zog, wo sie würdig und still ihren Lebensabend verbrachte, ihrem Sohne nachtrauernd, der in Sankt Helena gestorben war, und ihres Enkels gedenkend, der am österreichischen Hof dahinsiechte.

Hortense Beauharnais war Joséphines hübsche und gescheite Tochter, die mit siebzehn Jahren in der Gesellschaft des Konsulats glänzte. Ihr Stiefvater gab sie seinem Bruder Louis, dem späteren König von Holland. Die Ehe wurde eine wahre Katastrophe, der krankhaft verbitterte Louis haßte sie; gleichwohl hatten sie zwei Söhne miteinander, deren jüngster später Napoleon III. wurde. Nach einem unruhigen Leben ließ sie sich in Arenenberg in der Schweiz nieder, pflegte die Erinnerung an ihre Liebschaften und Freundschaften und schrieb ihre Memoiren. Napoleon mochte sie gern und liebte es, mit ihr zu plaudern. Nach der Schlacht von Waterloo flüchtete er sich zu ihr nach Malmaison, dessen Besitzerin sie nach dem Tode ihrer Mutter geworden war. Daß der spätere Napoleon III. wirklich der Sohn Louis' sei, wurde bezweifelt. Man schrieb ihn einer Liebschaft zu, die Hortense mit einem holländischen Admiral unterhalten hatte.

Königin Hortense mit ihrem ältesten Sohn. Gemälde von François Gérard

Fürstin Pauline Borghese.
Skulptur von Antonio Canova

Napoleons große Schwäche war seine Familie, die er tyrannisierte, ohne sich ihrer erwehren zu können. Seine Brüder und Schwestern waren ein lebenshungriger Schwarm von Emporkömmlingen, die sich benahmen, als ob ihnen, wie der Kaiser sagte, ihr Vater ein Königreich hinterlassen habe. Nie haben sich Menschen heftiger gegen die Wiederkehr der Miseren und Nöte ihrer Jugend gewehrt. Napoleons Schwestern waren auffallend schöne Mädchen, die von ihren Vorzügen einen entschlossenen Gebrauch machten. Die bezaubernde Pauline, die den belanglosen Fürsten Borghese heiratete, war dank ihrer Gefallsucht und der Fülle ihrer schlecht verborgenen Liebschaften fast eine Operettenfigur, aber voll weiblicher Anmut. Canova, der große Bildhauer seiner Zeit, stellt sie als Aphrodite mit nacktem Oberkörper dar, ein Kunstwerk, das seinen verführerischen Reiz nie verloren hat. Als man ihr Vorwürfe machte, daß sie dem Bildhauer nackt Modell gesessen hatte, wies sie darauf hin, daß das Atelier gut geheizt gewesen sei. Sie liebte ihren großen Bruder zärtlich, er verzieh ihr alle Torheiten. Sie besuchte ihn auf Elba und entzückte ihn durch ihre Heiterkeit. Man hat dieser geschwisterlichen Zärtlichkeit später eine abscheuliche Deutung gegeben, die nicht die geringste Stütze in den Tatsachen gefunden hat. Sie war ganz ohne politischen Ehrgeiz, es genügte ihr, geliebt zu werden, ihre Launen durchzusetzen und als Besitzerin eines göttlich schönen Oberkörpers auf die Nachwelt zu kommen.

Caroline war mehr als nur Weib, sie war ehrgeizig und hatte ein großes Talent für die politische Intrige. Ihr erotischer Reiz stand dem ihrer jüngeren Schwester Pauline kaum nach, aber sie wollte nicht nur gefallen. Sie heiratete 1800 den damals schon berühmten Reitergeneral Murat, der dank seiner übertriebenen männlichen Schönheit und Putzsucht immer ein wenig Spott auf sich zog. Caroline aber wußte ihn zu handhaben und ihn zum Werkzeug ihrer Pläne zu machen. Daß dieser Sohn eines kleinen Gastwirts Großherzog von Berg wurde, genügte ihr nicht. Düsseldorf! Nein, sie wollte in einer großen Hauptstadt glänzen und tat alles, um ihm die Krone Spaniens, die Krone Karls V., zu verschaffen. Es langte aber nur zur Krone von Neapel. Dort trat sie als pompöse Herrscherin auf, zumal da Murat meistens im Krieg war. Napoleon war schwach gegen sie wie gegen alle seine Geschwister, aber er vertraute ihr nie ganz, zumal sie in früheren Jahren eine Liebschaft mit Metternich, dem damaligen österreichischen Gesandten in Paris, gehabt hatte. Sie verriet ihren Bruder und trieb Murat, nach Leipzig zu den Österreichern überzugehen. So bewahrte sie sich für eine kurze Zeit die Königskrone, bis Murat erschossen wurde. Napoleon nahm ihren Verrat mit tiefem Schmerz auf. „Caroline! Meine Schwester! Mich verraten!" schrie er auf, als er die Nachricht empfing. Caroline erhielt von Louis-Philippe eine Pension und starb 1838 in Florenz.

Caroline Bonaparte.
Gemälde von François Gérard

Am 4. Dezember 1809 wurde der fünfte Jahrestag der Krönung in Notre-Dame feierlich begangen. Die Stadt Paris gab einen prunkvollen Ball, dem der Kaiser mit strenger Miene präsidierte. Er trug dabei einen seltsamen Hut, der mit Straußenfedern reichlich garniert war.

Er war mit seinen Gästen auf einem reichgeschmückten Podium untergebracht und von seiner Familie eingerahmt, in die einige Rheinbundfürsten gemischt waren. Links begann es mit Murat, dem König von Neapel, ihm folgte der König von Sachsen, der ja ebenfalls ein König von Napoleons Gnaden war, der nächste war Jérôme als König von Westfalen, ihm folgte der frühere Herzog, jetzt — dank Napoleon — König von Württemberg, dessen ungeheuren Bauch auch der höfischste Maler nicht verschwinden lassen konnte. Den Schluß machte Louis, der König von Holland, der an seiner Krone nicht das geringste Vergnügen hatte. Links vom Kaiser saßen Joséphine, Mutter Letizia und die Schwestern und Schwägerinnen. Die beiden deutschen Fürsten, die von Napoleon befördert worden sind, nehmen sich in diesem Kreis ein wenig als arme Verwandte aus. Der Württemberger genießt geringes Ansehen, sogar eine gewisse Verachtung, der König von Sachsen hingegen versucht später, dem Kaiser so lange wie möglich die Treue zu halten, und wird bitter dafür zahlen müssen, während der Württemberger alles behalten darf, was er verschlungen hat.

*Napoleon
mit seinen Brüdern und Schwestern
bei einem Empfang
der Stadt Paris am 4. Dezember 1809*

*Murat.
Gemälde von Antoine-Jean Gros*

Murat war nie ein großer General, sondern mehr ein kühner Haudegen, der durch persönlichen Mut seine Reiter mitriß. Er entschied mit seiner Kavallerie mehrere Schlachten, versagte aber, wenn ihm ganze Einheiten selbständig anvertraut wurden. Er schlug den Aufstand in Madrid nieder, ließ aber die Große Armee in Rußland im Stich. Sein Verrat am Kaiser half ihm wenig, er verlor trotzdem sein Königreich und wurde beim Versuch, es wieder zu nehmen, hingerichtet. Bei Leipzig ritt er seine letzte Attacke und blendete noch einmal die Welt durch seine Bravour und nicht zum wenigsten durch seine phantastische Aufmachung, durch seine Reiherstutzen, seine Straußenfedern, Tigerfelle und ähnlichen Prunk. Wenn man bedenkt, daß der britische General Picton bei San Sebastian mit Zylinderhut und unter dem Regenschirm in die Schlacht ritt, kann man sich das Erstaunen vorstellen, das Murats Aufputz in der Welt hervorrief.

*Kaiserin Joséphine.
Gemälde von
Jean-Baptiste Isabey*

*Unten:
Eine Rechnung
für die Kaiserin*

Über dem Schicksal Joséphines, auf deren bezauberndem Gesicht schon ein leichter Hauch des Lebensherbstes liegt, ziehen sich die Wolken zusammen. Mehr und mehr wird der Kaiser von dynastischen Sorgen geplagt, seine Herrschaft soll nicht mit seiner Person zu Ende gehen. Er weiß jetzt, daß es nicht an ihm liegt, wenn seinem Bund mit Joséphine keine Nachkommenschaft beschieden ist. In der kaiserlichen Familie hat sie nur Feinde. Caroline ist emsig tätig, dem Kaiser den Gedanken an eine Scheidung aufzudrängen. Ihre Verschwendungssucht ist bei Napoleon, der die Ordnung auch in häuslichen Dingen über alles liebt, ein ernster Einwand. Erst lacht er über die Rechnungen, dann verflucht er sie, aber er bezahlt sie immer. Trotzdem hinterläßt Joséphine bei ihrem Tode (1814) riesige Schulden. Kein Maler hat je ihren weiblichen Reiz ganz erfaßt. Die Skizze von Isabey, die mit ihren flüchtigen Strichen den melancholischen Zauber der Frau und ihre Eleganz vereinigt, vermittelt, dank dem fast symbolischen Spiegel im Hintergrund, ein wenig von ihrer Persönlichkeit, die den größten Mann seiner Zeit bezaubert, aber nicht festgehalten hat.

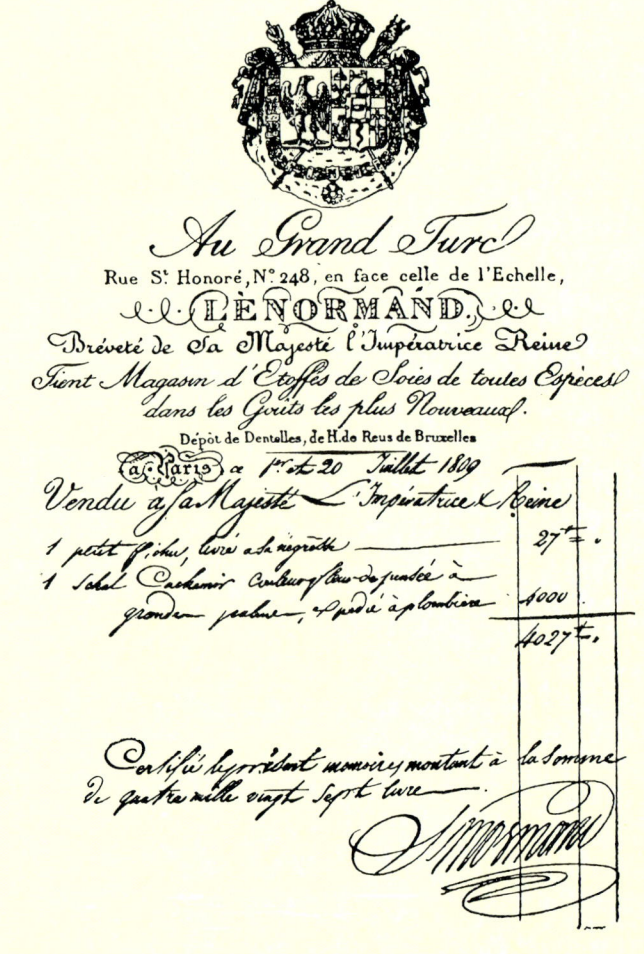

Napoleon besucht das Atelier von David

David, einst der Freund Robespierres und der Arrangeur der staatlichen Zeremonien und Festakte, ist der große Hofmaler des Kaisers geworden. Napoleons Urteil in Sachen der Kunst ist rein politisch, er wünscht Veranschaulichung wichtiger Augenblicke und nimmt die Malerei als Zeichen des Wohlstands und des nationalen Ruhms. David hat im Zeichen dieser Kunstpolitik sehr gute und sehr schlechte Bilder gemalt. Am besten war er, wenn er sich selbst überlassen war, was freilich nicht allzu häufig vorkam. Der Kaiser sandte ihm von Zeit zu Zeit nur seinen Überrock, Hüte und Degen, dann wieder kam er selbst, sei es, um rasch Modell zu sitzen, sei es, um die Staatsbilder zu betrachten. So erschien er 1808 im Louvre, in dessen Dachgeschoß David seine Werkstatt hatte, um den Stand der Arbeit am Krönungsbild zu besichtigen. Napoleon war begeistert und rief: „David, ich grüße Sie!" Der Maler entgegnete: „Majestät, ich nehme Ihren Gruß im Namen aller Künstler entgegen!" David sprach in diesem Augenblick für Männer wie Gros, Gérard, Houdon, Isabey und Canova und die anderen Meister, die ihre Kunst in den Dienst des kaiserlichen Ruhms gestellt hatten. War dieser Ruhm auch nicht immer im gleichen Maß inspirierend, so war er für die Künstlerschaft auch fast nie tödlich. Die Kolossalgemälde setzten ganze Schülergruppen in Tätigkeit. Das Krönungsbild war mehr eine Inszenierung als ein Stück Malerei. David saß vor der riesigen Leinwand im Sessel und ließ seine Schüler auf Leitern herumklettern. Gleichwohl entstand ein geschlossenes Werk. Das Genie dieses Mannes schlug immer wieder durch.

Jour de Revue.
Gemälde von Bellangé-Dauzat

*Napoleon.
Gemälde von Louis David*

Dies ist sicher eines der schönsten Bildnisse Napoleons. Es stammt von David, der damit wieder einmal zeigt, daß er größere und vor allem tiefere Kunstleistungen hervorbringen kann als überdimensionale Parteibauten, wie er sie einst für die Jakobiner errichtete, oder prunkende Szenen, die den Apparat der Macht unterstützen. Dieses Gesicht ist schön und majestätisch zugleich. Seine Unbeweglichkeit ist frei von Erstarrung, in den Mundwinkeln verbirgt sich schüchtern ein wenig Anmut, die Augenwinkel sind der Sitz eines tiefen Nachdenkens, das über die dem Kaiser so teuren Vernunftserwägungen hinausgeht. Die Haut ist frischer getönt als gewöhnlich, als ob der Träger dieses Gesichts von einem langen Ritt in herbstlich rauher Luft zurückkäme. Es liegt ein Schatten über den Zügen. Das Zünglein an der Waage des Schicksals schwankt nicht, es ruht, aber es ist von äußerster Empfindlichkeit; nach welcher Seite wird es ausschlagen? Das Abenteuer in Spanien hat begonnen. Junot ist mit einer Armee in Portugal eingerückt, da dies eng mit England verbundene Land die Kontinentalsperre nicht mitmacht. Was damit begonnen wird, muß wohl oder übel mit der französischen Besetzung der Pyrenäenhalbinsel enden.

Der Erfurter Fürstenkongreß 1808. Stich nach Nicolas Gosse

Im Oktober 1808 veranstaltet Napoleon in Erfurt eine Art von Gipfelkonferenz vor dem berühmten „Parterre von Königen". Zar Alexander ist da, aber sein Wiener Kollege ist nicht eingeladen worden. Während aus Spanien schlechte Nachrichten eintreffen, die der Kaiser sorgfältig verschweigt, inszeniert Napoleon eine Fülle von Staatsempfängen, Galadiners und Festvorstellungen. Der Zar wird umschmeichelt, das Bündnis von Tilsit wird gefestigt, Rußland soll Finnland und die rumänischen Fürstentümer erhalten. Dagegen macht das Gespräch über eine Heirat Napoleons mit einer Großfürstin keine Fortschritte. Die

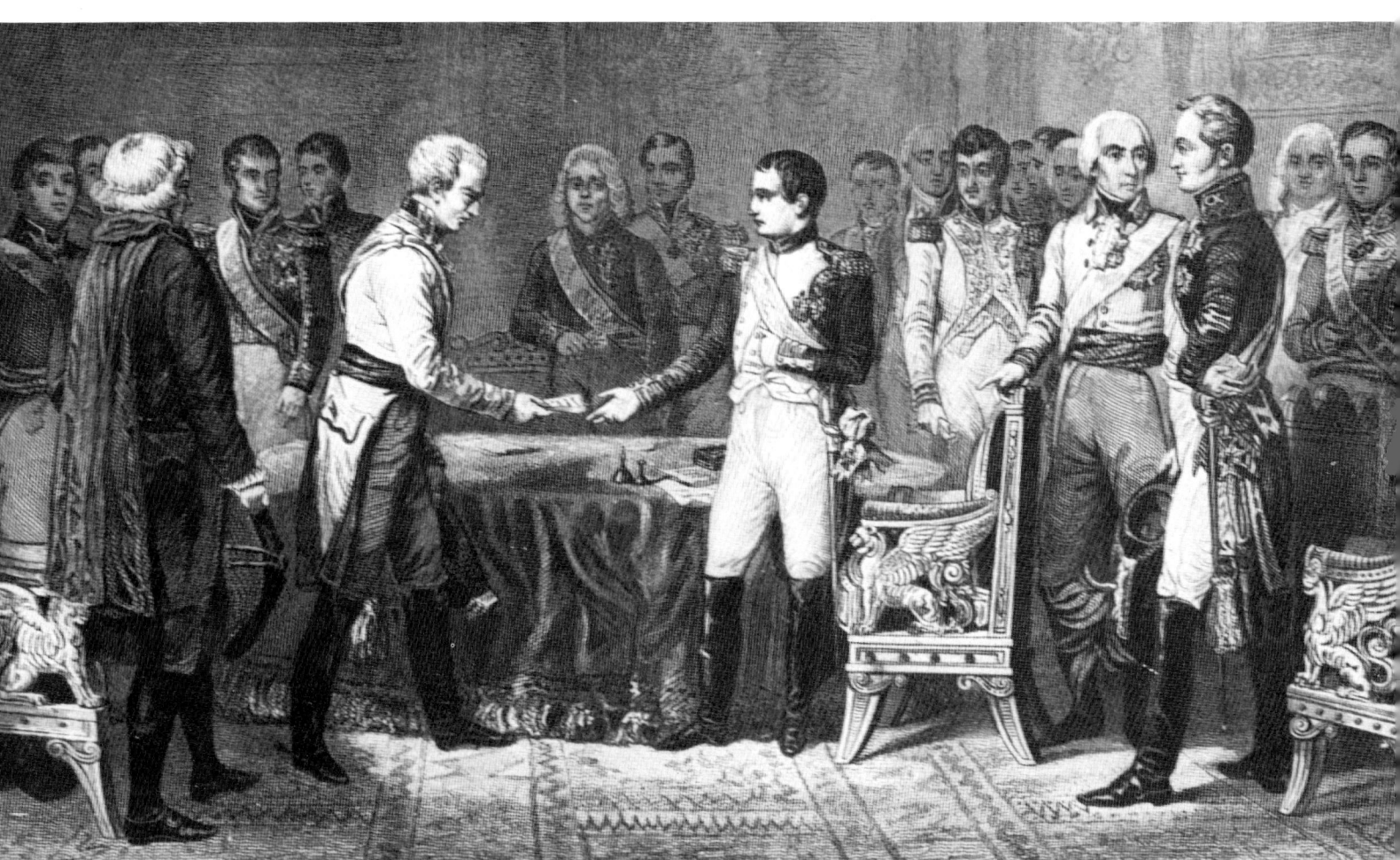

Scheidung von Joséphine ist eine beschlossene Sache, aber die Frage nach ihrer Nachfolgerin bleibt in der Schwebe. Der Zar ist auch in anderen Punkten vorsichtig, er weigert sich, Österreich zu bedrohen, und veranlaßt Napoleon, dem zusammengeschrumpften Preußen, das in Erfurt durch den Prinzen Wilhelm vertreten ist, Erleichterungen zu gewähren. Talleyrand ist auch in Erfurt, aber nur als eine Art von Schlachtenbummler. In geheimen Gesprächen mit dem Zaren sagt er sich von Napoleon los und beschwört Alexander, Europa durch Widerstand gegen den Eroberer zu retten. Er handelt als vorausschauender Franzose, dessen Treue nicht dem Kaiser, sondern dem Lande gilt. Er versichert, daß Frankreich, wenn die Macht des Kaisers einmal gebrochen ist, auf alle Eroberungen verzichten und sich mit den natürlichen Grenzen begnügen will.

König Karl IV. von Spanien und seine Familie, Frühjahr 1800.
Gemälde von Francisco Goya

Die bourbonische Familie, die auf dem spanischen Thron sitzt, ist eine recht unerfreuliche Gesellschaft. Goya hat die Familie gemalt und unter der dünnen Schicht königlicher Pracht ihre finstere Borniertheit sichtbar gemacht. Karl IV., ein schwacher und interesseloser Mann, liegt in ständigem Streit mit seinem Sohne, dem späteren Ferdinand VII., einem ungewöhnlich dummen und begriffsstutzigen Prinzen. Die Königin ist eine böse und lasterhafte Person; ihr Geliebter, ein früherer Stalldiener namens Godoy, der jetzt den Titel „Fürst des Friedens" führt, regiert als Ministerpräsident unumschränkt das Land. Der Streit zwischen Vater und Sohn führt zu ständigen Thronentsagungen, die wieder rückgängig gemacht werden. Napoleon sendet Murat als Ratgeber an den Hof von Madrid. Karl IV. wird überredet, nach Bayonne zu Napoleon zu gehen, aber Ferdinand eilt ihm voraus. Napoleon soll den häuslichen Zwist zwischen Vater und Sohn schlichten. Die beiden Spanier beschimpfen sich als Verräter, Tigerherzen, Mörder und Bastarde. Der Vater dringt mit dem Stock auf den Sohn ein. Napoleon sieht der abscheulichen Szene regungslos zu. Um den Sohn zu schädigen, tritt Karl seine Thronrechte an Napoleon ab. Ferdinand verzichtet nun ebenfalls auf den Thron. Das war genau das, was der Kaiser erreichen wollte. Die beiden Spanier sind ihm blind und dumm ins Garn gegangen. Sie werden reich mit Renten und Gütern ausgestattet. Karl geht nach Compiègne, später nach Rom. Ferdinand wird in Valençay „Gast" Talleyrands, der den Gefangenenwärter machen muß. Joseph Bonaparte, bisher König von Neapel, wird zum König von Spanien gemacht, zum großen Verdruß Murats, der fest mit dieser Ernennung gerechnet hat und sich nun mit dem freigewordenen Thron von Neapel begnügen muß.

Napoleon hat sich vorgestellt, daß Spanien das Verschwinden seiner jämmerlichen Dynastie und ihres Favoriten Godoy begrüßen würde. Er versprach den Spaniern die „Segnungen der Aufklärung", den Sturz der Feudalherrschaft und die Abschaffung der Inquisition; er glaubte, daß daraufhin ein Sturm der Begeisterung losbrechen werde. Hier wird ihm sein fester Glaube an die menschliche Vernunft zum Verhängnis. Das düstere, fanatisch religiöse und fest an die Tradition gebundene Volk wünscht eine solche „Befreiung" nicht im geringsten. „Sie werden sehen, daß man mich als den Befreier Spaniens betrachten wird", sagt er zu seiner Umgebung. Das Gegenteil ist der Fall, der spanische Widerstand gegen die Franzosen wird zum grausamen und schonungslosen Volkskrieg, der fünf Jahre dauert. Die Anhänger des Königshauses holen die Engländer ins Land, die sich nun auch zu Lande mit Frankreich messen und den Kaiser zwingen, auf der iberischen Halbinsel 300 000 Mann zu halten. Der Mann, der die britischen Truppen führt, ist der spätere Lord Wellington.

Was ein Volksaufstand sein kann, davon hatten die Vorgänge des 2. Mai eine Anschauung gegeben. Spaniens großer Maler Francisco Goya hat diese Tage mit angesehen und zwei Bilder gemalt, die zu den eindrucksvollsten Werken seiner Kunst gehören. Am 2. Mai, während die königliche Familie noch in Bayonne war, erhob sich die Bevölkerung der Hauptstadt, um die Abreise der königlichen Kinder zu verhindern. Die Wagen, die schon angespannt waren, konnten den Palast nicht verlassen, die Straßen füllten sich schnell mit tobenden Menschen: „Verrat! Schlagt die Franzosen tot!"

Innerhalb weniger Stunden ist die Stadt im Aufruhr, bewaffnete Banden schließen das königliche Schloß ein und schlagen jeden französischen Soldaten nieder, der sich sehen läßt. Murat läßt auf der Schloßterrasse Kanonen auffahren und mit Kartätschen in die Bevölkerung schießen. Das Getümmel zieht sich gegen die Puerta del Sol hin. Der alte Goya wohnt im Hause Nr. 9 dieses Platzes. Er

Der 2. Mai 1808:
Das Gefecht bei der Puerta del Sol.
Gemälde von Francisco Goya

ist zwar taub, aber gottlob nicht blind, er sieht das ganze Drama unter seinen Füßen sich abrollen. Diese furchtbaren Mamelucken, die in die Menge hineingaloppieren und mit sausenden Krummsäbeln die Köpfe wie Disteln wegfegen, die man mühsam aus dem Sattel zerren muß, um sie mit Dolchstößen zu erledigen! Viel ist schon getan, wenn man diesen rasenden Rossen den Dolch in den Bauch rammen kann.

Murat schickt nach und nach 10 000 Mann in den Kampf; die Häuser, aus denen geschossen wird, gehen in Flammen auf. Pardon wird nicht gegeben, die wenigen, die man lebend ergreift, werden noch am Abend, an die Steigbügel der polnischen Lanzenreiter gebunden, vor die Stadt geschleppt und am Fuße des Klosters Jesu füsiliert. Sie alle sterben bereitwillig, ja freudig. Mit Hingabe erwarten sie die Kugel des Feindes, ihr Platz im Jenseits ist ihnen sicher, sie fallen für eine gute Sache, im Kampf gegen den fremden Eindringling.

Der 3. Mai 1808: Die Hinrichtung der Aufständischen. Gemälde von Francisco Goya

Kampf in den Straßen von Tarragona. Deutscher zeitgenössischer Stich

Rechte Seite: Die Übergabe von Madrid am 4. Dezember 1808. Gemälde von Antoine-Jean Gros

„Diese verteufelte spanische Angelegenheit kommt mich teuer zu stehen", sagte der Kaiser schon in Erfurt. „Wenn ich die Armee aus Preußen zurückziehe, kann ich die spanische Sache schnell erledigen. Aber wer wird mir für Deutschland einstehen!" Der Krieg wird in Spanien mit einer furchtbaren Erbitterung geführt. Es ist „der Krieg aufs Messer", den Palafox, der Verteidiger von Saragossa, verkündet hat. In jedem Bauern steckt ein Soldat, der sich lieber erschlagen läßt, als einen Franzosen in seinem Dorf zu dulden. Die Geistlichkeit verwandelt sich in Partisanenhäuptlinge und Guerillakriegführer. Im Juli muß eine französische Armee von 20 000 Mann unter dem sonst verdienten General Dupont bei Baylen auf offenem Felde kapitulieren. Es ist die erste militärische Niederlage des Kaiserreiches, sie hallt wie ein Donnerschlag in der ganzen Welt wider und hat unabsehbare Konsequenzen. Napoleon eilt nach Spanien; in einem Monat kämpft er den Weg nach Madrid frei, er überwindet den Paß von Somosierra und nimmt am 4. Dezember 1808 die Kapitulation der Hauptstadt entgegen. Da liegen sie nun vor dem Sieger auf den Knien, diese undurchdringlichen Spanier mit ihren tragischen Masken: bereitwillig bieten sie ihr Leben an, denn sie verachten es. Napoleon, dieser Sohn der Aufklärung, ist dieser fast mittelalterlichen Gemütsart nicht gewachsen. Er glaubt den Unterworfenen, nur weiß er nicht, daß die Einnahme von Madrid nichts ändert. Der Volkskrieg geht weiter, in den Wäldern und Bergen haben die Partisanen ihre Schlupflöcher. Dort fertigen sie Waffen an, dort stellen sie auf die primitivste Art ihr Schießpulver her für den gnadenlosen Kampf gegen den fremden Eindringling, der ihnen ihren rechtmäßigen König genommen hat und ihnen, so glauben sie, ihre Religion nehmen will. Dieser Widerstand ist wie ein Keim, der nach und nach in alle unterworfenen Länder eindringt und einen neuen Geist verbreitet. Er wird die ganze Welt verändern und noch viel Blutvergießen im Zeichen der Freiheit nach sich ziehen.

Die Pulvermacher in der Sierra Tardiente. Gemälde von Francisco Goya

Der Krieg auf der Iberischen Halbinsel mit seinen Greueln zieht sich endlos hin. Schließlich gelingt es Lannes, Saragossa zu nehmen. Soult kämpft in Estremadura, Suchet in Katalonien und Masséna in Portugal. Der letztere wird an den Schanzen von Torres Vedras geschlagen. Auch Marmont und Jourdan müssen Niederlagen einstecken. Während des Rückzuges aus Portugal kommt es zu solchen Streitigkeiten zwischen Masséna und Ney, daß die Operationen ins Stocken geraten. Napoleon hat Spanien verlassen. Reizbar und gedrückt trifft er in Paris ein. „Ich hoffe nicht mehr", sagt er, „daß wir dieses Jahr noch Frieden bekommen. Ich hoffe so wenig darauf, daß ich soeben ein Dekret zur Aushebung von hunderttausend Mann erlassen habe." Und er fügt hinzu: „Die Stunde der Ruhe und der Stille hat noch nicht geschlagen." Er sagt dies in vollem Bewußtsein der drohenden Tatsache, daß Österreich sich zu einem Angriff vorbereitet. Man fürchtet in Wien nicht mehr, daß Rußland dem Kaiser zu Hilfe eilen werde.

Die Belagerung von Saragossa, 27. Januar 1809.
Lithographie von Adam

Die Schlacht von Aspern. Gemälde von Blaas

Endlos sind diese Kriege, die ungeachtet ihrer Zerstörungen und Menschenopfer eine gewisse Langeweile verbreiten. Diesmal freilich verliert Napoleon eine Schlacht gegen Österreich; es ist die Schlacht von Aspern, die noch heute in den französischen Geschichtsbüchern mit Schweigen übergangen wird. Erzherzog Karl, der Reorganisator der österreichischen Armee, ist der erste ebenbürtige Gegner, den Napoleon bisher gefunden hat. Karl, seit Austerlitz Kriegsminister, greift zunächst in Bayern an, Erzherzog Johann in Italien. Es ist jedoch nicht möglich, Napoleon zu überraschen, denn dieser hat seine Armee um 100 000 Deutsche und Polen vermehrt.

Erzherzog Karl von Österreich.
Gemälde von Johann Baptist Seele

Der Krieg ist kurz und für beide Seiten außerordentlich verlustreich. Eine blutige Episode hat der württembergische Schlachtenmaler Johann Baptist Seele dargestellt, von dem wir schon früher ein Bild gezeigt haben. Seele hat nicht nur ein großes malerisches Talent, er hat auch eine eigene Note, die ihn von allen Militärmalern seiner Zeit unterscheidet. Er ist ohne Pathos, ohne Liebedienerei, seine Figuren verzichten auf großartige Gesten. Es ist, als ob er den Krieg aus dem Herzen des Volkes erlebte und vor allem von den Mühen und Leiden bewegt werde, denen sich Mensch und Tier aussetzen müssen. Gewiß kann er sich mit den großartigen Leistungen eines Gros nicht messen, aber dafür fehlt ihm auch die Theatralik dieses Meisters, der, ohne es zu wollen, zum Verherrlicher des Gemetzels wird und es auf seinen Bildern als die natürlichste, ja beneidenswerteste Sache von der Welt darstellt, daß Männer elend auf dem Schlachtfeld zugrunde gehen, um dem Ruhm des Kaisers als dramatische Staffage zu dienen.

Erstürmung des Pfennigberges bei Linz, 1809. Gemälde von Johann Baptist Seele

Nach Aspern verschanzt sich der Kaiser auf der Insel Lobau, während die Armeekorps Eugens, Marmonts und Bernadottes ihm zu Hilfe eilen. Anfang Juli verfügt er über 150 000 Mann und 450 Kanonen. In der Nacht vom 4. zum 5. Juli überschreitet er unter dem Schutz eines wütenden Gewitters die Donau und steht am Morgen auf der weiten Hochebene von Wagram der Armee des Erzherzogs Karl gegenüber. Die Schlacht dauert zwei Tage und endet mit einer vollkommenen Niederlage der Österreicher. Es ist ein Meisterstück genialer Feldherrnkunst, alles ist wie nach der Uhr abgelaufen, wieder einmal hat die berechnende und planende Intelligenz den Triumph über alle Überraschungen davongetragen. Trotzdem ist Napoleon mit seinem Sieg nicht ganz zufrieden. Er kann jetzt zwar seine Bedingungen diktieren, aber er weiß, daß seine Armee, in der es zu viele Rekruten und Hilfsvölker gibt, nicht mehr die alte Geschlossenheit besitzt. Zudem ist die Streitmacht des Feindes zwar geschlagen, aber nicht desorganisiert. Sie bewahrt ihre Handlungsfähigkeit. Nach dem Waffenstillstand von Znaim wird am 14. Oktober 1809 der Frieden von Wien unterzeichnet. Österreich verliert Galizien (an den Zaren), Salzburg und das obere Inntal (an Bayern), dazu Triest, Friaul und Kroatien. Napoleon reist sofort nach Paris ab. Hinter ihm liegen Siege, aber auch aufgewiegelte Völker, die gegen sein Joch aufzubegehren beginnen.

Die Schlacht von Wagram. Gemälde von Antoine-Jean Gros

Mit Wagram endet der letzte siegreiche Feldzug Napoleons. Der Sieg war mühsam errungen worden, der Feind hatte sich hartnäckiger und erbitterter als in früheren Jahren geschlagen. Der erwachende Patriotismus machte sich fühlbar.
In Tirol brach ein Aufstand aus, der von dem Landwirt im Passeiertal, Andreas Hofer, und seinem „Nächstkommandierenden", Joseph Speckbacher, geführt wurde. Das schöne Land mit seiner stolzen und rauhen Bevölkerung war im Frieden von Preßburg von Napoleon an Bayern gegeben worden. Der Aufstand brach auf Veranlassung des Erzherzogs Johann aus und führte zur Verdrängung der Bayern nach einem Sieg der Bauern am Berg Isel.
Nach Wagram verpflichteten sich die Österreicher, Tirol wieder zu räumen. Napoleon sandte eine aus Franzosen, Sachsen und Bayern zusammengesetzte Armee ins Land, die sehr schnell in die Klemme geriet. In dem schwierigen Gebirgsland entfaltete sich ein brutaler Volkskrieg, an dem sich auch die Frauen beteiligten. Der Gegner geriet unter das Feuer der Scharfschützen und unter die Felsblöcke, die von den Hängen bergab gerollt wurden. Erst als Marschall Ney die Führung übernahm, konnte der Aufstand langsam eingedämmt werden.
Hofer fühlte sich von Österreich im Stich gelassen und verbarg sich in einer verschneiten Sennhütte. Sein Schlupfwinkel wurde von einem Priester, den er für einen Freund hielt, verraten. Man verbrachte ihn in die Festung Mantua, wo er im Februar 1810 standrechtlich erschossen wurde. Er starb tapfer. Seine Taten, die Wildheit der Landschaft, in der er kämpfte, seine Siege über reguläre Truppen und sein zweimaliger Einzug nach Innsbruck machten ihn zum geborenen Helden des Volksliedes und zum Gegenstand romantischer Verherrlichung, wobei die Frage nach dem Ertrag seiner Taten nicht gestellt wurde.

Andreas Hofer.
Silberstiftzeichnung
von Plazidius Altmutter

Unterschriften
auf einer Order
von Andreas Hofer und
Joseph Speckbacher

Die Verhandlungen, die dem Frieden von Wien (14. Oktober 1809) vorausgingen, fanden im Schloß Schönbrunn statt, in dem Napoleon residierte. Er hielt dort prächtig Hof und bemühte sich, den österreichischen Kaiser und das Volk von Wien durch pomphafte militärische Schauspiele und glänzende gesellschaftliche Veranstaltungen von seiner Allmacht zu überzeugen. Noch schwieg er von seiner Absicht, den besiegten Kaiser Franz zu seinem Schwiegervater zu machen und damit das Haupt einer neuen Dynastie zu werden, die mit dem uralten Habsburger Kaiserhaus verbunden war. Er war jetzt der Herr Europas, seine Macht reichte von Rom bis Hamburg, von Brest bis Ragusa, sie umfaßte hundertunddreißig Departements; die Bevölkerung des Kaiserreiches betrug 60 Millionen Einwohner, wovon nur die Hälfte auf Frankreich selbst entfiel. Aber diese Herrlichkeit war auf Gewalt gebaut und mußte durch Gewalt zusammengehalten werden. Das Kunterbunt der Völker, die ihm gehorchten, wurde durch die Kontinentalsperre entweder geschädigt oder begünstigt. Das Prestige seines Namens schmeichelte dem Franzosen, aber es sagte dem Mann in Amsterdam oder Turin nichts. Auf allen lastete der endlose Kriegszustand, auch Frankreich hatte unter diesen unaufhörlichen Aushebungen zum Kriegsdienst schwer zu leiden. Hier in Schönbrunn hatte er gerade ein Dekret erlassen, das einen neuen Jahrgang zu den Fahnen rief. Das Land folgte ihm, es unterwarf sich immer wieder der magischen Gewalt seines Ruhmes, der der Eitelkeit des französischen Volkes entgegenkam und es bislang hinderte, aufzubegehren.

*Napoleon in Schönbrunn.
Zeitgenössische Zeichnung*

Die Entstehung von Freikorps war ein deutliches Symptom nationalen Widerstandes. Der Sohn des berühmten Herzogs von Braunschweig, des Besiegten von Valmy und Jena, stellt eine „Schwarze Legion" auf, die zeitweise Dresden und Leipzig besetzte. Der preußische Major Schill führte mit zweitausend Reitern auf eigene Faust Krieg gegen Frankreich. Er fiel beim Versuch, sich der Festung Stralsund zu bemächtigen, im Straßenkampf; eine Gruppe seiner Offiziere wurde in Wesel als „Straßenräuber" von den Franzosen erschossen, die wenigen Überlebenden wurden in Brest als gewöhnliche Verbrecher eingeschifft und ins Bagno deportiert. In Schönbrunn wurde ein sächsischer Student namens Staps unter den Zuschauern einer Parade festgenommen, weil er ein Messer trug, mit dem er den „Tyrannen" umbringen wollte. Napoleon, anstatt ihn auszulachen, ließ ihn erschießen. Er fiel mit dem Ruf „Es lebe die Freiheit!" In Preußen geht es weniger dramatisch zu, aber die Denkschrift des Freiherrn vom Stein für die Organisierung eines Volkskrieges ist im Entstehen.

*Die Schill'schen Soldaten
werden ins Bagno gebracht.
Zeichnung von M. Adamo*

Eine schwere Belastung für den Gehorsam der Völker, soweit sie katholisch waren, war das brutale Vorgehen Napoleons gegen den Papst Pius VII. Dieser hat sich als weltlicher Herrscher des Kirchenstaates geweigert, sich der Kontinentalsperre, diesem Quell aller Konflikte, anzuschließen und mit England zu brechen. Der Kaiser ließ darauf Rom von General Miollis besetzen. Von Schönbrunn aus verfügt er die Annexion des Kirchenstaates. Der Papst läßt ihn

daraufhin exkommunizieren und die Bulle an allen römischen Kirchentüren anschlagen. Die Antwort des Kaisers war ein Akt roher Gewalt. In der Nacht vom 5. zum 6. Juli 1809 erbrechen französische Gendarmen die Türen der päpstlichen Residenz und fordern Pius VII. auf, sich sofort reisefertig zu machen, da er Rom unverzüglich verlassen müsse. Er bittet um zwei Stunden Frist für die Reisevorbereitungen, die ihm verweigert werden. Auf der Piazza del Popolo steigt er in die Postkutsche und verläßt, von einer Horde berittener Gendarmen eskortiert, die Heilige Stadt, der er fast fünf Jahre fernbleiben wird. Man schleppt ihn erst nach Florenz, dann nach Avignon und schließlich nach Savona.

Die Entführung des Papstes in der Nacht vom 5. auf 6. Juli 1809. Stich von Pinelli

Joséphine hat von Napoleon erfahren, daß er sich von ihr scheiden lassen will (30. November 1809). Stich nach Chasselat

Der Kaiser war zur Scheidung von Joséphine fest entschlossen, doch hoffte er, daß die Kaiserin, die seine Absichten wohl kannte, selbst diese Lösung vorschlagen werde. Aber die indolente Frau, die das Alter herannahen fühlt, läßt das Verhängnis auf sich zukommen. Als der Kaiser ihr nach seiner Rückkehr aus Österreich den Entschluß ankündigt, sich von ihr zu trennen, fällt sie in Ohnmacht. Der Kaiser ruft den Palastpräfekten de Bausset herbei, und beide Männer tragen Joséphine in ihre Gemächer. „Sie drücken mich", flüstert die Ohnmächtige dem Präfekten zu, der alle Mühe hat, die Kaiserin die Treppe hinunterzubringen. Am 15. Dezember liest sie bei einer Familienzusammenkunft ein mit eigener Hand geschriebenes Schriftstück vor, in dem sie ihr Einverständnis mit der Scheidung erklärt. Während der Vorlesung stockt ihre Stimme, sie bricht in Schluchzen aus. Sie hat alle Sympathien auf ihrer Seite. „Die arme Frau!" sagt alle Welt, man blickt mit Mißbilligung auf den steinernen Imperator, der seine Jugendliebe verleugnet. Joséphine zieht sich nach Malmaison zurück.

Brief der Kaiserin zu ihrer Scheidung

*Die Werbung um Erzherzogin Marie Luise
durch Marschall Berthier
in der Wiener Hofburg (5. März 1810).
Ölgemälde von Johann Nep. Höchle*

Rechts: Marie Luise. Stich von Fügel

*Unterschriften auf der Heiratsurkunde
von Napoleon und Marie Luise*

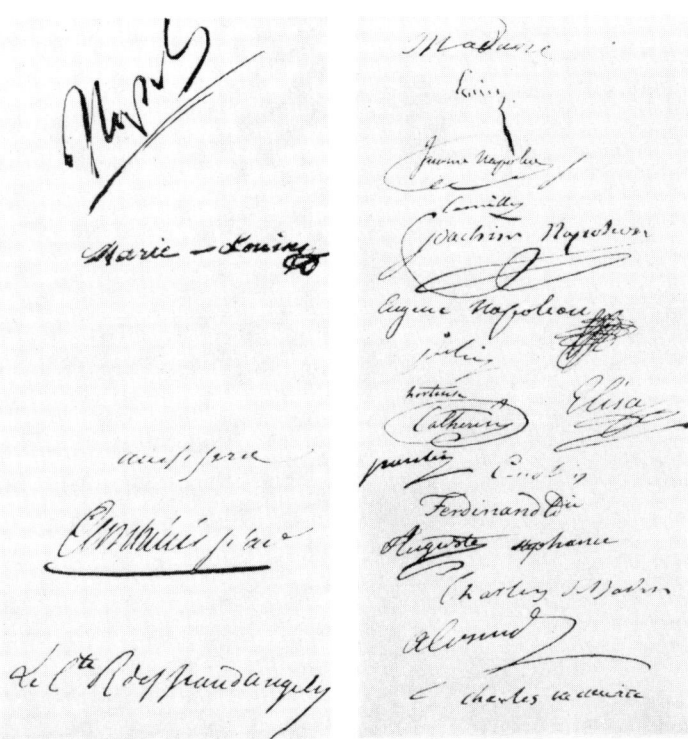

Auf einem Maskenball nähert sich der Kaiser, unter einem Domino versteckt, der Gattin Metternichs und fragt sie, ob Kaiser Franz seine Tochter Marie Luise dem Kaiser als Gattin geben würde. Es wurde nicht viel Zeit verloren. Die Heirat wurde schnell auf diplomatischem Wege ausgehandelt, Berthier erschien als Brautwerber, er überreichte der Kaisertochter als Brautgabe Schmuckstücke im Werte von mehr als einer Million Franc. Die standesamtliche Eheschließung, deren Urkunde hier zu sehen ist, wurde in Saint-Cloud vorgenommen. Marie Luise wurde erst als eine Art von Schlachtopfer betrachtet, aber es zeigte sich bald, daß die Ehe auch der österreichischen Seite große Vorteile bot und daß die junge Frau weit davon entfernt war, auf ihr eigenes Leben zu verzichten. Die neue Kaiserin reist unter vielen Tränen von Wien ab. Caroline Murat begleitet sie, der Kaiser erwartet sie in Compiègne. Kaum ist der Wagen heran, als der Kaiser den Schlag aufreißt, Caroline beiseite stößt und über die junge Erzherzogin mit Küssen und Umarmungen herfällt. Er ist entschlossen, sie köstlich zu finden, denn diese Ehe muß ein Erfolg werden. Die junge Frau kann sich über Mangel an verliebtem Eifer auf seiten des Kaisers nicht beklagen.

Am 1. April gab der österreichische Botschafter, Fürst Schwarzenberg, einen prachtvollen Ball zu Ehren der Jungvermählten. Ein plötzlich ausbrechendes Feuer fand reiche Nahrung in den Dekorationen des Ballsaales. Es war eine furchtbare Katastrophe, bei der einige Menschen den Tod fanden. Am folgenden Tag zeigte sich die achtzehnjährige Kaiserin an der Seite des vierzigjährigen Kaisers auf dem Balkon der Tuilerien. Paris war berauscht und schäumte im Jubel des Festes über. Am Abend gab es zwischen der Porte d'Étoile und dem Triumphbogen,

Fêtes du Mariage de LL. MM.,
et de leur entrée dans Paris, le 2 avril.

GRAND ARC DE TRIOMPHE
DE LA BARRIÈRE DE L'ÉTOILE.

INTÉRIEUR DE L'ARC DE TRIOMPHE,
COTÉ DROIT.

BILLET POUR UN HOMME.

On ne pourra s'y rendre en voiture, qu'en se réunissant aux Cortèges qui partiront à 7 heures de l'Hôtel de Ville ou de la Préfecture de Police.

Les Messieurs devront être en Habit habillé.

Eintrittskarte zu den Hochzeitsfeierlichkeiten

Feuerwerk zur Hochzeit
Napoleons mit Marie Luise.
Stich von Ph.-L. Deboucourt

der erst im Bau begriffen und für diesen Tag provisorisch aufgestellt worden war, ein gewaltiges Feuerwerk, desgleichen Paris nie zuvor gesehen hatte. Der einzige Schatten auf diesem Tag bestand darin, daß dreizehn Kardinäle den Festlichkeiten ferngeblieben waren. Napoleon war nicht der Mann, solche Demonstrationen gelassen zu ertragen. Er verjagte die aufsässigen Kirchenfürsten am folgenden Tag aus Paris und stellte sie in kleinen Provinzstädten als „schwarze Kardinäle" unter Polizeiaufsicht. Marie Luise merkte von dergleichen Störungen nichts.

Wer ist die neue Kaiserin? Auf jeden Fall ist sie eine Österreicherin, eine appetitliche Deutsche, die bald schwanger wird. „Ich habe eine Gebärmutter geheiratet", hat der Kaiser gelegentlich in einem seiner Anfälle von Roheit erklärt. Er ist nicht enttäuscht worden. Seit 1811 hat er einen Sohn, einen gesunden, hübschen Sohn. Alle Probleme scheinen gelöst zu sein. In Wirklichkeit hat die Tragödie erst begonnen.

*Marie Luise
mit dem König von Rom.
Gemälde von François Gérard*

Der Herzog von Reichsstadt als Knabe. Stich nach Thomas Lawrence

Der Knabe erhält den Titel eines Königs von Rom. Zieht man von des Kaisers Freude den Stolz des Vaters ab, so bleibt ein Rest altmodischen Aberglaubens an dynastische Ideen. Dieser Mann, der aus dem Nichts aufgestiegen ist und seine sternengleiche Laufbahn ausschließlich seinen Leistungen verdankt, bleibt in seinem tiefsten Inneren ein vorrevolutionärer Mensch. Er hat sich die Macht über die halbe Welt erobert, aber er traut dieser Macht nicht, solange er nicht einen Sohn hat, der sie legitim erben kann. Wo ist der Umsturz, wenn dieser große Gewaltmensch schließlich in den ausgetretenen Pfad einbiegt, den alle Könige vor ihm begangen haben? Dieses bezaubernde Kind ist also die einzige Garantie für die Dauerhaftigkeit des gewaltigen Baus, den er in Europa errichtet hat! Die Wiege des Königs von Rom wird nun das Zentrum seines staatlichen Denkens.

Von oben nach unten:

Comte de Ségur. Stich von Geoffroy

Jean-Nicolas Corvisart. Lithographie nach Pigneron

Großmarschall Duroc. Gemälde von Jean-Antoine Gros

Napoleon baute seinen Hofstaat genau nach dem Vorbild des gestürzten Königtums aus. Der „Almanach des Kaiserlichen Hofes" wies auf endlosen Seiten die zahllosen Hofchargen auf. Rémusat hatte einen Plan für die Hofhaltung entworfen, aber der Kaiser lehnte ihn als zu schlicht ab. „Es ist nicht genug Pomp darin; das alles reicht nicht, um den Leuten Sand in die Augen zu streuen." Schließlich wurde die kaiserliche Hofhaltung umständlicher und überladener, als sie je zu Zeiten der Könige gewesen war.

Es gab freilich unter diesen zahllosen Höflingen eine ganze Reihe vortrefflicher Leute, so den Großzeremonienmeister *Ségur*, der sich als Diplomat bewährte und dessen Sohn ein ernsthafter Historiker wurde.

Corvisart stand dem Gesundheitswesen des kaiserlichen Hauses vor. Der Kaiser rief für seine Person selten die Ärzte zu Hilfe, aber Corvisart trug gleichwohl eine große Verantwortung. Die Geburt des Königs von Rom wurde von ihm beaufsichtigt.

Duroc war Großmarschall der kaiserlichen Paläste, aber er war auch Soldat und fiel als solcher in der Schlacht bei Bautzen. Duroc war ein schöner und kluger Mann, der manche weibliche Leidenschaft erregt hatte. Er verehrte den Kaiser grenzenlos. Während er bei Bautzen verblutete, sprach er lange und gelassen mit seinem Meister. Napoleon sagte zu ihm: „Duroc, es gibt ein Leben im Jenseits, dort werden wir uns wiedersehen!" Duroc antwortete mit dem letzten Hauch: „Ja, aber vielleicht erst in dreißig Jahren."

*Napoleon
im Theater Saint-Cloud,
13. April 1812.
Der Kaiser schlummert,
öffnet die Augen,
ist erwacht.
Zeichnung von Girodet*

Der Meisterschaft Girodets verdanken wir dieses Porträt des Kaisers, das gleichsam in drei Momentaufnahmen zerfällt. Der Künstler zeichnet den Herrscher in der Loge des Theaters von Saint-Cloud, der Kaiser ist todmüde, er genügt gleichwohl seinen Repräsentationspflichten. Wir sind im Jahre 1812, der Kaiser ist kein junger Mann mehr, er beginnt dick zu werden. Trotzdem bewahren seine Züge das klassische Gepräge, ja, man könnte sagen, daß der cäsarische Zug erst jetzt, wo die hagere Leidenschaft der Jugend überwunden ist, ganz zur Geltung kommt. Die drei Zeichnungen von Girodet bilden wortlos einen tiefsinnigen Kommentar zur Frage des Dickwerdens. Die Höhe des Lebens ist überschritten, die Gesichtszüge fügen sich geduldig den Forderungen des politischen Schicksals. In weniger als einem Jahr wird dieser Mann, auf einen Stecken gestützt, durch den russischen Schnee stapfen.

Diese hübschen und heiteren Stiche unseres unerschöpflichen Debucourt dürfen nicht zu dem Glauben verleiten, daß das Pariser Leben in der kaiserlichen Ära besonders heiter war. Gewiß hatten Ordnung und Wohlstand eine gewisse Belebung der Geselligkeit zur Folge. Der Kaiser wünschte diese dringend, aber die zunehmende Tanzwut, die sich in allen Kriegszeiten bemerkbar macht, war ihm zuwider. Er wollte alles nach seinem Willen ordnen. Die Pariser sollten heiter und festlich sein, wenn es ihm paßte, und sollten den nötigen Ernst zeigen, den die Stunde gebot. Er beklagte sich bei Talleyrand eines Tages: „Ich habe einen Haufen Leute zusammengebracht, sie sollten sich amüsieren, ich habe alle Vergnügungen organisiert, und trotzdem sehe ich nur lange Gesichter." Talleyrand antwortete: „Ja, das Vergnügen kann man nicht nach dem Takt der Trommel regeln. Aber man glaubt sich hier immer wie bei der Armee. Man glaubt, Sie kommandieren zu hören: ‚Meine Damen und Herrn, vorwärts marsch!'"

Das Café Frascati im Jahr 1807. Stich von Ph.-L. Debucourt

Trotz der Tanzlust und der Verschwendung herrschte im Grunde unter dem Kaiser eine Atmosphäre ohne Fröhlichkeit. Jedes Vergnügen stand in staatlichen Diensten, der Kaiser ordnete festliche Stimmung an, wenn er sie für die jeweilige Situation brauchte. Wie alle Diktatoren war er sittenstreng, er wollte dem einzelnen Menschen keine Chance geben, sich außerhalb des staatlichen Zwangs zu entfalten. Tatsache ist, daß der Kaiser sich, wenn er nicht arbeitete, langweilte und schon seit langem zu verwöhnt war, um seine Langeweile zu verbergen. Mit Recht nannte Talleyrand ihn einen „Inamusable", einen Mann, den man nicht amüsieren kann. Höchstens das Theater ließ er als Zerstreuung gelten, weil man aus den klassischen Stücken etwas lernen könne. Er war schlecht auf die Leute zu sprechen, die sich die Freiheit herausnahmen, sich auf eigene Faust zu amüsieren, den Frauen den Hof zu machen und ihre Zeit mit Lustbarkeiten zu verschwenden, auf die er keinen Einfluß hatte.

Karikatur auf die Tanzlust.
Stich von Ph.-L. Debucourt

Madame de Staël-Holstein

Madame Germaine de Staël-Holstein war die Tochter des berühmten Finanzministers Necker, dessen Name untrennbar mit den Anfängen der Revolution verbunden ist. Sie war mit dem Baron von Staël, dem schwedischen Botschafter in Paris, verheiratet, lebte aber fast immer von ihm getrennt. Unter dem Direktorium hatte ihr Salon, in dem ihr Freund Benjamin Constant glänzte, politischen Einfluß. Sie bemühte sich anfänglich um die Gunst Bonapartes, der jedoch schnell eine fast pathologische Feindschaft gegen sie faßte. Er sträubte sich gegen die politische Macht, die von einem weiblichen Wesen ausging. Sie war der Mittelpunkt eines Kreises, über den er keine Gewalt hatte. Er nannte diese Leute „Ideologen". Dabei gehörten sie durchaus nicht alle zur Opposition, sondern zum Teil zur napoleonischen Elite. Die Wut, mit der der große Mann diese Frau bekämpfte, steigerte ihre Bedeutung. Je mehr er sie und ihre Schriften den Schikanen seiner Polizei aussetzte, um so wichtiger wurde ihre Figur in einer Welt, die seine Niederlage zu wünschen begann. Ihre Lust an der politischen Intrige, ihre Neigung, bei den Gegnern des Kaisers die Pythia zu spielen, das steigende Vertrauen, das die unter dem Joch des Eroberers seufzende Welt ihr entgegenbrachte, vor allem aber die Ernsthaftigkeit ihrer schriftstellerischen Leistung, das alles mußte Napoleon nur zu sehr an seinen eigenen Ausspruch erinnern, daß der Geist auf die Dauer das Schwert überwinden werde. Das fieberhafte Interesse, das er an dieser Frau, an allen ihren Bewegungen und Äußerungen nahm, war von seiten dieses mächtigsten Mannes der Welt fast würdelos. In seinen Briefen an Fouché und Rovigo zeigte er sich über Germaines Treiben besser orientiert als die eigene Polizei. Es ist ein Paradox, daß die Führung der geistigen Opposition gegen Napoleon in Europa in den Händen einer Frau lag. Nach Waterloo kehrte sie endlich in das so bitter entbehrte Paris zurück. Sie starb schon zwei Jahre später und ist in Coppet am Genfer See begraben.

Nach der Erschießung des Herzogs von Enghien hatte Chateaubriand endgültig darauf verzichtet, Napoleon zu dienen, und war in eine stumme Opposition getreten. Er war nach Jerusalem gereist und hatte sich seiner Schwärmerei für Natalie Noailles hingegeben. Aber es fällt ihm auf die Dauer doch schwer, zu Napoleons wachsender Macht ganz zu schweigen. In seiner Zeitschrift „Mercure" nimmt er unversehens ein Buch, das er bespricht, zum Anlaß, um gegen den tyrannischen Druck, den der Kaiser auf die Welt legt, in deutlichen Anspielungen zu polemisieren. Napoleon versteht sofort, was gemeint ist, und tobt gegen den Dichter, den er „auf den Stufen der Tuilerien niedersäbeln" lassen will. Aber alles endet gut, Chateaubriand muß zwar den „Mercure" verkaufen, aber er macht ein so gutes Geschäft dabei, daß er sich endlich in einer komfortablen „Einsiedelei" in der Umgebung von Paris niederlassen kann. Hier, im „Wolfstal", beginnt seine fruchtbarste und beste Zeit.

Titelseiten des „Mercure de France", der von Chateaubriand herausgegeben wurde

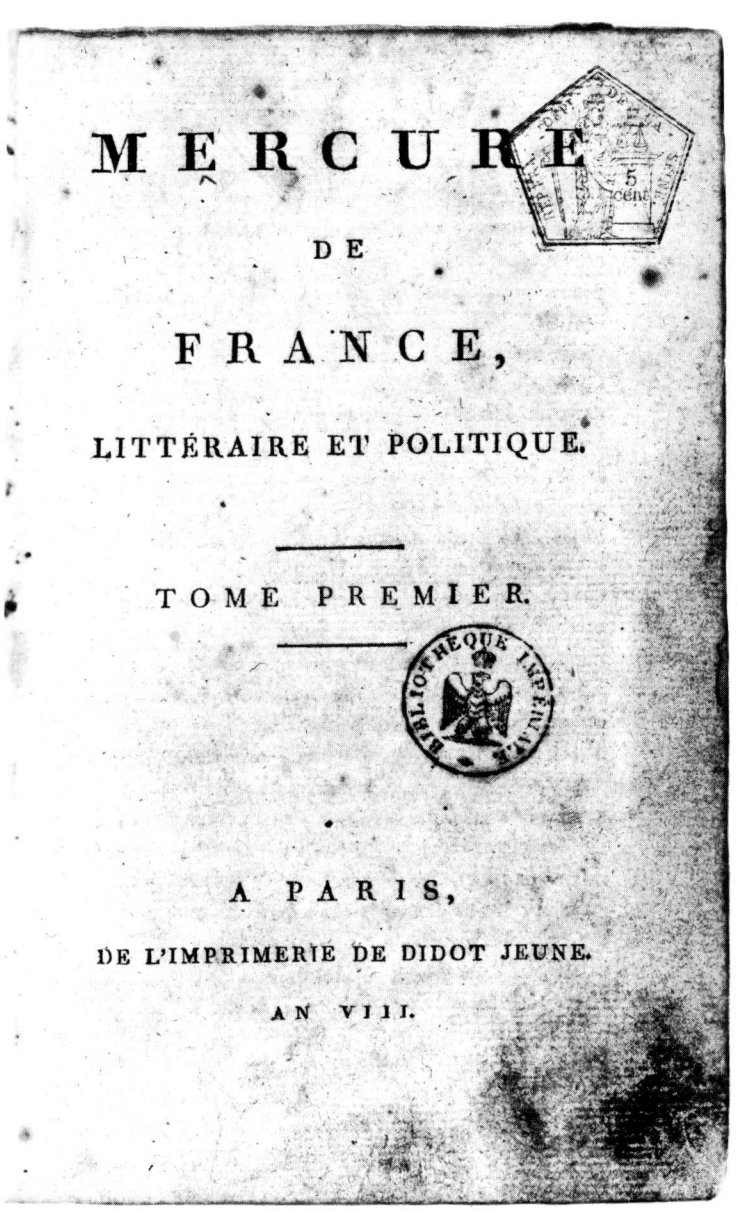

Bei Madame de Staël hat Chateaubriand die große Liebe seines Lebens, Juliette Récamier, getroffen. Einunddreißig Jahre wird diese Beziehung dauern, bis der Tod ihr ein Ende setzt.

Aus welchem Stoff ist das Band gemacht, das sie so unzerreißbar eint? Zwischen himmlischer und irdischer Liebe breitet sich die Landschaft eines Gefühls aus, das alle menschlichen Regungen umfaßt. Es ist das große Beispiel einer romantischen Liebe.

Wer ist diese Frau, deren Schönheit in einer fast unglaubwürdigen Begeisterung von allen Zeitgenossen gepriesen wird? Jeder kennt sie, aber niemand weiß, wer sie eigentlich ist und aus welchen Elementen ihr Wesen zusammengesetzt ist. Literatur und Politik sind ihre Sache nicht, trotzdem hat sie in diesen beiden Sphären ihre besten Freunde. Genügt es, sie die schönste, erfolgreichste und am meisten geliebte Frau ihrer Zeit zu nennen? Welcher Zeit?

Ihr Aufstieg hat unter dem Konsulat begonnen, sie hat das Kaiserreich und die Restauration erlebt und wird erst nach dem Sturz des Bürgerkönigtums diese Welt verlassen. Sie erobert Lucien Bonaparte, Bernadotte, die beiden Montmorency; Prinz August von Preußen will sie heiraten. Wellington und Metternich liegen ihr zu Füßen. Selbst Frauen wie Germaine de Staël und Königin Hortense wenden ihr eine exaltierte Freundschaft zu. Benjamin Constant verliert um sie fast den Verstand, er macht um ihretwillen einen Trümmerhaufen aus seinem Leben. Nur Chateaubriand, der ihr leidenschaftlich zugetan ist, bleibt ohne Drama an ihrer Seite; sie sitzt, schon erblindet, an seinem Sterbebett.

In der modernen Geschichte ist keine zweite Frau bekannt geworden, die auf die Besten und Mächtigsten ihrer Zeit eine solche Anziehungskraft ausübt. So viele Stürme sie auch entfesselt, so viele Geschicke sie auch verwirrt hat, ihr Bild bleibt still und unberührt im Auf und Ab der Zeit. Niemand hat sie je verflucht, kaum jemand hat schlecht von ihr gesprochen – nach soviel Trennungen, Brüchen und verweigerten Erfüllungen!

War sie klug, produktiv, inspirierend? Ihr Zauber versagt nie. Niemals stellt sich die Frage, ob sie auch nur halb so intelligent ist wie die großen Geister, die sie verehren, ihre Gesellschaft suchen und ihre Zeit mit ihr verbringen. Ihre Mittel sind rein weiblicher Art, ihr Lächeln, ihre Verträglichkeit und Anpassungsfähigkeit, ihr gesunder Menschenverstand, das alles verleiht ihr den Zauberstab, mit denen sie die Menschen zum Sprechen bringt. Sie ist ein Genie im Zuhören.

Wie weit gehen ihre Erfolge? Sie sind nicht nur gesellschaftlicher Art, sondern sie erweckt echte, ja tiefe Freundschaften und hält sie am Leben. Aber wen hat sie mit letzter Hingabe geliebt, wen hat sie erhört? Es gibt etwas, was man schon damals „Juliettes Geheimnis" nannte. War es ihr etwa nicht vergönnt, jene weibliche Erfüllung zu finden, die die Natur auch der schlichtesten Frau nicht versagt? Selbst der indiskreteste ihrer Verehrer hat sich nie gerühmt, ihre Gunst genossen zu haben.

Es gehört zu den tragikomischen Seiten der großen Jahre Napoleons, daß er es nicht lassen konnte, mit Frauen Streit anzufangen und sie mit seiner Polizei zu behelligen. Juliette wurde ihm durch ihre Verbindung mit Germaine und durch die Liebschaft mit dem preußischen Prinzen verdächtig. Er ließ sie überwachen und schließlich sogar aus Paris verbannen. Erst 1814 kam sie in die Hauptstadt zurück.

Madame Récamier.
Gemälde von François Gérard

Das Gefühl eines nahenden Verhängnisses hatte keinen übernatürlichen Ursprung. Es war einfach der Anblick der immer steileren Erfolgskurve der napoleonischen Unternehmungen, der die Menschen schwindeln machte. Das konnte nicht gut enden! Würde der Kaiser wirklich wagen, das ungeheure, fast unbekannte russische Reich anzugreifen? Würde Gott — so dachten frommere Gemüter — tatenlos zusehen, wenn der Stellvertreter Christi auf Erden als Geisel in Fontainebleau eingesperrt wurde? Die Ahnung drohenden Verhängnisses wurde durch das Erscheinen des berühmten Kometen von 1811 verstärkt. Es

befruchtete die Literatur und die volkstümliche Einbildungskraft. War es Gottes Zuchtrute, die da am Himmel stand, war das Ende der Welt gekommen? Vielen einfachen Leuten ging es wie dem Bauernjungen auf diesem Blatt: sie flüchteten in ihr entlegenes Heimatdorf mit dem Entschluß, erst nach dem Weltuntergang wieder zum Vorschein zu kommen. Es erschien den Menschen ganz natürlich, das Schicksal des Eroberers mit den Sternen in Verbindung zu bringen. Die Welt war voller geheimnisvoller Unruhe, und so suchte man den Himmel ab, um dort Zeichen und Antworten auf das zu finden, was die Menschen verwirrte. „Die Seele ist krank!" schrieb Marie Luise an ihren Vater beim Versuch, die Stimmung in Frankreich Ende 1811 zu beschreiben.

Der Komet von 1811. Zeitgenössischer Farbstich

*Louis de Caulaincourt
(1772–1827)*

Napoleon war von großen und kleinen Leuten umgeben, von Genies und Intriganten, aber von wenigen, die ihn zugleich liebten und ihm doch widerstanden. Wo in dem glänzenden Schwarm, der ihn umkreiste, war der „mittlere Franzose", der die weise Beschränkung darstellte, ohne darum für die Größe des Kaisers blind zu sein? Am ehesten noch verkörperte ihn der pikardische Edelmann Caulaincourt, dessen Schicksal es wurde, die außenpolitischen Maßlosigkeiten des großen Mannes zu bekämpfen und ihm doch die Treue zu halten.

Caulaincourt, der 1808 den Titel eines Herzogs von Vicenza empfing, war in den Jahren von 1808 bis 1811 Botschafter in Sankt Petersburg. Dort wurde ihm klar, daß das Heil Frankreichs und damit der Fortbestand des Kaiserreichs von einer getreuen Anwendung des Bündnisses von Tilsit abhänge. Caulaincourt erkannte schon sehr früh, daß die Kontinentalsperre nicht durchführbar sei und daß jeder Versuch, sie lückenlos zu machen, zum Konflikt mit dem Zarenreich führen müsse. Er war kein Genie, aber es war seine Rolle, den gesunden, ja mittleren Menschenverstand gegen die geistigen und politischen Ausschreitungen des großen Mannes zu verteidigen.

Der Dialog zwischen den beiden Männern, der Jahre währte, legte die Frage nackt und bloß zutage, ob einem Volk besser mit einem Heros oder mit einem wackeren Verwalter gedient ist. Durch Jahrhunderte hallt diese Frage nach!

Caulaincourts Leben ist das Lied vom braven Mann. Er hielt den Feldzug gegen Rußland für verderblich. Bis zum Tage, an dem der große Winter hereinbrach, ließ er sich geduldig jeden Morgen wegen der Milde des russischen Herbstes verhöhnen. Er war es dann, der den Kaiser im Schlitten auf seiner Flucht aus Rußland begleitete. Er war es, der dem Kaiser nach der ersten Abdankung in Fontainebleau die Tränen trocknete und sich um den Verzweifelten mühte, der einen schwachen Selbstmordversuch gemacht hatte. Er stand an seinem Platz, als es galt, die hoffnungslose Sache der Hundert Tage anzupacken, und dachte niemals daran, sich selbst, seine Titel, sein Vermögen, seine Dotationen, Kostbarkeiten und Bilder in Sicherheit zu bringen. War Napoleon fähig, diesen schlichten Ehrenmann zu lieben, seine Loyalität und vor allem seinen politischen Wirklichkeitssinn zu erkennen? Die Nachwelt hofft es um des Andenkens des großen Eroberers willen. Caulaincourt hat die aufschlußreichsten Denkwürdigkeiten der Kaiserzeit hinterlassen.

Wir werden dem vortrefflichen Künstler Albrecht Adam von nun an öfter begegnen. Er leistete das, was heute ein guter Reporter leistet. Ganz der Wirklichkeit und dem Detail hingegeben, überließ er es den Großen seiner Zeit, die Vorgänge zu deuten und ihnen einen Sinn zu geben. Diese Zeichnung stellt eine flüchtige Episode aus dem Aufmarsch der Großen Armee dar.
In einem winzigen Rathaus eines ostpreußischen Nestes hat Eugène Beauharnais sein Hauptquartier aufgeschlagen. Noch sind wir im Sommer, und das Treiben einer Heeresgruppe läßt sich bei Hitze und Trockenheit schon aushalten. Zudem ist Eugène bescheiden, ein echter Soldat, der es nicht besser haben will als seine Soldaten.

Marktplatz von Sensburg in Ostpreußen mit dem Hauptquartier des Vizekönigs Eugène Beauharnais. Zeichnung von Albrecht Adam

Am 24. Juni hat Napoleon mit seiner riesigen Armee den Njemen überschritten. Die Lawine ist ins Rollen gekommen, nichts kann sie mehr aufhalten. Alexander ist im Anblick dieses Verhängnisses mit einem Schlag ein anderer Mensch und bis zum Äußersten entschlossen. „Wenn Napoleon Glück hat", sagt er, „müssen wir eben den Frieden an der Beringstraße unterzeichnen." Er findet in dieser Stunde den rechten Mann, den alten Kutusow, der bei Austerlitz geschlagen wurde und der nun dem Eindringling die ganze zähe und unermüdliche Breite der russischen Volkskraft entgegenhält. Tolstoi hat in seinem unsterblichen Roman „Krieg und Frieden" diese gewaltige Figur, die den Volkskrieg entfesselt, großartig geschildert. Was Kutusow leistet, ist eine Sache des Charakters, der Nerven und des Glaubens. Am entscheidenden Punkt wird er identisch mit Rußland, und Alexander hat die Fähigkeit, dies zu erkennen. Was die Details der Kriegführung angeht, so gibt es genug Ausländer in der russischen Heeresleitung, um die trockene Generalstabsarbeit zu leisten und sich dafür als Pedanten verhöhnen zu lassen. Es gibt den Franzosen Langéron, den Italiener Paulucci und die Preußen Phull und Clausewitz. Besonders der letztere geht den Russen mit seiner planvollen und geistvollen Strategie auf die Nerven. Der Freiherr vom Stein, den Napoleon schon 1808 geächtet hat, befindet sich ebenfalls im russischen Hauptquartier, wohin er vom Zaren berufen worden ist und wo er das „deutsche Comité" leitet.

Fürst Kutusow.
Stich von Hopwood

Karl von Clausewitz.
Gemälde von Wach

Schlacht von Smolensk. Lithographie von Adam

Als die Große Armee auszog, war sie 670 000 Mann stark, darunter 320 000 Ausländer, die kein Französisch verstanden. Noch ehe der erste Schuß fiel, hatte die Armee durch Überanstrengung, Nachschubmängel und Fahnenflucht ein Sechstel ihres Bestandes verloren. Die feindlichen Streitkräfte blieben ungreifbar, erst bei Smolensk faßte der Kaiser Bagration und Barclay, die lieber ihre Nachhut opferten, als sich zum Kampfe zu stellen. In einem erbitterten Gefecht entzogen sich die beiden Generäle der Schlacht und steckten die Stadt Smolensk in Brand. Napoleon begann die Schwierigkeiten des leeren Raumes vor ihm langsam zu spüren. Er stand nur noch sechs Tagemärsche vor Moskau, ohne daß der Gegner einen ernsthaften Versuch gemacht hätte, sich ihm entgegenzustellen.

Das dem Kaiser von Marie Luise geschickte Bild des Königs von Rom wird am Vorabend der Schlacht von Borodino den Truppen gezeigt. Lithographie von Bellangé

Endlich schien Kutusow entschlossen, dem Eindringling eine Schlacht zu liefern. Er versammelte seine Streitkräfte zwischen Borodino und dem Lauf der Moskwa. Am Abend vor dem Zusammenprall war das von Marie Luise gesandte Porträt des kleinen Königs von Rom im französischen Lager eingetroffen. Das gab dem Kaiser Anlaß zu einer seiner berühmten Inszenierungen. Erst ließ er seine rauhen Kriegsmänner den blonden Knaben bewundern, dann ließ er das Bild wegnehmen: „Es ist noch zu früh für ihn, ein Schlachtfeld zu sehen!" Die Schlacht wurde eine der blutigsten in der napoleonischen Geschichte. Es war ein Ehrentag für Eugène und vor allem für Ney. Der Feind wurde zum Rückzug gezwungen, aber er war nicht geschlagen, geschweige denn demoralisiert.

*Vorwärts von Krasnoi.
Von Ch. W. von Faber du Faur*

Mit diesem reizvollen Blatt tritt uns der bemerkenswerteste Schilderer der Tragödie von 1812 entgegen, der Maler Ch. W. von Faber du Faur, der als Offizier im württembergischen Kontingent den Feldzug mitgemacht und seine Eindrücke in über hundert Zeichnungen und farbigen Skizzen niedergelegt hat. Obwohl er viele seiner Entwürfe erst später ausführte, trägt alles doch den Stempel einer getreuen und gelassenen Augenzeugenschaft.

Sein manierlicher, fast pedantischer Strich bildet einen aufregenden Kontrast zu den vom Hauch des Todes berührten Szenen der Tragödie, der er beigewohnt hat. Faber du Faur hat hundert seiner Blätter 1831 in Stuttgart unter dem anspruchslosen Titel „Aus meinem Portefeuille" publiziert; seitdem sind einzelne Blätter immer nur gelegentlich veröffentlicht worden. Seine Einfachheit stellt alle kaiserliche Schlachtenmalerei in den Schatten.

*Einmarsch der Franzosen in Moskau,
14. September 1812.
Stich von Charon*

Am 14. September erreicht Napoleon das „heilige Moskau". Er sieht die große Stadt vom Sperlingsberg aus vor sich liegen. Der Anblick dieser zahllosen Kirchen und Kuppeln, die in der Herbstsonne leuchten, reißt die Armee zu Freudenschreien hin. Um so größer ist die Betroffenheit, als die Stadt beim Einzug der Truppen wie tot daliegt. Vergebens wartet der Kaiser auf eine Abordnung, die ihn empfängt, ihm die Schlüssel überreicht und die Unterwerfung vollzieht. Statt dessen stößt er gegen eine Mauer des Schweigens, der geschlossenen Fenster, der Ausgestorbenheit. Der Kaiser nimmt Quartier im Kreml und läßt das Bett Michael Romanows, des Großvaters Peters des Großen, für sich bereiten. Am Abend des Tages, der ein Triumph hätte werden sollen, beginnt die alte Stadt zu brennen. Der Gouverneur, Rostoptschin, hat das Feuer anlegen lassen: lieber mag alles zugrunde gehen, als dem Eindringling dienen. Napoleon stellt sich, als ob er die Bedeutung des Brandes nicht begreife. Er bleibt noch einen Monat im Kreml. Aber es gibt keinen Feind mehr, die russischen Armeen haben sich in der Unendlichkeit dieses Landes verloren. Der Herbst kommt, wie soll man den Winter überstehen? Am 19. Oktober verläßt er den Kreml, die Große Armee tritt den Rückmarsch an.

Der Brand von Moskau. Stich von Couché

Biwak bei Mikalewka,
7. November 1812.
Von Faber du Faur

Der Rückzug aus Rußland gehört zu den einprägsamsten Dramen der modernen Geschichte. Die Menschheit deutet diesen Zusammenbruch als eine göttliche Strafe für Eroberungssucht, Vermessenheit und Verachtung des Menschenlebens, oder sie sieht in ihm den Triumph der Natur über menschliches Planen. Die Mystik des russischen Raums und des russischen Wesens hat ihre Wurzeln in diesem Drama, in dessen Verlauf die größte Militärmacht der Welt vor der Natur und dem russischen Volk kapitulieren muß. Keine Kriegskunst, keine Intelligenz ist den elementaren Kräften gewachsen, mit denen Rußland sich zur Wehr setzt.

Napoleon
an der Straße bei Pnewa,
8. November 1812.
Von Faber du Faur

*Biwak in Smolensk,
13. November 1812.
Von Faber du Faur*

Diese farbigen Zeichnungen bedürfen keiner Erläuterung. Erstaunlich ist die Kunst, mit der Faber du Faur die Erfrierungen, die seiner sanften Heimat so fremd sind, darzustellen weiß. Das Erstarren des Menschen ist eines seiner großen Themen. Wunderbar ist auch die Anschaulichkeit des schon seit Wochen zerstörten Smolensk, in dessen Kahlheit die Soldaten der Großen Armee noch einige Balken und Bretter suchen, um sich ein wärmendes Feuer zu bereiten. Der Krieg verzehrt alles, und der Krieger stößt immer wieder auf das Nichts, dessen Leblosigkeit er, ohne es zu wollen, ins Ungemessene steigert.

*Zwischen
Kroythina und Krasnoi,
15. November 1812.
Von Faber du Faur*

*In der Gegend von Bobr,
23. November 1812.
Von Faber du Faur*

Die Szene vom 23. November 1812 ist herzzerreißend. Diese Gruppe von Menschen verteidigt mit schnell nachlassender Kraft ihr Leben. Man darf nicht vergessen, daß nicht wenige höhere Offiziere ihre Frauen mit auf den Feldzug genommen hatten, denn ein Risiko für den „Zivilisten" schien undenkbar. Dieses Häuflein Menschen ist zum Tode verurteilt. Der Württemberger wächst bei der Schilderung dieser Situation zu einem großen Künstler empor, vergleichbar Balzac, der den „Oberst Chabert" schrieb. Rauhreif, tödlicher Frost, Schnee und in der Ferne Kosaken, das ist der Alltag der zugrunde gehenden Armee.

*An der Beresina,
28. November 1812.
Von Faber du Faur*

Übergang über die Beresina. Lithographie von Adam

Der Schlachtenmaler Adam steht an dokumentarischer Treue dem württembergischen Major nur wenig nach. Seine Lithographie vom Übergang über die Beresina vermittelt uns eine Ahnung von dieser militärischen Katastrophe, die dem Phänomen Napoleon für immer eine tödliche Wunde geschlagen hat. An der Beresina taucht ein neuer Name auf, der nie den verdienten Glanz erhalten hat, der russische Admiral Tschitschagow, der sich am 21. November der Brücken bemächtigte. Noch einmal triumphierten die französischen Pioniere unter dem General Éblé; sie schlugen bei Studianka zwei Brücken. Oudinot und Ney überschritten den Fluß mit ihren Korps als erste. Dann folgte der Kaiser mit der Garde. Drüben blieb Marschall Victor. Er schlug sich dreißig Stunden mit Wittgensteins Truppen und ließ dann die Brücken verbrennen. Fünfzehntausend Nachzügler blieben auf dem jenseitigen Ufer, und diese waren die eigentlichen Opfer der Katastrophe der Beresina. Dank dem Heldenmut der Pioniere Éblés waren die Armeekorps gerettet. Die Nachzügler kamen schrecklich um, sie verloren elendiglich ihr Leben, aber sie bereicherten die Literatur. Die Beresina bleibt für alle Zeiten das Stichwort für eine Panik, in der Soldaten und Zivilisten, Schuldige und Unschuldige im eisigen Wasser eines russischen Flusses zugrunde gehen.

Der Rückzug hat den Namen Michel Neys unsterblich gemacht. Er führte die Nachhut der Großen Armee und hatte schließlich nur noch einige hundert Mann, um den Verfolger aufzuhalten. Murat versagte vollkommen. Marschall Victor machte sich bei Nacht und Nebel davon. Ney war buchstäblich der letzte Mann, der Rußland verließ. Das Bild von Yvon übertreibt nicht, wenn es den Saarländer an der Spitze eines Häufleins, Schuß auf Schuß lösend, darstellt. Nur war es viel kümmerlicher, als der Maler uns glauben macht. Da gab es keine Gardisten und französischen Grenadiere mehr, nur noch ein paar armselige deutsche Rekruten, Württemberger und wohl auch einige Frankfurter Stadtsoldaten. Sie blickten zu ihm wie zu einem Vater auf und fühlten sich ermutigt, weil er in ihrer Sprache zu ihnen sprach.

Marschall Ney beim Rückzug aus Rußland. Gemälde von Adolphe Yvon

*In der Gegend von Oschmjany,
4. Dezember 1812.
Von Faber du Faur*

Fast die gesamte Artillerie mußte zurückgelassen werden. Jedesmal, wenn eine Batterie aufgegeben wurde, weil es keine Bespannung mehr gab, feuerte die Mannschaft noch einige Schüsse, die letzten, auf die nachdrängenden Kosaken, die diesen immer seltener werdenden Kugeln lachend auswichen. Die Armee hatte sich in einen Haufen halb wahnsinniger Menschen verwandelt, die stündlich ums nackte Leben kämpften. Wer noch einen Mantel oder feste Stiefel hatte, mußte damit rechnen, daß er von seinen Kameraden in den Schnee gestoßen und ausgeplündert wurde. Mitleid oder Anstand waren schon längst ausgestorben.

*Ebenfalls bei Oschmjany.
Von Faber du Faur*

Immer wieder zwangen die Kosaken die Fliehenden, sich zusammenzuschließen und den Feind abzuwehren. Die Kosaken waren die eigentlichen Herren dieser Kriegsführung, sie brauchten keinen Nachschub und keine Organisation, sie kämpften mit der Bevölkerung zusammen und wurden von ihr versorgt. Ihre wichtigste Waffe war die Lanze, ihre zottigen Pferdchen waren jeder Witterung gewachsen und bedurften keiner Wartung. Wo sie auftauchten, versuchten die Flüchtigen, sich zusammenzuschließen, besonders wenn einer von ihnen noch das Feldzeichen des kaiserlichen Adlers mit sich führte, und organisierten eine flüchtige Verteidigung. Aber die Kosaken ließen es selten auf einen regelrechten Kampf ankommen. Wenn sie die Nachzügler nicht mühelos massakrieren konnten, weil diese sich wehrten, suchten sie auf ihren flinken Pferden sogleich das Weite, verschwanden in den Gehölzen oder suchten die nächsten Dörfer auf, deren Bauern ihnen vollkommen ergeben waren. Auf dem Höhepunkt des Feldzuges bildeten mehr als 70 000 Kosaken die irreguläre Kavallerie des Zaren. Sie waren es, die der Moral der Großen Armee den Todesstoß versetzten.

Eines der vielen Rückzugsgefechte. Von Faber du Faur

An der ostpreußischen Grenze hörte die russische Verfolgung auf, denn der König von Preußen war immer noch mit Napoleon verbündet und hatte ihm ein Hilfskorps unter dem General Yorck stellen müssen. Die Flüchtlinge bemühten sich, als Reisende weiterzukommen und auf gut Glück Transportmittel jeder Art aufzutreiben. Viele suchten in preußischen Quartieren neue Kräfte zu sammeln. Die Bevölkerung war weniger schadenfroh als erschüttert. Dieses Blatt zeigt französische Offiziere vor einer Schenke bei Elbing. Der schwere Mann in der Pelzmütze ist nicht Napoleon, wie man denken könnte. Der Kaiser hatte die Armee schon am 5. Dezember verlassen und eilte, von Caulaincourt begleitet, im Schlitten nach Westen. Eine an sich unbedeutende Verschwörung in Paris, die ein verabschiedeter General namens Malet vermittels der Nachricht, daß Napoleon tot sei, veranstaltete, hatte einen kurzen Erfolg. Die Behörden in Paris gerieten in Verwirrung. Napoleon war von dieser Nachricht überwältigt: „Da sieht man, an wie wenig meine Macht hängt!" Mit doppelter Eile strebte er der Hauptstadt zu.

Zwischen Braunsberg und Elbing, 21. Dezember 1812. Von Faber du Faur

Rückkehr Napoleons aus Rußland nach Dresden. Zeitgenössischer Stahlstich

Rechts: Das 29. Bulletin Napoleons

Am 14. Dezember kommt der Kaiser in Dresden an. Es ist Mitternacht, die Stadt wie ausgestorben. Der Kutscher klingelt einen Bürger heraus, um nach dem französischen Gesandten zu fragen; der Mann schlägt ihm das Fenster vor der Nase zu. Eine Stunde später ist der Kaiser in voller Tätigkeit, er hat gegessen, gebadet und über zwanzig Briefe diktiert. Das berühmte Bulletin vom 3. Dezember erscheint am 17. Dezember im „Moniteur". Es enthält die ungeschminkte Wahrheit über die Katastrophe der Armee und schließt: „Die Gesundheit Seiner Majestät ist nie besser gewesen." Chateaubriand bemerkt dazu bitter: „Mütter, trocknet eure Tränen! Napoleon geht es gut."

29e BULLETIN DE LA GRANDE ARMÉE.

(*Extrait du Moniteur du 17 décembre 1812.*)

Molodetschno, le 3 décembre 1812.

Jusqu'au 6 novembre le temps a été parfait, et le mouvement de l'armée s'est exécuté avec le plus grand succès. Le froid a commencé le 7; dès ce moment, chaque nuit nous avons perdu plusieurs centaines de chevaux qui mouraient au bivouac. Arrivés à Smolensk, nous avions déjà perdu bien des chevaux de cavalerie et d'artillerie.

L'armée russe de Volhynie était opposée à notre droite. Notre droite quitta la ligne d'opération de Minsk, et prit pour pivot de ses opérations la ligne de Varsovie. L'Empereur apprit à Smolensk, le 9, ce changement de ligne d'opérations, et présuma ce que ferait l'ennemi. Quelque dur qu'il lui parût de se mettre en mouvement dans une si cruelle saison, le nouvel état des choses le nécessitait. Il espérait arriver à Minsk, ou du moins sur la Beresina, avant l'ennemi; il partit le 13 de Smolensk; le 16 il coucha à Krasnoi.

Le froid, qui avait commencé le 7, s'accrut subitement, et, du 14 au 15 et au 16, le thermomètre marqua 16 et 18 degrés au-dessous de glace. Les chemins furent couverts de verglas, les chevaux de cavalerie, d'artillerie, de train, périssaient toutes les nuits, non par centaines mais par milliers, sur-tout les chevaux de France et d'Allemagne. Plus de 30,000 chevaux périrent en peu de jours; notre cavalerie se trouva toute à pied; notre artillerie et nos transports se trouvaient sans attelage. Il fallut abandonner et détruire une bonne partie de nos pièces et de nos munitions de guerre et de bouche.

Cette armée, si belle le 6, était bien différente dès le 14, presque sans cavalerie, sans artillerie, sans transports. Sans cavalerie, nous ne pouvions pas nous éclairer à un quart de lieue; cependant, sans artillerie, nous ne pouvions pas risquer une bataille et attendre de pied ferme; il fallait marcher pour ne pas être contraint à une bataille que le défaut de munitions nous empêchait de desirer; il fallait occuper un certain espace pour ne pas être tournés, et cela sans cavalerie qui éclairât et liât les colonnes. Cette difficulté, jointe à un froid excessif subitement venu, rendit notre situation fâcheuse. Les hommes que la nature n'a pas trempés assez fortement pour être au-dessus de toutes les chances du sort et de la fortune, parurent ébranlés, perdirent leur gaieté, leur bonne humeur, et ne rêvèrent que malheur et catastrophes; ceux qu'elle a créés supérieurs à tout conservèrent leur gaieté et leurs manières ordinaires, et virent une nouvelle gloire dans des difficultés différentes à surmonter.

son infanterie : 6 mille prisonniers, deux drapeaux et 6 pièces de canon tombèrent en notre pouvoir.

De notre côté, le duc de Bellune fit charger vigoureument l'ennemi, le battit, lui fit 5 à 600 prisonniers et le tint hors la porté du canon du pont. Le général Fournier fit une belle charge de cavalerie.

Dans le combat de la Beresina, l'armée de Volhynie a beaucoup souffert. Le duc de Reggio a été blessé, sa blessure n'est pas dangereuse; c'est une balle qu'il a reçue dans le côté.

Le lendemain 29, nous restâmes sur le champ de bataille. Nous avions à choisir entre deux routes : celle de Minsk et celle de Wilna. La route de Minsk passe au milieu d'une forêt et de marais incultes, et il eût été impossible à l'armée de s'y nourrir. La route de Wilna, au contraire, passe dans de très-bons pays. L'armée, sans cavalerie, faible en munitions, horriblement fatiguée de cinquante jours de marche, traînant à sa suite ses malades et les blessés de tant de combats, avait besoin d'arriver à ses magasins. Le 30, le quartier-général fut à Plechnitsi, le 1er décembre à Slaiki, et le 3 à Molodetschno, où l'armée a reçu les premiers convois de Wilna.

Tous les officiers et soldats blessés, et tout ce qui est embarras, bagages, etc., ont été dirigés sur Wilna.

Dire que l'armée a besoin de rétablir sa discipline, de se refaire, de remonter sa cavalerie, son artillerie et son matériel, c'est le résultat de l'exposé qui vient d'être fait. Le repos est son premier besoin. Le matériel et les chevaux arrivent. Le général Bourcier a déjà plus de 20,000 chevaux de remonte dans différens dépôts. L'artillerie a déjà réparé ses pertes. Les généraux, les officiers et les soldats ont beaucoup souffert de la fatigue et de la disette. Beaucoup ont perdu leurs bagages par suite de la perte de leurs chevaux, quelques-uns par le fait des ambuscades des cosaques. Les cosaques ont pris nombre d'hommes isolés, d'ingénieurs géographes qui levaient les positions, et d'officiers blessés qui marchaient sans précaution, préférant courir des risques plutôt que de marcher posément et dans des convois.

Les rapports des officiers-généraux commandant les corps, feront connaître les officiers et soldats qui se sont le plus distingués, et les détails de tous ces mémorables événemens.

Dans tous ces mouvemens, l'Empereur a toujours marché au milieu de sa garde, la cavalerie, commandée par le maréchal duc d'Istrie, et l'infanterie, commandée par le duc de Dantzick. S. M. a été satisfaite du bon esprit que sa garde a montré; elle a toujours été prête à se porter partout où les circonstances l'auraient exigé; mais les circonstances ont toujours été telles que sa simple présence a suffi, et qu'elle n'a pas été dans le cas de donner.

Le prince de Neuchâtel, le grand-maréchal, le grand-écuyer et tous les aides-de-camp et officiers militaires de la maison de l'Empereur ont toujours accompagné S. M.

Notre cavalerie était tellement démontée, que l'on a pu réunir les officiers auxquels il restait un cheval pour en former quatre compagnies de 150 hommes chacune. Les généraux y faisaient les fonctions de capitaines, et les colonels celles de sous-officiers. Cet escadron sacré, commandé par le général Grouchy, et sous les ordres du roi de Naples, ne perdait pas de vue l'Empereur dans tous les mouvemens.

La santé de S. M. n'a jamais été meilleure.

De l'Imprimerie de CHAIGNIEAU aîné, imprimeur du JOURNAL DE PARIS, pour lequel on s'abonne, rue de la Monnaie.

Die Konvention von Tauroggen ist das klassische Drama des militärischen Gehorsams. Das Korps des Generals Yorck, dem französischen Marschall Macdonald unterstellt, wurde vom russischen Vormarsch bedroht. Yorck trat mit den Russen in geheime Verhandlungen, von denen sein vor Furcht bebender König nichts wissen durfte. Der ehemalige preußische Oberst Clausewitz verhandelt im russischen Auftrag, um einen preußischen General zum Ungehorsam gegen den König zu bewegen! Dabei ist dieser Clausewitz der Fahnenflucht verdächtig, und der König hat ein Kriegsgerichtsverfahren gegen ihn einleiten lassen. Zu solcher Verwirrung der Gewissen ist es in Preußen gekommen. Schließlich unterzeichnet Yorck in der „Poscherunischen Mühle" die Konvention, das preußische Korps bleibt neutral und gestattet den Russen den Durchmarsch. Damit war die Lage für die französischen Truppen unhaltbar geworden. Mochte der König seinen General verleugnen, er konnte jetzt nicht mehr zurück.

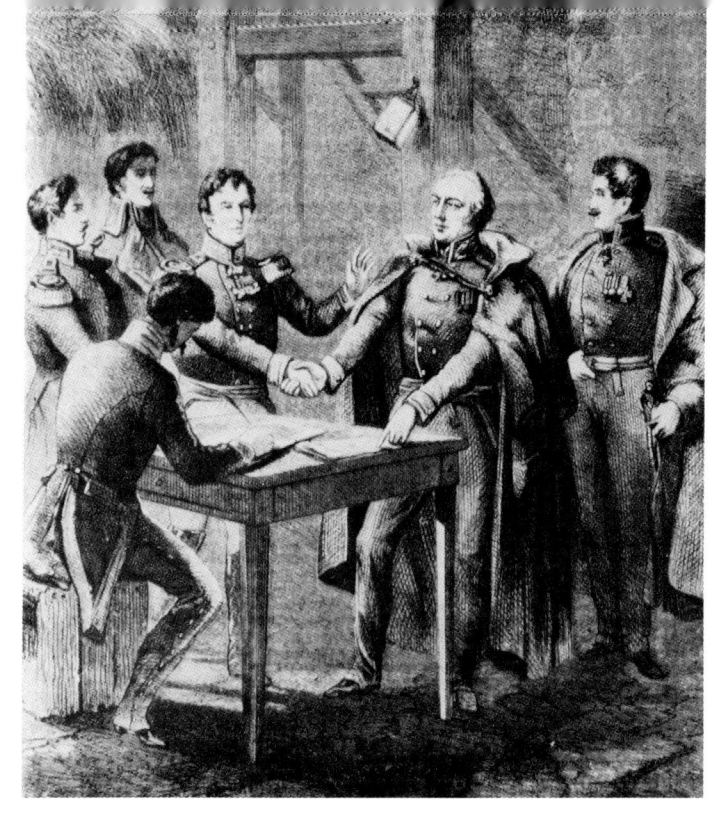

Abbildung oben:
General Yorck
schließt die Konvention von Tauroggen
am 30. Dezember 1812

Letzte Seite der Konvention
mit den Unterschriften von Yorck
und dem russischen General Diebitsch

Freiherr vom Stein.
Zeichnung von Julius Schnorr von Carolsfeld

Was an Preußen unsterblich ist, das ist ihm oft von außen gekommen. Der Freiherr vom Stein war Reichsritter und keinem Fürsten untertan. Scharnhorst kam aus dem Hannöverschen, Gneisenau war österreichischer Abkunft und hatte im britischen Heere Dienst getan. Blücher hatte seine militärische Laufbahn bei den Schweden begonnen. Zur späten Stunde, unter widrigsten Umständen und gegen die Unlust seines Königs floß diesem Preußen neue Lebenskraft zu. Eine Reform war nötig, die von einer Revolution kaum noch zu unterscheiden war. Stein kam nach dem Worte Rankes „als ein Mensch des Sturmwindes". Er haßte die kleinen Fürsten des alten Reiches, er verachtete die erstarrte Bürokratie. Er stak voller heftiger Leidenschaften, ein unbequemer, fast unbezähmbarer Mann, der seine großen Reformen, vor allem die Bauernbefreiung und die Ständeordnung, nur unter größtem Widerstand durchführen konnte. Er, Hardenberg und Scharnhorst beriefen sich auf die Französische Revolution und galten bei Hof und bei den Konservativen gewöhnlich als die „Jakobiner". Napoleon erkannte Steins Dynamik schnell und ächtete ihn 1808, woraufhin der große Staatsmann sich an den Hof des Zaren begab. Nach der Konvention von Tauroggen sendet der Zar ihn zum König, um den Zögernden für den Krieg gegen Napoleon zu gewinnen. Er hat Vollmachten, die Verwaltung Ostpreußens zu übernehmen. Er überläßt es Yorck, vor den Landtag zu treten und zur Bildung einer Landwehr aufzurufen.

Scharnhorst ist das kostbarste Geschenk des Schicksals an das gebrochene Preußen. Er stammte aus kleinen Verhältnissen und besaß weder Leichtigkeit noch Glanz. Er, der spätere Schöpfer des preußischen Generalstabs, hatte nur einen Wunsch: einmal nicht nur zu planen, sondern zu handeln. Nur einen Tag lang wollte er einmal das Kommando haben. Er wurde kein Feldherr, er blieb ein Organisator. Er führte die allgemeine Wehrpflicht ein, umging die von Napoleon erlassenen Entwaffnungsbestimmungen durch ein neues Ausbildungssystem und änderte die taktischen Grundsätze von Grund auf. Ihm, wie allen Militärorganisatoren der Zeit, öffnete sich nur ein Weg, nämlich die Methoden fruchtbar zu machen, mit deren Hilfe die Französische Revolution ihre überraschenden, ja unwahrscheinlichen Siege errungen hatte. Die preußische Heeresreform ist von dem Stein'schen Reformwerk untrennbar.

Gneisenau ist ein unbefangener Mann, kühn, überlegen, und ein wunderbarer Meister der deutschen Sprache. Napoleon, so bekannte er, war sein „Lehrer in Krieg und Politik". Seine Rolle als Entfeßler des Volkskrieges kann nicht hoch genug eingeschätzt werden. Der aristokratische Mann war ganz ohne Vorurteile, er lernte, wo es etwas zu lernen gab; er lernte vor allem vom Feinde. Daß er dabei in ständige Konflikte mit den preußischen Konservativen kam, ist selbstverständlich. Sein Verhältnis zum ewig quengelnden Monarchen ist loyal, aber kühl. Preußen kann sich nur im ständigen Widerstreit mit seinem König wieder festigen. Gneisenau ist, als Generalstabschef Blüchers, der eigentliche Sieger von Waterloo.

Von oben nach unten:
Scharnhorst.
Gemälde von Gebauer

Blücher.
Anonymes Gemälde

Gneisenau.
Kreidezeichnung von Krüger

Eine ganz eigene Pathetik entfaltete sich im preußischen Volke, als es, im Gefolge der französischen Niederlage in Rußland, von den letzten abebbenden Wogen der Französischen Revolution erfaßt wurde. Die Sprache eines Heinrich von Kleist war noch die eines verzweifelten Patrioten gewesen, die Beredsamkeit eines Ernst Moritz Arndt, des Begleiters des Freiherrn vom Stein, war durch und durch politisch und auf erreichbare Ziele gerichtet. Die Universität Breslau hatte ihre Flamme in Heinrich Steffens, der die Studenten zum Volkskrieg aufrief. Das Bild ist nicht zeitgenössisch, aber es ist getreu. In Breslau erließ der König, zaghaft und halb gedrängt, endlich den berühmten Aufruf „An mein Volk". Er tat es nicht gern. Die großdeutsche Note, die der preußischen Erhebung anhaftete, war dem Monarchen nun einmal zuwider.

Professor Heinrich Steffens begeistert in Breslau seine Zuhörer für den Freiheitskampf gegen Napoleon, 8. Februar 1813.
Nach einem Gemälde von A. Kampf

Rechts:
Aufruf „An mein Volk" vom 17. März 1813

An mein Volk.

So wenig für Mein treues Volk als für Deutsche, bedarf es einer Rechenschaft über die Ursachen des Kriegs welcher jetzt beginnt. Klar liegen sie dem unverblendeten Europa vor Augen.

Wir erlagen unter der Uebermacht Frankreichs. Der Frieden, der die Hälfte Meiner Unterthanen Mir entriß, gab uns seine Segnungen nicht; denn er schlug uns tiefere Wunden, als selbst der Krieg. Das Mark des Landes ward ausgesogen, die Hauptfestungen blieben vom Feinde besetzt, der Ackerbau ward gelähmt so wie der sonst so hoch gebrachte Kunstfleiß unserer Städte. Die Freiheit des Handels ward gehemmt, und dadurch die Quelle des Erwerbs und des Wohlstands verstopft. Das Land war ein Raub der Verarmung.

Durch die strengste Erfüllung eingegangener Verbindlichkeiten hoffte Ich Meinem Volke Erleichterung zu bereiten und den französischen Kaiser endlich zu überzeugen, daß es sein eigener Vortheil sey, Preußen seine Unabhängigkeit zu lassen. Aber meine reinsten Absichten wurden durch Uebermuth und Treulosigkeit vereitelt, und nur zu deutlich sahen wir, daß des Kaisers Verträge mehr noch wie seine Kriege uns langsam verderben mußten. Jetzt ist der Augenblick gekommen, wo alle Täuschung über unsern Zustand aufhört.

Brandenburger, Preußen, Schlesier, Pommern, Litthauer! Ihr wißt was Ihr seit fast sieben Jahren erduldet habt, Ihr wißt was euer trauriges Loos ist, wenn wir den beginnenden Kampf nicht ehrenvoll enden. Erinnert Euch an die Vorzeit, an den großen Kurfürsten, den großen Friedrich. Bleibt eingedenk der Güter, die unter ihnen unsere Vorfahren blutig erkämpften: Gewissensfreiheit, Ehre, Unabhängigkeit, Handel, Kunstfleiß und Wissenschaft. Gedenkt des großen Beispiels unserer mächtigen Verbündeten der Russen, gedenkt der Spanier, der Portugiesen. Selbst kleinere Völker sind für gleiche Güter gegen mächtigere Feinde in den Kampf gezogen und haben den Sieg errungen. Erinnert Euch an die heldenmüthigen Schweizer und Niederländer.

Große Opfer werden von allen Ständen gefordert werden, denn, unser Beginnen ist groß, und nicht geringe die Zahl und die Mittel unserer Feinde. Ihr werdet jene lieber bringen, für das Vaterland, für Euren angebornen König, als für einen fremden Herrscher, der wie so viele Beispiele lehren, Eure Söhne und Eure letzten Kräfte Zwecken widmen würde, die Euch ganz fremd sind. Vertrauen auf Gott, Ausdauer, Muth, und der mächtige Beistand unserer Bundesgenossen, werden unseren redlichen Anstrengungen siegreichen Lohn gewähren.

Aber, welche Opfer auch von Einzelnen gefordert werden mögen, sie wiegen die heiligen Güter nicht auf, für die wir sie hingeben, für die wir streiten und siegen müssen, wenn wir nicht aufhören wollen, Preußen und Deutsche zu sehn.

Es ist der letzte entscheidende Kampf den wir bestehen für unsere Existenz, unsere Unabhängigkeit, unsern Wohlstand; keinen andern Ausweg giebt es, als einen ehrenvollen Frieden oder einen ruhmvollen Untergang. Auch diesem würdet ihr getrost entgegen gehen um der Ehre willen, weil ehrlos der Preuße und der Deutsche nicht zu leben vermag. Allein wir dürfen mit Zuversicht vertrauen: Gott und unser fester Wille werden unserer gerechten Sache den Sieg verleihen, mit ihm einen sicheren glorreichen Frieden und die Wiederkehr einer glücklichen Zeit.

Breslau den 17. März 1813.

Friedrich Wilhelm.

Theodor Körner (1791–1813).
Stich von L. Buchhorn nach E. Körner

Daß das Mißverhältnis zwischen der patriotischen Begeisterung des Volkes und dem ängstlichen Kleinmut des Königs nicht allzu sichtbar wurde, war das Verdienst der jungen Idealisten, die für die Freiheit ihr Leben in die Schanze schlugen. Der Dresdner Jüngling Theodor Körner, dessen Familie mit Schiller befreundet war, ist dafür ein unsterbliches Beispiel. Er trat in das Lützow'sche Freikorps ein und fiel zu früh, um dessen klägliches Ende mitzuerleben. Seine naiven Vaterlandsgedichte, die ein Chateaubriand ins Französische übertrug, schmerzen uns heute, denn nie ist eine Jugend schlimmer enttäuscht worden als diese Jünglinge, die für ein freieres Deutschland zu sterben bereit waren und um ihre Hoffnungen systematisch betrogen wurden. Theodor Körner war wahrlich kein großer Dichter, aber eine edle Erscheinung in der Blüte des deutschen Idealismus. Er schrieb seinem Vater, „daß kein Opfer zu groß sei für das höchste menschliche Gut, seines Volkes Freiheit ... Zum Opfertode für die Freiheit und für die Ehre seiner Nation ist keiner zu gut." Das war die Sprache eines Volkes, das in dem Traum lebte, in einem großen Augenblick die ganze Revolution nachholen zu können.

Überfall auf die Lützower bei Kitzen am 17. Juni 1813. Zeichnung von Otto Fikentscher

Der Dichter Theodor Körner hat dem Korps der Lützower Jäger eine Legende geschaffen. In Wirklichkeit war es der Truppe nicht vergönnt, Großes zu leisten und ihrem Idealismus für die deutsche Sache Genüge zu tun. Was war die deutsche Sache? In Sachsen, in dem Körner zu Hause war, stockte das Unternehmen, weil der König von Sachsen den Kaiser Napoleon nicht von heute auf morgen im Stich lassen wollte. Nach der unglücklichen Schlacht bei Bautzen ging ganz Sachsen den Verbündeten verloren. Lützow war mit seiner Schar, die bisher kaum je zum Kampf gekommen war, auf den Partisanenkrieg im Rücken der Franzosen angewiesen. Am 4. Juni gab es einen Waffenstillstand, zwölf Tage später wurden die Lützower von den württembergischen Truppen Graf Normanns unter den Rufen: „Macht die preußischen Hunde nieder!" jählings überfallen. Normann wurde den Ruf des Verräters nicht mehr los, zumal da er in der Schlacht bei Leipzig mit seiner Brigade mitten im Kampf zu den Verbündeten überging. Normann war ein Musterbeispiel deutscher Rheinbundtragik.

Napoleon während der Schlacht bei Bautzen, in der Nacht vom 20. auf 21. Mai 1813. Lithographie von Denis Raffet

Noch einmal zog Napoleon aus seinem Lande, das Zeichen der Erschöpfung und des Überdrusses von sich gab, eine neue Armee. Es waren junge Rekruten, die auf dem Marsch ausgebildet wurden. Aber es gelang, mit ihnen die Verbündeten unter Blücher und Wittgenstein bei Lützen und Bautzen zu schlagen. Die Legende vom Feldherrn, der seine Schlachtenpläne „aus den Träumen seiner Soldaten" machte, war noch nicht verblaßt. Raffet hat diese Legende wunderbar festgehalten. Wie ungeschlachte Schutzengel umstehen die Männer der Alten Garde ihren Abgott, der mit Zirkel und Karte in tiefster Versunkenheit arbeitet. Das Lagerfeuer wirft seinen ungewissen Schein, dessen Quelle nicht die Flamme, sondern seine geheimnisvolle Person zu sein scheint. Die Wirklichkeit war grausamer und bestand aus Tod und Verwüstung. Napoleon war über die erbitterte Zähigkeit, mit der die Preußen kämpften, erschrocken: „Nicht eine Kanone, nicht eine Fahne, nicht eine Trophäe wollen sie uns lassen!" rief er aus. Die Verluste waren furchtbar. Beide Seiten waren froh, daß es zu einem einstweiligen Waffenstillstand kam.

Metternich ist der große Gegenspieler Napoleons; er hält ihn in Schach und bleibt auch da, wo er nachgeben muß, überlegen und seiner Sache sicher. Seine aristokratische Kälte, seine großartigen Umgangsformen und seine genaue Kenntnis von den Kräfteverhältnissen in Europa nötigen dem Kaiser widerwillige Bewunderung ab. Er ist es, der nach Bautzen für den Waffenstillstand sorgt und als Vermittler zwischen den kämpfenden Mächten auftritt. Der Kaiser weiß sehr wohl, daß diese Vermittlung nichts anderes bedeutet als den Beitritt Österreichs zum russisch-preußischen Bündnis. Im Juni nimmt Napoleon Quartier in Dresden, hält großartig Hof, gibt Empfänge für fremde Herrscher und Würdenträger. Am 26. Juni empfängt er Metternich zu einem Gespräch, das acht Stunden dauert. Er kennt ihn gut, diesen genialen Staatsmann aus altem rheinischem Geschlecht, dessen Charme ebenso unwiderstehlich ist, wie sein Wille sich mit lautloser Bestimmtheit kundgibt. Wenn er zynisch ist, was seine Feinde ihm vorwerfen, so zeigt er es niemals. Nie läßt er sich wie Talleyrand geistreiche Worte entlocken, nur um zu glänzen. Napoleon macht ihm in Dresden eine Szene: „Sie wollen den Krieg? Gut, Sie sollen ihn haben!" Dabei entfährt ihm das furchtbare Wort: „Ich schere mich den Teufel um eine Million Menschenleben!" Er wirft seinen Hut zu Boden, aber Metternich hebt ihn nicht auf. Dann schreit er: „Mag ich meinen Thron verlieren, aber unter seinen Trümmern werde ich die ganze Welt begraben!" Metternich antwortet ihm kalt: „Sire, Sie sind verloren!" Draußen fragt ihn Berthier, wie die Unterhaltung verlaufen sei. Metternich sagt: „Ich habe alle wünschenswerten Aufklärungen erhalten. Er ist erledigt!"

Am 10. August werden die Feindseligkeiten wieder aufgenommen. Aber jetzt steht Österreich mit Rußland und Preußen in einer Reihe. Ein weiterer Gegner ist aufgetreten, nämlich Marschall Bernadotte, jetzt Kronprinz von Schweden, der die sogenannte Nordarmee gegen seinen früheren Kaiser führt, ohne dabei allerdings besonderen Eifer zu zeigen.

Fürst Metternich (1773–1859).
Gemälde von Thomas Lawrence

Schlacht bei Leipzig. 19. Oktober 1813: Flucht der Franzosen vor dem Grimmaischen Tor. Radierung von Geissler

Am 16. Oktober beginnt bei Leipzig die „Völkerschlacht", die drei Tage dauert. Die Verbündeten sind fast doppelt so stark wie die Franzosen und verfügen über 2000 Geschütze. Am dritten Tag der Schlacht liefen die sächsischen und württembergischen Truppen mitten im Kampf zu den Verbündeten über. Am Abend desselben Tages wurde den Franzosen die Munition knapp. Der Rückzug am 19. ging ohne Ordnung vor sich, trotzdem entkam Napoleon mit einem großen Teil seiner Armee. Leipzig war mit Verwundeten überfüllt, für die nicht ausreichend gesorgt werden konnte. Erst sehr langsam konnte ein wenig Ordnung in dieses Chaos der Flucht, der Zerstörung, des Hungers und des Sterbens gebracht werden. Aber der Sieg war eindeutig. Napoleon eilte westwärts.

Treffen der drei Herrscher nach der Völkerschlacht bei Leipzig am 19. Oktober 1813

Schlacht bei Hanau. Gemälde von Wilhelm Kobell

Napoleon hat immer Krieg geführt, wenn es auch wahr ist, daß er den Keim zu diesen endlosen Folgen von Kriegen von der Revolution, als deren Sohn er sich bezeichnet, empfangen hat. Schlacht folgt auf Schlacht, seine Friedenswerke werden darüber vergessen, und auch sein Zeitalter, das doch, ob Krieg oder nicht, weiter sein Leben führte, scheint eine Monotonie aufzuweisen, die es in Wirklichkeit gar nicht besaß. Gewiß, die öffentliche Phantasie war von den Taten dieses Kriegsherrn und Siegers über die Völker Europas beansprucht. Indessen gab es in jenen Jahren auch den Kampf des namenlosen Zeitgenossen um sein tägliches Brot, um sein häusliches Glück und um die soziale Ordnung. Wir wissen zu wenig von der Wirtschaftskrise des Jahres 1811 und von den schweren Störungen, die die Aufstellung der ersten Maschinen in Frankreich hervorrief. Alles wird verdunkelt durch die Prahlerei, die eine Folge der ständigen Siege ist.

Nun ist also der Unbesiegbare bei Leipzig geschlagen und hat den Rückmarsch angetreten. Die Bayern haben schon den Rheinbund verlassen, ihr Feldherr, Graf Wrede, sucht dem Besiegten bei Hanau den Weg abzuschneiden, wird aber von den Franzosen über den Haufen gerannt. Napoleon biwakiert im Wald von Hanau und trifft am folgenden Tag in Frankfurt ein, wo er bei Konsul Bethmann absteigt. Der große bayrische Maler Kobell hat ein Bild dieser Schlacht gemalt. Die Ära hat soviel Schlachtenbilder hervorgebracht, daß man sie kaum voneinander unterscheiden kann. Dieses jedoch hat seine besondere Note. Obwohl der Künstler sich bemüht, dem Schrecken des Krieges nichts schuldig zu bleiben, so gibt seine Malweise den blutigen Szenen doch einen ungewohnten Hauch ländlicher Zierlichkeit. Das Bild ist mehr Kobell als Napoleon und Wrede.

Die Zeit der Rückzüge beginnt. Das sind keine Adlerflüge mehr, sondern qualvolle Anstrengungen durch den Schlamm und Regen der schlechten Jahreszeit. Noch haben seine Truppen — es sind jetzt fast nur noch Franzosen — nicht alle den Rhein überschritten, als das ganze politische Gebäude, das er in Deutschland errichtet hat, wie ein Kartenhaus zusammenfällt. Jérôme flieht Hals über Kopf aus Kassel, das Königreich Westfalen verschwindet ebenso jäh wie die Großherzogtümer Berg und Frankfurt; Württemberg, Hessen-Darmstadt und Baden schließen sich vertraglich an die Verbündeten an; der alte König von Sachsen, der mit eigensinniger Treue an Napoleon festhielt, befindet sich in Berlin in Kriegsgefangenschaft. Napoleon empfängt diese Flut von Hiobsbotschaften mit ausdruckslosem Gesicht, seine Seele ist plötzlich von lähmender Verzagtheit überflutet. Als Macdonald, der an seiner Seite reitet, ihn auf die kritische Lage der Armee aufmerksam macht, erwidert er achselzuckend: „Was soll ich machen? Ich gebe Befehle, und niemand hört auf mich." Am 2. November geht er bei Mainz über den Rhein zurück. Deutschland ist geräumt, nur Davout hält noch in Hamburg aus. Spanien ist so gut wie verloren, und nun auch Deutschland! Eine neue Kraft hat ihn aus diesen Ländern vertrieben; das Selbstbewußtsein der Völker, das er übermütig gekränkt hat, ist gegen ihn aufgestanden.

Napoleon und seine Garde beim Rückzug. Lithographie von Denis Raffet

Es geht zum Ende. Zeitgenössische Karikatur

Der Kampf gegen Napoleon hat in Preußen wohl bemerkenswerte politische Formen angenommen und sich auf dem Felde der Reorganisation, der Verwaltung und des Heereswesens als außerordentlich fruchtbar erwiesen. Künstlerisch ist der Niederschlag dieser Jahre gering gewesen. Die Karikaturen und Spottzeichnungen, mit denen Napoleons Wirken begleitet wurde, waren in Deutschland nicht gerade hinreißend. Sie waren an Erfindungsgabe, Bosheit und Haß mit den englischen Karikaturen nicht zu vergleichen. Immerhin haben Männer wie Schadow und E. T. A. Hoffmann eine gewisse Berühmtheit erreicht. Die Spottzeichnung „Es geht zum Ende", vielleicht nicht von Schadows Hand selbst, trägt deutlich die Spuren seines Einflusses. Der Text, der in holprigen Versen beigefügt ist, kann sich mit der Zeichnung nicht messen. Die Szene ist als „Finale der neuen großen Heldenoper unter dem Titel ‚Das befreite Europa'" gedacht. Kaiser Alexander sitzt auf dem Pulverfaß und schlägt den Takt mit einem Geschützrohr, Friedrich Wilhelm III. streicht den Baß, Kaiser Franz und Erzherzog Karl Johann spielen Flöte und Geige. Die Musik, die da ertönt, will dem Kaiser nicht passen. Aufmerksam horcht er hin und ist sich bald darüber klar, welch ein Stück da gespielt wird. Auf dem Hintergrund der Bühne verschwinden seine früheren deutschen Freunde, die an seiner Macht schmarotzt haben, langsam in der Kulisse. Der Fürst von Anhalt-Dessau, der König von Sachsen, der Württemberger, Dalberg und wer sonst noch von der Gunst des Kaisers fett geworden ist, verlassen möglichst unauffällig die Bühne, um sich in Sicherheit zu bringen. Im Hintergrund taucht Wellington zu Roß auf, und das Stück, so scheint es, geht dem Kaiser sehr übel aus.

1814 (Der Feldzug in Frankreich).
Gemälde von Ernest Meissonier

In den letzten Tagen des Jahres 1813 kehrt der Kaiser nach Paris zurück, er hat jetzt nur noch fünf Monate vor sich, um seine Kaiserkrone vor dem Untergang zu retten. Diese kurze Frist dient ihm dazu, alle seine Kräfte zusammenzuraffen, sein Land zu neuen Opfern zu entflammen und vom Eroberer zum Verteidiger des heimischen Bodens zu werden. Die Alliierten führen den Krieg ohne Pause weiter. Nachdem sie den Eindringling aus Deutschland vertrieben haben, marschieren sie selbst in Frankreich ein, um der ständigen Bedrohung ein Ende zu bereiten. In der Neujahrsnacht geht die schlesische Armee über den Rhein. Feldmarschall Blücher ist in dieser schönen, sternklaren Winternacht inmitten seiner Truppen. Der zugleich verschlagene und rauhbeinige Haudegen ist der einzige der verbündeten Feldherrn, der einen wirklichen Haß gegen Napoleon mitbringt und ihn, ohne von der Unterscheidung zwischen ihm und Frankreich viel zu halten, radikal vernichten möchte. „Hier in Frankreich", schreibt er später nach Hause, „ist alles mit Napoleon unzufrieden, aber er macht doch, was er will."

So bricht das Jahr 1814 an. Ende Januar verläßt der Kaiser Paris, um sich zu seiner Armee zu begeben. Sein Land ist die Armee, nicht Frankreich. Er kümmert sich nicht darum, daß Frankreich in große wirtschaftliche Schwierigkeiten geraten ist, daß die unteren Schichten Hunger leiden und daß die Kraft des Landes versiegt. „Los, Berthier", sagt er zu seinem Stabschef, „setzen Sie sich dahin, wir müssen die italienischen Feldzüge von vorne anfangen", und diktiert ihm die ganze Organisation der in der Ebene von Châlons aufmarschierenden Streitkräfte. In der Tat, dieser Feldzug von 1814, der schlimm endet, ist eine der größten militärischen Leistungen, die Napoleon vollbracht hat.

Bevor der Himmel dunkel wird, leuchtet noch einmal die Kraft des Genies auf, der mit seinen Rekruten, den sogenannten „Marie-Luisen", die Schlachten von Champaubert, Montmirail und Montereau schlägt. Und doch wird es schließlich ein Rückzug. Der Maler Meissonier hat die Stimmung dieses Rückzuges später unvergleichlich gemalt. Er war kein Zeitgenosse, er malte siebzig Jahre nach den Ereignissen, aber er ergriff den tragischen Augenblick dieses „Feldzuges in Frankreich", der vor den Toren von Paris endete.

Uns erscheinen sie konfus, diese Gefechte, bei denen das Gelände in Pulverdampf gehüllt ist und die Truppen sich mühsam durch den Schlamm und Regen schleppen. Der Erfolg schwankt, der Kaiser entfaltet sein ganzes Genie, aber die Verbündeten erweisen sich als zäh: die gute Sache ist auf ihrer Seite. Der Kaiser hat heftige Auseinandersetzungen mit seinen Unterführern, die Revolte der Generäle kündigt sich schon an. Im Gefecht von Montereau, das für ihn günstig verläuft, mischt er sich unter die Mannschaften und richtet selbst die Kanonen. Er vertraut niemandem mehr, nur noch den Korporalen und Feldwebeln. Das Schicksal führt ihn nach Brienne, wo er einst die Kriegsschule besucht hat. Er nimmt den Preußen die brennende Stadt ab, aber am übernächsten Tage, bei La Rothière, muß er wieder weichen. So ist dieser Feldzug von 1814 ein endloses, ermüdendes Auf und Ab, doch die Verbündeten lassen nicht locker. Mögen sie auch über die Einzelheiten der Kriegführung verschiedener Meinung sein, sie werden niemals getrennt Frieden schließen.

Das Gefecht bei Montereau. Gemälde von J. von Schnizer

*Russische Gefangene in Paris nach der Schlacht von Montmirail.
Stich von E. J. Delecluze*

Bei Montmirail hat Napoleon es mit Blüchers Preußen und mit den Russen unter von der Sacken zu tun. Beide müssen auf Chateau-Thierry zurückgehen. Die Bewegungen des Kaisers sind von einer nie dagewesenen Schnelligkeit. Schon in wenigen Tagen sehen die Pariser auf den Boulevards die langen Züge der russischen Gefangenen. Die Bevölkerung ist hilfsbereit, sie versorgt die Gefangenen mit Lebensmitteln und bezeugt ihnen Sympathie. Napoleon setzt der Armee Schwarzenbergs schwer zu, er ist voller Zuversicht: „Die Verbündeten wissen nicht, daß ich näher an München und Wien bin als sie an Paris." Aber Blücher mit seinem verbissenen Angriffsgeist wirft alles über den Haufen. Er erzwingt eine allgemeine Offensive in Richtung auf Paris. Wintzingerode wird mit 8000 Reitern dem über die Marne abziehenden Kaiser nachgesandt, um diesen zu veranlassen, seine Marschrichtung beizubehalten. Die Verbündeten marschieren auf Meaux, um dort zum Sturm auf die Hauptstadt anzutreten. In den Tuilerien herrscht Panik. Marmont und Mortier sind aus ihren Stellungen bei Fère-Champenoise verdrängt worden und haben sich unter die Mauern der Hauptstadt zurückgezogen. Marie Luise hat Anweisung, sich bei Annäherung des Feindes zurückzuziehen. Joseph Bonaparte, der Reichsstatthalter, läßt sie mit ihrem Sohn fortschaffen. Man hat Mühe, den Knaben in den Wagen zu bringen. „Ich will nicht von Hause weg!" schreit er.

Am folgenden Tag beginnt der Kampf um die Hauptstadt. Von Vincennes bis Clichy helfen Nationalgarden, Rekruten, Polytechniker und Invaliden den Truppen tapfer Widerstand zu leisten. Aber der Feind dringt in Vincennes und Pantin ein, und Blücher stürmt den Montmartre, wo er grimmig achtzig Geschütze auffahren läßt. Die Verteidiger wissen, daß der Kaiser nicht weit von Paris ist. Aber die Marschälle haben längst erkannt, daß die Verteidigung keinen militärischen Wert mehr hat und nur noch eine Sache der Ehre ist. Außerdem sind sie von Joseph ermächtigt, mit dem Feind zu verhandeln. Der Zar, Friedrich Wilhelm, Schwarzenberg und Barclay reiten auf die Höhe von Chaumont, um die Stadt zu betrachten. Der Waffenstillstand ist noch nicht abgeschlossen, an vielen Stellen wird noch gekämpft. Die Sieger aber erblicken weniger Kämpfer als weibliche Spaziergänger, die beim Donnern der Geschütze neugierig in die Vororte strömen, um über die Verteidigungslinien hinweg diese seltsamen Fremdlinge zu betrachten, die im Begriff sind, sich der Hauptstadt zu bemächtigen.

Kampf an der Barrière von Clichy. Gemälde von Horace Vernet

1.) On ne livrera pas la bataille près de Mer sur Aube

2.) Blücher continuera son mouvement séparé

3.) La Gr. Arm. continuera son mouvement par Chaumont sur Marne

4.) La continuation de ce mouvement dépendra des circonstances

5.) Avertir Blücher des mouvemens décidés par la G. Armée, et des ordres qu'on a donné à Winzingerode et Bulow d'être sous son commandement.

6.) Donner à Wintzingerode et à Bulow des ordres en conséquence.

7.) Donner à Blücher une latitude dans ses mouvemens, pourvu toute fois, que une certaine prudence militaire soit observée.

Eigenhändige Aufzeichnung des Zaren Alexander I. über die Beschlüsse des Kriegsrates vom 25. Februar 1814

In Bar-sur-Aube hatten die Verbündeten einen Kriegsrat abgehalten, an dem Kaiser Franz, Zar Alexander, König Friedrich Wilhelm, Schwarzenberg, Metternich, Hardenberg, Lord Castlereagh, Diebitsch und Knesebeck teilnahmen. Der Zar führte des Protokoll und schrieb die Beschlüsse in Stichworten mit eigener Hand nieder. In Punkt 7 hieß es: „Blücher eine gewisse Freiheit in seinen Bewegungen einräumen, mit dem Vorbehalt jedoch, daß eine gewisse militärische Vorsicht beobachtet wird."

Die Souveräne der Alliierten auf dem Boulevard St. Denis

Napoleon ist in der Tat nahe, er ist in Fontainebleau, und dort empfängt er die Nachricht, daß die Verteidiger der Hauptstadt den Kampf eingestellt haben und daß die Verbündeten morgen feierlich in Paris einziehen werden. Mit wallenden Federhüten, auf stolzen Paradepferden rücken sie über den Boulevard Saint-Denis in die große Stadt ein, die von mehr neugierigen als ängstlichen Menschen wimmelt. Die Truppen Yorcks und Kleists dürfen nicht dabei sein, weil sie „allzu abgerissen aussehen" und den Glanz des Schauspiels getrübt hätten. Auch der alte Blücher nimmt an dem Triumph nicht teil, weil die Anstrengungen des Feldzugs ihn ermüdet haben. Um seine erkrankten Augen zu schonen, trägt er einen grünen Damenhut als Augenschirm. Mit seinem König und dem Zaren zankt er sich unaufhörlich, weil sie mit den Franzosen zu glimpflich umgehen.

Noch ist der Kaiser in Fontainebleau; er besichtigt seine Truppen und schwelgt noch einmal in der Ergebenheit der alten Soldaten. Marmont hat auf eigene Faust mit Schwarzenberg verhandelt und sein Korps abgezogen. Er geht als „Verräter" in die Geschichte ein. Ist er ein Verräter? In Wirklichkeit gibt es in diesem Augenblick nur Verräter, Überläufer und Opportunisten. Marmont ist kaum schuldiger als die übrigen Marschälle, als die Brüder des Kaisers, als Murat und die meisten seiner Minister. Die Marschälle, an ihrer Spitze der wackere Ney, zwingen den Kaiser, abzudanken. Aber selbst in dieser Stunde des Verrats, der Schwäche und der Entsagung kann er auf die „Inszenierung" nicht verzichten. Das berühmte „Adieu in Fontainebleau" ist die theatralische Auswertung eines tragischen Augenblicks, der die Menschen noch heute beschäftigt.

Napoleon nimmt in Fontainebleau Abschied. Gemälde von Horace Vernet

Es ist eine seltsame Fügung, daß gerade Marschall Ney, dieses Urbild eines braven Soldaten, dem Kaiser die Notwendigkeit vorträgt, auf die Krone zu verzichten. Der Senat hat die Abdankung des Kaisers beschlossen, so berichtet Ney, aber Napoleon streitet dieser Körperschaft das Recht ab, einen solchen Beschluß zu fassen. Man spricht hin und her. Macdonald und Oudinot kommen hinzu, und plötzlich muß der Kaiser erkennen, daß er einer Art von Generalsputsch gegenübersteht. „Die Armee gehorcht nur noch ihren Generälen", schreit Ney auf. Der Thronverzicht für den kleinen König von Rom kommt nicht mehr in Frage, der Gegner verlangt die bedingungslose Abdankung. Die Bourbonen werden den Thron wieder besteigen, der Kaiser behält seinen Titel und wird souveräner Herr auf Elba.

Das Stück ist aus, die Bühne leert sich schnell. Berthier bittet um Urlaub, da er wichtige Geschäfte habe. „Auch er!" sagt Napoleon, „er wird nicht wiederkommen!"

Die Abdankungsurkunde Napoleons

Auch der Mameluck Roustan, der jahrelang auf der Türschwelle seines Herrn geschlafen hat, verabschiedet sich, und schließlich findet auch sein Kammerdiener Constant einen Vorwand, um fortzugehen.

Aber Caulaincourt ist noch da, mit ihm führt der Kaiser noch lange Gespräche, dann nachts, gegen drei Uhr, läßt er ihn abermals rufen, um von ihm für immer Abschied zu nehmen. Er hat Gift genommen. Seit Moskau, wo er einmal fast in die Hände der Kosaken gefallen wäre, trägt er das Gift immer bei sich; aber es ist zu alt und hat seine Wirkung verloren. Der Kaiser leidet, jedoch er stirbt nicht. Aber so hat er doch einen Freund, einen stillen verschwiegenen Vertrauten, der in dieser Nacht an seiner Verzweiflung und am Aufruhr seiner Organe teilnimmt und ihm hilft, den furchtbaren Schritt zurück ins Leben zu machen.

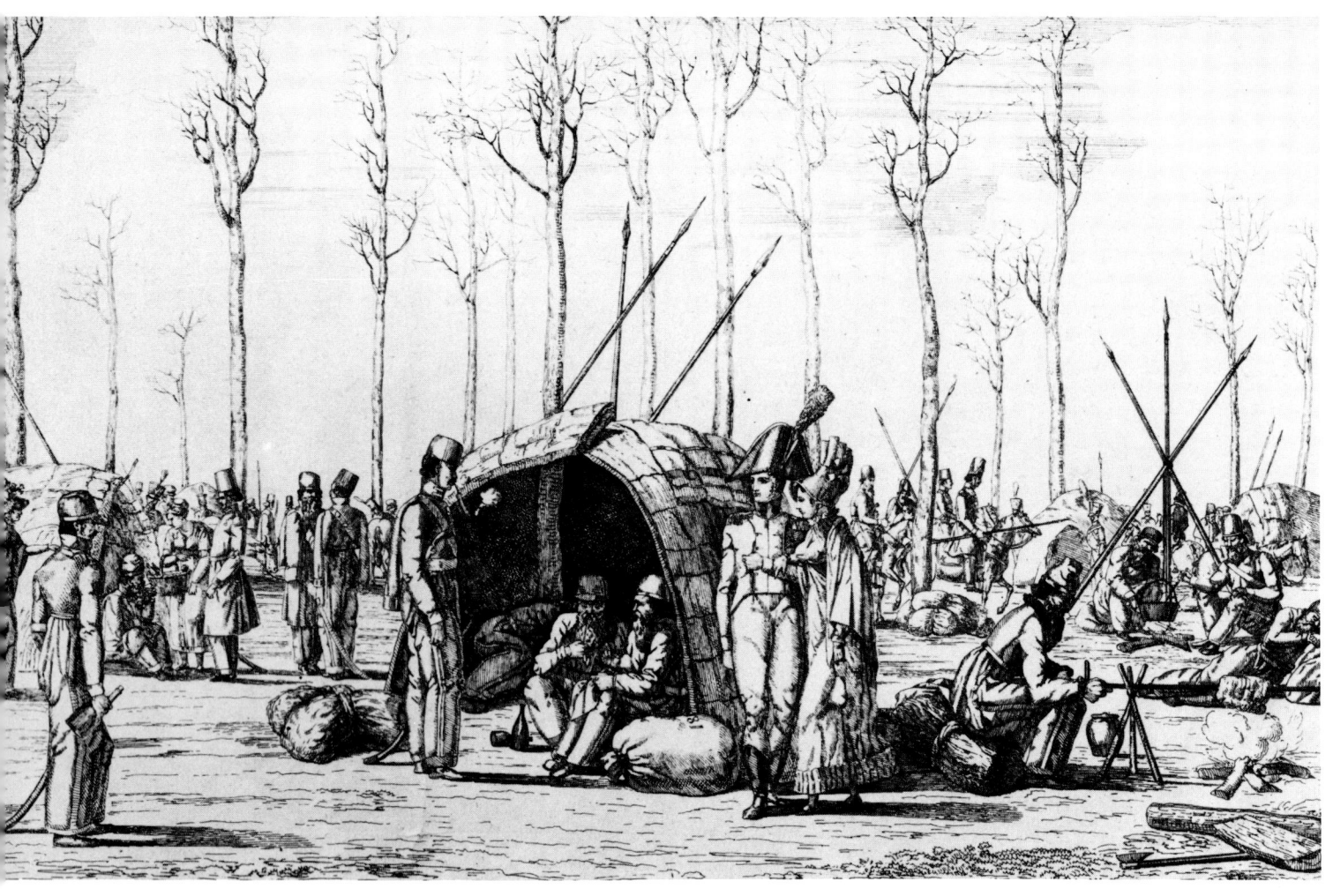

Biwak der Kosaken auf den Champs-Elysées, 31. März 1814

Paris ist nun von Feinden besetzt, aber dank der Künste Talleyrands und der fast zärtlichen Nachgiebigkeit des Zaren sind es kaum noch Feinde, sondern schon wieder halbe Freunde. Nur mit Blücher und seinen Preußen ist nach wie vor nicht gut Kirschen zu essen, die Demütigungen, die ihnen die Franzosen seit den Tagen von Jena angetan haben, haben gar zu tiefe Spuren hinterlassen. Der Zar hat bei Talleyrand Wohnung genommen; mit Mühe gelingt es ihm, den Grimm des preußischen Haudegens zu dämpfen, der seine Rachegelüste in Punsch und Tabak erstickt und im Palais Royal seiner Leidenschaft für das Kartenspiel frönt.

Die fremden Truppen in Paris sind nicht nur eine Last, sondern auch eine Sehenswürdigkeit. In den Alleen der Champs-Elysées biwakieren die russischen Hilfsvölker, die Kosaken, die Baschkiren und Kalmücken. Sie hausen dort wie in ihrer heimischen Steppe, und kein Pariser kann seiner Begleiterin ein interessanteres Schauspiel bieten als das Kampieren dieser Wilden mitten in der kultiviertesten Stadt der Welt.

Napoleon in Orgon

Der Weg nach Elba ist voller Bitterkeit. Die Reise läßt sich zunächst freundlich an, aber im Süden des Landes empfängt ihn Feindschaft. Die Bauern bedrohen ihn, er ist darauf nicht gefaßt und demütigt sich soweit, daß er erst die weiße Kokarde der Bourbonen und schließlich Uniformstücke der alliierten Begleitoffiziere anlegt. Mit einer preußischen Mütze auf dem Kopf kommt er zur Küste.

In Elba spielt er die Komödie des souveränen Herrschers, der glücklich ist, unter seinen Untertanen zu weilen. Kaum hat er den Fuß auf das Eiland gesetzt, als er auch schon anfängt zu regieren. Er besichtigt, inspiziert, baut den Hafen aus, legt eine Wasserleitung an. Er tritt mit Würde, ja mit Majestät auf, so daß niemand Lust hat, über die Kleinheit seines Reiches zu spötteln.

Ankunft Napoleons auf der Insel Elba

Karikatur auf die Rückkehr Napoleons von Elba

Zehn Monate hat Napoleon es auf Elba ausgehalten, dann wird der Wunsch, das Glück noch einmal zu versuchen, übermächtig. Er hat rege Verbindung mit Frankreich aufrechterhalten und weiß daher, daß es den Bourbonen nicht geglückt ist, sich fest in den Sattel zu setzen. Zwar ist die Bevölkerung zufrieden, daß die Zeit der Kriege vorüber zu sein scheint; aber die Revolution ist nun einmal ein Teil ihres Lebens gewesen, und auch die, die unter ihr gelitten haben, wollen von ihr nichts hergeben. Es ist die Tragödie der Restauration, daß sie nicht versteht, wie sehr dies Frankreich von Danton, von Robespierre und von Napoleon umgeformt worden ist. So erscheinen uns selbst die klugen Männer der Restauration als Dummköpfe. Gerade das, was man nicht gewollt hat, geschieht: die soziale Gereiztheit, die Empfindlichkeit gegen wirtschaftliche Ungerechtigkeiten wachsen sprunghaft. Eine Art unterirdischer Klassenkampfstimmung macht sich bemerkbar und färbt auch auf Napoleon ab. Er braucht nicht einmal Blitze zu schleudern, über Nacht ist er da, und Ludwig, der auf dieser Karikatur auf einem Esel namens Blacas reitet, ruft verdutzt aus: „Er läßt mir nicht einmal Zeit, mich umzudrehen."

Napoleon und Oberst La Bédoyère. Stich von Steuben

In vielen Dingen täuschte Napoleon sich, als er beschloß, wieder nach Frankreich zurückzukehren. Vor allem bedachte er nicht, daß die Häupter der Verbündeten noch in Wien versammelt waren und ihre Armee schlagbereit bei der Hand hatten. Aber in einem Punkt irrte er sich nicht: die Verehrung und Anhänglichkeit seiner alten Soldaten war noch lebendig. Mochten die Marschälle und alle, die er durch Ehren, Titel und Reichtümer verwöhnt hatte, auch in ihrer Treue wankend geworden sein, der einfache Grenadier sah in ihm nach wie vor einen Halbgott. Nur so ist die Leichtigkeit zu erklären, mit der Napoleon jede Einheit für sich gewinnt, die ihm entgegengesandt wird. Er tritt dem 5. Linienregiment mit ausgebreiteten Armen entgegen, und es ist gewonnen. In anderen Fällen braucht er nicht einmal seine Person einzusetzen; das 7. Regiment, das man ihm von Grenoble aus entgegenschickt, wird ihm von dessen Kommandeur La Bédoyère mühelos zugeführt. Die Begeisterung ist schrankenlos, sie grenzt an Hysterie und ist dazu angetan, in den Augen Napoleons die Schwierigkeit des Unternehmens zu verkleinern. Es ist der Frühling der neu entflammten Treue, des Verrats, der Fahnenflucht und der Liebe zur alten Fahne.

Die Flucht Ludwigs XVIII. aus Paris am 20. März 1815

Der Einzug Napoleons in die Tuilerien am 20. März 1815. Lithographie von Adam

Napoleon 1813.
Gemälde von Georges Rouget

Wir sind im Frühling 1815. Nie zuvor sind Gewissen und Gesinnungen eines Volkes mehr strapaziert worden wie in diesen Monaten. Des Volkes? Sagen wir lieber, der herrschenden Schicht, jener, die um ihre Ämter, Titel und Vermögen bangt. Denn nun gilt es, auf der rechten Seite zu stehen und nicht mehr dem Glück, sondern der kühlen Berechnung zu vertrauen. Das Volk hat es nicht leicht in dieser Zeitspanne, zwar ist es von der Geißel der militärischen Aushebungen befreit, aber das Land ist erschöpft; Handwerker, Arbeiter und Bauern haben von all den Umschwüngen so gut wie keinen Nutzen gehabt, und so ist es denn kein Wunder, daß sie sich auf ihre Hilfsmittel besinnen und sich langsam und schwerfällig ihrer Macht bewußt werden. Noch haben die großen historischen Bilder ihre Macht über die Einbildungskraft der einfachen Leute nicht verloren. Dem tränenreichen Abschied Ludwigs im Hof der Tuilerien („Seht doch, er trägt eine Dornenkrone!" ruft ein uralter Diener schluchzend aus) folgt die Ankunft des Kaisers, der auf den Armen die Treppe hochgetragen wird. „Ich habe den Herrn gesehen!" stammelt ein weinender Zuschauer. Napoleon ist wie betäubt, er hält die Augen geschlossen, die Legende hat ihn überwältigt. Das alles ist nicht mehr gesund, nicht mehr natürlich und müßte den großen Realisten stutzig machen. Aber er ist nicht mehr aus einem Guß, er vertraut nicht mehr nur seinen eigenen Kräften, sondern zählt auf die Mächte der Geschichte oder was er darunter versteht. Das Porträt von 1813 zeigt noch den Mann von einst, den harten Rechner, dem das Fett und die Schlaffheit der Jahre noch nichts anhaben können. Auch von Elba kommt er noch straff, aufblitzend und kraftvoll zurück. Aber diese wenigen Wochen in Paris bilden eine schwere Belastung für Leib und Seele. Der physische Typus, den er darstellt, ändert sich, der antike Kopf verliert seine Deutlichkeit und Härte. Die Welt hat ihn verlassen, zu viele Gefährten der frühen Tage sind abgefallen. Berthier hat in Bamberg Selbstmord verübt, Marie Luise ist ganz und gar im Gehege der Alliierten. O gewiß, Napoleon ist noch ein großer Mann, aber er tritt jetzt in die Zone des Leidens, er, dessen Beruf es war, die Welt leiden zu machen.

Noch fehlt es dem Kaiser nicht an Energie, aber die Zeichen der Aussichtslosigkeit mehren sich. Die Wirtschaftskrise spitzt sich zu, die Zahl der Arbeitslosen übersteigt die des Jahres 1811. Es ist ein bedeutungsvolles Zeichen, daß die drei ergebensten Mitarbeiter, die er jetzt findet, drei alte Feinde sind, nämlich sein Bruder Lucien, Carnot und Benjamin Constant. Der alte Carnot ist schon nach der Katastrophe von Leipzig zu ihm gestoßen. Den Triumphen und Ehren des siegreichen Kaiserreiches war dieser unbeugsame Republikaner fern geblieben, aber als die Verbündeten ins Land drangen, war er zur Stelle und verteidigte Antwerpen. Nun übernimmt er das Innenministerium und wird der uneigennützige Organisator einer verlorenen Sache, wie er einst der Organisator der Siege der Republik gewesen ist.

Der Schriftsteller Benjamin Constant, der geniale Interpret des Liberalismus, will beim Herannahen Napoleons, den er eben noch als „modernen Attila" angegriffen hat, aus Frankreich fliehen, läßt sich aber darauf ein, dem Wunsche des Kaisers nach einer Unterredung über Verfassungsfragen zu folgen. Dieser läßt sogleich erkennen, daß er nicht daran denkt, die Regierungsform des Kaiserreiches mechanisch wiederherzustellen. „Öffentliche Reden, freie Wahlen, verantwortliche Minister, Pressefreiheit? Das will ich alles. Will das Volk wirklich die Freiheit, so bin ich sie ihm schuldig." Napoleon will zeigen, daß er dazugelernt hat. Er will ein liberales Kaisertum. Constant erhält den Auftrag, einen Verfassungstext zu entwerfen. Das ist die berühmte Zusatzakte, mit der Constant dem Kaiserreich neues Leben einblasen soll.

Benjamin Constant.
Stich von Lederer

Linke Seite:
Lazare Carnot.
Porträt aus dem
Jahr 1815

Herzog von Wellington.
Gemälde von Francisco Goya

Rechte Seite:
Brief Wellingtons an Blücher
vom 16. Juni 1815

Das Kaiserreich ist der Friede! Mit dieser Parole ist Napoleon vor die Nation getreten, aber die Reaktion des Wiener Kongresses zerstört alle Illusionen. Der geflüchtete Ludwig XVIII. hat sich einstweilen in Gent niedergelassen und ist guten Mutes. Er ist herablassend, ja arrogant, als habe er soeben auf dem Schlachtfeld triumphiert. Jeden Nachmittag fährt er sechsspännig spazieren, von einem glänzenden Hof begleitet. Manchmal kreuzt sein Weg den des Herzogs von Wellington, der sich einst als Wellesley in Spanien unverwelkliche Lorbeeren mit seinen Siegen über Napoleons Armeen erworben hat. Nun ist der englische Herzog, der gern im Zivilrock ausgeht und den Regenschirm nicht scheut, mit seinen aufmarschierenden Truppen in Belgien. Wenn er sich in Gent sehen läßt und dem König begegnet, so erwidert dieser seinen respektvollen Gruß mit einem kaum merklichen Kopfnicken. Ja, diese Bourbonen, an ihrem Dünkel werden sie zugrunde gehen und mit ihnen die politischen Formen, an die sie sich wie verwöhnte Kinder geklammert haben. Wellington ist durch nichts aus der Fassung zu bringen, ein Musterbeispiel britischer Zähigkeit und Wortkargheit und doch von großer Passion für die politische Macht. Seine Gestalt ist es, die am Ende der Napoleonischen Ära steht. England wird ihn noch brauchen und dem „eisernen Herzog" in kritischen Zeiten die Führung der Regierung anvertrauen. Aber wenn er auch Europa zum militärischen Frieden verhilft, seinem Lande wird er den sozialen Frieden nicht geben können.

Sur les hauteurs derrière
Frasne le 16ᵇʳᵉ Juin 815
à 10 heures et demi

Mon Cher Prince

Mon Armée est située comme il
suit.

Le corps d'Armée du Prince d'Orange
a une Division ici et à quatre bras;
et le reste à Nivelles.

La Réserve est en marche de Waterloo
sur Genappe; ou elle arrivera à Midi.

La Cavalerie Angloise sera à la
même heure à Nivelles.

Le Corps de Lord Hill est à Brainl
le Comte.

Je ne vois pas beaucoup de
l'ennemi en avant de nous;

In Preußen ist seit zehn Monaten die allgemeine Wehrpflicht eingeführt, und das erschöpfte, aber keineswegs entmutigte Land stellt eine Armee von 250 000 Mann, die, von Blücher geführt, sich mit Wellington zu vereinigen sucht. Der Kaiser ist am 12. Juni zur Front abgereist. Ney hat sich nach qualvollen inneren Kämpfen zum Kaiser bekannt und wird es mit seinem Leben bezahlen. Marschall Soult, der eben noch Kriegsminister Ludwigs XVIII. war, nimmt die Stelle Berthiers ein, der in Bamberg Selbstmord verübt hat. Davout ist noch in Paris, er ist Kriegsminister und verwaltet sein hoffnungsloses Amt mit eiserner Strenge. Am 18. Juni gegen Mittag greift Napoleon die Armee Wellingtons an. Sie besteht aus Briten, Holländern, Belgiern und Hannoveranern. Die Franzosen stoßen mit furchtbarer Gewalt vor, besonders Ney kämpft mit solcher Verzweiflung, daß er seine Verbände unnütz gefährdet. Wellington bewahrt seine eiserne Ruhe, seine Infanterie ist nicht zum Wanken zu bringen. Gleichwohl fühlt er, wie kritisch die Lage ist. Es ist Nachmittag, und die französischen Sturmwellen sind noch nicht gebrochen. Er sehnt das Erscheinen der preußischen Verbündeten herbei.

Die Schlacht von Waterloo. Stich von W. Heath

Das Bataillon sacré bei Waterloo.
Lithographie von Denis Raffet

Linke Seite:
La Garde meurt et ne se rend pas.
Lithographie von Bellangé

Dieser Junitag des Jahres 1815 ist so sehr Legende geworden, daß es schwer ist, die Wirklichkeit noch zu gewahren. Waterloo ist die letzte Schlacht der Riesen. Noch viele Schlachten werden geliefert werden, noch viel unschuldiges Blut wird fließen, aber das Bett dieser Ströme ist nicht mehr von dem eisernen Griffel der Geschichte gezogen. Nach Waterloo erlischt der epische Glanz des Völkermordes. Die Frage: „Warum, wozu und für wen?" wird von nun ab nicht mehr verstummen. Der Mythos des Schlachtfeldes verliert seine Macht. Von nun ab wird das heroische Licht fahler und bleicher werden, und die Verantwortung vor den geplagten Völkern wird alle Glorie überschatten. Die schrecklich nutzlosen und doch großartigen Reiterattacken, die Ney gegen einen unbeweglichen, fast sturen Gegner führt, der Heldentod der alten Garde, die wohl fühlt, daß ihre Ära zu Ende geht, und das waffenstarrende Karree, das den Kaiser auf seinem Schimmel in seine Mitte nimmt, alles das erscheint von nun an nur noch für die Feder der Dichter und den Pinsel der Maler gemacht zu sein. Das Heldenlied ist aus, aber auch der falsche Götze des Heroismus gerät ins Wanken. Die Menschen wollen leben und fühlen sich nach so viel Opfern imstande, ihr Schicksal selbst in die Hand zu nehmen. Waterloo ist ein Ende, es ist ein großartiges Ende, es ist noch nicht die Befreiung der Menschheit, aber es ist der Beginn des Selbsterhaltungstriebs.

Der große Bildner Rauch hat auf dem Blücherdenkmal in Berlin ein Relief angebracht, das die preußischen Truppen auf dem Marsch nach Paris darstellt. Er gibt ihnen eine Schlichtheit, ja fast eine Unschuld, die uns ergreift. Dieses Preußen ist voll Zuversicht, es ist vom Hauch der Freiheit berührt, seine Jugend ahnt nicht, daß ihr König diesen Enthusiasmus als eine Belästigung, ja als eine Gefahr empfindet. Tatsache ist, daß das Auftauchen der Preußen die Schlacht bei Waterloo entschieden hat. Sie kamen spät, aber im richtigen Augenblick. Bülow umgeht den rechten Flügel der Franzosen. Die Brigade Hiller dringt in das Dorf Plancenoît. Pirch tritt aus dem Gehölz Frichermont, und die Husaren des Korps Zieten werden von den Vorposten der Engländer, Hannoveraner und Niederländer mit stürmischem Hurra begrüßt. Dem Herzog von Wellington fällt eine Zentnerlast von der Brust. Er verläßt das Karree, das ihn bisher beschützt hat, er tritt an den Rand des Höhenzugs. Dann nimmt er seinen Hut vom Kopf, schwenkt ihn und ruft seiner Infanterie, die im Hohlweg in Deckung liegt, das Kommando zu: „Go on!" Blücher und Wellington reichen sich am Wirtshaus Belle-Alliance die Hände, Gneisenau leitet die Verfolgung des geschlagenen Feindes bis in die Morgenstunden hinein. Das Lied ist aus.

Der Marsch auf Paris. Nach Christian Rauch

Der Text des nebenstehenden Briefes lautet:
„Altesse Royale. En but aux factions qui divisent mon pays et à l'inimitié des plus grandes puissance de l'Europe, j'ai terminé ma carrière politique et je viens, comme Themistocle, m'assoir sur le foyer du peuple britannique. Je me mets sous la protection de ses lois, que je réclame de votre altesse Royale comme celle du plus puissant, du plus constant, du plus généreux de mes ennemis." — „Als Gegenstand des Parteihaders, der mein Land zerreißt, und der Feindschaft der europäischen Mächte, beende ich meine politische Laufbahn. Wie Themistokles setze ich mich an den Herd des britischen Volkes. Ich stelle mich unter den Schutz seiner Gesetze, den ich von Eurer Hoheit als dem mächtigsten, dem standhaftesten und großherzigsten meiner Feinde erbitte."

Rechte Seite: Brief Napoleons an den englischen Prinzregenten, den späteren König Georg IV., vom 13. Juli 1815

Altesse Royale, en butte aux factions qui divisent mon pays et à l'inimitié des plus grandes puissances de l'Europe, j'ai terminé ma carrière politique et je viens comme Thémistocle m'asseoir sur le foyer du peuple Britannique. Je me mets sous la protection de ses lois que je réclame de Votre Altesse Royale comme du plus puissant, du plus constant et du plus généreux de mes ennemis.

Rochefort 13 Juillet 1815

Napoléon

Napoleon geht an Bord der Bellerophon, in der Nacht vom 13. auf den 14. Juli 1815. Stich von Beaugan

Wozu noch den letzten Etappen dieses historischen und menschlichen Dramas in seinen Einzelheiten folgen? Napoleon ist kein Mann des Leides, er ist kein Christ, für ihn gilt nur Sieg oder Niederlage, Erfolg oder Scheitern. Die letzten Jahre seines Lebens sind schrecklich. Dieser Mann der Tat, der stets die Umstände ausgenützt und sich um das Leid seiner Mitmenschen wenig gekümmert hat, gleitet nun in den Schatten des Leidens. Er ist von allen Menschen verlassen. Joséphine ist tot, Marie Luise hat ihn verleugnet, Fouché und selbst Davout drangen darauf, ihn loszuwerden. So geht er an Bord des britischen Kriegsschiffes Bellerophon. Ein Vorhang von Trauer, von tropischem Regen und von universellem Schuldgefühl geht vor diesem Schicksal nieder. Er hat die Menschheit geplagt, ja erniedrigt, aber er war auch eine ihrer Glanzleistungen. Man wird ihn immer verurteilen und immer stolz auf ihn sein. Die Welt hat ihn überwunden und wird doch nie aufhören, sich an ihm zu messen.

Noch einmal sehen wir ihn, aber er gehört nicht mehr zu uns. Der Verbannungsort, den die Briten ihm zugewiesen haben, die einsame Felseninsel Sankt Helena, reicht nicht mehr in unsere Welt. Im Hafen von Jamestown geht die Northumberland am 15. Oktober 1815 vor Anker. Der britische Admiral Cockburn macht dem Verbannten die Honneurs dieser kahlen Insel. Auf ihr wird der große Mann sterben, aber er stirbt nicht ohne Gegenwehr. Zwar ist er machtlos gegen die Schikanen der britischen Kerkermeister, aber niemand kann ihn hindern, auf diesem Felsen seine Legende zu gestalten. Der Sonnenmythos des großen Kaisers entsteht in der Enge und Bedrücktheit der Verbannung. Seine politische Macht ist gebrochen, aber seine Ausstrahlung tritt von hier aus ihren Siegeszug um die Welt an. Der Mann ist besiegt, der Genius macht sich auf, die Welt zu umkreisen und sie zu beunruhigen. Ein großer Mann ist ein öffentliches Unglück, hat ein chinesischer Weiser gesagt. Nun wird sein eigenes Unglück eine Kraft.

Napoleon auf der Insel St. Helena

Unterschriften Napoleons von 1792 bis 1816

Der Wille des Menschen gleitet von seinem Inneren in die Hand, die zu schreiben hat. Jede Signatur ist eine Kundgebung, sie spricht nicht nur vom Wesen des Schreibenden, sondern auch vom Augenblick, in dem die Feder angesetzt wird. Selbstsicherheit, Auftrumpfen, Behutsamkeit und Hochgefühl sprechen sich in diesen Signaturen aus den verschiedenen Jahren aus. Die Folge dieser Schriftzüge faßt noch einmal das Drama Napoleon zusammen. Madrid, Erfurt, Fontainebleau — welche Blitze, welcher Trotz, welche Zweifel und welche Selbstbesinnungen —, diese Folge von Signaturen ist ein Drama vom ersten bis zum fünften Akt.

*Der Wiener Kongreß.
Stich von J. Godefroy nach J. B. Isabey*

Der Wiener Kongreß (Oktober 1814–Juni 1815) dient der Liquidation von dreiundzwanzig Jahren Krieg. Seine Bedeutung ist nur noch mit den Beratungen, die zum Westfälischen Frieden führten, zu vergleichen. Die Verbündeten versuchen, Europa neu zu organisieren. Ihre Vertreter sind beauftragt, die Gebietsregelungen ohne Frankreich vorzunehmen. Aber Talleyrand reißt mit genialer Unverschämtheit die Führung der Verhandlungen an sich und vertritt einen „vernünftigen" Frieden. Er findet dabei die Unterstützung Metternichs; beide sind bestrebt, Preußens Anspruch auf Sachsen und Rußlands Anspruch auf Polen zunichte zu machen. Die Meinungen prallen gefährlich aufeinander. Das glänzende Gesellschaftsleben, das sich in Wien entfaltet („Der Kongreß tanzt", sagen die Spötter), genügt nicht, um die Meinungsverschiedenheiten zu verdecken. Wie ein Donnerschlag kommt die Meldung von Napoleons Landung in Frankreich. Nun sind alle Gegensätze vertagt. Nach Waterloo wird die Schlußakte in Wien unterzeichnet.

Die große Komposition von J. B. Isabey zeigt die Teilnehmer des Kongresses zwar konventionell angeordnet, aber in vorzüglichen Porträts. Das scharfe Profil am äußersten linken Rand des Bildes gehört Wellington, vor ihm auf dem Stuhl sitzt Hardenberg. Nicht weit von ihm steht schlank und elegant Metternich, der mit seinem linken Arm Nesselrode berührt. Lässig, den linken Arm über der Stuhllehne hängend, sitzt Castlereagh. Mit hochnäsiger Grandezza thront Talleyrand am Kopfende des Tisches. Genau über ihm erblickt man Gentz. Links von diesem steht Humboldt.

Frankreich kommt im zweiten Pariser Frieden, der dem Wiener Kongreß ein Ende macht, glimpflich davon. Es wird im wesentlichen auf seine Grenzen von vor der Revolution zurückgeführt. In Deutschland bleiben die geistlichen Herrschaften abgeschafft. Von den zahllosen Kleinstaaten, die Napoleon aufgelöst hat, werden nur sieben wiederhergestellt und bilden einen deutschen Bund mit Frankfurt als Hauptstadt, dem Österreich vorsitzt. Zufrieden ist niemand, weder die Herrscher noch die Staatsmänner, am wenigsten die Völker. Es ist eine Unzufriedenheit, die dem 19. Jahrhundert schwer zu schaffen macht.

313

Von der Restauration zum Klassenkampf

Nach Waterloo ist Frankreich dreiunddreißig Jahre lang sich selbst überlassen. Es ist eine widerspruchsvolle und fruchtbare Zeit, denn sie führt den Beweis, daß die sogenannte Restauration, also der Versuch, die alten Zustände wieder herzustellen, ein Unding ist und keine Lebenskraft besitzt. Das Bestreben, die Monarchie noch einmal zum alten Leben zu erwecken, führt zu ihrem endgültigen Tode. Niemals hat der monarchische Gedanke, der sich nach dem Sturz Napoleons wieder erhob, sich so radikal selbst ad absurdum geführt wie in dem Frankreich des beginnenden 19. Jahrhunderts. Es genügt nicht, einzelne Personen mit ihrer Verblendung und Verstocktheit für diesen Fehlschlag verantwortlich zu machen. Die Welt muß vielmehr nach Waterloo erfahren, daß eine politisch-geistige Strömung, mögen ihre Träger auch noch so radikal besiegt sein, unterirdisch weiterwirkt und das Denken der Zeit beeinflußt. Nichts im Leben der Völker, selbst wenn es tot, begraben und überwunden scheint, stirbt völlig; es lebt weiter, erst heimlich, in der Finsternis der Katakomben, dann öffentlich als Gegenstand der Bekämpfung und schließlich als Nebenfluß, der sich in den Strom der Zeit ergießt, ohne daß man noch unterscheiden kann, welches Gewässer zuerst da war. Mehr als fünfzehn Jahre hat Napoleon Europa regiert, und nun ist er wie eine untergehende Sonne hinter den fernsten Grenzen des Ozeans versunken. Mit ihm sind die prächtigen Schlachtenbilder und die Porträts der kriegerisch aufgeputzten Helden in den Hintergrund getreten. Der Durst nach Repräsentation und nach Ruhm wird geringer, und damit werden die Farben der Bilder matter. Der imperiale Faltenwurf hat die Pinsel in Bewegung gesetzt; nun wird das, was zur Schilderung drängt, nüchterner, bürgerlicher. Die Karikatur überwuchert die farbentrunkenen Staatsszenen, die leuchtenden Bildnisse und die schaumbedeckten Rosse.

Napoleon hat prächtig, aber wie ein Tyrann regiert und die Völker in sein Joch gespannt, und doch ist er ein Element der Freiheit gewesen, ja man muß sagen, daß seine Siege der Welt mehr Freiheit gebracht haben, als die Revolution dies vermochte. Er hat die Völker erweckt, er hat die Revolution nicht unterdrückt, sondern fortgesetzt. Die politische und soziale Entwicklung Europas ist durch Napoleon in Gang gebracht worden. Die Reform Preußens ist eine Wirkung des Eroberers. Die Abschaffung der Privilegien, der feudalen Rechte und die Beschränkung der absoluten Herrscherrechte ist von Napoleon in den von ihm besetzten Ländern erreicht worden. Mehr noch ist gegen oder ohne seinen Willen zustande gekommen. Das Nationalgefühl und der Wunsch, die Nationalitäten zu einigen, sind überall in der Welt zu politischen Gewalten gewachsen, in Italien, in Deutschland, in Holland, in Piemont und Venedig —, es ist, als ob die ganze Landkarte Europas unter seinem Einfluß zu leben und sich zu bewegen begonnen habe. Das Beben geht über die Ozeane und erregt die Völker Südamerikas, die unruhig von der Selbständigkeit träumen. Nie standen Licht und Schatten der Freiheit so eng beieinander wie in dem Augenblick, da die „Northumberland" ihn dem westlichen Erdkreis entrückt und er in das Nichts einer leeren Welt tritt.

Die Restauration! Das Wort sagt sich so leicht hin —, aber was ist restauriert worden? Es fehlt keine Anstrengung, den gestürzten Königen ihre Kronen und den enteigneten Größen ihre Reichtümer und Vorrechte wiederzugeben. Restauration heißt die Wiederherstellung der alten Dynastie. Daß viele Leute darunter auch die Wiederherstellung der alten Verhältnisse verstehen, gibt diesem Zeitabschnitt seine Zweideutigkeit. Es ist die Zeit der Rache, der Säuberung, die bis zur Verschmutzung des öffentlichen Lebens getrieben wird, und der Dummheit. Es ist aber auch eine Zeit, die wahre Frömmigkeit zur Blüte bringt, die Künste gedeihen läßt, das politische Denken mit konstitutionellen Ideen bereichert und eine Ahnung von sozialen Pflichten keimen läßt. Das aufsteigende Bürgertum macht seine politische Lehrlingszeit durch, es beginnt, sich den Gedanken einer Volksvertretung und einer verantwortlichen Regierung anzueignen. Das Königtum sieht sich in die Notwendigkeit versetzt, eine Verfassung, die Charte, zu verkünden. Es ist eine kümmerliche Verfassung, da sie die parlamentarischen Rechte auf die wohlhabenden Kreise beschränkt. An die Stelle derjenigen, die durch Rang und Geburt privilegiert sind, tritt das Privileg des Besitzes. Aber diese Charte enthält Grundrechte, deren leichtfertige Verletzung der Herrschaft der Bourbonen das Leben kostet.

Der bornierte Versuch, alte und endgültig gestürzte Rechte wiederherzustellen, hat eine neue Form des Freiheitskampfes zur Folge. Das Bürgertum kämpft für die Freiheit, an der politischen Führung des Landes mitzuwirken. Männer wie Royer-Collard, Guizot, Thiers, Armand Carrel, Lamennais, Lamartine und Louis Blanc geben den Figuren von 1793 nichts nach, nur ist die Situation eine andere. Kein äußerer Krieg droht, kein Terrorist verwirrt das Spiel; und die Neigung des Bürgertums, seine materiellen Verhältnisse zu ordnen und seinen Wohlstand zu genießen, scheint jede radikale Lösung auszuschließen. Aber es gibt auch kluge Royalisten, die die Zeichen der Zeit erkennen. Chateaubriand ist ein höchst unbequemer Gefolgsmann der Monarchie, er versucht, ihren Vertretern die Augen zu öffnen. Es genügt nicht, die Verfassung zu achten, man muß auch den furchtbaren Minotaurus im Auge behalten, der in die unteren Schichten des sozialen Gefüges eindringt; das ist die Maschine, die aus den politisch so bequemen Handwerkern einen neuen sozialen Typ macht, der höchst unbequem zu werden verspricht, nämlich den Arbeiter. Dieser Dichter ist einer der wenigen Geister, der deutlich erkannt und ausgesprochen hat, daß jede politische Umwälzung eine soziale zur Folge haben muß und daß die Bildung der Industrie eine neue Welt nach sich zieht, in der die bisherigen Spielregeln der Politik nicht mehr ausreichen.

Die Restauration bringt die volle Freiheit der bürgerlichen Schicht, die politische wie die soziale Freiheit. Das erscheint zunächst als eine triumphale Errungenschaft und die eigentliche Vollendung der Großen Revolution, zumal da sich jetzt die Zungen der Dichter und Philosophen lösen, die Künste aufblühen und dem menschlichen Geist neue Felder sich erschließen. Aber das Licht dieser neuen Freiheit wirft neue Schatten. Es sind Schatten, die länger als ein Jahrhundert auf dem sozialen Leben der Welt liegen werden. Die Restauration mündet in das Bürgerkönigtum, ein hochkapitalistisches Regime, in dessen Atmosphäre die sozialen Gegensätze gedeihen. Es sind Gegensätze, die ihre genialen Sprecher finden. Das Land lebt nicht im Elend, aber das unbarmherzige Vordringen der Maschinenarbeit schafft eine fluktuierende Masse von Arbeitern, die ihre Interessen von denen der übrigen Nation abspalten und eine neue Form der Freiheit für sich in Anspruch nehmen. Es ist vor allem die Freiheit zur Koalition, das heißt zum beruflichen Zusammenschluß, der es ihnen ermöglicht, auf die übrige Gesellschaft einen Druck auszuüben und die Ausbeutung durch die bisherigen Machtgruppen zu verhindern. Die Zeitspanne von 1789 bis 1848 ist ein einziger Kampf um die Freiheit, nur wandelt diese Freiheit ständig ihre Gesichtszüge, und was noch vorgestern an ihr beglückend war, das ist heute drohend und morgen gefährlich. Mit einem Rausch, der das französische Volk zur Nation zusammenschmiedet, beginnt es, und mit der Spaltung der Nation in zwei Teile, mit dem Klassenkampf, endet es. So ist dies Drama mit seinem Licht und seinen Schatten ein Beweis dafür, daß es dem Menschen auch im Zustande der Freiheit nicht vergönnt ist, eine Gesellschaft zu bilden, die mit sich selber versöhnt ist. Aber es macht die Größe des Menschen aus, daß er nicht müde wird, nach dem Unerreichbaren zu streben.

*Karikatur
auf die zweite Rückkehr Ludwigs XVIII.*

Gewiß, Napoleon ist geschlagen, er ist in den Händen seiner hartnäckigsten Feinde, der Engländer; aber Europa ist weit davon entfernt, erlöst aufzuatmen. Die Franzosen sind verletzt, daß sie auf die sogenannten natürlichen Grenzen verzichten müssen, die Italiener sind enttäuscht, daß man ihr Streben nach Einigung nicht recht ernst genommen hat. Die Deutschen fühlen sich hinters Licht geführt, weil man ihnen liberale Verfassungen versprochen hat, die ihnen selbstverständlich verweigert werden. Ludwig XVIII. kommt in die Tuilerien zurück, aber es sind ausländische Truppen, die ihn wieder auf den Thron geführt haben.

Abschied eines Russen von einer Pariserin. Stich nach Carle Vernet

La Russe, ou les Alliés à Tivoli.

Die Alliierten in Tivoli. Zeitgenössischer Farbstich

Die Engländer in Paris.
Stich nach Carle Vernet

Daß der König gleichsam im Troß der Alliierten heimgekehrt sei, bleibt eine schwere Belastung seiner Regierungszeit. Einstweilen hat Frankreich die Sieger im Lande, Paris ist von den Verbündeten besetzt, und wenn die Russen auch keine Gelegenheit mehr gehabt haben, an dem Sieg über das „Ungeheuer", wie Napoleon einstweilen noch heißt, teilzunehmen, so sind sie doch wieder in Paris zu sehen, und es stünde den Parisern und vor allem den Damen schlecht an, den „Befreiern" ein mürrisches Gesicht zu zeigen. Carle Vernet hat mit seinem Zeichenstift sowohl die Russen wie auch die Engländer übel mitgenommen. Großmütig ist dieser Spott nicht, aber die Eigenliebe der Franzosen ist durch die Ereignisse nun einmal tief getroffen, und es ist ein altes Gesetz, daß dem Besiegten alles erlaubt ist.

Le Premier pas d'un jeune Officier Cosaque au Palais Royal.

Ein junger Kosakenoffizier im Palais Royal. Zeitgenössischer Farbstich

Der galante Kosak.
Stich nach Carle Vernet

Reizend sind auch die Farbstiche, auf denen die russischen Offiziere und Soldaten auf den Pfaden des Pariser Vergnügungslebens dargestellt sind. Ja, tanzen können diese Russen, wenn sie sich dabei auch ein wenig wie die Bären benehmen, und es gereicht dem jungen Offizier nur zur Ehre, daß er vor Scheu fast stirbt, sich von seinen erfahreneren Kameraden mit den liebenswürdigen und schön geputzten Freudenmädchen im Palais Royal zusammenbringen zu lassen. Die alte Vergnügungsstätte ist das Paradies der Besatzung; ihre Spielklubs, Restaurants, ihre Wirte, Wechsler und leichten Mädchen scheffeln das Geld. Der fremde Soldat muß tüchtig herhalten, er muß zahlen, bis seine Taschen leer sind, und obendrein wird er noch verhöhnt und wegen seiner wenig pariserischen Umgangsformen verlacht.

Ludwig XVIII. in seinem Arbeitszimmer.
Gemälde von François Gérard

Da sitzt der sechzigjährige König wieder in den Tuilerien in seinem Polsterstuhl, den er fast nie verläßt, da ihm das Gehen große Mühe bereitet. Er hat seit der Revolution ein Wanderleben geführt, Hamm in Westfalen, Blankenburg im Harz, Mitau in Kurland, Hartwell in England, alle diese Stationen hat er mit Gleichmut hinter sich gebracht und auch nie nur einen Augenblick den Zweifel daran zugelassen, daß er und nur er der rechtmäßige Herrscher Frankreichs sei. Nun ist er ein kranker Mann, die Geschäfte dieser Welt langweilen ihn schrecklich, und es ist ihm höchst widerwärtig, daß es ihm nicht erspart bleibt, als konstitutioneller Monarch mit einer Verfassung, der sogenannten Charte, zu regieren. Dem Rachedurst der Höflinge setzt der König nur eine abwehrende Handbewegung entgegen. Diese Leute wollen alles gemaßregelt wissen, was „damals" nicht emigriert ist, aber der König ist viel zu blasiert und müde, um noch einen konsequenten Haß aufzubringen, und er macht keinen Hehl daraus, daß die „Ultras", die königlicher sind als der König, ihn verdrießen. Die borniertе Arroganz der ihn umgebenden Höflinge duldet er mit leichtem Kopfschütteln, obwohl er weiß, daß die Zeiten sich geändert haben und daß diese Borniertheit eine Gefahr für die Herrschaft der Bourbonen darstellt. Nach Waterloo hat Ludwig es eilig gehabt, nach Paris zurückzukehren, denn er möchte die Sieger gern auf dem Thron empfangen. Fouché hat inzwischen alles glänzend erledigt, hat die Reste der napoleonischen Verwaltung liquidiert und die laufenden Geschäfte weitergeführt. Wellington und Blücher haben sich von Fouché überzeugen lassen, daß nur dieser das Land ruhig halten kann. Fouché bleibt also Polizeiminister und sorgt dafür, daß Talleyrand Außenminister wird. „O mein unglücklicher Bruder!" seufzt der König und unterzeichnet die Ernennungsdekrete. Dieser König ist weder stumpf noch eigensinnig, er ist sogar ein geistvoller und hochgebildeter Mann, den Klassikern ergeben und in seinem Herzen ein skeptischer Voltairianer alten Stils, aber er ist es müde zu streiten, und darum läßt er viel geschehen, was er für falsch und schädlich hält. Seine Regierungsmethode besteht im wesentlichen im Kopfschütteln, aber keine Einsicht in den Wandel der Welt kann ihm seine Überzeugung von der Heiligkeit seiner Rechte rauben.

Die schreckliche und erniedrigende Periode der Säuberung beginnt. „Rache" ist der Schrei der Überlebenden, Rache an allem, was dem gefallenen Tyrannen gedient oder ihm nicht widerstrebt hat. La Bedoyère, der als erster Offizier dem aus Elba kommenden Kaiser sein Regiment zugeführt hat, wird erschossen. Der Fall des Marschall Ney belastet das Gewissen Frankreichs bis zum Zerreißen. Er hat Verrat getrieben, aber was ist Verrat in der Periode stürzender Regime! Am 7. Dezember wird der große Soldat von der Pairskammer zum Tode verurteilt und unweit des heutigen Observatoriums standrechtlich erschossen. Das ganze Volk leidet diese Erschütterung mit. Am anderen Tag bringt der Ministerpräsident Richelieu ein Amnestiegesetz ein. Der Tod hat dem wackeren Ney den würdigsten und natürlichsten Ausweg aus seinen hoffnungslosen Verstrickungen eröffnet.

Marschall Ney im Gefängnis, Dezember 1815

Die Erschießung von Murat am 13. Oktober 1815

Murat, der pompöse und glanzvolle Kavallerieführer, der es zum König von Neapel gebracht hat, gehört auch in die lange Reihe der Verräter, aber sein Andenken genießt weniger Nachsicht als das Neys, weil er nicht die widerwillig ertragenen Bourbonen, sondern alle Welt verraten hat, ohne dabei einen wirklichen Erfolg zu haben. Murat war tapfer, aber eitel bis zur Dummheit und ganz in den Händen seiner ehrgeizigen Frau Caroline, der Schwester Napoleons. Sie verführte ihn, 1814 mit Österreich ein Bündnis zu unterzeichnen und damit auf die Seite der Feinde Frankreichs zu treten. Murat verlor sein Königreich an die verhaßten Bourbonen, die den Thron, dem sie so viel Schande gebracht hatten, wiedergewannen. Wäre Murat in seiner Jugend nicht in die Affäre des Herzogs von Enghien verstrickt gewesen, so wäre er vielleicht mit heiler Haut davongekommen. So fand er keine Unterstützung, als er versuchte, sein Königreich wiederzugewinnen. Er landete in Kalabrien, aber sein Streich mißglückte. Auf dem Marktplatz eines elenden kalabrischen Dorfes wurde er wenige Stunden nach seiner Landung standrechtlich erschossen.

Die Herzogin von Angoulême ist der Racheengel der Restauration. Wo sie erscheint, hört die Gemütlichkeit auf; selbst der König, ihr Onkel, hat Furcht vor ihr, er schließt seufzend seinen Horaz, wenn sie in sein Kabinett dringt, um neue „Maßnahmen" zu fordern.

Die hohe Dame, die entgegen dem äußeren Anschein noch nicht vierzig Jahre alt ist, hat ihre Kinderjahre im Gefängnis verbracht und mit ansehen müssen, wie man ihre Eltern, Ludwig XVI. und Marie Antoinette, zur Hinrichtung führte. Einige Jahre später wurde sie dann von der Republik gegen den ehemaligen Kriegsminister Beurnonville und andere revolutionäre Größen, die von Dumouriez an Österreich ausgeliefert worden waren, ausgetauscht und entging so dem blutigen Untergang ihrer Familie.

Sie ist die „Überlebende von Temple", ihr Gesicht und ihre Erscheinung sind von den tragischen Umständen ihres Lebens geprägt. Wenn sie mit männlichen Schritten daherkommt und mit ihren oft vom Weinen geröteten Augen eisig die Menschen mustert, als ob sie auf deren Händen Spuren vom Blut ihrer geköpften Familie suche, breitet sich ein Unbehagen aus, das auch den harmlosesten Leuten ein schlechtes Gewissen verschafft. Ihr verewigter Schmerz, dem nachzulassen sie nicht erlaubt, ist der Schreck aller Menschen, die mit ihr zu tun haben. Ihr Durst nach Rache ist unstillbar.

Sie ist mit ihrem Vetter Angoulême, dem ältesten Sohn des späteren Karls X., verheiratet. Sie übertrifft alle Mitglieder der Familie an Energie und verstocktem Eifer für die völlige Restaurierung der Vergangenheit.

Ihre reaktionäre Politik stützte sie auf die sogenannten Kongregationen, fromme Körperschaften, die einen militanten Katholizismus vertraten. Sie war für die von Ludwig XVIII. angestrebte Politik der Versöhnung ein unüberwindliches Hindernis.

Daß sie dem Andenken ihrer hingerichteten Eltern einen fanatischen Kult widmete, wurde als verständlich empfunden. Ihr bei den praktischen Auswirkungen dieses Kults zu widersprechen, war eine sehr heikle Angelegenheit. Ihr Schmerz war eine Art von Staatssache; er konnte nicht diskutiert werden und stellte sie gewissermaßen über das Gesetz.

Sie versuchte, aus dem Tag, an dem ihre Eltern hingerichtet wurden, einen kirchlichen Feiertag zu machen. Daß ihr dies nicht gelang, erhöhte nur ihre Verbitterung. Man hielt ihr vor, daß eine solche Einrichtung sich als ein regelmäßig wiederkehrender Vorwurf gegen die Nation ausnehmen würde. Sie entgegnete, daß das genau ihre Absicht sei.

Sie gefiel sich allzusehr darin, die Frauen derjenigen Männer des früheren Regimes, die der König in seinen Dienst genommen hatte, zu demütigen. Mit ihrem Haß auf alles, was mit Napoleon zusammenhängt, plagte sie den König derartig, daß er ihr eines Tages ungeduldig sagte: „Wenn Sie weiter insistieren, liebe Nichte, werde ich die Büste dieses Mannes auf mein Kaminsims stellen."

Ihre Aktivität war eine der größten Schwierigkeiten der Restauration und hat zum Sturz der Bourbonen und dem Abscheu gegen die klerikal gefärbte Reaktion wesentlich beigetragen. Aber man konnte sich ihrer nicht erwehren, denn sie war — wie Napoleon später von ihr sagte — „der einzige Mann in der Familie".

Die Herzogin von Angoulême.
Gemälde von Antoine-Jean Gros

Der Graf von La Valette war Adjutant des Kaisers gewesen und hatte dann das Postwesen geleitet. Bei der Rückkehr von Elba tat er alles, um dem Abenteuer zum Gelingen zu verhelfen. Er machte sich aus eigener Machtvollkommenheit wieder zum Generalpostmeister und bekam dadurch das ganze Nachrichtennetz in die Hand. Damit verschaffte er sich ein Mittel, auf die öffentliche Meinung einzuwirken. Nach Waterloo hatte er von den Bourbonen keine Gnade zu erhoffen. Er wäre hingerichtet worden, wenn seine Frau nicht ihre Kleider mit ihm getauscht hätte, was ihm ermöglichte, unerkannt zu entweichen.

Der Graf von La Valette bereitet die Flucht in den Kleidern seiner Frau vor

Die Jagd auf die Bonapartisten war erbarmungslos. Viele Offiziere, die ein strenges Urteil zu gewärtigen hatten, flohen mit ihren Familien aus dem Lande. Siedeln — das war der rettende Gedanke, in dessen Zeichen zwei in Abwesenheit zum Tode verurteilte Generäle, Lallemand und Lefebvre-Desnouettes, versuchten, eine soziale Utopie zu verwirklichen. Sie verschafften sich Land in Texas und wiesen es ehemaligen Soldaten zu, die dort Siedlungen anlegten wie Aigleville und Marengo. Die Spanier hemmten jedoch diese Ausbreitung und machten ihr schließlich ein Ende.

Aigleville in Texas.
Stich von Pomel nach Chasselat

Das Leben in den Jahren der Restauration ist weder glänzend noch übermäßig lustig. Die Hofgesellschaft ist höchst exklusiv, der Einfluß der Geistlichkeit ist stark und sorgt dafür, daß die von der Herrschaft des „Tyrannen" befreiten Leutchen nicht über die Stränge schlagen. Die politische Säuberung drückt auf die Stimmung. Es gibt zu viel Gedenktage, an denen alles schwarz geht, es gibt zu viel Aufforderungen an die Pariser, die Fehler der Vergangenheit zu bereuen und Buße zu tun. Wenn sogar eine harmlose Schauspielerin, wie in früheren Jahrhunderten, plötzlich kein kirchliches Begräbnis mehr finden kann, dann ist Übermut nicht am Platze.

Tanzbild:
Mademoiselle Buse und Monsieur Corset

Schon damals Federballspiel

Das hübsche Tanzbild links zeigt eine fast neckische Sittsamkeit. Die Füßchen werden so artig gehoben, die Männer sind so niedlich gelockt, und die Rüschen und Röschen an den Kleidern der Damen sind so züchtig, daß selbst ein Bischof oder eine Herzogin von Angoulême nichts beanstanden können. Wo sind die Zeiten, als Madame Tallien ihren prächtigen Körper so großzügig zur Schau stellte? Aber dafür gibt es etwas Entspannung beim Federballspielen, das vor der Revolution bei Hofe eifrig betrieben wurde und nun ein allgemeines, auch bei den Damen beliebtes Vergnügen wird. Es ist nicht anstrengend und läßt ein wenig von den verpönten Körperformen ahnen.

*Ankunft der Postkutsche.
Gemälde von Louis-Léopold Boilly*

Die „Ankunft der Postkutsche" ist eines der bekanntesten Bilder von Louis-Léopold Boilly, eines Künstlers, der die sogenannte Genre-Malerei auf eine erstaunliche Höhe brachte. Auf dem farblich sehr schönen Bild ist eine Alltagsszene mit allen Details zusammengedrängt. Die Darstellung ist gleichsam komplett, nichts ist übergangen, Abschied, Wiedersehen, Trennung und Vereinigung, alles wird auf den verschiedenen sozialen Stufen wiedergegeben. Die Einzelheiten der Kleidung, der Gepäckstücke, Bündel und Decken sind sorgfältig ausgeführt, so sorgfältig, daß des Betrachtens kein Ende werden kann. Rührende Familienszenen, verliebtes Idyll, Enttäuschungen und Hoffnung auf gute Geschäfte, nichts fehlt, was zu jeder Ankunft gehört, wenn der Postwagen von weit her kommt. Wie reizend ist das hübsche junge Mädchen rechts vorne, das sich schwärmenden Blickes mit dem eleganten jungen Mann unterhält. Wie verzückt starrt die kleine Obstverkäuferin auf der linken Seite den präch-

tigen jungen Offizier an. Alles Leben ist in einen Hauch von Harmlosigkeit und Bravheit gehüllt. Das Schwert, auf das der bestaunte Offizier sich stützt, verrät, daß das Bild schon vor dem Sturz Napoleons, nämlich 1808, gemalt worden ist. Aber die soziale Ordnung, die auf ihm herrscht, reicht als Wunschbild weit in die Restauration hinein, ja führt in jene Welt, die wir Biedermeier nennen und die so vortrefflich die Spannungen verdeckt, die sich in der Gesellschaft des 19. Jahrhunderts bilden. Die Postkutsche ist freilich nicht nur ein romantischer Gegenstand, sondern auch ein Requisit von unerschöpflicher soziologischer Tragweite. Die Straßen Frankreichs sind seit der Revolution verkommen. Die ewigen militärischen Durchmärsche haben ihnen den Rest gegeben. Alle diese reizenden Leute, die aus der Postkutsche steigen, verschweigen diskret die blauen Flecken und Prellungen, die sie auf dem Weg nach Paris erlitten haben. Aber der Maler vertuscht auch die Wunden, die das Leben jedem Sterblichen zufügt.

Als Richelieu die Regierungsgeschäfte übernimmt, ist er fünfzig Jahre alt. Er ist der Enkel des berühmten Marschalls und hat jugendlich schöne Gesichtszüge, steckt aber voll von Skepsis, ja Blasiertheit. Er hat sich schon in den ersten Monaten der Revolution nach Rußland begeben, wo er die Stadt Odessa gegründet hat und Gouverneur von Südrußland geworden ist. Der Zar weiß um seine Verdienste und liebt ihn. Als Alexander Paris den Rücken kehrt, hinterläßt er dem Herzog eine Karte Frankreichs, in die alle territorialen Forderungen der Verbündeten eingezeichnet sind, die Frankreich nur dank dem Vertrauen, das Richelieu bei den Siegern genießt, erspart geblieben sind. Nun muß Frankreich den Vertrag vom 20. November 1815 erfüllen. Die Grenzen sind auf den Stand von 1792 zurückgeführt, zudem ist eine Kriegsentschädigung von 700 Millionen und eine Okkupation von fünf Jahren vereinbart. Die Besatzungsarmee ist 150 000 Mann stark. Die beispiellose Leistung Richelieus besteht darin, diesen Vertrag zu erfüllen und seinen Druck Schritt für Schritt herabzusetzen. Ein Erfüllungspolitiker größten Stils! Seine Ziele sind Abkürzung der Okkupation, Herabsetzung der Reparationen und baldige Gleichberechtigung. Um 1820 sind diese Ziele im wesentlichen erreicht. Richelieu hat das Geschwätz vom „gekreuzigten Frankreich" nie mitgemacht, er weiß, daß jedes Volk für die Abenteuer, die es seinen Führern gestattet, bezahlen muß. Diese nüchterne und gerechte Auffassung hat seinem Land unermeßliche Vorteile gebracht.

Armand-Emmanuel,
Herzog von Richelieu (1766–1822).
Gemälde von Thomas Lawrence

Bon voyage: Abzug der fremden Truppen.
Anonyme Lithographie

Im November 1818 verlassen die Besatzungstruppen auf Grund der Beschlüsse des Kongresses von Aachen das französische Gebiet. Die fremden Soldaten können endlich in ihre Heimat zurückkehren. Diese Okkupation war sicherlich eine bittere Last, aber sie war ein Kinderspiel im Vergleich zu dem, was die Franzosen zwanzig Jahre lang den Völkern Europas zugemutet hatten. Die Alliierten verlassen dies Frankreich, das ihnen so lange Unfrieden und Lebensgefahr bereitet hat, unter tausend Entschuldigungen. Frankreich wendet von nun an seine gesamten politischen und kulturellen Mittel auf die Führung des Beweises, daß ihm barbarisches Unrecht zugefügt worden sei. Es schuf seine Legende des ewig angegriffenen Landes, dem jedes andere Land Dankbarkeit schulde.

Ludwig XVIII.
empfängt die künftige Herzogin von Berry
im Wald von Fontainebleau
(15. Juni 1816).
Gemälde von Hippolyte Lecomte

Die Ermordung des Herzogs von Berry, des zweiten Sohnes des späteren Karl X., hatte eine große Wirkung auf die innere Lage in Frankreich. Auf diesem Mann, der mit einer neapolitanischen Prinzessin, Caroline, verheiratet war, ruhte die ganze Hoffnung der Dynastie der Bourbonen. An einem Februarabend des Jahres 1820 wollte er die Oper verlassen, um seine Frau nach Hause zu bringen, die sich nicht wohl fühlte. An der Wagentür stieß ihm ein Mann namens Louvel einen Dolch in die Brust. Er konnte nicht mehr transportiert werden und starb fünf Stunden später im Foyer der Oper. Er hatte seine beiden natürlichen Töchter, die aus seiner Londoner Zeit stammten, an sein Sterbebett kommen lassen und empfahl sie der Fürsorge seiner Frau. Sein Mörder erklärte höchst kaltblütig, daß er aus Haß gegen das Geschlecht der Bourbonen gehandelt habe, das so viel Unglück über das französische Volk gebracht habe und durch seine Tat endlich ausgerottet sei. Er täuschte sich, denn Caroline brachte einige Monate darauf ein Kind zur Welt, den Herzog von Bordeaux, der sich später Graf von Chambord nannte. Das Attentat hatte zur Folge, daß die Reaktionäre neuen Auftrieb gewannen. Der Dolch Louvels, so riefen sie, sei eine liberale Idee gewesen.

Die Ermordung des Herzogs von Berry

Die Männer der äußersten Rechten haben die Dreistigkeit, den Ministerpräsidenten Decazes für die Ermordung des Herzogs von Berry verantwortlich zu machen. Der Bruder des Königs nimmt den gleichen Standpunkt ein. Das Attentat ist eine ausgezeichnete Gelegenheit, diesen verhaßten Günstling des Königs zu stürzen. Decazes, der erst Polizeiminister gewesen war, hatte den König bewogen, eine liberale Gesetzgebung einzuführen und das monarchistische System elastischer zu gestalten. Der König hatte für den schönen jungen Menschen eine persönliche Schwäche und konnte die tägliche Unterhaltung mit ihm bald nicht mehr entbehren. Er nannte ihn seinen „lieben Sohn" und ließ sich von ihm überzeugen, daß das Heil der Monarchie in der getreuen Anwendung der Charte liege. Nach der Ermordung des Herzogs von Berry setzt ein Ansturm auf den König ein, daß er Decazes entlassen solle. Lange widersteht der König mit der Versicherung: „Seine Politik ist die meine", dann wird Decazes selbst der Hetze müde, er tritt freiwillig zurück und nimmt das Amt des Botschafters in London an. Der König macht ihn zum Herzog. Er legt seinen Posten bald nieder und zieht sich in das undurchdringliche Schweigen des Privatlebens zurück.

Elie Decazes (1780–1860)

„Tu reviens en lui."
Volkstümlicher Stich zur Geburt
des Herzogs von Bordeaux

Rechte Seite:
Die Herzogin von Berry.
Gemälde von François Gérard

Das „Kind der Vorsehung" wird der nach der Ermordung seines Vaters, des Herzogs von Berry, geborene Knabe genannt, denn er bewahrt die Dynastie vor dem Erlöschen.

Die Mutter des Kindes, Caroline, war die Tochter des Königs Ferdinand I. von Neapel und genoß als Mutter des zukünftigen Thronfolgers zunächst große Achtung. Sie war nicht gerade schön, aber anmutig, eine temperamentvolle, bräunliche Neapolitanerin, dem geselligen Vergnügen ergeben, mit Sinn für die Kunst und überwiegend lustiger Gemütsart. Ihre Erziehung ließ zu wünschen übrig; niemand hatte ihrer Neigung zur Unordnung gesteuert, und sie entwickelte sich bald zu einer recht exzentrischen Dame, die sich theatralisch zu kostümieren liebte und nach aufregenden Geschehnissen lechzte.

Sie folgte ihrem Schwiegervater Karl X. ins Exil nach Schottland, aber die strenge nordische Luft vermochte nicht ihren Tatendrang zu besänftigen. Quicklebendig und auf Sensationen erpicht, verband sie den Eifer für die Thronansprüche ihres Sohnes mit der Lust, in der Welt herumzureisen und Verschwörungen anzuzetteln.

Sie hatte den Kopf voller Abenteuer, die nicht alle von politischer Art waren. Sie machte später ihrer Familie viel Kummer und erbrachte auf tragikomische Weise den Beweis dafür, daß der weiblichen Natur für die Teilnahme an den Händeln dieser Welt Grenzen gesetzt sind.

Wer die Zeit der Restauration anschaulich machen will, kann dem Wunsche, Bilder von Boilly zu zeigen, schwer widerstehen. Seine Darstellungen alltäglicher Szenen bieten einen einzigartigen Durchschnitt durch die Pariser Bevölkerung und tun mit Nachdruck dar, daß die Zeit nicht nur aus Königen, Staatsszenen und repräsentativen Vorgängen besteht, sondern auch aus dem, was das „Volk" treibt, wie es sich kleidet und wie es sich vergnügt. Darin liegt nicht die mindeste Demagogie und keine Spur von Aggressivität, aber man gewahrt doch, daß sich neue Figuren auf dem Theater der Zeit Geltung verschaffen und ebensogut gemalt zu werden verdienen wie die Federhüte und goldglitzernden Uniformen und die lackierten Karossen. Im Theater Ambigu-Comique wird eine Gratis-Vorstellung gegeben, der Andrang ist gewaltig, das kleine Theater wird schnell gefüllt sein, und darum gilt es, ohne viel Rücksicht zu drängen, mögen dabei auch die Schwächeren übereinanderpurzeln. Man sieht, daß das ungeduldige Publikum meist aus Handwerkern und kleinen Leuten besteht, aber der Maler vergißt auch dieses Mal nicht, ein reizendes junges Paar, links vorne, anzubringen. Diese eleganten jungen Leute wohnen offenbar der Szene nur als Beobachter bei.

Das künstlerische Leben machte eine Lockerung durch, die ihm zu einer fühlbaren Entfaltung verhalf. Nicht etwa, daß die Bourbonen großzügiger gewesen wären als Napoleon. Dazu war allein schon der kirchliche Einfluß zu stark. Aber die rein politischen Aufgaben, die den Künsten unter dem Kaiserreich zugewiesen waren, schrumpften zusammen. Die Restauration war parteilich bereits schon so gespalten, daß niemand da war, der der Malerei, der Literatur und dem Theater eine staatsbürgerliche Erziehungstendenz hätte aufzwingen können. Ludwig war kein ungebildeter Mann, aber er betrieb seine geistige Beschäftigung, wie er ausdrücklich sagte, „zu seinem Vergnügen". Er ließ Oper und Ballett gehen, wie sie wollten, und das bekam diesen beiden nicht schlecht. Es war die Zeit der großen Triumphe von Virtuosen und „Stars", deren Namen heute noch nicht vergessen sind. Maria Taglioni, die unter Gustav III. Ballettmeisterin der Stockholmer Oper gewesen war, wurde in Paris die nobelste Verkörperin der reinen Ballett-Tradition. Sie bestimmte für Jahrzehnte den Stil der klassischen Tanzkunst und feierte in Paris märchenhafte Triumphe. Eine ähnliche Magie übten nur noch einige Sängerinnen aus, die Pasta und die Malibran.

Linke Seite:
Freier Eintritt in das Theater Ambigu-Comique.
Gemälde von Louis-Léopold Boilly

Maria Taglioni. Gemälde von Ary Scheffer

*François J. Talma.
Stich nach François Gérard*

Talma war der größte Schauspieler seiner Zeit, aber seine Laufbahn ging während der Restauration schon ihrem Ende zu. Gleichwohl überhäufte das Publikum ihn mit überschwenglicher Gunst. Seine Schwierigkeit bestand nicht darin, daß sein Talent ihn im Stich ließ, sondern daß der Theaterstil sich mit der aufsteigenden Romantik völlig änderte. Talma war schon früh mit Napoleon befreundet gewesen und hatte sich dessen Zuneigung zu bewahren gewußt. Er war einer der letzten Männer, die den gestürzten Kaiser vor seiner Abreise nach Sankt Helena sprachen. Daß er Napoleon die kaiserliche Haltung einstudiert habe, ist eine Legende. Er hat höchstens an der Inszenierung einiger großer Zeremonien beratend mitgewirkt. Dagegen hat der Kaiser ihm in stundenlangen Auseinandersetzungen zu erklären versucht, wie man den Cäsar und andere Herrscherfiguren spielen müsse. Seine letzten Rollen waren der Leicester in der „Maria Stuart" von Lebrun und der Karl VII. in der Tragödie gleichen Namens von Delavigne. Einige Tage nach der Aufführung des letztgenannten Stückes starb er (1826).

Die französischen Bildtapeten überdauerten die großen Umwälzungen der Revolution und des Kaiserreichs ohne Mühe und wiesen auch unter der Restauration wieder die Merkmale auf, die sie berühmt gemacht haben, vor allem das satte Blaugrün des Laubes und das zarte Himmelsblau, in dem gewöhnlich eine goldene oder graue Wolke schwimmt. Köstlich ist die Buntheit der Kostüme, die den Tapeten einen heiteren Realismus gibt. Hier sehen wir eine kleine Komödie im Freien, das Theaterchen ist auf der Esplanada aufgebaut, die durch die goldene Kuppel des Invalidendoms prächtig abgeschlossen wird. Das lustige Stück zeigt Harlekin in einer lächerlichen Situation; ein martialischer Sergeant versucht ihm militärische Griffe beizubringen, offenbar ohne Erfolg. Das Thema des dummen Rekruten, an dem der Feldwebel seine Überlegenheit demonstriert, wird noch lange das Lieblingsthema der volkstümlichen Posse bleiben. Allerdings wird sie selten in einen so bezaubernden Rahmen gestellt wie auf dieser Bildtapete, die vielleicht von Dufour entworfen worden ist.

Pariser Volksfest. Bildtapete

Eine Prozession der Missionen in Frankreich

„Thron und Altar", diese Parole entstand in den Reihen der sogenannten „Ultras", die den scharfen reaktionären Kurs steuerten und die Kirche in den Dienst ihrer Politik zu stellen versuchten. Die sogenannten Kongregationen hatten ihren Ursprung in einer schon zur Zeit des Konsulats gegründeten karitativen Organisation, die bald in alle Kreise und Einrichtungen eindrang. Man schrieb ihnen eine Macht zu, die sie vielleicht gar nicht besaßen. Da sie aber als Geheimbund auftraten, lieh man ihnen einen verschwörerischen Impuls. Chateaubriand nannte sie „diese Bünde von Heuchlern, die meine Dienerschaft in Spione verwandeln und am Altar nur die Macht suchen". Die Bevölkerung übertrieb ihre Tätigkeit, weil man sie oft mit den sogenannten Missionen gleichsetzte, einer amtlich gebilligten kirchlichen Einrichtung, die es sich zur Aufgabe machte, die Franzosen stärker an den Katholizismus zu binden. Der Übereifer der Missionen fügte der wahren Religiosität großen Schaden zu. Die Missionare zogen predigend von Ort zu Ort, veranstalteten gewaltige Prozessionen und nötigten selbst die Truppen, an Aufzügen mitzuwirken, bei denen von den Soldaten ein riesenhaftes Kruzifix getragen wurde. Übertreibungen dieser Art, die auf die schlichten Gläubigen wie eine Blasphemie wirkten, klangen nur in dem Maße ab, wie der politische Einfluß der äußersten Rechten sich verminderte.

Der Vicomte de Bonald ist einer der bedeutendsten Ideologen der Restauration. Die bourbonische Reaktion hat keinen glänzenderen geistigen Verfechter gehabt als ihn, der eine religiöse und patriarchalische Gesellschaftslehre verkündet hat. Das Individuum erscheint ihm von vorneherein als bindungslos und verdient schärfstes Mißtrauen. Seine Lehre von der Sprache als einer direkten Gabe Gottes ist originell und kühn und hat reiche Früchte getragen. Mit de Maistre und Montlosier bildet er die stärkste schriftstellerische Stütze der Restauration. Er gehörte mit Chateaubriand zu den Gründern des „Conservateur", war aber von den liberalen Anwandlungen des Dichters frei. Während dieser aus Freiheitsgefühl ein Gegner der bourbonischen Politik wurde, zog Bonald den Rahmen seiner gesellschaftspolitischen Vorstellungen immer enger. Seine Verehrung der Autorität machte ihn selber zu einer Autorität des reaktionären Denkens.

Vicomte de Bonald (1754–1840).
Zeichnung von François-Josephe Heim

Die größte politische Schwierigkeit, mit der die Regierungen Ludwigs XVIII. und seines Nachfolgers, Karls X., zu tun hatten, war die Napoleonlegende, die sich der öffentlichen Einbildungskraft mehr und mehr bemächtigte. Diese Legende bezog ihre Dynamik aus dem einen Wort: Sankt Helena. Die Torheiten der Restauration und deren Versuch, die liberalen Strömungen in Europa aufzuhalten, machten aus dem Gefangenen auf der fernen Felseninsel eine Sagenfigur, die aus dem Freiheitsbedürfnis der Menschheit geformt war. Derselbe Mann, der als Diktator und Kriegsmann auf der Welt gelastet hatte, wurde nach und nach zum Idol der nach Selbstbestimmung und Volksregierung dürstenden Nationen. Niemand hat dieses großartige Paradox ergreifender formuliert als Heinrich Heine. Die Engländer begingen den Fehler, ihren Gefangenen ohne Großmut zu behandeln und ihm kleinliche Schikanen nicht zu ersparen. So wurde er langsam zu einem Märtyrer, der sein ganzes Genie jetzt, da ihm das Handeln verboten war, in die Aufregung der Phantasie der Welt setzte. Seine Frau hatte ihn verlassen, sein Sohn war ihm genommen worden. Seine Gesundheit begann ihn im Stich zu lassen. „Das Leiden fehlte meiner Laufbahn", sagte er mit einem Klarblick ohne Beispiel.

Bild oben und links:
Napoleon am Strand von St. Helena

Rechte Seite:
Anhang zum Testament Napoleons

avril le 16 — 1821 Longwood

Ceci est un codicile de mon testament.

1° Je désire que mes cendres reposent sur les bords de la Seine au milieu de ce peuple français que j'ai tant aimé.

2° Je lègue au comte Bertrand, Montholon et Marchand l'argent, bijoux, argenterie, porcelaine, meubles, livres, armes, et généralement tout ce qui m'appartient dans l'île de Ste Hélène.

Ce codicile tout entier écrit de ma main est signé et scellé de mes armes.

Napoléon

Annexé à la minute d'un acte de dépôt reçu par moi notaire à Paris, soussigné, aujourd'hui vingt six mars mil huit cent cinquante trois.

coté et paraphé par nous Président du Tribunal de notre procès verbal de ce jour Paris vingt six mars 1853.

Lebelloyum

Visé pour timbre à Paris 2e Bureau le vingt sept mars 1853 N° 39

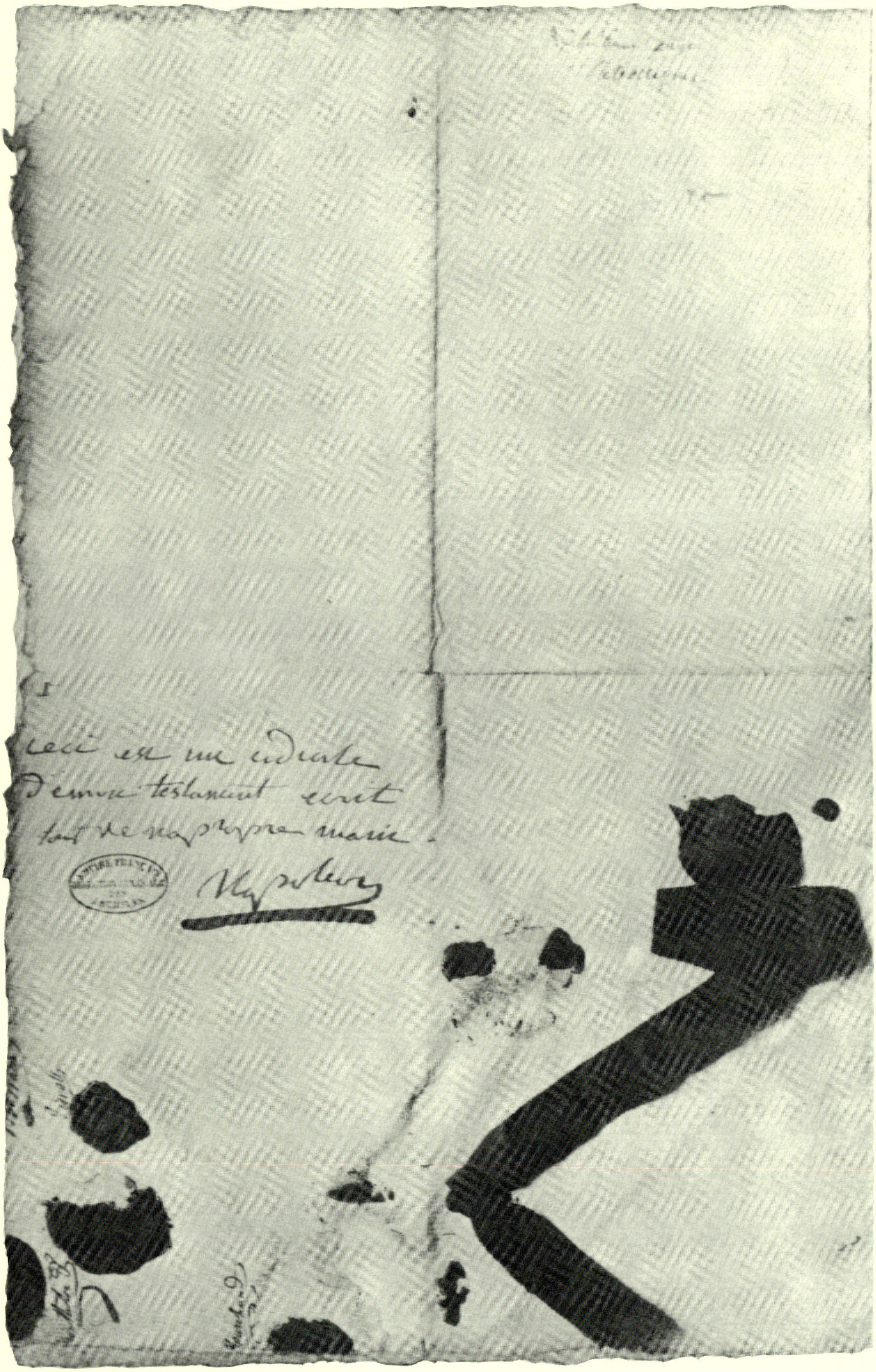

Ceci est une cédule
d'un mon testament écrit
tout de ma propre main
Napoléon

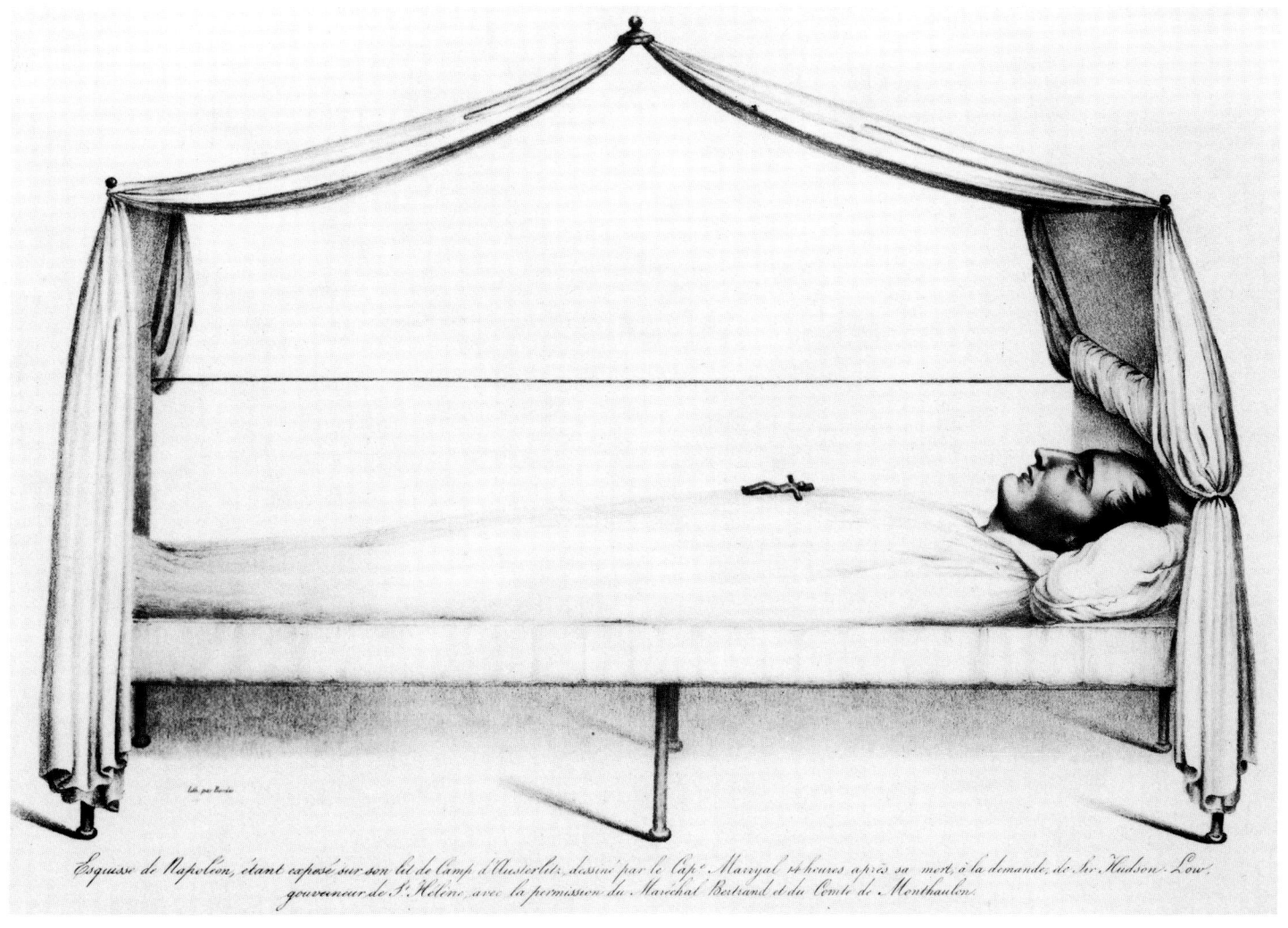

Napoleon auf dem Sterbebett. Gezeichnet von Kapitän Marryal, 14 Stunden nach seinem Tod

Er starb am 5. Mai 1821. „Spitze ... Armee", murmelte er im Todeskampf, während die Sonne im Ozean versank. Sein Diener deckte ihn mit dem Mantel zu, den er bei Marengo getragen hatte. Er wurde an einer Stelle begraben, die er gern auf seinen Spaziergängen aufgesucht hatte. Es war eine Gruppe von Trauerweiden, in deren Nähe eine kleine Quelle entsprang. Dort lag er, bis König Louis-Philippe ihn 1840 nach Paris überführen und im Invalidendom beisetzen ließ.

Seine Wirkung wuchs mit seinem Tode, nicht umsonst hat er die ganze Zeit seiner Gefangenschaft darauf verwandt, der Welt ein Bild von sich und seinen Taten zu geben, das ihm ein nie verblassendes Andenken sicherte. Das „Memorial", das er Las Cases diktierte, sein Testament und alle Aufzeichnungen, die er inspirierte, verwandelten sein Leben in ein vollendetes Kunstwerk. „Der Mann hat unseren Erdteil kommandiert, er kommandiert noch die Nachwelt." Bis zum letzten Atemzug wurde er nicht müde, sich selbst zu erklären, sein Wesen zu interpretieren und für die ihm richtig erscheinende Deutung seines Wirkens zu sorgen. Dies Streben ging oft in reine Propaganda über, wobei Retuschen, ja Fälschungen von ihm nicht gescheut wurden. Der Gefangene ordnete seinen Nachruhm wie eine Schlacht an und überließ nichts dem Zufall. Seine Legende wurde eine politische Macht ersten Ranges. Die soziale Unruhe ließ das Gefüge der Welt vibrieren, sie ergriff die Massen und verband sich mit dieser Legende. Die Veränderung der Welt wurde erst ein Traum, dann ein Ziel, und der große Veränderer, der die Völker auf sich selbst hingewiesen hatte, war dabei gegenwärtig.

Die Anhänger des Kaisertums, die ständig zunahmen, waren weniger von dynastischen als von sozialen und antiklerikalen Ideen getrieben. Eines ihrer wichtigsten Werbemittel waren das Flugblatt und der volkstümliche Bilderbogen. Hier sieht man die drei Etappen, das Gestern, Heute und Morgen. Das Gestern war des großen Mannes steiler Weg zum Ruhm. Er führt durch den Triumphbogen, der übrigens erst 1830 ganz fertig war, an der Vendômesäule vorbei zum Tempel des Ruhmes. Heute sitzt ein schwerfälliger König, umgeben von Höflingen und Pfaffen, auf dem Thron, der auf den Pfeilern der Heiligen Allianz ruht, während unten ein Geistlicher der Mission seine fanatische Predigt hält. Morgen aber wird alles wieder gut werden, denn die Göttin der Geschichte, oder wer diese üppige Dame auch sein mag, denn Marie Luise kann unmöglich gemeint sein, wird den kleinen Napoleon, der so hübsche Locken hat und die Uniform seines großen Vaters so würdig trägt, aus dem Gewölk der Legende ins Leben führen und Frankreich seine Größe und Würde zurückgeben. Einstweilen ist der arme Junge ein österreichischer Prinz mit dem Titel eines Herzogs von Reichstadt.

Gestern – Heute – Morgen.
Bonapartistische Karikatur

Napoleons Sohn wurde aller seiner Lebensmöglichkeiten durch die tyrannischen Forderungen der Weltpolitik beraubt. Da man ihn physisch nicht vernichten konnte, versuchte man ihn mit Gewalt zum Österreicher zu machen und alles, was ihn an seinen französischen Ursprung erinnern konnte, auszurotten. Von seiner Mutter sah er wenig, sein eigentlicher Kerkermeister war Metternich, der bemüht war, aus seinem Wesen alle Spuren zu tilgen, die sein Vater hinterlassen haben mochte. Metternich wollte jede Möglichkeit einer napoleonischen Restauration ausschalten und hoffte zu verhindern, daß sich an den Sohn noch je irgendwelche Hoffnungen auf die Wiederherstellung des Kaisertums knüpften. So stand der Knabe unter einem ständigen Druck. Er war sich seiner Herkunft wohl bewußt und wollte um keinen Preis „ein Deutscher" sein. Er machte seinem Erzieher viele Schwierigkeiten, denn er war rebellisch und heftig, aber auch begabt und voll Anmut. Erst spät fand er einen Freund in Anton Prokosch, zu dem er Zutrauen faßte. Er begann sich zu entfalten und seine Gaben zu zeigen, aber seine schwache Gesundheit verhinderte seine volle Reife. Er starb mit einundzwanzig Jahren, eine tragische aber sympathische Figur, ein Opfer der Machtpolitik von seinem ersten bis letzten Tage.

Der Herzog von Reichstadt.
Gemälde von Etienne Billet

Marie Luise ist sehr hart beurteilt worden, weil man ihr Verhalten als einen Verrat an Napoleon ansah. Aber auch sie war, ähnlich wie ihr Sohn, vor allem ein Opfer der Politik. Ihre ernsthaften Versuche, Napoleon im Unglück treu zu bleiben, wurden vom Wiener Hof vereitelt. Sie war schwach und unselbständig und ging sofort in die Falle, die Metternich ihr stellte. Er sandte ihr einen schmucken Husarengeneral und gab ihm Instruktionen mit, die zwar Achtung vor dessen Verführungskünsten, aber nicht vor dessen Ehrgefühl verrieten. Der Husar hieß Neipperg, und seine Mission war ein voller Erfolg. Die ehemalige Kaiserin wurde unverzüglich seine Geliebte, gebar ihm fleißig Kinder und heiratete ihn später. Napoleon hörte nie mehr von ihr. Sie verpflichtete sich, alle Briefe, die ihr Mann ihr schrieb, ungelesen dem Wiener Kabinett auszuliefern. Ihr Herz war nicht schlecht, aber aus so geringem Stoff gemacht, daß es auch der kleinsten Drohung und Verführung nicht standhielt. Sie blieb das, was sie immer gewesen ist, eine Frau, die nicht nein sagen konnte. In der Napoleon-Legende macht sie eine sehr schlechte Figur, aber das ist ungerecht, denn sie war der Belastung, die das Schicksal ihr auferlegte, einfach nicht gewachsen. Keinem Historiker ist es gelungen, aus ihr eine ebenbürtige Gefährtin Napoleons zu machen.

Marie Luise als Gräfin Neipperg.
Stich nach einer Zeichnung
von ihrer eigenen Hand

*Chateaubriand.
Zeichnung von Horace Vernet*

*unten:
Handschrift von Chateaubriand*

Napoleon hat unrecht gehabt, Chateaubriand zu den „Ideologen" zu zählen. Der Dichter strebt nach wirklicher politischer Macht, gleichgültig im Zeichen welcher Idee. Er hat – da der Monarchismus bei ihm ein Reflex der Treue und keine Doktrin ist – kein politisches System im Auge. Für ihn ist der Wechsel das oberste Gesetz der Welt. Völker und Männer sind im ewigen Zustand der Veränderung. „Ich mißbillige", so sagt er, „den Leitsatz, daß eher das Volk als ein Prinzip untergehen dürfe. In Sachen des Regierens sind alle Wahrheiten relativ und nicht absolut." Er gerät wider Willen in die Reihen der „Ultras", denn er ist alles andere als ein Reaktionär. Seine Schrift „Die Monarchie gemäß der Charte" ist, wie er selbst sagt, ein „Verfassungskatechismus". Er überwirft sich wegen dieser Schrift mit dem König und gleitet langsam ins Lager der Opposition. Aber er macht es niemandem recht. Er lebt im ständigen Konflikt von Aktion und Dichtung, von Politik und Romantik. Sein Ehrgeiz geht dahin, in die französische Politik die Elemente des britischen Parlamentarismus einzuführen. Ins zweite Kabinett Richelieu wird er nicht berufen, aber er bewegt Villèle, in die Regierung einzutreten, was den König veranlaßt, den Dichter wieder etwas milder zu beurteilen. Immerhin hat Ludwig seinen Ausspruch „Hüten Sie sich, je einen Dichter an die Staatsgeschäfte zu lassen" nie zurückgenommen. Chateaubriand bleibt königstreu bis ans Ende, aber seine Kritik an der Restauration wird ständig schärfer, und als die Regierung die Grundrechte beschneidet und vor allem die Pressefreiheit einschränkt, prophezeit Chateaubriand der Krone das größte Unheil.

Claire de Kersaint, Herzogin von Duras. Gemälde von François Gérard

Chateaubriands Neigung, seine weiblichen Freunde in den Dienst seines Ehrgeizes zu stellen, wurde von seinen Zeitgenossen bespöttelt. Es ist unbestreitbar, daß er von einer Gruppe von großen Damen umgeben war, die ihn anschwärmten und mit denen er nicht nur liebenswürdige Gespräche führte, sondern förmliche politische Konferenzen abhielt. Claire war mit dem Herzog von Duras verheiratet, der am Hof eine große Stellung einnahm. Sie betrachtete es als ihre Aufgabe, den Dichter zu protegieren und seinem politischen Ehrgeiz die Möglichkeit zur Entfaltung zu geben, und unternahm manchen Schritt zu seinen Gunsten. Er nannte sie stets seine „liebe Schwester" und zog damit grausam eine Grenze, die die schwärmende Frau gerne überschritten gesehen hätte. Aber sie blieb ihm eine kostbare, beständige Freundin, und sie war es, die seine Entsendung als französischer Gesandter nach Berlin erreichte, eine Stelle, die er lediglich als einen Warteposten betrachtete. In seinen Briefen aus Berlin drängte er sie, dafür zu sorgen, daß er auf den Kongreß von Verona entsandt werde, der die spanische Frage regeln sollte.

Comtesse de Castellane, geborene Cornelia Greffulhe

In der spanischen Angelegenheit spielt Chateaubriand, der inzwischen im Kabinett Villèle Außenminister geworden ist, eine widerspruchsvolle Rolle. Er treibt Frankreich zu einer Intervention, die dem König Ferdinand VII. die absolute Herrschaft wiedergeben soll. Er will also eine kriegerische Einmischung in die inneren Angelegenheiten eines fremden Landes, und diese Einmischung ist gegen die liberalen Elemente Spaniens gerichtet. Chateaubriand will den Krieg, weil er hofft, daß dieser „die Armee für immer an den König binden" wird. Der leichte Erfolg, der ihm vorschwebt, soll der innerfranzösischen Versöhnung dienen. Während die Truppen aufmarschieren, gibt der Herr Außenminister sich ganz seiner Passion für die junge Cornelia de Castellane hin. Diese bezaubernde Frau bringt ihn um Sinn und Verstand. Er versäumt Kabinettssitzungen, Audienzen, er sagt fremden Botschaftern ab, um mit ihr zusammen sein zu können. „Ich fürchte, du kannst meinen Brief kaum entziffern", schreibt er ihr, „nachdem ich allen Königen und Ministern Europas geschrieben habe. Meine Hand ist müde. Aber mein Herz ist wach."

*Die Franzosen vor Pomplona.
Lithographie von Adam*

*Ferdinand VII. von Spanien.
Gemälde von Francisco Goya*

Dieser Krieg gegen Spanien bringt einen leichten Sieg, aber er ist nicht nur überflüssig, sondern dem Ansehen Frankreichs auch schädlich. Er ist die letzte Tat der Heiligen Allianz, die es sich angelegen sein läßt, alle freiheitlichen Bestrebungen in Europa zu unterdrücken. In Neapel und Piemont wird der Absolutismus wiederhergestellt, in der Lombardei wird der Liberalismus grausam verfolgt, wobei der Spielberg in Mähren durch die Schrift Silvio Pellicos zu tragischem Ruhm gelangt. Es ist ein Flecken auf dem Ruhm Chateaubriands, daß er diesen unmenschlichen und obendrein sinnlosen Kampf gegen das Freiheitsgefühl der Völker unterstützt. In Spanien herrscht Bürgerkrieg, der Norden will Ferdinand VII. wiederhaben. Die französische Armee fand also, als sie am 4. April 1823 die Bidassoa unter dem Oberbefehl des Herzogs von Angoulême überschritt, viele Sympathien. Die Siege von Cadix und Trocadéro, ohne rechte Mühe gewonnen, reichten aus, um dem Herzog einen bescheidenen Kriegsruhm zu verschaffen. Ferdinand VII., der durch die französischen Waffen wieder zur absoluten Macht getragen worden war, nahm an den spanischen Liberalen barbarische Rache. Es gereichte den Franzosen zur Ehre, daß sie die Ausschreitungen eindämmten.

*Ludwig XVIII.
auf dem Balkon der Tuilerien
bei der Rückkehr der
französischen Truppen aus
Spanien.
Gemälde von Louis Ducis*

Auch kleine Triumphe müssen den Anlaß zu Repräsentationsmalerei in glühenden Farben abgeben. Am 2. Dezember 1823 wohnt König Ludwig auf dem Balkon der Tuilerien dem feierlichen Einmarsch der aus Spanien zurückkehrenden Truppen bei. Der Herzog von Angoulême, der diese Truppen geführt hat, küßt dem König die Hand. Links von diesem steht der Bruder des Königs, der Graf von Artois, der bald König Karl X. heißen wird. Das Bild gewährt den Ausblick auf die ganze Länge der Champs-Elysées, die durch den Triumphbogen abgeschlossen werden. Die Dame rechts vorn ist die Herzogin von Berry, die ihren kleinen Sohn auf dem Arm hält.

Ludwig XVIII. starb einige Monate später an einer Gangräne, die seine Beine buchstäblich am lebenden Leibe zerfallen ließ. Sein Bruder hielt als Karl X. am 27. September seinen Einzug in Paris. Das bei dieser Gelegenheit herausgegebene Blatt mit seinem liebedienerischen Text und seinen historischen Unrichtigkeiten trug als Überschrift „Der Unsterblichkeit entgegen". In Wirklichkeit ist er einer der unbeliebtesten Herrscher gewesen, die Frankreich je gehabt hat. Er war das Urbild der Träger der Restauration, von denen es hieß, daß sie nichts gelernt und nichts vergessen hätten. Sein Haß gegen alle modernen und freiheitlichen Regungen, die, wie überall, auch in Frankreich nach oben drängten, führten eine Katastrophe herbei, die der Dynastie ein Ende bereitete.

Graphisches Blatt zum Einzug Karls X. in Paris, 27. September 1824

Karl behielt zunächst Villèle als Ministerpräsidenten. Die Regierung erließ eine Reihe reaktionärer Gesetze, die in der Bevölkerung große Erbitterung hervorriefen, weil sie einige wichtige Errungenschaften der Revolution und des Kaiserreichs wieder zunichte machten. Das Gesetz gegen die Presse scheitert an Chateaubriand, der, seitdem er nicht mehr Außenminister ist, in der Pairskammer die Opposition anführt. Der König geht einstweilen mit diesem mächtigen Mann behutsam um. Karl X. ist ein stattlicher Herr von siebenundsechzig Jahren und hat mehr Charme, aber weniger Majestät als sein verstorbener Bruder. Er ist ein leichtfertiger Kopf, der die Folgen seiner Entschlüsse nicht durchdenkt. Seine Arroganz kennt keine Grenzen, seine politischen Gaben sind sehr gering, er ist überzeugt, daß sich alles wiederherstellen lasse, was vom Sturm der Geschichte hinweggefegt worden ist. Er ließ sich in Reims mit dem heiligen Salböl weihen und bestand darauf, die Zeremonie der Handauflegung zu vollziehen, durch die nach altem Krönungsbrauch die Kranken geheilt wurden.

*Karl X.
als Comte d'Artois
Gemälde von
François Gérard*

Die ersten gelungenen Staroperationen des Dr. Dupuytren erregten gewaltiges Aufsehen. Obwohl man am Hofe keine besonderen Interessen für geistige und wissenschaftliche Dinge hatte, ließ der König sich doch bewegen, das Krankenhaus zu besuchen, in dem Dupuytren wirkte, und der Abnahme des Verbandes bei einer am Star operierten Patientin beizuwohnen. Der König erweist sich auf diesem Bild als ein schlanker und eleganter alter Herr. Sein Sohn Angoulême, der ihn begleitet, ist ihm wie aus dem Gesicht geschnitten. Karl X. unterläßt es nicht, einen höheren Geistlichen bei diesem Besuch an seiner Seite zu haben, damit deutlich werde, daß die Wissenschaft selbst bei ihren größten Siegen über die Natur „nichts ohne die Hilfe des Schöpfers ausrichten kann".

Karl X. bei einer Staroperation, ausgeführt durch Doktor Dupuytren. Anonymes Gemälde

*Vorder- und Rückseite:
Kalenderblatt für 1827:
Die Rechte und die Linke*

Das Kalenderblatt zeigt vorne die drei wichtigsten Figuren der Rechten, Villèle, La Bourdonnais und Peyronnet; hinten die führenden Männer der Linken, Sébastiani, Constant und Périer. Die innerpolitische Lage hat sich verwirrt, die Minister werden auf den Straßen ausgepfiffen. Villèle ist töricht genug, die Nationalgarde aufzulösen, das Lieblingskind der Pariser Bevölkerung. Die Regierung ist in dieser Frage geteilt, neue Wahlen bringen ein Bündnis zwischen Chateaubriand, Royer-Collard und Guizot. Damit ist die Position Villèles unhaltbar geworden. Der König beauftragt indessen nicht, wie erwartet, Chateaubriand,

sondern Martignac, der maßvoll zu regieren gedenkt. Regierung und König haben Furcht vor Chateaubriand; um ihn loszuwerden, schickt man ihn als Botschafter nach Rom. In Paris geht die unterirdische Feindschaft zwischen Parlament und König in offenen Krieg über. Die Opposition, zu der der junge Thiers und der alte La Fayette gehören, hat die Gewißheit, daß Karl X. fest entschlossen ist, die Charte zu verletzen. Martignac wird durch Polignac ersetzt, der, wie er erklärt, seine politischen Ratschläge „von der Jungfrau Maria" empfängt. Eine nochmalige Wahl bringt zum Entsetzen Polignacs einen neuen Sieg der Opposition.

Während der König in Frankreich den Vormarsch des Liberalismus aufzuhalten sucht, brechen in den von den Türken beherrschten Teilen Europas schwere Revolten aus, die sich bald zu Unabhängigkeitskriegen entwickeln. Die Sache der Griechen beginnt, die ganze Welt zu entflammen. Ein Vermittlungsangebot der Großmächte wird von den Türken schroff abgewiesen. Ein von den Russen, Engländern und Franzosen aufgestelltes Geschwader legt sich auf die Reede von Navarino. Die Türken greifen an, es kommt zu einer vierstündigen Seeschlacht, in der die weit überlegenen Streitkräfte der Türken und Ägypter vollständig geschlagen werden. Der Sultan setzt jedoch die Feindseligkeiten fort und läßt es zu einer Schlacht zu Lande kommen, bei der er abermals unterliegt.

Die Seeschlacht von Navarino. Gemälde von Fréderic-Auguste Bouterwek nach Charles Langlois

Das Massaker auf Chios. Gemälde von Eugène Delacroix

Der griechische Unabhängigkeitskrieg erschüttert die Welt; er wurde das Symbol des Widerstandes gegen Unterdrückung und Barbarei und gab der Freiheitsidee des 19. Jahrhunderts einen neuen Akzent, der sowohl dem Nationalitätsgedanken wie den gebildeten Humanitätsvorstellungen zum Ausdruck verhalf. Überall entstanden die Ausschüsse der Philhellenen, die Geld für die Griechen sammelten, sie mit Waffen versorgten, Freiwillige anwarben und in Wort und Schrift für ihre Sache stritten. Es entstand eine ganze Dichtung, die den Freiheitskampf der Hellenen feierte, und Lord Byron war nicht der einzige erlauchte Geist in Europa, der bereit war, für diesen Kampf sein Leben in die Schanze zu schlagen. In Paris brachte der Ausschuß unter dem Vorsitz von Chateaubriand, Laffitte und La Fayette in kurzer Zeit mehr als 3 Millionen auf, dazu viele Freiwillige und Waffen. Lange Jahre mußten sich die Griechen mit Partisanenkämpfen und einzelnen Unternehmungen begnügen. Auf beiden Seiten wurde dabei mit erschreckender Grausamkeit gestritten. Bei der Einnahme von Tripolitza brachten die Griechen nicht weniger als 12 000 Muselmanen um. Die Antwort war das Gemetzel auf Chios, das als eine der größten Greueltaten in die Geschichte des 19. Jahrhunderts eingegangen ist. Die schöne und fruchtbare Insel wurde von den Türken grauenvoll verwüstet. Von ihren 90 000 Einwohnern wurden 23 000 abgeschlachtet und 50 000 in die Sklaverei verkauft.

Eugène Delacroix hat das Drama in einem seiner berühmtesten Bilder festgehalten. Es wurde im Salon von 1824 ausgestellt und sogleich vom Staate angekauft. Das Bild erregte ungeheures Aufsehen und trug nicht wenig dazu bei, die öffentliche Meinung für die Intervention der Großmächte zu gewinnen. Nie vorher war die kriegerische Roheit, war das Wüten der Soldaten gegen die unbewaffnete Bevölkerung mit einer solchen Leidenschaft gezeigt worden wie auf diesem Bild. Über die Leichenstarre der geschlachteten Opfer rast das halb irrsinnige Araberroß dahin, während der Reiter die erbeutete Frau durch diesen Tumult von Verzweiflung dahinschleppt, mit Verachtung auf die Gegenwehr seiner ohnmächtigen Opfer herabsieht und sein Krummschwert zieht, um dem lästigen Widerstand des Menschengewürms ein Ende zu machen. Der furchtbare Krieg dauerte noch Jahre, auch der Seesieg der Großmächte bei Navarino beendet ihn nicht. Erst die Landung der Franzosen in Morea und die Einmischung der Russen vermochten den Sultan zum Frieden zu zwingen und den Griechen die volle Unabhängigkeit zu verschaffen.

Pierre-Jean Béranger war nichts weiter als ein Chansonnier, oder, wie man heute sagen würde, ein Verfasser von Schlagertexten, aber diese Texte waren politischer Natur und drückten mit einer genialen Genauigkeit das aus, was das Volk fühlte, aber nicht in Worte fassen konnte. Er war der volkstümlichste Dichter der Restauration, da es ihm verliehen war, seinem fast vulgären Liederstil eine Treffsicherheit ohnegleichen zu geben. Er popularisierte das dumpfe Freiheitsstreben der Menge, ihre Vorlieben und ihren Groll und ihren unklaren Glauben an die Zukunft. Seine volkstümliche Kunst ist von dem erwachenden sozialen Ressentiment seiner Zeit untrennbar. Er war es auch, der dafür sorgte, daß die Napoleonlegende im Volk lebendig blieb. Napoleon, das Idol der schlichten Leute, das war sein Refrain, dem er eine unermeßliche Popularität verschaffte. Seine „Schlager" fügten der Politik der Restauration ungeheuer großen Schaden zu, weil es ihm gelang, den „braven Mann aus dem Volke" als das klassische Opfer der reaktionären Politik der Bourbonen darzustellen.

*Der gekrönte Pfahl.
Karikatur auf Karl X.
von Decamps*

*Linke Seite:
Béranger im Gefängnis.
Gemälde von Doubulez*

Wie einen Pfahl, der in den Boden eingerammt ist, zeigt diese Karikatur den König Karl. Zu seinen Füßen übt ein Krebs seinen Rückwärtsgang. Sein Günstling Polignac, der der Regierung vorsteht, stößt überall auf erbitterten Widerstand. Eine wichtige Gruppe von Politikern bereitet einen Wechsel der Dynastie vor. Der alte Talleyrand und der Finanzmann Louis beginnen zusammen mit den Journalisten Thiers und Mignet einen geschickten Werbefeldzug für den Herzog von Orleans. Karl hält vor der Kammer eine drohende Thronrede. Die Antwort ist die berühmte Adresse der 221, die von Royer-Collard und Guizot verfaßt ist; beide Männer sind immer noch der Dynastie ergeben, aber sie können nicht umhin, den König an seine Pflicht gegen die Charte zu erinnern. Weder Polignac noch der König wollen Vernunft annehmen, ein Staatsstreich liegt in der Luft. Villèle warnt den König, selbst der Zar mahnt ihn zur Versöhnlichkeit, aber Karl antwortet: „Die Konzessionen haben Ludwig XVI. zugrunde gerichtet. Ich habe nur zwei Möglichkeiten, aufs Pferd oder aufs Schafott zu steigen."

Das Erdbeben des 19. Jahrhunderts war nicht nur sozialer, sondern auch künstlerischer Art. Die höfische Kunst des Kaiserreichs hatte große Meister ans Licht gebracht; die Maler hatten aus der kaiserlichen Repräsentation alle Vorteile gezogen. Nun war die Stunde gekommen, da die Kunst die Fesseln der Repräsentation sprengte. Géricault aus Rouen leitete die Revolution ein, die Delacroix vollendete. Géricault war ein Pferdenarr, die Pferde bildeten ein entscheidendes Element seines Lebensgefühls, und es ist erschütternd, daß der Dreißigjährige durch einen Unfall beim Reiten zu Tode kam. Géricault war als Maler ein Rebell. Es war kein Zufall, daß er sich unter den Meistern der Vergangenheit einen so stürmischen Mann wie Caravaggio zum Muster wählte. Géricaults Bild vom Rennen in Epsom ist faszinierend, uns scheint heute, daß man moderner, dynamischer und rücksichtsloser nicht malen kann. Aber sein großer Skandal war das „Floß der Medusa", das er 1819 ausstellte. Das Schiff war an der Küste Afrikas gescheitert, einige Überlebende trieben auf einem Floß dahin, ihre Agonie ging bis zum Kannibalismus. Géricault stellte das Drama mit einer Wahrhaftigkeit dar, die ihm den Tadel der Oberschicht und den ahnungsvollen Beifall des breiten Publikums eintrug. Seine Aufrichtigkeit wurde verstanden. Dieser Pinsel, so fühlte man, stand nicht mehr im Dienste der Macht. Bald darauf verunglückte er, aber er blieb ein Symbol: Der Jüngling, der das rasende Pferd bändigt und dann doch erliegt.

Linke Seite:
Das Floß der Medusa.
Gemälde von Théodore Géricault

Salon der Madame Récamier
in der Abbaye-aux-bois.
Lithographie von Dejuinne

Madame Récamier ist nach wie vor der Stern der Pariser Gesellschaft, wohlgemerkt der intimeren Gesellschaft, denn von der hohlen und prächtigen Repräsentation hält sie sich schon lange fern. Sie hat jetzt eine größere Wohnung im gleichen Hause und versammelt nach wie vor den ausgesuchtesten Kreis in ihren Räumen. Chateaubriand ist immer noch Botschafter in Rom, aber er ist die meiste Zeit in Paris und verbringt jede freie Minute bei Juliette. Da sieht man sie auf ihrem berühmten Sofa, auf der anderen Seite steht die Harfe, auf der sie so eindrucksvoll zu spielen versteht, und darüber hängt ein Bild, das Germaine de Staël als Corinna am Kap Misenum zeigt. Es ist der Raum, in dem sich die Freundschaft zwischen Juliette und Chateaubriand am schönsten entfaltete. Es ist eine Stätte der Beständigkeit; daß die Welt sich erbarmungslos verändert, entgeht diesem älterwerdenden Liebespaar nicht, ja man kann sagen, daß niemand so deutlich auf diese Veränderung hingewiesen hat wie Chateaubriand. Aber das Paar bleibt unverändert, loyal, zärtlich und ein Muster menschlicher Verbindung.

Wie düster der politische Himmel über Frankreich sich auch ausnehmen mag, die geistige Luft ist um so reiner und fruchtbarer. Weder die Revolution noch die napoleonische Ära haben dem Geist der Denker, Forscher und Dichter große Entfaltungsmöglichkeiten gegeben. Die Luft der Freiheit, ohne die der Genius der Menschheit nicht gedeihen kann, war der Generation vor 1815 zu knapp zugemessen, ihre geistige und künstlerische Energie stand zu sehr im Dienst der Macht. Die Herrschaft der Bourbonen aber hatte nicht genug Kraft, um den Geist zu fesseln. Die politische und soziale Unordnung, die sich langsam ausbreitete, war den Künstlern und Wissenschaftlern günstig. Der Freiheitsgedanke hatte sich von den politischen Machtvorstellungen gelöst, die ungebundene Persönlichkeit errang ihre großen Triumphe über die staatliche Ordnung. Kunst und Forschung wurden ein neues, weites Feld des menschlichen Freiheitsstrebens. Geoffrey Saint-Hilaire und Cuvier begeisterten Europa mit den Ergebnissen ihrer Forschung. Man kennt Goethes leidenschaftliche Teilnahme an der wissenschaftlichen Kontroverse dieser beiden französischen Gelehrten. Geoffrey Saint-Hilaire, der Zoologe, lehrt in seiner anatomischen Philosophie eine Entwicklungstheorie, die als der Auftakt der Darwinschen Lehre angesehen werden kann. Cuvier stellt eine vergleichende Anatomie auf und lehrt, daß alle Organe ein und desselben Tieres in einem bestimmten, unveränderlichen Verhältnis zueinander stehen: kennt man ein Organ, so kann man von ihm auf alle anderen schließen. Die Methoden der Naturwissenschaften beginnen sich langsam von den philosophischen Prinzipien der früheren Jahrhunderte zu befreien. Die Autorität der Forschung, des Experimentes und des Befundes nimmt den Platz der absoluten Wahrheiten ein. Die Freiheit ist unteilbar, man kann sie nicht auf die politischen und gesellschaftlichen Institutionen beschränken; sie durchdringt alle Gebiete der menschlichen Existenz.

Von oben nach unten:

Etienne Geoffrey Saint-Hilaire (1772–1844). Lithographie von Julien-Léopold Boilly

Georges Cuvier (1769–1832). Lithographie nach einer Zeichnung von Jacques

Der Ruhm des Dichters Victor Hugo erfüllt das Zeitalter, von dem hier die Rede ist. Stendhal steht in seinem Schatten. „Ich werde in hundert Jahren gelesen werden", erklärt er hochmütig, aber er behält recht. Er ist fast das Gegenteil von Hugo, ein Einzelgänger, der für eine Gesellschaft spricht, die noch nicht besteht. Er wird heute noch gelesen, ja man muß sagen, daß seine Wirkung dauernd wächst. Diese Wirkung ist zugleich schädlich und fruchtbringend. Er ist der strengste Stilist seiner Zeit; herausfordernd behauptet er, nicht schreiben zu können, ohne vorher im bürgerlichen Gesetzbuch gelesen zu haben. In der Tat schreibt er schmucklos und streng, aber aus der Fülle eines unerschöpflichen Lebensgefühls. Die Genauigkeit seiner psychologischen Analyse ist heute noch nicht übertroffen. Die Gefahr seines Beispiels liegt in seinem Kult der Energie, der das Verbrechen nicht ausschließt. Er ist der einzige literarische Schüler, den Napoleon gehabt hat. Es ist selbstverständlich, daß er die Restauration verurteilt. Er verkündet einen Aktivismus, der auf Kosten der Moral geht, aber er verkündet ihn mit einer Aufrichtigkeit, die ihn zu einer der größten Figuren seiner Zeit macht. Hugo ist ein Denkmal, Stendhal ist eine Quelle.

Dem stämmigen Verfasser von „Rouge et Noir" steht der Graf Alfred de Vigny gegenüber, ein verschlossener Aristokrat, der einst im roten Rock der Leibgarde den fliehenden König nach Gent eskortiert hat. Seine großartige Lyrik, reinste Gedankendichtung und frei von jeder Rhetorik, führt lange ein stilles Leben. Erst seine erzählenden Werke verschafften ihm ein breiteres Publikum, und sein Ruhm erwuchs aus dem Drama „Chatterton", das der große Triumph des romantischen Theaters wurde. Seine ernste, gesammelte Erscheinung, seine poetische Verschwiegenheit und lyrische Meisterschaft, sein nobler Stoizismus machten ihn zu einer imponierenden Figur, die sich mühelos neben Hugo behauptete.

Von oben nach unten:

Stendhal (Henri Beyle; 1783–1842).
Gemälde von Södermark

Alfred de Vigny (1797–1863).
Lithographie von Devéria

Gegen Ende der Restauration wird das gesellschaftliche Leben in Paris immer stärker von der Kunst bestimmt. Der Hof, der einst den Ton angegeben hatte und für die guten Formen und die Mode verbindlich gewesen war, verlor seine Tragfähigkeit. Seine stark klerikalen Bindungen und seine Ungeneigtheit, den Gedanken der Rache aufzugeben, trennten ihn von der Gesellschaft und wiesen diese, die in Paris noch voll lebensfähig war, auf sich selbst zurück. Sie erlangte eine selbständige Autorität und nahm die Gaben der Literatur und der Künste, vor allem der Musik, dankbar hin. Unter den großen Geistern jener Zeit gab es wenige, die es verschmähten, die Salons aufzusuchen und sich dort ihren Wert bestätigen zu lassen. Chopins große, ganz und gar selbständige Kunst ist ohne die Pariser Salons nicht denkbar. Er schrieb für sie und gleichzeitig für die Menschheit. Auf den engsten sozialen Raum drängte er den universalsten künstlerischen Ausdruck zusammen. Es war das letzte Mal, daß die Gesellschaft reinstes Himmelslicht trinken durfte, das für sie eigens gefiltert worden war.

Frédéric Chopin (1810–1849).
Gemälde von Eugène Delacroix

Abbildungen auf der nächsten Seite:

George Sand (1804–1876).
Gemälde von Charpentier

Handschrift von George Sand

> Ma vieille, si tu veux amener encore deux ou trois personnes, tu le peux ce soir. Je t'embrasse
> George Sand
> Dimanche matin.

Chopin und George Sand sind eines der berühmtesten Liebespaare des 19. Jahrhunderts, ihre Brüche, Szenen und Versöhnungen haben gleichsam Geschichte gemacht, und man hat sich daran gewöhnt, den zarten, nach innen gewandten Chopin als das Opfer zu betrachten. Es ist unbestreitbar, daß ihre überwältigende Lebenskraft auf andere erdrückend wirken mochte. Sie war eine Baronin du Devant und gab sich einen Namen, der unklar ließ, ob der Träger männlichen oder weiblichen Geschlechts war. Auch zeigte sie sich gern in Männerkleidern und schockierte die Welt durch Zigarrenrauchen. Gleichwohl war sie eine vollblütige Weibsnatur, an der nichts verdreht war. Auch ihre Herrschsucht war weiblich, aber sie hat die Unterworfenen geliebt und gefördert. Ihre zahllosen Romane sind fast vergessen. Dagegen ist ihre Korrespondenz von unerschöpflichem Leben, in ihr tritt uns eine großartige Persönlichkeit unverstellt entgegen.

Victor Hugo (1802–1885).
Stich von Pollet

Victor Hugo bestimmt das Jahrhundert; er wird im Jahr 1802, also unter dem Konsulat, geboren und stirbt im Jahre 1885. Bei seinem Tod ist die Welt von Grund auf verändert, aber er hat diese Umwandlung von Anfang an verfolgt. Das zugleich prophetische und skeptische Urteil, das Chateaubriand über das Zeitalter fällt, er versteht es, ja er teilt es. Die Einführung der Maschine in die Arbeitswelt tut ihre ersten Wirkungen. Was blinde Reaktionäre für eine verderbliche Nachwirkung der Revolution halten, ist in Wirklichkeit das erste Anzeichen dafür, daß die Gesellschaft sich unter dem Einfluß der aufkommenden Industrie qualvoll, aber unaufhaltsam zu ändern beginnt.

Chateaubriand sieht die Wirkung der Eisenbahnen und eines Kanals durch den Isthmus von Panama voraus. „Das Universum wandelt sich rings um uns, neue Völker erscheinen auf der Bühne der Welt, erstaunliche Entdeckungen kündigen eine baldige Umwälzung an. Folgen wir dem Gang der Zeit? Bereiten wir uns darauf vor, unseren Rang in der umgestalteten oder anwachsenden Gesellschaft zu bewahren?" Mit der gleichen Vision steht der junge Victor Hugo seinem Zeitalter gegenüber, aber die skeptische Melancholie des alternden Chateaubriand fehlt ihm. Es steckt in diesem Genie ein Stück Optimismus, das zu dem Jahrhundert des Fortschritts paßt. Während

*Der alte Victor Hugo (1882).
Von J. Bastien-Lepage*

der Restauration ist er Legitimist, später wird er Bonapartist sein, um als „Großvater der III. Republik" zu enden. Dieser Pazifist besang die Fahnen von Wagram, dieser Bürger mit seinem rebellischen Geist wurde der furchtbarste Feind des II. Kaiserreichs. Er war der Sohn eines napoleonischen Generals, er errang seine ersten literarischen Erfolge unter der Restauration. Seine Oden (1822) rissen den alten König Ludwig XVIII. zur Begeisterung hin. Seinen Durchbruch erlebte er mit dem Drama „Cromwell", zu dem er eine Vorrede schrieb, die als Programm der Romantik berühmt geworden ist.

Er ist die repräsentativste Erscheinung in der Literatur seines Jahrhunderts. Mit Hugo verbindet sich die Poesie unaufhörlich mit der guten Sache. Der Idealismus Schillers spricht nun für ein großes, geeinigtes Land, das nicht auf die Humanität angewiesen ist, sondern im Namen einer politischen Macht oder gegen sie sprechen kann. Kein Kenner zweifelt an seiner fast pathologischen Sprachgewalt und an der Kraft des dichterischen Sturzbaches, den er darstellt. Er ist ganz an die liberalen Ideen seiner Zeit und an ihren Fortschrittsglauben gebunden. Er ist der erste Typ des großen Mannes, der leidenschaftlich und wahllos für die Freiheit eintritt, dessen Name unter allen hochherzigen Aufrufen seiner Zeit zu finden ist.

Damals wie heute liest der Autor, der der Comédie-Française sein Stück zur Aufführung anbietet, seinen Text einem Ausschuß vor. Das „Comité de lecture" ist aus Angehörigen des Theaters und aus angesehenen Schriftstellern zusammengesetzt. In Zeiten großer literarischer Erregung verlaufen diese Lesungen bisweilen sehr dramatisch. Auf dem Bild von Heim geht es freilich friedlich zu. Der Bühnenautor Andrieux, der da sein Stück vorliest, ist nicht der Mann, die Welt zu bewegen. Seine Zuhörerschaft ist erlaucht, man sieht alle führenden Köpfe der Romantik. Vorne auf dem Ehrenplatz thront der alte Chateaubriand, von makelloser Eleganz und ein wenig hochmütig. Der junge Mann mit der übermäßig hohen Stirn ist Victor Hugo, ein wenig hinter ihm lehnt sich Alexander Dumas an die Wand. Wie gesittet ist diese Versammlung, in deren Reihen sich doch so viele unruhige Geister befinden, wie korrekt sind sie gekleidet und wie musterhaft ist ihre Haltung. Wahrlich, die Prägekraft der Gesellschaft in den letzten Jahren der Restauration ist noch unvermindert.

Eine Lesung in der Comédie-Française. Gemälde von François-Josephe Heim

Der liberale Katholizismus hat in Frankreich so glänzende Vertreter, daß die Anpassung des kirchlich gebundenen Glaubens an die sich heftig ändernden Zeitumstände ohne lebensgefährlichen Schaden für die Kirche erfolgt. Zwei Geistliche, Lamennais und Lacordaire, und ein Pair von Frankreich, Montalembert, bemühten sich, die Sache des Glaubens von der Sache der Bourbonen zu lösen. Sie verkündeten die Notwendigkeit, „die Religion über die Parteiinteressen zu stellen und nicht zu dulden, daß man sie zum Triumph einer irdischen Sache benütze". Sowohl Lacordaire wie Lamennais waren gewaltige Kanzelredner. Sie bekämpften das Konkordat, „um die Religion aus dem Dienstverhältnis zum Staat zu befreien". Lamennais geriet bald in Konflikt mit der geistlichen Obrigkeit und legte das Priestergewand ab. Er wurde der erste katholische Sozialist, lernte die Gefängnisse kennen, wurde vom Papst öffentlich verurteilt und erklärte sich gleichwohl als sacerdos in æternum. Er ist eine der mächtigsten Erscheinungen im Kampf um die Modernisierung des Katholizismus.

Handschrift des
Abbé de Lamennais (1782–1854)

Algerien war ein Teil des türkischen Reiches, ohne daß der Kalif einen wirklichen Einfluß auf das Gebiet hatte. Die Macht lag in den Händen des Dey, der sich auf seine Janitscharen und auf die Korporation der Schiffskapitäne stützte. Man lebte von der Seeräuberei. Die Barbaresken waren der Schrecken des Mittelmeeres, sie kaperten Schiffe, überfielen Städte und Häfen und verkauften ihre

Gefangenen in die Sklaverei. Besonders erpicht waren sie auf Frauenraub. Einige schwere Gewalttaten hatten zur Folge, daß die Engländer 1816 Algier bombardierten. Seeräubergilden und Janitscharen waren keine Elemente, mit denen sich ein Staatswesen aufbauen ließ. Das Land war fast verödet, nur die Hafenstädte, vor allem Algier, waren reich an Beutegut, aber ohne Bildung und Kunstfertigkeit. Unter den Korsaren gab es viele ehemalige Christen, die aus dem Dunkel der Acht und Gesetzlosigkeit aufgetaucht waren.

Algerische Piraten.
Nach einem Gemälde von Lecomte

Frankreich war als größte Mittelmeermacht seit langem entschlossen, den Barbaresken das Handwerk zu legen. Ein diplomatischer Zwischenfall veranlaßte die französische Regierung, den Hafen von Algier mit einem Geschwader zu blockieren, was bald zum Kriege führte. Eine französische Flotte von 100 Kriegsschiffen landete am 14. Juni eine Armee von 36 000 Mann auf der kleinen Halb-

Landung bei Sidi-Ferruch am 14. Juni 1830. Gemälde von Théodore Gudin

insel von Sidi-Ferruch. Die Franzosen fanden zunächst wenig Widerstand. Erst auf der Hochebene stießen sie auf das verschanzte Lager des Dey, der sie mit 40 000 Reitern in das Meer zurückzudrängen versuchte. Das Landungsmanöver wurde vom Kriegsminister in Person, Graf Bourmont, geleitet. Bourmont war ein General Napoleons gewesen und war vor der Schlacht bei Ligny zum Feinde übergegangen. Er eroberte das verschanzte Lager des Feindes und führte dann seine Belagerungsartillerie heran, während die Flotte von der See her angriff.

Der Admiral Duperré leitete von seinem Flaggschiff „Bellona" aus die Beschießung der Stadt und des Hafens von Algier. Was einst Kaiser Karl V. nicht gelungen war, erreichten die Franzosen. Ehe die Truppen Bourmonts zum Sturm antreten konnten, streckte der Dey die Waffen. Das Lilienbanner wurde auf der Kasbah gehißt. Es war der letzte Triumph der bourbonischen Lilien, denn einige Wochen später brach die Julirevolution aus, die den Sturz Karls X. und das Ende der Dynastie brachte. Das Korsarennest, gegen das sogar die jungen Vereinigten Staaten einen Krieg hatten führen müssen, war damit ausgehoben, die seefahrenden Nationen des Mittelmeers atmeten auf, nur England zeigte eine mürrische Miene, und das französische Außenministerium mußte viel freundliche Noten schreiben und Schritte unternehmen, um die Königin der Meere zu beruhigen. Die Beute der Franzosen war unermeßlich, der barbarische Überfluß aus tausend blutigen Plünderungen fiel ihnen in die Hände. Aber damit war Algerien noch nicht französisch. Zwanzig Jahre ermüdender und verlustreicher Kleinkriege vergingen, bis die französische Herrschaft befestigt war. Im Verlauf dieser Kämpfe entstand die Fremdenlegion, die die Hauptlast der Kämpfe trug. Als der scheinbar endlose Krieg schließlich doch ein Ende fand, konnten die französischen Kolonisten ihre tüchtige und ertragreiche Arbeit beginnen. Aber völlige Ruhe trat erst nach 1871 ein — für einige Generationen.

*Angriff auf Algier von See aus.
Gemälde von Antoine-Léon Morell-Fatio*

Der Dey Hussein verläßt Algier.
Lithographie nach Coppin

Der Dey von Algier, Hussein, hatte mit den französischen Siegern einen günstigen Kapitulationsvertrag geschlossen. Er hatte wohl damit gerechnet, entsprechend den in seinem Herrschaftsbereich geübten Sitten auf einen Eisenhaken am Stadttor aufgespießt zu werden. Statt dessen wurde ihm, seinem „Hof" und seiner Familie, die sehr zahlreich war, freier Abzug nach Kleinasien gewährt. Auch sein persönliches Vermögen durfte er mitnehmen. Es war ein roher und kulturloser Orient, der mit dem Abzug Husseins verschwand, ein Banditenorient des geraubten Fleisches, der monumentalen Verliese, der wahllos verwendeten Juwelen, der Pfählungen und Bastonaden, der Eunuchen, des Lasters, des Blutes und der Wollust. Der gestohlene Reichtum, die erpreßte Zärtlichkeit, der erzwungene Ruderschlag, das Kunterbunt der Prisen, die ständige Furcht der Mächtigen, das tägliche Zittern vor dem kommenden Tag, das alles ließ weder den Drang noch die Muße für die bescheidenste Kultur aufkommen. Hussein hinterließ keine Spur. Von den ganzen geraubten und grob aufgestapelten Herrlichkeiten ist nicht viel übriggeblieben. Kaum eine andere Stadt des Halbmonds hat der Europäisierung so wenig inneren Widerstand geleistet wie diese Heimat der Korsaren. Das religiöse Leben war schwach, da die Renegaten zu mächtig waren. Die Franzosen machten aus dem Land der Steppen, Sümpfe und kahlen Berge ergiebiges Kulturland; damit war die Voraussetzung dafür gegeben, daß die Eingeborenen sich bildeten und sich dem modernen Nationalismus öffneten.

Karl X. als Nußknacker.
Karikatur auf den 25. Juli 1830

Der verhängnisvolle Juli hatte so glänzend mit der Eroberung von Algier begonnen, aber die Bevölkerung war an der inneren Lage mehr interessiert als an äußeren Erfolgen. Am 25. Juli erließ der König, der auf keinen Rat hören wollte und sich imstande glaubte, die Fehler zu vermeiden, die sein hingerichteter Bruder Ludwig XVI. einst nach seiner Ansicht begangen hatte, die berüchtigten vier „Ordonnanzen". Er schaffte mit ihnen die Pressefreiheit ab, löste die Kammer auf, erließ ein neues Wahlgesetz, das das Wahlrecht auf ungefähr 2500 Personen beschränkte, und setzte das Datum für Neuwahlen fest. Zwei dieser „Ordonnanzen" (über die Presse und über das Wahlrecht) stellten einen eklatanten Verfassungsbruch dar. Karl glaubte die harte Nuß der Charte mit einiger Anstrengung knacken zu können, aber er täuschte sich schrecklich. In vier Tagen wurde die Monarchie der Bourbonen zerstört.

Vor dem Haus des „Temps"
am 27. Juli 1830.
Lithographie von Adam

Der Aufruhr begann bei den Arbeitern der Druckereien. Sie erfüllten demonstrierend die Straßen, nachdem die Polizei gewaltsam die Druckereien des „Temps" und des „National" stillgelegt hatte. In dem engen Gassengewirr zwischen Rathaus und Louvre bauten sie Barrikaden, um den Aufmarsch der alarmierten Truppen zu verhindern.

Der Montag verlief mit Tumulten. Am Dienstag wurde der Aufstand von Godefroy Cavaignac und Schülern des Polytechnikums straff organisiert. Am Nachmittag war eine Frau getötet worden. Ihr Leichnam wurde auf die Place des Victoires gebracht und gab Anlaß zu Kundgebungen, die die Unzuverlässigkeit der Truppen verrieten.

Place des Victoires
am 27. Juli 1830.
Lithographie von Adam

Die Freiheit führt das Volk. Gemälde von Eugène Delacroix

Die Julirevolution, die Frankreich umwälzte und die Grundfesten Europas zum Erzittern brachte, wurde von der Pariser Bevölkerung gemacht, die den Beweis führte, daß die Freiheit ihr ein politischer Begriff und ein Teil ihres Ehrgefühls geworden war. Eine Masse gab es noch nicht, aber es gab schon ein Volk. Eine Arbeiterschaft war schon im Entstehen, aber die kleinen Leute schlossen sich bei dem Anschlag des Königs auf die Verfassung so fest zusammen, als ob die gefährdeten bürgerlichen Rechte ausschließlich ihre Rechte seien. Die Herrschaft der Bourbonen hatte das Zeitalter der Freiheit und Gleichheit, aber auch die heroische Kaiserzeit Stück für Stück abgebaut. Der revolutionäre Aufwand der Väter, der selbst vor dem Verbrechen nicht zurückgeschreckt war und die Welt verändert hatte, schien vergeblich gewesen zu sein. Das Geschlecht von damals wußte noch nicht, daß keine Revolution, selbst wenn sie niedergeschlagen ist und aus dem Bild der Geschichte scheinbar weggewischt wird, je zu Ende geht, sondern unterirdisch weiter wächst und ihren Lebenskeim bewahrt. Der Zorn des Volkes ließ nicht auf sich warten, er fand Führer, aber er bedurfte, um sich zur Revolution zu entwickeln, keiner Leitung und Parole. Er war über Nacht da. Das Volk ging auf die Straße und räumte sie erst nach dem vollen Sieg. Schlagartig wurde die Bewaffnung vollzogen, schlagartig tauchte wieder die alte Trikolore auf. Zum erstenmal wurde der Aufstand nicht von Gruppen und Personen, sondern von der Bevölkerung selbst ausgeführt. Jetzt, in diesen warmen Sommertagen des Jahres 1830, gab es plötzlich den „Mann aus dem Volke", der in Zukunft noch soviel würde herhalten müssen, der Mann, der zum Pflasterstein, zur Flinte und oft auch zum Knüppel griff — um was zu verteidigen? Es war, so darf man heute vermuten, der schlichte Selbsterhaltungstrieb, der dem Menschen rät, nicht die Ehre preiszugeben, da dies der Anfang selbst des materiellen Verderbens ist. Der Trieb, sich zu behaupten und das Andenken der Väter nicht zu beschämen, setzte sich in fast instinktives Handeln um. Das Volk erkannte, daß sein Wesen nicht durch Unterdrückung, sondern durch Widerstandslosigkeit Schaden nehmen werde. Die geschlossene Willensentfaltung einer noch nicht organisierten Gemeinschaft war das Neue an der Julirevolution.

Kein Künstler, selbst Goya nicht, hat einen Volksaufstand großartiger gemalt als Delacroix. Die Freiheit schreitet dem Volk mit der Trikolore voran. Es ist ein schönes Weib, mit prachtvollen Gesichtszügen und berauschender Körperlichkeit. Was ihr zu Füßen liegt, die Toten und die Sterbenden, sind ihre Anbeter. Was ihr folgt, hofft sie zu besitzen. Nie ist der Lebenstrieb elementarer mit der Hingabe an die Freiheit verbunden worden als auf diesem Bild, das uns heute noch tollkühn und herausfordernd erscheint. Einer Idee zu folgen und für sie ihr Leben zu wagen, ist nur ganzen Menschen, ganzen Männern vergönnt, denn der voranstürmende Genius ist schön und begehrenswert. Man stirbt für diese Gestalt, um für sie leben zu können.

„Gendarmes, faites feu!"
(28. Juli 1830).
Lithographie von Denis Raffet

Der 28. Juli brachte den eigentlichen Ausbruch der Straßenkämpfe. Überall bildeten sich kleine Werkstätten, in denen Kartuschen hergestellt wurden. Was mußte nicht alles zum Füllen der Kartuschen dienen! Murmeln, mit denen die Kinder spielten, wurden viel verwendet und rissen später schreckliche Wunden. Die Setzer und Drucker brachten ihre bleiernen Typen mit, da diese ja nun überflüssig waren. Das Rathaus, das Wahrzeichen der aufständischen Kommune, befand sich in den Händen der Bevölkerung. Marschall Marmont, dem der Geruch anhaftete, Napoleon 1814 verraten zu haben, erhielt den Oberbefehl über die Abwehraktion. Er schrieb an den König: „Es ist kein Aufruhr mehr, es ist eine Revolution. Es erscheint mir dringlich, daß Eure Majestät Maßnahmen zur Befriedung ergreifen. Die Ehre der Krone kann noch gerettet werden, morgen würde dazu keine Zeit mehr sein." In den engen Straßen kommen die Truppen nicht vom Fleck, sie werden aus den Fenstern mit Steinen und Möbelstücken bombardiert und werden auf diese Weise nicht nur hilflos, sondern auch lächerlich gemacht.

*Eine Barrikade wird errichtet.
Lithographie von Adam*

*Bild unten:
Barrikadenkampf in der
Rue Saint-Antoine*

Die Streitkräfte Marmonts haben nicht nur unter Verlusten zu leiden, sie werden auch in ihrer Haltung wankend und weigern sich an vielen Stellen, gegen das Volk zu kämpfen. Es ist für einen schnauzbärtigen Veteranen kein Vergnügen, auf Lehrlinge, Gesellen und Hausfrauen zu schießen. Dagegen amüsiert es die Bewohner der Dachgeschosse, mit Nachttöpfen nach Kürassieren zu werfen, auf deren Brustharnischen die tönernen Gefäße zerschellen. Gute Laune und laute Wut wechseln miteinander ab, die Frauen gehen den Soldaten um den Bart und schießen sie über den Haufen, wenn sie sich nicht verlocken lassen. Die Barrikaden sind ein schreckliches Hindernis, weil sich die Soldaten vor ihnen sinnlos zusammendrängen und ein sicheres Ziel bieten. Die Schüler des Polytechnikums sind es, die dank ihrer militärischen Schulung ein wenig System in dies Chaos bringen und dafür sorgen, daß Angriff und Verteidigung an den richtigen Punkten erfolgen. Am letzten Tag der Revolution, am 29. Juli, fassen sie die revolutionären Streitkräfte auf der Place du Panthéon zu den entscheidenden Stößen zusammen. Die jungen Leute in ihren schwarzen Uniformen sind als Führer anerkannt, und wo einer von ihnen eilig erscheint, da begrüßt man ihn mit dem Rufe: „Hoch der kleine General!" Der König, der sich in Saint-Cloud befindet, ist bereit, sich aus dem Staube zu machen.

Der Herzog von Orleans, nachmals König Louis-Philippe, reitet durch die Straßen (30. Juli 1830). Gemälde von Horace Vernet

Die letzten Kämpfe mit den Aufständischen hatten mit einer Panik der Truppe geendet und 800 Tote und 4500 Verwundete gekostet. Die Regierung und der König waren besiegt, aber die innere Lage war noch unklar. Der alte La Fayette war der Held dieser blutigen Tage geworden, man verlangte nach seiner Autorität, und es wäre ihm ein leichtes gewesen, die Republik auszurufen. Männer wie Armand Carrel bedrängten ihn heftig, diesen Schritt zu tun. Aber sein Zögern gab den sogenannten Orleanisten, Laffitte, Casimir Périer, Thiers und Guizot die Möglichkeit, den Herzog Louis-Philippe von Orleans als „Generalleutnant des Königreiches" zu empfehlen. Der Herzog hatte sich weise abseits gehalten und erschien erst nach der Beendigung der Kämpfe in Paris. Seine Anhänger, die verhindern wollten, daß sich eine revolutionäre Regierung bilde, führten ihn zum Rathaus, wo er sich mit der Trikolore in der Hand neben La Fayette auf dem Balkon zeigte und mit dem alten Volkshelden den Bruderkuß tauschte.

Einschiffung Karls X. in Cherbourg am 15. August 1830. Lithographie von Adam

Der König weigerte sich zu glauben, daß seine Sache verloren sei, und beruhigte die Warner: „Polignac hat noch heute morgen die Heilige Jungfrau gesehen, sie hat ihm befohlen, standzuhalten, alles werde gutgehen." Immerhin verlegte er seinen Sitz nach Schloß Rambouillet. Dort dankte er, als er sich von der wahren Lage überzeugen mußte, am 2. August zugunsten seines kleinen Neffen ab. Doch blieb er hartnäckig in seinem Schloß, worauf Louis-Philippe einen Marsch der Aufständischen auf Rambouillet organisieren ließ. Karl hatte noch 12 000 Mann Elitetruppen bei sich, aber er zog es angesichts der angeblichen Bedrohung vor, abzureisen. In langsamen Etappen bewegte sich der Hof in Richtung der Küste, stieg unterwegs bei Gesinnungsgenossen ab, suchte viele Kirchen auf und erreichte erst am 15. August Cherbourg, wo die Bevölkerung eine feindselige Miene zeigte und den König sogar bedrohte. Louis-Philippe, der sehr ungeduldig auf die Abreise drängte, hatte die notwendigen Schiffe vorbereitet. Schon am folgenden Tage segelten Karl, seine Familie und sein Hof nach England ab.

Claude-Henri de Saint-Simon (1760–1825).
Stich von L. Deymarin

Charles Fourier (1772–1837).
Lithographie nach einem Gemälde von Jean Gigoux

Wieder einmal hatte Paris das Heft in der Hand und verlangte durch den Mund seiner Barrikadenkämpfer die soziale Republik. Statt dessen kam die bürgerliche Monarchie, das Bürgerkönigtum, das von dem Augenzeugen Heinrich Heine mit einer reizvollen Mischung von Hohn und Bewunderung beschrieben worden ist. Die Julimonarchie war eine Zeit der aufsteigenden Bourgeoisie, die sich im Rahmen des modernen Kapitalismus als Macht formierte. Aber gleichzeitig durchbrachen die neuen Kräfte die Erdkruste der sozialen Ordnung. Der Kapitalismus mußte sich zu sich selbst bekennen, ehe ihm seine Gegenwelt entstehen konnte. Aus Utopisten, Schwärmern und Sektierern wurden mit einem Schlage planvolle Kämpfer, die die Idee der Arbeit in den Mittelpunkt ihrer Systeme stellten.

Saint-Simon hatte lange als Narr gegolten. Jetzt plötzlich gewann seine Definition der „industriellen Gesellschaft" Realität. Die Gesamtheit der produzierenden Arbeiter ist die eigentliche neue Gesellschaft. In Europa sind nicht mehr die Gegensätze der Staaten als vielmehr die der Klassen entscheidend. Sein „Katechismus der Industriellen" und sein letztes Werk „Neues Christentum" bewegten die Sinne und verdrängten den alten Konflikt zwischen Feudalismus und Bürgertum durch einen ganz neuen Gegensatz, nämlich den zwischen Proletariat und Bourgeoisie.

Charles Fourier erregte mit seiner sozialen Utopie nicht geringere Unruhe. Er war nicht, wie Saint-Simon, ein Aristokrat, sondern kam aus dem Handelsstand, und sein soziales Ressentiment war schärfer. Er lehnte die staatliche Bindung des Individuums ab und rief zur Bildung von Zellen auf, in denen die Gruppen nach ihrem Gutdünken hausen und wirtschaften sollten. Fouriers Gedankengut hatte großen Einfluß auf den Saint-Simonismus, er klagte ihn dann auch an, ihn geistig bestohlen zu haben. Das Publikum kümmerte sich indessen nicht um diese Zwistigkeiten, sondern diskutierte leidenschaftlich die verschiedenen sozialen Utopien. Es gab gleichsam über Nacht eine soziale Frage, durch das Gespinst der Phantastereien deutlich erkennbar.

Die französischen Utopisten dieser Jahre werden bald durch den Marxismus deutscher Observanz verdrängt werden. Einstweilen beschäftigen sie die Geister, die mehr nach geistiger Auseinandersetzung als nach starren Richtlinien drängen. Pierre-Joseph Proudhon liegt mit allen im Krieg. Marx, der „rote Preuße", verdrießt die Leute durch seine herrische Lückenlosigkeit, aber Proudhon ist nicht weniger erbarmungslos. Sein berühmter Satz „Eigentum ist Diebstahl" macht seinen Weg um die Welt, doch kommt er weniger dem Klassenkampf als dem Anarchismus zugute. Der große Maler Courbet, der sich auch als Klassenkämpfer fühlte, ohne von diesen Dingen viel zu verstehen, hat dies bezaubernde Bild gemalt, das Proudhon mit seiner Familie darstellt. Welch ein friedlicher Mann und welch ein friedliches Bild! Es ist nicht lange vor der Verbannung des großen Sozialkritikers gemalt worden. Er wurde von Napoleon III. des Landes verwiesen und starb 1865 in Belgien.

Pierre-Joseph Proudhon (1809–1865) mit seinen Kindern.
Gemälde von Gustave Courbet

François Guizot (1787–1874).
Gemälde von Delaroche

Rechte Seite:
Plakat der Zeitschrift
„La Caricature" (1830)

Der neue Herr Frankreichs versuchte als Mann des Volkes zu regieren, mischte sich mit dem Regenschirm unter die Menge und bemühte sich, den Beinamen eines „Bürgerkönigs" zu verdienen. Er war wahrlich kein Dummkopf und mißtraute jeder Effekthascherei. Im Grunde war er autoritär und selbstbewußt, wenn auch zu schlau, um sich eine Blöße zu geben. Er strebte lautlos zur persönlichen Machtfülle und konnte tatsächlich nach dem Rücktritt Thiers' den strengen Guizot, der erklärte, daß man nur mit Vernunft und Kanonen regieren könne, sieben Jahre an der Macht halten. Guizot war ein geachteter Historiker. Seine Kälte und sein Eigensinn, sein strenges Privatleben und die Starrheit seiner Grundsätze gaben ihm Gewicht, aber machten ihn unbeliebt. Er verhalf der Geldbourgeoisie zum Aufstieg. Den Ausruf: „Bereichert euch!" hat er zwar nie getan, aber er war gut erfunden, weil er seine Regierungspraxis beleuchtete. Von Reformen wollte er nichts wissen, er war gleichsam der Metternich Frankreichs und verteidigte das „juste milieu" als die staatserhaltende Schicht. Die Kammer hielt er dadurch in Schach, daß er die Abgeordneten, die ohnehin zu einem Drittel Beamte waren, durch Geld und Vergünstigungen einfach kaufte. Er hätte dadurch dem König die Illusion einer ungestörten Regierungsperiode verschafft, wenn es nicht so viele Attentate, Putsche und — Karikaturen gegeben hätte.

LA CARICATURE

POLITIQUE, MORALE ET LITTÉRAIRE.

Journal

rédigé par une société d'Artistes et de gens de lettres

La Caricature publiera par an **104** Lithographies exécutées par les meilleurs Artistes dans ce genre.
Chaque Numéro sera composé d'une demi-feuille grand in-quarto et de 2 Caricatures; il paraîtra le Jeudi

Prix de l'Abonnement franc de port { pour 3 mois....13f
pour 6 id....24.
pour l'an......46.
pour l'étranger..50

On s'abonne à Paris

AU MAGASIN DE CARICATURES,

GALERIE VERO-DODAT.

In der Presse.
Lithographie von Honoré Daumier

Soult.
Karikatur von Honoré Daumier

Mit dem Bürgerkönigtum beginnt das Zeitalter der Karikaturen. Das Genie des großen Künstlers Daumier wird eine Macht im Lande und verleiht der Opposition einen unwiderstehlichen Ausdruck. Daumiers Kunst hat wesentlich zum Sturz der Julimonarchie beigetragen. Mit seinen Blättern stritt er wütend für die Freiheit der Presse, oder er verhöhnte den alten Marschall Soult, seit einigen Jahren Ministerpräsident, der viel Spott auf sich zog, weil er ein frommer Mann und eine Stütze der Kirche geworden war. Daumier erfand auch die kleinen, kolorierten Tonfiguren seiner politischen Gegner: er knetete sie mit grimmigen, ja haßvollen Händen, aber sein Genie entwaffnete jeden Widerspruch. Mit ihm muß man den Zeichner Charles Philipon nennen, der gleich zu Beginn der Julimonarchie die Zeitschrift „La Caricature" gründete und eine unvergleichliche Mannschaft von schreibenden und zeichnenden Satirikern um sich versammelte. Daumier, Raffet, Gavarni, Balzac, Monnier machten das Blatt zu einer politischen Macht. Mit einem Schlag wurde offensichtlich, daß die öffentliche Meinung, die sich frei ausdrücken konnte, ein ganz neues Element in den politischen Kampf brachte.

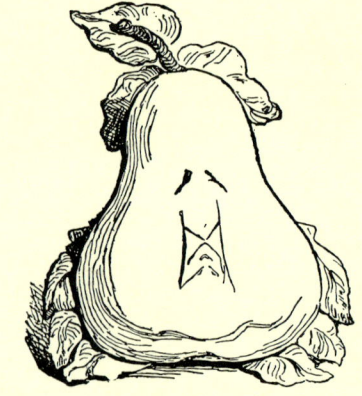

*Die Birnen.
Karikatur auf Louis-Philippe
von Charles Philipon*

Die Birne war die berühmte Scherzfigur, in der Philipon den Bürgerkönig verewigte. Aus einer etwas unliebenswürdigen Porträtzeichnung wurde durch leichte Veränderung die Birne, also la poire, was auf französisch auch Dummkopf heißt. Er zeichnete vier Köpfe, deren jeder immer birnenförmiger wurde. Unter die erste Zeichnung, die recht naturgetreu war, schrieb er: „Die Zeichnung gleicht Louis-Philippe. Wollen Sie sie denn verbieten?" Zwei: „Dann müssen Sie auch diese zweite verbieten, die der ersten gleicht." Drei: „Und dann die dritte verbieten, weil sie der zweiten gleicht." Vier: „Wenn Sie konsequent sind, dürfen Sie auch diese Birne nicht freigeben, die den voraufgegangenen Zeichnungen gleicht." Diese an sich harmlose Verhöhnung wurde zu einer festen Einrichtung, die den König langsam aber sicher der Lächerlichkeit preisgab.

*Titelblatt des „Charivari"
vom 27. Februar 1834,
mit dem in Birnenform gesetzten Urteil
gegen den Redakteur der Zeitschrift*

Aus dem Kampf der Opposition gegen die Regierung wurde nach und nach der Kampf des einzelnen gegen die Macht. Das Freiheitsgefühl nahm einen fast anarchistischen Charakter an. Die Macht an sich war der Feind, wer sie auch ausübte. Das forderte Gegenmaßnahmen heraus. Die bislang fast uneingeschränkte Pressefreiheit, die der Karikatur und dem Pamphlet zu höchster Blüte verholfen hatte, wurde eingeengt.

Der „Charivari" wurde unaufhörlich verurteilt. Da er gezwungen war, die Urteile zu veröffentlichen, setzte er den Text des Urteils in Form einer Birne. So suchte das Königtum seinen schwierigen Weg zwischen Anulkungen, Höllenmaschinen und bewaffneten Aufständen. Was sich als Kampf gegen den König ausnahm, waren in Wirklichkeit Vorboten einer erbitterten sozialen Auseinandersetzung.

Der Bürgerkönig mit seiner Familie. Lithographie von Fragonard

Der Bürgerkönig trat gern als Familienvater auf, aber diese Rolle war echt. Er liebte seine Familie und hatte ein durchaus bürgerliches Verhältnis zu ihr. Es machte ihm Vergnügen, sogar bei Staatsdiners selbst den Braten anzuschneiden oder bedeutende Gäste abends am Familientisch zu empfangen, während Frau und Töchter Handarbeiten machten. Die Königin Marie-Amélie, eine Tochter Ferdinands IV. von Neapel, war eine ausgezeichnete Frau, intelligent, voll Haltung und mißtrauisch gegen die Politik. Ihr Gatte hatte ein bewegtes Leben geführt. Der Sohn des hingerichteten Philippe-Egalité kämpfte als General in der republikanischen Armee und folgte seinem Vorgesetzten Dumouriez, als dieser zu den Österreichern übertrat. Louis-Philippe trug niemals die Waffen gegen Frankreich und schlug sich lieber im Ausland als kleiner Schulmeister durch. Er machte große Reisen, sprach alle Sprachen und war ein höchst gebildeter Mann. Er hatte das Unglück, seinen ältesten Sohn durch einen Verkehrsunfall zu verlieren.

Das politische Leben der Julimonarchie begann mit dem Prozeß gegen die gestürzte Regierung. Polignac und die Seinen erschienen vor der Pairskammer und wurden nicht, wie erwartet, zum Tode, sondern zu lebenslänglicher Haft verurteilt. Daumier erinnerte die Kammer daran, daß sie nicht immer so milde gewesen war und einst einen Helden der Nation, den Marschall Ney, zum Tode verurteilt hatte. Der milde Spruch hatte tagelange Kundgebungen in den Straßen zur Folge. Sie nahmen einen so bedrohlichen Charakter an, daß die Regierung 25 000 Mann aufbieten mußte, um die Ordnung aufrechtzuerhalten.

Aufstand folgte auf Aufstand, der Mittelpunkt der Revolten verlagerte sich mehr in die Arbeiterschaft. Zweimal war Lyon mit seiner Seidenindustrie Schauplatz der Unruhen. Dort wurde nicht mehr nach Freiheit, sondern nach menschenwürdigen Löhnen gerufen und zum erstenmal die rote Fahne gezeigt; auch machte sich eine gewisse Organisation bemerkbar. Die für ihre Existenz streitenden Weber hatten Körperschaften gebildet, die für einen besseren Zusammenhalt und eine größere Einheitlichkeit der Forderungen sorgten. In den gleichen Tagen kam es in Paris zu ähnlichen Aufständen. Der Marschall Bugeaud duldete es, daß diese mit einer Roheit ohnegleichen niedergeschlagen wurden. Männer, Frauen und Kinder wurden in den Wohnungen massakriert. Das Gemetzel in der Rue Transnonain, in der keine Seele mehr am Leben blieb, ist durch Daumiers Lithographie weltberühmt geworden.

Oben: Marschall Ney erscheint als Gespenst vor der Pairskammer.
Lithographie von Daumier

Links: Rue Transnonain, 15. April 1834.
Lithographie von Daumier

Auf dieser ebenso haßerfüllten wie kunstvollen Zeichnung bietet Daumier uns einen Ausschnitt aus der Abgeordnetenkammer mit der Ministerbank in der ersten Reihe. Der Künstler nennt diese Gesellschaft den „Legislativbauch". Sicherlich waren diese Männer keine Schönheiten, und die Gewohnheiten des politischen Lebens mit seinen vielen Banketten, Umtrünken und Frühstücken hatte ihnen eine Unförmigkeit gegeben, die zum Spott herausforderte, aber sie waren auf Grund eines Wahlrechts gewählt worden, das die Anzahl der Wahlberechtigten im Vergleich zu früheren Verfassungen verdoppelt hatte. Immer noch war die Wählbarkeit an einen gewissen Besitz gebunden, aber es wurde auch ein bestimmter Bildungsstand in Rechnung gestellt. Daumiers Zeichnung leitet das Jahrhundert der Verachtung der Parlamentarier in Frankreich ein. Erst in der II. Republik schaffte man jede Einschränkung des Wahlrechts ab, aber an den Abgeordneten, aus deren Reihen so viele hervorragende Staatsmänner hervorgegangen sind, blieb für immer der Ruf der anrüchigen Esser und Trinker, die sich auf Nebenverdienste und behagliche Korruption verstehen, haften. Daumier war ein großer Künstler, aber er hat die öffentliche Meinung mit machtvollen Denkschablonen versorgt. Er hat dem französischen Volk eine Verachtung des Parlaments und der Gerichtsbarkeit eingepflanzt, die sich auch unter veränderten Verhältnissen bis heute behauptet hat.

Le ventre législativ. Lithographie von Daumier

Niemand wird freilich, selbst nicht aus der Perspektive des Nachfahren, einen Einwand gegen die weltberühmte Zeichnung desselben Künstlers erheben können, die einen überwältigten Aufrührer Aug' in Auge mit dem Staatsanwalt darstellt. Die Inschrift an der Wand verrät, daß kaum ein Jahr der Julimonarchie vergeht, ohne daß es zu einer Revolte, einem Aufstand, einem Straßenkampf kommt. Der Mann in Ketten ist ein Arbeiter, ein Hungerleider, der für sein Recht auf Arbeit und gerechten Lohn kämpft. Wie Galilei sagt er dem Staatsanwalt: „Und sie bewegt sich doch!", nämlich die Welt, in der die Arbeiterfrage trotz allen Verfolgungen nicht mehr zur Ruhe kommen wird. Wir sind mitten in der neuen Phase des menschlichen Freiheitskampfes. Es wird noch viel Blut für die politischen Rechte, für die Fragen der Verfassungen und der Nationalitäten fließen, aber der Freiheitskampf schickt sich an, zum Klassenkampf zu werden, bei dem andere Rechte umstritten werden als in den Tagen des Bastillesturmes.

Der moderne Galilei: Und sie bewegt sich doch. Lithographie von Daumier

*Die verurteilte Freiheit.
Lithographie von Decamps*

Die Julitage bildeten noch immer den Gegenstand haßvoller Kontroversen. Die sogenannten Legitimisten behandelten den neuen Herrscher als Usurpator, die Republikaner griffen ihn an, weil er ein König war und durch sein Auftreten die Republik verhindert habe. Das schöne Weib, das auf den Namen Françoise Liberté hört, also die französische Freiheit darstellt, wird, wie dieses Flugblatt zeigt, von einem Sondergericht verstockter Reaktionäre wegen des Verbrechens der Julirevolution zur Brandmarkung mit den bourbonischen Lilien verurteilt. Ein eindrucksvolles Bild, besonders wenn man am Pranger liest, daß dies holde Geschöpf „im Jahre 1790 zu Paris" geboren ist. In Wirklichkeit hatte niemand für die Teilnahme an der Julirevolution zu büßen, denn die Legitimisten waren völlig machtlos.

Louis-Auguste Blanqui ist einer der großen Verschwörer und Empörer der Julimonarchie. Er verbrachte einen guten Teil seines Lebens in Gefängnissen und war zweimal zum Tode verurteilt. Dabei galt seine revolutionäre Tätigkeit nicht dem politischen Regime, sondern der sozialen Ordnung. Der kalte, strenge Mann, der ein musterhaftes Leben führte und jedes überflüssige Wort vermied, war der erste, der das Wort Klassenkampf aussprach und es in die revolutionäre Umgangssprache einführte. Er predigte den Aufstand der Arbeitermassen und bediente sich, um diesen vorzubereiten, der Geheimgesellschaften, in denen die revolutionären Zellen aufgestellt und geschult wurden. Die wichtigste von ihnen hieß die „Gesellschaft der Menschenrechte", ihre Sektionen trugen Namen, die ihr Programm verrieten: Robespierre, Marat und Saint-Just. Erst an Blanquis Wirken wurde klar erkannt, welche Bedeutung für die revolutionären Traditionen die „Verschwörung der Gleichen" des Gracchus Babeuf (1796) gehabt hatte. Blanqui fühlte sich als Schüler Babeufs und vertrat einen reinen Kommunismus, bis Karl Marx dem Begriff einen neuen Sinn verlieh. Er betrachtete es als seine Aufgabe, die Französische Revolution, die eine Revolution der politischen und persönlichen Freiheit gewesen war, zu vervollständigen und ihr durch die Organisation der Arbeiter einen modernen Sinn zu verschaffen, vor allem also, der Arbeiterschaft, die sich mehr und mehr in den großen Städten zusammendrängte, das Koalitionsrecht zu erkämpfen und sie zur „Klasse" zu erziehen, der die Alleinherrschaft in der Gesellschaft zukomme.

Louis-Auguste Blanqui (1805–1881).
Gemälde von seiner Frau

Alexis de Tocqueville (1805–1859). Zeichnung von Théodore Chassériau

Titelseite der Erstausgabe „Über die Demokratie in Amerika" von Alexis de Tocqueville

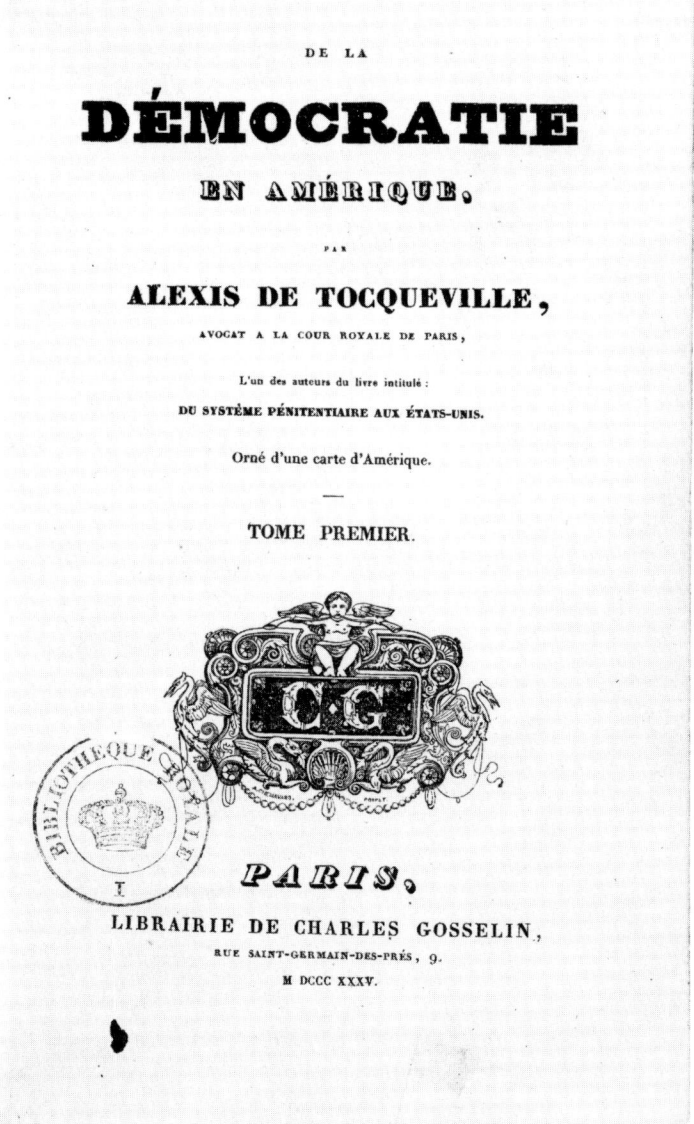

Alexis de Tocqueville ist einer der großen Historiker seiner Zeit. Sein prophetischer Scharfblick und seine fast visionäre Gabe, die Welt als Ganzes zu sehen, haben ihm in den letzten Jahrzehnten neue Leserschichten zugeführt. Er wird von uns als besonders „modern" empfunden, nicht nur wegen seiner konzentrierten Schreibweise, sondern vor allem wegen seiner Vorstellung von der Zukunft, für die er das Gegenüber der zwei großen Machtblöcke, Rußlands und der Vereinigten Staaten, voraussieht. Seine Bücher „Über die Demokratie in Amerika" und „Das Ancien Régime und die Revolution" weisen ihn als einen Historiker und Zeitkritiker aus, dessen Bedeutung, anstatt zu veralten, ständig wächst. Die ersten Bände des Buches über Amerika erschienen unter der Julimonarchie und hatten sogleich einen bedeutenden Erfolg. Er war damals dreißig Jahre alt und saß in der Abgeordnetenkammer, ohne indessen aufzufallen. Obwohl er „von Instinkt ganz Aristokrat und nur aus verstandesmäßiger Neigung ein Demokrat" war, spürte er doch ohne jeden Selbstbetrug, daß eine industrielle Gesellschaft aufsteige, die den Wert der menschlichen Arbeit in den Mittelpunkt stellen werde. Er sah klarer als andere Denker seiner Zeit, daß die Freiheit, wenn sie viel Licht bringe, auch viel Dunkelheit mit sich bringen müsse. Er hat den von den dramatischen Triumphen des Liberalismus trunken gemachten Menschen die Möglichkeit gegeben, ihre Nüchternheit wiederzugewinnen.

Der Herzog von Orleans gewährt zwei arabischen Gefangenen die Freiheit (1840). Gemälde von Henri-Felix-Emmanuel Philippoteaux

Ohne den Krieg in Algerien hätte die offizielle Prunkmalerei während des Bürgerkönigtums wenig Gelegenheit zur Entfaltung gehabt. So gab es wenigstens einige schöne Reiterbilder, flatternde Burnusse, schäumende Rosse und exotische Hintergründe.

Philippoteaux hat dieses farbenprächtige Bild gemalt, auf dem man den ältesten Sohn des Königs (der bald darauf mit dem Wagen tödlich verunglückte) nach einem Gefecht mit Eingeborenen zeigt. Die schönen Pferde, die eleganten Reiter und die roten Mäntel der Araber kontrastieren effektvoll gegen die fahle Farbe der öden Sandsteinberge. Der Königssohn schenkt mit fürstlicher Geste zwei arabischen Gefangenen die Freiheit wieder.

Der Krieg wurde auf beiden Seiten ohne äußerste Härte geführt. Die Eroberung des ganzen Landes dauerte siebenundzwanzig Jahre und wurde erst von 1840 an, als Marschall Bugeaud den Oberbefehl erhielt, mit Energie betrieben. Die Franzosen hatten im letzten Teil dieses endlosen Feldzuges mit einem gefährlichen

Gegner zu tun, nämlich mit Abd-el-Kader, der bald in der arabischen Welt ein Volksheld wurde. Mit seiner Heeresmacht widerstand er sieben Jahre den Franzosen und mußte dann nach Marokko fliehen, dessen Sultan ihm seinen Schutz verweigerte. Mit seiner Unterwerfung galt das Land als unterworfen.

399

Die Rückkehr der Gebeine Napoleons. Zug durch die Avenue des Champs-Elysées am 15. Dezember 1840. Zeichnung von Adam

„Sehen Sie nicht", hatte Tocqueville in der Kammer ausgerufen, „daß die politischen Leidenschaften sich in soziale verwandelt haben? Sehen Sie nicht, daß sich in der Arbeiterklasse allmählich Auffassungen und Ideen verbreiten, die nicht nur Regierungen beseitigen wollen, sondern die heutigen Grundlagen der Gesellschaftsordnung umstürzen werden?" Der König und Guizot waren für solche Warnungen einstweilen wenig empfänglich. In der Kammer hatten sie mit der sogenannten Reform zu tun, das heißt, mit dem schnell zunehmenden Verlangen, das Parlament zu reformieren: den Beamten den Zugang zu versperren und den Wahlzensus herabzusetzen, also die Zahl der Wahlberechtigten zu vermehren. Diese Bestrebungen bekamen ihr besonderes Gewicht durch die von Emile de Girardin geschaffene billige Straßenpresse, die Annoncen aufnahm und nur die Hälfte der übrigen Presse kostete. Es war ein Einbruch, der die Zeitung in jedermanns Hand brachte. Louis-Philippe war nicht blind gegen die Symptome der Zeit, er begann den Bonapartismus zu unterstützen, denn Napoleon war seit seinem Tod der Abgott der armen Leute, fast ein Sozialist. Er veranlaßte, daß das Standbild des Kaisers wieder auf die Vendôme-Säule gesetzt wurde und ordnete an, daß seine sterblichen Überreste von Sankt Helena nach Paris überführt wurden. Am 15. Dezember wurden die Gebeine bei schwerem Schneesturm über die Champs-Elysées in prunkvollem Aufzug in den Invalidendom überführt.

Rechts:
Lied des „Crefelder Veteranen-Vereins ehemaliger Napoleonischer Krieger"

Am Stiftungsfest
des
Veteranen-Vereins
ehemaliger Napoleonischer Krieger
zu
Crefeld im August 1848.

(Mel.: Schön ist's unter freiem Himmel.)

Seid gegrüßt, ihr Waffenbrüder!
Schon versammelt sind wir wieder
Zu des Bundes **Stiftungsfest.**
Laßt verstummen Schmerz und Sorgen!
Ach, wer weiß, ob nicht schon morgen
Uns das Schicksal scheiden läßt.

Wie so schön, wenn alte Streiter
Noch am Lebens-Abend heiter,
Rüstig und mit Muth erfüllt,
Sich in Eintracht froh vereinen,
Jugendkraft zu fühlen meinen, —
Jedem scheint sein Schmerz gestillt!

Schön ja, wenn in trauter Runde
Wir alljährlich neu zum Bunde
Reichen uns die Bruderhand;
Wenn wir früh'rer Zeiten denken
Freudig hier, bei Lied und Schwänken!
O, das stärkt der Freundschaft Band.

Aber nichts gleicht dem Entzücken,
Wenn sich unsern heitern Blicken
Stellt das Bild des **Kaisers** dar, —
Der zu Sieg und Ruhm uns führte,
Frankreich's Thron so herrlich zierte,
Uns — ein treuer Vater war! —

Darum wollen **Ihm** zu Ehren
Jetzt ein volles Glas wir leeren;
Ruht **Er** gleich im Grabe schon! —
Heil dem Tag, der Ihn geboren!
Treue Liebe sei geschworen
Ihm, dem Held Napoleon!!!

———

Gedruckt bei J. B. Klein in Crefeld.

Wie tief die Napoleonlegende saß, zeigt das Lied des „Veteranen-Vereins ehemaliger Napoleonischer Krieger" aus dem Jahr 1848. Diese Veteranen hatten in den Rheinbundtruppen den Glanz und den Jammer der Napoleonischen Kriege mitgemacht und waren wahrlich nicht geschont worden. Mit dem Frieden aber war der Alltag gekommen, und nun war Napoleon „ein treuer Vater" gewesen, und man schwor ihm „treue Liebe", mitten im preußischen Krefeld. Er hatte diese Männer mit dem Außergewöhnlichen vertraut gemacht und war in ihrer Erinnerung ein Mann des Volkes geworden. So tief waren die Völker seit 1815 durch ihre schwunglosen und reaktionären Herrscher in ihrem Selbstgefühl verletzt, daß ihnen Napoleon als Erfüllung freiheitlicher Träume erschien.

„Frankreich langweilt sich", hieß es unter der Julimonarchie. Das war gewiß nicht richtig, aber es gab keine Träume mehr; die Phantasie der Menschen war lahmgelegt, da das Staatswesen mehr und mehr einer Erwerbsgesellschaft ähnlich wurde. Um so üppiger wucherte die Napoleonlegende. Es war Raffets große Zeit, der in halb gespenstischen Strichen den Kaiser inmitten seiner Krieger wiederauferstehen ließ. Er war tot, aber es war nicht möglich, daß er tot war! Daher die Geisterparaden und Visionen von untergegangenen Heerscharen. Das Gedicht „Die nächtliche Heerschau" von Zedlitz machte die Runde um die Welt. Kein Künstler, sei es Victor Hugo, Balzac, Béranger, Byron, Manzoni, Heine, der nicht diesem Mythos etwas hinzufügte.

La Revue Nocturne. Lithographie von Denis Raffet

Das Bürgerkönigtum war eine Zeit der Bereicherung und der Korruption, aber beides galt nicht als Laster. Die Schicht derer, die sich amüsieren konnten, wurde immer breiter; die Bürgerschaft gab viel Geld dafür aus, ihre Töchter auf die Opernbälle führen zu können. Bei besonderen Anlässen beehrte die sonst häusliche Königsfamilie dergleichen Veranstaltungen mit ihrem Besuch, obwohl der aufkommende Walzer als ein zügelloser Tanz galt. Auf den Maskenbällen, von denen jährlich einige in der Oper stattfanden, ging es recht zwanglos zu. Es gab Damen, die in Männerhosen erschienen, und es kam sogar vor, daß ausgelassene Gruppen einen wilden Tanz versuchten, der Cancan genannt wurde. Die Bohème machte sich bei solchen Gelegenheiten stark bemerkbar. Maler brachten ihre Modelle mit, ja manchmal tauchten auch übermütige Wesen auf, die man Grisetten oder Loretten nannte und die nicht viel Umstände machten.

Links:
Großer Maskenball
im Opernhaus in Paris um 1830.
Stich von Metzeroth

Der Walzer von 1840.
Lithographie von David

Rechts:
Pariser Moden
zur Zeit des Bürgerkönigs

Modegecken.
Lithographie von Gavarni

Das Bürgertum fängt an, elegant zu sein. Der natürliche Geschmack der Pariser Frauen lenkt die aufkommende Kleiderkonfektion in die richtigen Bahnen. Schon 1824 war das berühmte Konfektionshaus „La Belle Jardinière" eröffnet worden. In ihm wurden nicht nur Frauenkleider, Mäntel und Hüte verkauft, sondern auch Arbeitskleidung für Männer und Frauen. Je tätiger die Konfektion, um so erfindungsreicher die Handnäherei. Die Nähmaschine tauchte auf und besserte das romantische aber bittere Los der kleinen Näherinnen, die in ihrer Dachkammer arbeiteten. Um 1840 zeigte die Pariser Frauenkleidung einen diskreten und damenhaften Geschmack. Mit den Männern stand es nicht so gut. Die Salonlöwen kleideten sich weibisch und auffallend. Kopfhaar und Bart waren in Locken gelegt, sie liebten Augengläser am breiten Seidenband; den Damen gefielen sie gleichwohl.

*Karikatur
auf die Frauenemanzipation:
„Meine Liebe,
wie einfältig sind doch diese Männer!
Immer dieselbe Melodie:
Jeder verlangt eine Frau für sich allein."*

*Zeichnung von
Sulpice-Guillaume Gavarni*

Wenn Gavarnis genialischer Stift sich mit dem Leben der Frauen seiner Zeit befaßt, so weiß man nie, ob er die Bourgeoisie oder die Halbwelt darstellt. Diese zwei Freundinnen, die sich im Bett räkeln, sehen nicht gerade danach aus, als ob sie die von der königlichen Familie vorgelebten Beispiele befolgten und einem Zeitalter der Tugend als Muster dienen wollten. Schon seit dem Sturz der Bourbonen hat sich die Stellung der Frau geändert, und zwar in zwei sehr verschiedenen Schichten. Die Frauen der Aristokratie und der reichen Oberschicht leben kühn und nicht immer vorbildlich. In den unteren Schichten, besonders in den Künstler- und Studentenkreisen, haben sich die jungen Frauen als gutgelaunte, leichtfertige Gefährtinnen eine besondere Stellung erworben, in der sie freizügig, ganz ohne Demut und nicht gerade ordentlich sind.

Die Beziehungen zwischen England und Frankreich waren nicht gerade die besten. Im Anfang der Julimonarchie war der uralte Talleyrand als Botschafter nach London gegangen und hatte dort nicht nur als Sehenswürdigkeit gewirkt, sondern hatte auch, zusammen mit Spanien und Portugal, ein Bündnis zustande gebracht, das jedem Versuch, die Heilige Allianz wiederzubeleben, ein Ende machte. Aber die alte Intimität wollte sich nicht wieder einstellen. Es gab Reibungspunkte, in denen Frankreich sich nachgiebig und vorsichtig zeigte. So empfing der König Louis-Philippe 1843 die junge Königin Viktoria und ihren

Konzert in der Galerie des Guise (1843). Gemälde von Eugène Lami

Gatten, Albert von Coburg, in seinem Schloß in Eu und bereitete ihnen freundliche Tage. Der jungen Königin war es wohl ein wenig unheimlich, Gast eines Mannes zu sein, dessen Vater für den Tod König Ludwigs XVI. gestimmt und unter der Guillotine sein Leben geendet hatte. Aber man war doch ganz gemütlich beisammen, nicht zum wenigsten dank dem würdigen Charme der Königin der Franzosen. Eugène Lami hat aus einem Hauskonzert im Schloß ein entzückendes Bild gemalt, das von unerschöpflichem kulturhistorischem Interesse ist, von den Stühlen und Kronleuchtern bis zu den Kleidern der Damen und der Haltung der konzertierenden Künstler. Louis-Philippe hat die junge Viktoria zu seiner Rechten und den korrekten Prinzgemahl zu seiner Linken. Die Erfrischungen gibt es erst nach der Musik.

*Heinrich Heine (1797–1856).
Anonymes Porträt*

Heinrich Heine hat die ganze Zeit des Bürgerkönigtums als Augenzeuge miterlebt und sie in unvergleichlicher Weise geschildert. Der Verfasser des „Buches der Lieder" und der „Reisebilder" war in Deutschland ein berühmter Mann geworden. Aber was war Deutschland? Er konnte sich wohl in der deutschen Sprache und im deutschen Denken, aber nicht im deutschen Leben zurechtfinden. In der dumpfen Luft der deutschen Kleinstaaterei und des Polizeiwesens, in dieser Ordnung, die immer noch von Metternich beherrscht wurde, wollte er nicht gedeihen. Der Sturz der Bourbonen war für ihn ein willkommener Anlaß, nach Paris zu gehen, um dort Fuß zu fassen. Das gelang dem großen Dichter überraschend gut. Er war für die Franzosen die Verkörperung dessen, was sie seit Madame de Staël in dem romantischen Denken und Dichten Deutschlands zu sehen gewohnt waren. Dieser deutsche Dichter mit seinem Blondhaar und seiner Schwermut war ganz nach ihrem Geschmack. Heine brauchte, ja durfte nie Franzose werden; er hätte sonst den Menschen, in deren Mitte er so lange Jahre lebte, eine Illusion geraubt. Er kam mit allen führenden Franzosen seiner Zeit in Verbindung, aber er verpflichtete sich nie einer französischen Sache. Seine großen Schilderungen „Französische Zustände" sind ein lebendiges und – wie man hinzufügen muß – genaues Bild der Regierungszeit Louis-Philippes. Das „juste milieu" hat kaum einen besseren Darsteller gefunden als diesen deutschen Dichter, der sich in Paris fühlte „nicht wie ein Fisch im Wasser, sondern wie Heine in Paris". Er war kein Revolutionär, und er war auch kein Mann des Handelns. Aber sein brennendes Gefühl für Gerechtigkeit drängte ihn immer wieder nach links und zu Gruppen, zu denen er durchaus nicht gehören wollte. Er war illusionslos, er wollte die Welt nicht ändern, aber ihren Gang verstehen. „O Freiheit! Du bist ein böser Traum!" rief er aus, weil er begriff, daß die Freiheit, die an sich ein Licht war, nie ohne Schatten sein konnte.

*Charles-Augustin Sainte-Beuve
(1804–1869).
Zeichnung von François-Josephe Heim*

Für den geistigen Reichtum der Zeit der Julimonarchie, der sich mehr gegen sie als mit ihr entfaltete, zeugt eine Figur wie Sainte-Beuve, Schöpfer der modernen Literaturkritik, dessen Publikationen ein nicht minder großes Ereignis bedeuteten als die Gedichte Victor Hugos und die Romane Balzacs. Dabei besteht das Werk dieses Mannes, der in der Literatur seines Landes unverwischbare Spuren hinterlassen hat, zum überwiegenden Teil aus Zeitungsartikeln, also aus dem zerbrechlichsten und am wenigsten dauerhaften Stoff, der sich in der Welt des gedruckten Wortes denken läßt. Sainte-Beuve hat auch Gedichte und Romane geschrieben, besonders als er in eine tiefe Leidenschaft zu der Frau seines Freundes Victor Hugo verstrickt war. Aber er fand sehr bald seine definitive Ausdrucksform in der Kritik, die er in der Literatur seines Landes so glanzvoll und mächtig wie keiner vor ihm und nach ihm geübt hat. Madame Récamier mit ihrem merkwürdigen Ahnungsvermögen erkennt sein Genie und verhilft ihm zu einem Sitz in der Akademie. Gegen Ende der vierziger Jahre beginnen seine „Montagsplaudereien", deren Themenbereich schließlich das ganze Geistesleben Frankreichs umfaßt. Sein Wirken ist ein typischer Vorgang in der Geistesgeschichte seines Landes, es ist eine Reaktion des ordnenden Verstandes gegen das Genie, das Verwirrung schafft und den Menschen in die Irre führt.

*Honoré Balzac (1799–1850).
Lithographie von Julien
aus dem Jahr 1832*

*Statuette von Balzac.
Von Dantan*

*Rechte Seite:
Gioacchino Rossini (1792–1868).
Anonymes Porträt*

*Alexandre Dumas der Ältere (1802–1870).
Gemälde von Belloy*

Balzac ist neben Tolstoi der größte literarische Schöpfer lebendiger Wesen. Sein Werk ist kaum zu übersehen; die „Menschliche Komödie" umfaßt ein halbes Hundert Bände. Sein ungeheures Menschenrepertoire reicht bis in die Revolution zurück, aber sein eigentlicher Stoff ist seine Zeit, also die erste Hälfte des 19. Jahrhunderts, die herrschende Schicht, das Bürgertum, die Umwelt. Zu seinen Themen gehören das Geld, dessen aufsteigende Allgewalt er mit ahnungsvoller Deutlichkeit erfaßt hat, der Machthunger und der Ehrgeiz, die jetzt nicht nur auf die herrschenden Schichten beschränkt sind, sondern sich überall regen, bei den Staatsmännern, bei den hungernden Dichtern, bei den Frauen, bei den Wucherern und bei den kleinen Leuten. Wer war er? Wie ist es möglich, daß einundfünfzig Jahre eines Menschenlebens diesen unermeßlichen Erfahrungsstoff ans Licht fördern konnten? Wann lebte er, da er doch immer schrieb? Nun, er lebte intensiv, er hatte gesellschaftlichen Ehrgeiz, er versuchte ein Dandy zu sein, er holte sich aus der Ukraine eine adlige Dame, die er fast nur brieflich kannte, als Gattin, er hatte nie Geld, er arbeitete bis zu 18 Stunden am Tag, er glaubte nicht an den Fortschritt, aber an die Wissenschaft, er war konservativ und verachtete die Stützen der Gesellschaft. Nie hat eine Gesellschaft im Stadium des Zerfalls einen machtvolleren Schilderer gefunden.

Während Paris von politischen und sozialen Krisen geschüttelt wurde, versuchte die reichgewordene Bourgeoisie den festlichen Lebensstil der früher herrschenden Schichten nachzuahmen. Die Oper nahm einen bedeutenden Aufschwung, nicht zum wenigsten dank Rossinis Leitung, der „Gesangsinspektor von Frankreich" geworden war. Die Zeit der Triumphe mit dem „Barbier von Sevilla" und der „Diebischen Elster" lag schon hinter ihm, aber er war nach wie vor der Diktator des Operngeschmacks, bestimmte das Repertoire und die Auswahl der Sänger und Musiker. Er selbst schrieb seit dem „Wilhelm Tell" nur noch das „Stabat Mater". Im übrigen widmete er sich einer epikureischen Lebensführung, wurde ein Meister der Kochkunst und eine mächtige Pariser Figur. Er komponierte gern im Bett, und wenn ihm das vollgeschriebene Blatt zu Boden fiel, zeichnete er das Ganze lieber noch einmal auf, als sich nach dem Manuskript zu bücken. Er schöpfte aus dem Vollen. Für ihn und seine Musik gab es keine Probleme. Von Mozart sagte er: „Er war die Begeisterung meiner Jugend und die Verzweiflung meiner Mannesjahre, und nun ist er der Trost meines Alters."

Eine Naturgewalt betritt mit Alexandre Dumas dem Älteren die literarische Bühne. Ein lebensstarker Mann mit maßloser Genußfähigkeit, mit nicht minder maßloser Arbeitskraft und Aktivität, hielt er seine Epoche nicht nur mit seinen Hunderten von Theaterstücken und Romanen, sondern auch mit seiner abenteuerlichen Lebensführung, mit seinen Liebschaften, seiner Verschwendung und seinen Bankrotten in Atem. Sein Sohn hat von ihm gesagt: „Er hatte Genie, wie der Elefant einen Rüssel hat." In der Tat, alles an ihm war Natur. Er kannte kein Zaudern, keine Schwierigkeiten, und er lebte mit dem Publikum in einer fast physischen Verbindung. Seine Erfolge waren ungeheuer, Millionen flossen ihm zu, und er stand immer wieder mit leeren Händen da. Die genaue Zahl seiner Romane läßt sich nicht ermitteln, es mögen 500 sein; aber er schrieb sie nicht allein, er hatte einen Mitarbeiter, der einen großen Teil der Leistung für sich in Anspruch nahm. Aber „Der Graf von Monte Christo" kommt ausschließlich auf Dumas' Konto. Er schrieb, um den Menschen mit erfundenen Geschichten über das wirkliche Leben hinwegzuhelfen, und war selbst ein Symbol des Lebens.

Giacomo Meyerbeer war der unumstrittene König der großen Oper. Alles was in diesen Jahren nach Glanz und Repräsentanz drängte, berauschte sich an seinen dramatischen Stoffen, die er mit übersteigerter Rhythmik und gehäuften Effekten ausstattete. Er war ein Schüler Carl Maria v. Webers gewesen und schwenkte dann, zum Kummer seines Lehrers, ganz auf den Stil Rossinis um. Aber sobald er in die großen Verhältnisse von Paris geriet, fand er seinen eigentlichen Stil und wurde mit Hilfe seines Textdichters Eugène Scribe der unbestrittene Meister der dramatischen Oper, deren üppige Drapierung und gewaltsame Kontraste er erbarmungslos auf die Spitze trieb. Sein „Robert der Teufel", seine „Hugenotten", seine „Afrikanerin" taten ihre Wirkung bis in unsere Zeit hinein, obwohl sie mit dem vergoldeten Stuck und dem kirschroten Samt der Pariser Oper untrennbar verbunden sind. Meyerbeer hieß eigentlich Liebmann Beer und stammte aus Berlin. In Paris befreundete er sich mit Heine, der eine Zeitlang eine Art von Reklamechef für ihn war, was spätere Zänkereien nicht ausschloß.

Giacomo Meyerbeer (1791–1864). Lithographie von Delpech

Hector Berlioz (1803–1869). Zeichnung von Alphonse Legros

Hector Berlioz ist der große romantische Außenseiter in der Musik seiner Jahre. Er ist heftig umstritten und bringt es nie zu einer bedeutenden Stellung im öffentlichen Leben, aber seine Musik ist revolutionär, und es ist bezeichnend, daß sie auf den sogenannten Banketten, die zur Organisierung des Widerstandes gegen Louis-Philippe von Lamartine, Odilon Barot und Thiers veranstaltet werden, regelmäßig gespielt wurde. Man nannte ihn den Delacroix der Musik. Sein Oratorium „Fausts Verdammung" erregte einen Sturm des Für und Wider. Er knüpfte viele seiner symphonischen Werke an romantische Sujets an, an Goethe, Victor Hugo, an Byron und an die Napoleon-Legende. Schon durch seine „Phantastische Sinfonie" gewann er großen Einfluß auf den musikalischen Stil seiner Zeit, vor allem auf Franz Liszt, der seine Impulse an die sich in Deutschland entwickelnde „fortschrittliche" Musik weitergab. Seine Unabhängigkeit, seine Ungeneigtheit, dem Geschmack des Publikums entgegenzukommen, und die Originalität seiner Instrumentation haben dafür gesorgt, daß sein Werk die Zeit der Julimonarchie mühelos überlebte.

Wir sind alle ehrliche Leute.
Lithographie von Daumier

Die Verdauung des Budgets.
Lithographie aus der Zeitschrift
„La Caricature"

Diese erbarmungslosen Spottzeichnungen bedürfen keiner umständlichen Kommentierung. Sie sollen die Unaufrichtigkeit und Verderbtheit des politischen Milieus der letzten Jahre des Bürgerkönigtums darstellen. Freilich war nicht alles Mißwirtschaft, die Entwicklung der Industrie hatte schwere Störungen hervorgerufen, die Landbevölkerung begann in einem beunruhigenden Umfang in die Städte zu strömen und schuf den Boden für eine gefährliche soziale Gärung.

Am 24. Februar 1848. Stich nach H. Schopin *Rechts: Februar-Revolution 1848: Der Sieg des Volkes*

Die Februar-Revolution, die zum Sturz des Königs Louis-Philippe und zur Errichtung der II. Republik führte, ist keineswegs eine Revolte gegen das Herrscherhaus, sondern eine soziale Umwälzung, die auf die Änderung der sozialen Ordnung abzielt und nicht nur die Lebensumstände der „armen Leute" bessern, sondern ihnen mehr politische Macht geben will. Man kämpfte scheinbar gegen den verhältnismäßig harmlosen Bürgerkönig, in Wirklichkeit war man auf dem Wege zum Klassenkampf. Das Bild zeigt, daß auch die Revolution ohne Verlogenheit nicht auskommt. Hier sind alle „edlen" Umstürzler versammelt, der entzückende Polytechniker, das „Weib aus dem Volke", die jungen Mädchen, die den Verwundeten zu Hilfe eilen, und die Nationalgarden, die ebenfalls hochherzig sind. In Wirklichkeit waren die Februartage ein grausiges Gemetzel.

Die Krise wurde seit langem erwartet, aber der Ausbruch der Revolution kam überraschend. Tocqueville, der als Abgeordneter Augenzeuge des Ereignisses war, bestreitet, daß die Führer der Opposition, Ledru-Rollin, Arago, Louis Blanc und Lamartine, den Aufstand durch eine geheime Verschwörung herbeigeführt hätten. Er vergleicht sie mit den „Abenteurern, die die meisten unbekannten Länder entdeckt haben. Sie haben den Mut, immer geradeaus zu gehen, solange der Wind sie treibt." Am 22. Februar hatte eine große Kundgebung für „die Reform" stattgefunden, obwohl Guizot sie verboten hatte. Es war zu geringfügigen Zusammenstößen mit dem Militär gekommen. In der Nacht begann jedoch mit geheimnisvoller Planmäßigkeit der Bau von Barrikaden. Wieviel Revolutionen hatte diese Bevölkerung nicht schon mitgemacht! Sie hatte sich eine gefährliche Routine des Aufruhrs erworben und rüstete sich gleichsam automatisch zum Bürgerkrieg. Am folgenden Tage wurde die Nationalgarde eingesetzt, die sich jedoch lau und schwankend zeigte. Aus einzelnen Zusammenstößen entwickelte sich eine Straßenschlacht. „Nieder mit Guizot!" war der Kampfruf. Am Abend kam es vor dem Außenministerium zu blutigen Kämpfen. Die Bevölkerung führte die Gefallenen in endlosem Zug während der ganzen Nacht über die Boulevards. Am folgenden Tage, dem 24. Februar, war Paris mit Barrikaden gespickt, die Massen waren bewaffnet. Der König ernannte den verhaßten Marschall Bugeaud zum Oberbefehlshaber. Die Verteidigung der Regierung wurde nun systematischer, aber auch blutiger. Die Aufständischen drangen bis zu den Tuilerien vor. Zwei Regimenter gingen geschlossen zur Revolution über und stimmten in den Ruf ein: „Es lebe die Republik!"

Inzwischen war Thiers mit der Führung der Regierungsgeschäfte beauftragt, aber auch er konnte das Unheil nicht abwenden. Weder er noch der König zeigten die kaltblütige Entschlossenheit, die vielleicht der Julimonarchie zu einem würdigeren Ende verholfen hätte. Der Zeitungsmann Girardin, der ungerufen in das Arbeitszimmer des Königs eindrang, sprach das Wort Abdankung als

erster aus. Louis-Philippe schrieb eigenhändig eine Urkunde, in der er zugunsten seines Enkels auf den Thron verzichtete. Dann legte er Zivilkleidung an und verließ mit seiner Familie in einigen Droschken die Stadt. Wenige Augenblicke nach seiner Abreise drang der Pöbel in die Tuilerien ein und veranstaltete eine Plünderung, die das Innere des Palastes in einen Haufen Gerümpel verwandelte. Die Hauptschreier legten Wert darauf, auf dem Bett des geflohenen Königs ihre Bedürfnisse zu verrichten, die Kleider wurden zerfetzt, die Gemälde zerschnitten; in den Kellern wurden die Weinfässer geöffnet, man fand später in dem meterhoch stehenden Wein mehrere Ertrunkene. Auf den Trödlermärkten erschienen einige Tage später 25 000 Kilogramm Möbelreste, Trümmer von Spiegeln, Glas und Porzellan. Hinter der Maske der Freiheit war die Fratze der Zerstörung sichtbar geworden.

Die Revolutionäre im Thronsaal der Tuilerien.
Stich nach Janet Lange

J'abdique cette couronne que la voix nationale m'avait appellée à porter, en faveur de mon petit fils le Comte de Paris. Puisse t'il réussir dans la grande tâche qui lui echoit aujourd'hui.

Louis Philippe

24 Fev.r 1848.

Die Abdankungsurkunde von Louis-Philippe

Die provisorische Regierung vom 24. Februar 1848. Lithographie von Achille Devéria

Die Herzogin von Orleans, die Tochter des Königs, war mit ihrem kleinen Sohn, den Louis-Philippe zu seinem Nachfolger bestimmt hatte, in die Abgeordnetenkammer geflüchtet, aber während die Abgeordneten berieten, während erst Ledru-Rollin und dann Lamartine die Einsetzung einer provisorischen Regierung vorschlugen, drangen einige Hunderte von Aufständischen mit drohendem Geschrei in den Saal ein. Mit Mühe gelang es, die Herzogin und ihren Sohn zu retten. Die meisten Abgeordneten suchten ebenfalls ihr Heil in der Flucht. Der Pöbel nahm ihre Plätze ein, und so schritt man zur Ernennung der provisorischen Regierung. Man wußte schließlich nicht, wer ihre Mitglieder ernannt hatte. Hier sieht man in der ersten Reihe Arago, Ledru-Rollin, Dupont de l'Eure, Louis Blanc und Lamartine. Die Zweite Republik war geboren. Man folgte dem Verlangen der Menge und zog, mit Lamartine an der Spitze, zum Rathaus, um der neuen Regierung revolutionäre Weihe zu geben. Paris jubelte, wieder einmal war die Morgenröte der Freiheit angebrochen. Eine neue Zeit? Ja, es war eine neue Zeit; die „Philosophie der Februar-Revolution" bestand aus den sozialistischen Theorien, die, wie Tocqueville sagte, „bald wirkliche Leidenschaften erregten, die Mißgunst zur Erbitterung steigerten und schließlich den blutigen Kampf zwischen den Klassen hervorriefen".

In den ersten Märztagen 1848 fand das festliche Begräbnis der Opfer der Februar-Revolution statt. Vor der Kirche Madeleine war der Katafalk aufgestellt, von hier aus ging der Zug zur Beerdigungsstätte. Es war eine feierliche Zeremonie, an der die Mitglieder der provisorischen Regierung teilnahmen. Welche Opfer waren es, die man da mit so viel Pomp zu Grabe trug? Die Februartage hatten die Aufrührer nicht immer von ihrer besten Seite gezeigt. Es war eine Revolution voller Ausschreitungen gewesen, aber sie war mit Menschenleben sparsamer umgegangen als bei früheren Gelegenheiten ähnlich dramatischer Art. Unter den Opfern gab es Idealisten und Raufbolde, Streiter für die gute Sache und Individuen, die vom gesetzlosen Zustand der Revolution profitierten. Die Freiheit erzeugt Helden und Verbrecher, opfermütige und raubgierige Menschen. Wer auch auf diesem Katafalk aufgebahrt sein mochte, wir dürfen annehmen, daß die Plünderer, die im Keller der Tuilerien im ausgelaufenen Wein ertrunken waren, nicht dabei waren. Die Zweite Republik war da, der abgedankte König war schon vergessen. Daß seine Regierung den Schulzwang eingeführt und durch den planvollen Ausbau der Eisenbahn die Verbindung zwischen den Teilen des Landes und der Bevölkerung hergestellt hatte, daran dachte niemand mehr.

*Begräbnis
der Opfer des Februar-Aufstandes in Paris
am 4. März 1848*

*Eine Frau hält eine Rede:
„Was ist die Freiheit? Eine Frau!
Was ist die Republik? Eine Frau!
Warum lassen wir dann den Männern
die Macht?"
Zeichnung von Gustave Janet*

Es waren die Jahre der Klubs, der Diskussionsabende und der freiheitlichen Organisationen. Die Lehren der Saint-Simonisten und die Parolen Enfantins hatten sich in vielen weiblichen Köpfen festgesetzt. Das Schlagwort von der Emanzipation der Frau tauchte auf. Zu den ernsthaften Kundgebungen, die auf einer genauen Kenntnis der sozialen Rolle der Frau fußten, gesellten sich allerlei Narrheiten, die es dem Publikum erleichterten, sich über die Reformbestrebungen der aufgeklärten Frauen lustig zu machen. Die Damen von leichten Sitten, die auf den Boulevards flanierten, ließen sich leicht dafür gewinnen, Bataillone zum Kampf für die Freiheit aufzustellen. Ein Narr namens Borme verstand es sogar, sich an die Spitze eines solchen Bataillons zu setzen und mit ihm zum Rathaus zu marschieren, wo sie ihr Freiheitsprogramm vortrugen und aufmerksam angehört wurden. Kein Wunder, daß die „Emanzipierten" ein Lieblingsgegenstand der Karikaturisten und Liedersänger wurden. In Wahrheit waren die französischen Frauen schon damals die wahren Herrscher in der Familie, besonders im Mittelstand und dem Kleinhandel. Aber auf ihre volle Gleichberechtigung mußten sie noch hundert Jahre warten.

Louis Blanc (1811–1882).
Lithographie von Auguste Lemoine

Die Zweite Republik begann ihr kurzes Leben in einer Brise von Zuversicht und Hoffnungen. Die Julimonarchie war keine schlechte Zeit für das Land gewesen, aber sie hatte einen sozialen Idealismus in Bewegung gesetzt, der nicht mehr aufzuhalten war. Die Zeitungen wurden dank der Abschaffung der Stempelsteuer auch den Ärmsten zugänglich, Volksvereine und andere sozialistische Hilfsorganisationen schossen aus dem Boden; die freie Diskussion ergriff alle Schichten. Die größte Neuerung war die Einführung des allgemeinen Stimmrechts. Die Zahl der Wähler stieg über Nacht von 200 000 auf 9 Millionen. Aber was war die Folge? Die neue Waffe kehrte sich gegen den Schöpfer und brach die revolutionäre Allmacht der Stadt Paris. Bei den Wahlen vom 9. April triumphierte die Provinz und sandte eine überwältigende Mehrheit gemäßigter Republikaner ins Parlament; die Radikalen, die ihre Anhänger hauptsächlich in Paris hatten, wurden zurückgedrängt. Doch der Schwung der sozialistischen Bewegung war nicht so leicht zu bremsen. Die Menge war unruhig und erwartete Wunder von ihren Führern, da die wirtschaftliche Lage sich in den letzten Wochen sehr verschlechtert hatte. Louis Blanc, dessen Buch „Die Organisation der Arbeit" das Recht auf Arbeit und die Pflicht der Gesellschaft, Arbeit zu beschaffen, proklamiert hatte, setzte die Arbeitszeit auf zehn Stunden am Tag herab. Zugleich wurden die Nationalen Werkstätten ins Leben gerufen, in denen jeder, der Arbeit suchte, Beschäftigung fand. Das Unternehmen sollte sich als verhängnisvoll erweisen. Louis Blanc wurde vor vollendete Tatsachen gestellt; er hielt die Gründung für ein Unglück.

Neben dem zähen und geschulten Sozialisten Louis Blanc, der mit genialem Blick erkannt hatte, daß das Recht auf Arbeit das Kernproblem der nächsten Jahrzehnte sein würde, stand als Chef der Regierung und Außenminister dieser großartige Alphonse de Lamartine, der keine Doktrin vertrat außer der Idee der freiheitlichen Demokratie. Seine lyrischen Dichtungen hatten ihn in die erste Reihe der französischen Poeten gestellt. Mit kaum achtunddreißig Jahren wurde er von Royer-Collard und Cuvier in die Französische Akademie eingeführt. Er stammte aus einer adligen Familie, hatte in der Leibwache Ludwigs XVIII. Dienst getan und war unter Karl X. französischer Gesandter in Florenz und Athen gewesen. Er war eine romantische Persönlichkeit im wahrsten Sinne des Wortes, elegant, schön, melancholisch und von ungewöhnlicher Rednergabe. Sein großes Werk „Die Geschichte der Girondisten", das einen riesigen Erfolg hatte, drängte ihn in die Reihe der führenden Republikaner. Es war die Bibel der Revolution, gleichsam ein Handbuch des Volksaufstandes, und verurteilte den Dichter gewissermaßen zur republikanischen Führerschaft. Als Außenminister sandte er an die Großmächte eine berühmt gewordene Note, mit der Frankreich sich vom Friedensvertrag von 1815 lossagte. Er schaffte die Todesstrafe für politische Verbrechen ab und zeigte sich für die sozialen Probleme seiner Zeit aufgeschlossen. „Er", sagte Daniel Stern, „hat alle Worte ausgesprochen, die seit einigen Jahren den Sieg des Fortschritts bezeichnet und die Zukunft vorausgesagt haben." Der Staatsstreich Napoleons III. verdrängte ihn für immer von der politischen Bühne.

Alphonse de Lamartine (1790–1869).
Gemälde von Gonzague Privat

Angriff auf das Pantheon am 21. Juni 1848. Gemälde von N. E. Gabé

Nach den Wahlen wurde die provisorische Regierung durch eine endgültige ersetzt, die aus Lamartine, Ledru-Rollin, Marie, Garnier-Pagès und Arago bestand. Louis Blanc stand nach wie vor dem „Regierungsausschuß für die Arbeiter" vor. Vor zwei Jahrzehnten hätte noch niemand das Wort „Arbeiter" verstanden und ihm politische Bedeutung zugebilligt. Nun ruhte der Lichtstrahl der Freiheit fast ausschließlich auf dieser Menschengruppe, und wenn man jetzt vom Volk sprach, so verstand man darunter die Arbeiter. Proudhon, der durch das Wort „Eigentum ist Diebstahl" berühmt geworden ist, sprach zum erstenmal vom Proletariat. In der Tat löste sich die Schicht, die man später die Arbeiterklasse nannte, vom übrigen Paris los. Diese gefährliche Isolierung wurde durch die Nationalen Werkstätten begünstigt; sie waren eine Verzerrung der Ideen Louis Blancs, aber sie wurden ihm von seinem Neider, Marie, in die Schuhe geschoben, um ihn zu diskreditieren.

Dieses Arbeitsbeschaffungs-Experiment erweist sich als völliger Fehlschlag. Mitte Juni ist die Zahl der Arbeiter auf 110 000 gewachsen; es ist unmöglich, sie noch zu beschäftigen, sie treiben sich in den Straßen herum und halten Versammlungen ab. Die schlechtesten unter ihnen sind froh, auf Staatskosten leben und im Trüben fischen zu können. Die besten leiden unter dem Gefühl, ein Almosen zu empfangen. Die Regierung begreift zu spät, daß sie eine Armee von Aufrührern aufgestellt hat, die unaufhörlich durch die Straßen zieht und „Arbeit!" ruft oder auch „Poléon", denn Paris ruft bei jeder Krise den Kaiser Napoleon, der nun ganz zum Mythos geworden ist.

Am 21. Juni löst die Regierung die Nationalen Werkstätten auf, aber sie fürchtet das Schlimmste. Ruhelos schwenkt der optische Telegraf von Etappe zu Etappe seine Arme. Der Oberbefehlshaber in Paris ruft aus allen Provinzstädten Truppen, Munition und Lebensmittel in die Hauptstadt. Beginnt das alte blutige Spiel? Die Place du Panthéon ist der Mittelpunkt der ersten Zusammenstöße. Wieder einmal erheben sich auf diesem scheinbar so stillen und kühlen Platz die ersten Barrikaden, fallen die ersten Schüsse, fließt das erste Blut.

Vier Tage dauert die Schlacht. Die Erbitterung auf beiden Seiten war unbeschreiblich. Haß, Verzweiflung, Rache und gemeiner Blutdurst brannten in weißen Flammen. Niemals mehr hat man sich in Paris untereinander mit einer solchen Herzenslust ermordet, und der Bruderkampf sollte später nur noch einmal übertroffen werden — durch die Tage der Kommune. Als Cavaignac am vierten Tage die vollständige Niederwerfung des Aufstandes melden konnte, war das Pariser Pflaster von über zwölftausend Leichen bedeckt; auch drei Generäle waren umgekommen, darunter der General Bréa, der unweit des Orleans-Tors bei dem Versuch zu parlamentieren von den Aufständischen über den Haufen geschossen worden war. Auch der Erzbischof von Paris, der den ganzen Tag auf beiden Seiten Versöhnung gepredigt hatte, erhielt die tödliche Kugel, als er auf dem Bastilleplatz auf die Barrikaden kletterte und zwischen den rasenden Arbeitern und der nicht minder rasenden Truppe zu vermitteln suchte. Die Frauen erwiesen sich nicht nur als schäumende Megären, sondern auch als gute Heckenschützen. Auf der anderen Seite wütete die Mobilgarde am schlimmsten. Die Truppe war erst vor einigen Wochen von Lamartine aufgestellt worden. Die Rekruten waren halbe Kinder; das Blut hatte sie ganz und gar um den Verstand gebracht. „Sie glichen wütenden Mardern, die ihre Schnauzen in Blut tauchen." Auch der alte Arago hatte sich ins Getümmel gewagt, um die Gemüter zu beruhigen. Er war ein angesehener Mann, das Volk kannte ihn, aber es sagte ihm: „Aber Herr Arago, warum machen Sie uns Vorwürfe? Sie haben ja niemals Hunger gehabt. Sie wissen nicht, was Elend ist."

Bild links:
Der Tod des Erzbischofs von Paris,
Juni 1848.
Holzschnitt von Gustave Doré

General Cavaignac.
Gemälde von Horace Vernet

Der General Cavaignac leitete die Unterdrückung des Juniaufstandes. Er tat es mit harter Hand, ohne daß sein Ruf als überzeugter Republikaner Schaden nahm. Am 26. Juni waren die Aufständischen auf wenige Punkte an der Bastille und auf dem Fauborg Saint-Antoine zusammengedrängt. Überall wurde standrechtlich erschossen, an den Straßenecken, auf den Friedhöfen, in den Sandgruben am Montmartre und in den Steinbrüchen an der Butte de Chaumont. Blanqui schrieb an die Nationalversammlung: „Diese Unglücklichen sind nur irregeleitet. Mitleid für sie! Selbst für jene, die mitleidlos waren! Wenn Sie jeden Tag soviel schreckliches Elend von Nahem sähen wie ich, würde Ihr Herz bluten. Im Namen der Frauen und Kinder dieser Unglücklichen, Mitleid, Milde!" Die Regierung nahm 25 000 Personen fest. Davon wurden ungefähr 11 000 von Militärkommissionen abgeurteilt. Einige Dutzend Anstifter wurden erschossen. Über 4000 Männer wurden auf dem Verordnungswege nach Algerien verschickt. Die Besiegten, welche die Niederlage überlebten, bedauerten nur eines, daß sie die Parole „Lieber durch eine Kugel als durch Hunger sterben" nicht hatten wahr machen können.

Niemand triumphierte. Es war kein Sieg; es war eine Lehre. Ströme von Blut waren geflossen. War dieses Paris unverbesserlich, würde sein Boden nie satt sein, Bruderblut zu trinken? Frankreich war von diesem Tage an in zwei Teile zerrissen. Der Klassenhaß erhob sich aus den rauchenden Trümmern dieses Bürgerkrieges. War eine Versöhnung möglich, gab es eine Möglichkeit, daß der Klassenkampf mit einem Friedensschluß endete?

Der Aufbruch. Ausschnitt aus den Reliefs vom Arc de Triomphe. Von François Rude

Unsere Erzählung hört hier auf, aber sie ist nicht zu Ende, sie wird niemals ein Ende haben, solange die Menschen noch nicht das Rätsel gelöst haben, wie sie frei und ohne Unterdrückung miteinander leben und eine Gemeinschaft ohne Zwang bilden können. Die Freiheit ist dem vernunftbegabten Menschen nicht in den Schoß gefallen, er hat um sie kämpfen müssen, und wenn er sie endlich besaß, so hat er sich gegen jene wehren müssen, die sie mißbrauchten und in ihrem Zeichen Unordnung stifteten. Konservative Geister wie Chateaubriand und Tocqueville haben erklärt, daß die Freiheit ihre größte Leidenschaft sei. Andere wieder haben sie ersehnt und gefürchtet: „O Freiheit, du bist ein böser Traum", hat Heine ausgerufen, und Madame Rolands letztes Wort vor ihrer Hinrichtung war: „O Freiheit! Wieviel Verbrechen begeht man nicht in deinem Namen!" Wir haben also kein Recht, die Freiheit als fleckenlose Göttin darzustellen, deren Herrschaft einem Idyll gleicht; wir müssen das Blut auf ihrem Gewand sehen und können das Ohr nicht vor dem Ruf zu den Waffen verschließen, mit dem sie so oft die Leute aufgeschreckt hat, die da glaubten, daß nun, wie die Stunde der Freiheit geschlagen habe, auch der Augenblick gekommen sei, die Hände in den Schoß zu legen.

Das Relief von Rude schmückt den Triumphbogen in Paris; es stellt den Auszug der Freiwilligen dar, die in den Kampf gehen, um die Freiheit zu verteidigen. Der Schwung dieses Bildwerkes, das in die ungeheure Steinwand des Bogens eingepaßt ist und daher der genauen oder gar genießenden Betrachtung entrückt ist, verrät nichts von der Vielfalt, ja Zweideutigkeit des Freiheitsideals, sondern zeigt nur die Begeisterung und die Entschlossenheit, zu kämpfen. Das Antlitz des geflügelten Genius, der über der Gruppe der Krieger schwebt und sie vorantreibt, ist vom Schrei verzerrt. Man hat das Werk wegen der kriegerischen Erregung, die es ausströmt, auch „Die Marseillaise" genannt. Kein Volk der modernen Geschichte hat für die menschliche Freiheit so viele Opfer gebracht wie das französische; es ist erlaubt, Paris als den Boden zu betrachten, auf dem dieses Ideal zum Gewinn der ganzen Menschheit gedieh. Friedrich Engels hat Paris die Stadt genannt, „in der alle Nervenfasern der europäischen Geschichte sich vereinigen und von der in gemessenen Zeiträumen die elektrischen Schläge ausgehen, unter denen die ganze Welt erbebt". Frankreich hat nicht gezögert, Blut zu vergießen und Zerstörungen anzurichten, es hat Licht und Schatten der Freiheit so dicht zueinander gedrängt, daß man oft Tag und Nacht nicht mehr voneinander unterscheiden konnte; aber es hat diesen Kampf für die Freiheit mit seinem Glanz und seiner Schuld für die ganze Welt geführt. Es hat sich für die Menschheit befleckt, und nun muß ihm die Menschheit auch den Ruhm lassen.

Die kurze Geschichte der modernen Freiheit, die erst politische und dann soziale Fesseln sprengt, hat eine Bildhaftigkeit ohnegleichen angenommen. Wie viele Pinsel, Federn und Stichel haben sich in den Dienst dieses Genius gestellt, um seine hoffnungsvollen oder grimmigen Züge aufzuzeichnen, um die Taten anschaulich zu machen, die in seinem Dienste vollführt wurden. Dieser Strom von künstlerischen Äußerungen konnte nur im Zeichen eines Ideals, das von der Menschenwürde untrennbar ist, in Bewegung geraten. Ohne die Freiheit und ohne die ständige Notwendigkeit, sie zu verteidigen, ist der Mensch nichts. Erst wo die Ketten zerbrochen sind, können die Hände in Würde arbeiten.

PERSONENREGISTER

Das Register enthält die Namen, die im Text genannt werden, und Personen, die auf den Abbildungen zu finden sind, soweit sie auch in den Bildunterschriften oder in den zu den Bildern gehörenden Texten erwähnt werden. Die Hinweise auf die Abbildungen sind durch *Kursivschrift* der Seitenzahlen hervorgehoben. Die Namen der Künstler, von denen die Abbildungen stammen, sind nur dann in das Register aufgenommen, wenn im Text auf sie eingegangen wird. Bei französischen Politikern, Offizieren, Künstlern usw. wird die Staatsangehörigkeit grundsätzlich nicht angeführt.

Abd el-Kader, Führer der algerischen Aufständischen (1807–1883) 399

Adam, Albrecht, Schlachtenmaler (1786 bis 1862) 260, 269

Addington, Henry, britischer Staatsmann (1757–1844) 162, 181

Albert von Koburg, Gemahl der Königin Viktoria von England (1819 bis 1861) *405*

Alexander I., Zar von Rußland (1777 bis 1825) 184, 185, 188, 189, *190*, *202*, *204*, 227, 261, 276, *283*, *287*, neben 292, neben 293, 293, 296, 334

Andrieux, François, Schriftsteller (1759 bis 1833) *372*

Angoulême, Louis, Herzog von, Sohn Karls X. von Frankreich (1775–1844) 354, *355*, 358

Angoulême, Marie-Thérèse, Herzogin von, Tochter Ludwigs XVI., Gattin des Vorstehenden (1788–1851) 84, 98, *326*, *327*

Arago, Dominique-François, Astronom und Physiker, Mitglied der provisorischen Regierung von 1848 (1786 bis 1853) 413, *415*, 420, 422

Arndt, Ernst Moritz (1769–1860) 278

Artois, Graf von, siehe Karl X.

Augereau, Pierre-François-Charles, Marschall (1757–1816) 140

Babeuf, Gracchus, Revolutionär (1760 bis 1797) 124, *397*

Bagration, Peter, russischer Feldherr (1765–1812) 262

Bailly, Jean-Sylvain, Astronom und Politiker (1736–1793) *32*, *44*, neben 46, 83

Balzac, Honoré de (1799–1850) 268, 399, 401, 407, *408*

Barclay de Tolly, Michael, russischer Feldmarschall (1761–1818) 262, 292

Barère de Vieuzac, Bertrand, Mitglied des Wohlfahrtsausschusses (1755 bis 1841) 82, 109, 114

Barras, Paul, Mitglied des Direktoriums (1755–1829) 114/115, 123, *125*, 128

Bausset, de, Palastpräfekt Napoleons 243

Beauharnais, Alexandre de, erster Gatte von Kaiserin Joséphine (1760–1794) 135

Beauharnais, Eugène de, Sohn des Vorstehenden, Vizekönig von Italien (1781–1824) 135, *176/177*, 178, 237, 260, 263

Beauharnais, Hortense de, später Königin von Holland, Mutter Napoleons III. (1783–1837) 217, 220, 257

Beaumarchais, Pierre-Augustine Caron de, Schriftsteller (1732–1799) 28

Beaumont, Pauline de *165*

Béranger, Pierre-Jean, Chansonnier (1780–1857) *362*, 401

Berlioz, Hector, Komponist (1803 bis 1869) *410*

Bernadotte, Jean, französischer Marschall, später König von Schweden (1763–1844) 154, 191, 237, 257, 282

Berry, Charles, Herzog von, Sohn Karls X. (1778–1820) *336*, 337, 338, 355

Berry, Caroline, Herzogin von (1798 bis 1870) *335*, *336*, *338*, *339*, 355

Berthier, Alexandre, Generalstabschef Napoleons (1753–1815) 153, 154, 155, 158, 171, *176/177*, 178, 185, 191, *192/193*, 200, 202, *244*, 245, 282, 288, 291, 295, 305

Berthollet, Claude-Louis, Chemiker (1748–1822) 147

Bertier, Intendant von Paris 46

Beurnonville, Pierre de, Marschall (1752 bis 1821) 327

Billaud-Varenne, Jean-Nicolas, Mitglied des Nationalkonvents (1756–1819) 66, 82, 108, 109, 114

Blacas, Pierre, Herzog von, Minister Ludwigs XVIII. (1771–1839) 298

Blanc, Louis, Politiker (1811–1882) 318, 413, *415*, *418*, 419

Blanqui, Louis-Auguste, sozialistischer Revolutionär (1805–1881) *397*, 423

Blücher, Gebhard Leberecht, Fürst von Wahlstatt (1742–1819) 197, 276, 277, 281, 288, 292, neben 293, 293, 296, neben 304, 308, 322/323

Bonald, Vicomte Louis de, politischer Publizist (1754–1840) 345

Bonaparte, Letizia, Mutter Napoleons (1750–1836) *176/177*, 178, *216*, *220*

Bonaparte, Joseph, Bruder Napoleons, König von Neapel und König von Spanien (1768–1844) 148, 158, 162, *176/177*, 178, 189, 228, 291

Bonaparte, Lucien, Bruder Napoleons (1775–1840) *154*, 158, 216, 257, 303

Bonaparte, Louis, Bruder Napoleons, König von Holland (1778–1846) 189, 217, 220

Bonaparte, Pauline, Schwester Napoleons, Fürstin Borghese (1780–1825) *218*, *220*

Bonaparte, Caroline, Schwester Napoleons, Gattin von Murat, Königin von Neapel (1782–1839) *219, 220,* 222, 245, 325

Bonaparte, Jérôme, Bruder Napoleons, König von Westfalen (1784–1860) *220,* 286

Bordeaux, Henri, Herzog von, Sohn des Herzogs von Berry, später Graf von Chambord (1820–1883) 336, *338, 355*

Bouillé, François Claude de, Marschall (1739–1800) 55

Bourmont, Louis, Graf von, Marschall (1773–1846) 375, 376

Braunschweig-Lüneburg, Karl Wilhelm Ferdinand, Herzog zu, preußischer Feldherr (1735–1806) 60, 68/69, 71, 197

Braunschweig-Oels, Friedrich Wilhelm, Herzog von, preußischer General, Sohn des Vorstehenden (1771–1815) 241

Brissot, Jacques-Pierre, Journalist und Mitglied des Konvents (1754–1793) 59

Brueys, François-Paul, Vizeadmiral (1753–1798) 146

Brune, Guillaume, Marschall (1763 bis 1815) 63, 150

Bugeaud de la Piconnerie, Thomas-Robert, Marschall, Gouverneur von Algerien (1784–1849) 393, 399, 413

Bülow, Friedrich Wilhelm, Freiherr von, preußischer General (1755 bis 1816) 308

Burke, Edmund, englischer Schriftsteller, Redner und Staatsmann (1729 bis 1797) 181

Byron, George Gordon, Lord (1788 bis 1824) 361, 401, 410

Cadoudal, Georges, Führer der bretonischen Gegenrevolutionäre (1771 bis 1804) 171, *172,* 173

Cagliostro, Alexander, Graf von, eigentlich Joseph Balsamo, Abenteurer und Scharlatan (1743–1795) 27

Calonne, Charles-Alexandre de, Finanzminister vor der Revolution (1734 bis 1802) 28

Cambacérès, Jean-Jacques, Politiker, Zweiter Konsul neben Napoleon (1753–1824) 128, 158, 170, *174, 176/ 177,* 178

Cambon, Joseph, Abgeordneter des Konvents und Mitglied des Wohlfahrtsausschusses (1754–1820) 82, 87, 91, 114

Caprara, Johann Baptist, Kardinal, päpstlicher Legat in Frankreich (1733 bis 1810) 168, *176/177,* 178

Carl August, Großherzog von Sachsen-Weimar (1757–1828) 70, 198

Carnot, Lazare, Mitglied des Wohlfahrtsausschusses, Organisator der Revolutionsarmee (1753–1823) 82, *89,* 90, 108, 109, 125, *302,* 303

Carrel, Armand, Publizist (1800–1836) 318, 384

Carrier, Jean-Baptiste, Abgeordneter des Konvents, berüchtigter Schrekkensmann (1756–1794) 77

Castellane, Cornelia de, geb. Greffulhe, Freundin Chateaubriands *353*

Castlereagh, Henry Robert Stewart, Marquis von Londonderry, britischer Staatsmann (1769–1822) 293, *312/313*

Cathelineau, Jacques, Führer des Vendée-Aufstandes (1759–1793) 104/105

Caulaincourt, Louis de, Herzog von Vicenza, General, Botschafter Napoleons in Petersburg (1772–1827) *259,* 273, 295

Cavaignac, Godefroy, Führer der demokratischen Partei unter Karl X. und Louis-Philippe (1801–1845) 379

Cavaignac, Louis-Eugène, Bruder des Vorstehenden, General, Gouverneur von Algerien, Unterdrücker des Juniaufstandes von 1848 (1802–1857) *422, 423*

Chamfort, Nicolas-Sébastien, eigentlich Roch, Schriftsteller, einer der französischen Moralisten (1741–1794) 99

Champagny, Jean-Baptiste Nompère de, Herzog von Cadore, Innen- und Außenminister unter Napoleon (1756 bis 1834) 214, *215*

Charette de la Contrie, François-Athanase, Führer des Vendée-Aufstandes (1763–1796) 104/105

Chateaubriand, Vicomte François-René de (1768–1848) 72, 105, 131, *164/167,* 174, 255, 257, 274, 279, 318, 344, 345, *351,* 352, 353, 354, 357, neben 358, 361, 365, 370, *372,* 425

Chénier, André, Dichter (1762–1794)*118*

Chénier, Marie Joseph, Dichter, Bruder des Obenstehenden (1764–1811) 118, 128

Cherubini, Salvador, Komponist (1760 bis 1842) 168

Chopin, Frédéric (1810–1849) *368,* 369

Clary, Désirée, Verlobte Napoleons, später Gattin Bernadottes und als solche Königin von Schweden (1777 bis 1860) 137

Clausewitz, Karl von, preußischer General und Militärschriftsteller (1770 bis 1831) 197, *261,* 275

Cobenzl, Johann Philipp, Graf von, österreichischer Staatsmann (1741 bis 1810) 162

Cockburn, britischer Admiral 310

Coigny, Françoise-Aimée de (1769 bis 1820) 118, 139

Collingwood, Cuthbert, Lord, britischer Admiral (1750–1810) 183

Collot d'Herbois, Jean-Marie, Abgeordneter des Konvents (1750–1796) 66, 82, 109

Condé, Louis-Joseph, Prinz von, Befehlshaber der Emigrantenarmee in Koblenz (1736–1818) *50,* 173

Condorcet, Antoine Caritat, Marquis von, Mathematiker und Philosoph (1743–1794) 59, *103*

Constant de Rebecque, Benjamin, Politiker und Schriftsteller (1767–1830) 128, 169, 254, 257, *303,* neben *358*

Corday d'Armont, Charlotte, Mörderin Marats (1768–1793) 92, neben 94

Corvisart des Marets, Jean-Nicolas, Arzt Napoleons (1755–1821) *250*

Couthon, Georges, Mitglied des Wohlfahrtsausschusses (1755–1794) 82, 109, 114/115, 116

Custine, Adame-Philippe, Graf von, General (1742–1793) 74

Cuvier, Georges, Zoologe und Paläontologe (1769–1832) *366,* 419

Dalberg, Karl Theodor Anton Maria, Erzkanzler, letzter Kurfürst von

Mainz, souveräner Fürst-Primas des Rheinbundes (1744–1817) 196, 287

Danton, Georges-Jacques (1759–1794) 54, 60, *64*, 65, 66, 67, neben 78, 81, 99, 102, 110/111, 298

Daumier, Honoré, Karikaturist (1808 bis 1879) 389

David, Louis, Maler (1748–1825) 92, 97, 107, 178, 179, *223*

Davout, Louis-Nicolas, Herzog von Auerstädt, Marschall (1770–1823) 188, 191, *192*, 193, 197, 214, 286, 309

Debucourt, Philibert-Louis, Zeichner (1755–1832) 126

Decazes, Elie, Herzog, Staatsmann, Minister unter Ludwig XVIII. (1780 bis 1860) *337*

Delacroix, Eugène, Maler (1798–1863) 361, 364, 380/381

Desaix de Veygoux, Louis, General (1768–1800) 160

Desmoulins, Camille (1760–1794) *38*, *39*, 54, 65, 81, 99, 100, 102, *110*/111

Desmoulins, Lucile, Frau des Vorstehenden (1771–1794) *110*/111

Diderot, Denis, Philosoph, Herausgeber der „Enzyklopädie" (1713–1784) 22

Diebitsch-Sabalkanskij, Hans Karl Friedrich Anton, Graf von, russischer Feldmarschall (1785–1831) 275, neben 293

Dietrich, Philipp Friedrich Baron de, Mineraloge, Bürgermeister von Straßburg (1748–1793) 73

Drouet, Jean-Baptiste, Postmeister, Abgeordneter des Konvents (1763 bis 1824) 55

Ducos, Roger, Mitglied des Direktoriums, Konsul neben Napoleon 156, 158

Dumas, Alexandre, der Ältere, Schriftsteller (1802–1870) *372*, *409*

Dumouriez, Charles-François, General (1793–1823) 57, 68/69, 90, 99, 327

Duperré, Victor-Guy, Admiral (1775 bis 1846) 376

Du Petit-Thouars, Aristide Aubert, Kapitän 1760–1798) 146

Duphot, General 150

Duplay, Tischlermeister 102

Duplessis-Bertaux, Zeichner und Stecher 102

Dupont de l'Étang, Pierre Antoine, General (1765–1840) 232

Dupont de l'Eure, Jacques-Charles, Politiker (1767–1855) *415*

Dupuytren, Guillaume, Dr., Chirurg (1777–1835) *358*

Duroc, Géraud-Christophe-Michel, General und Großmarschall der kaiserlichen Paläste (1772–1813) 200, *250*

Éblé, Jean-Baptiste, General (1758 bis 1812) 269

Elbée, Maurice Gigot d', General des Vendée-Aufstandes (1752–1794) *104*/105

Elisabeth, Schwester Ludwigs XVI. 84

Enfantin, Barthelemy-Prosper, Anhänger von Saint-Simon (1796–1864) 417

Enghien, Louis-Antoine, Herzog von (1772–1804) *173*, 255, 325

Faber du Faur, Christian Wilhelm von, württembergischer General und Schlachtenmaler (gest. 1857) 264, 267/268

Fabre d'Eglantine, Philippe, Schriftsteller, Mitglied des Konvents (1755 bis 1794) 65

Ferdinand VII., König von Spanien (1784–1833) 228, 353, *354*

Fersen, Axel von, schwedischer Graf am Hof Ludwigs XVI. (1755–1810) 27, 55

Forster, Georg, Weltreisender und Schriftsteller (1754–1794) *74*

Fouché, Joseph, Polizeiminister unter Napoleon (1759–1820) 114, 154, 158, 171, 194, *195*, 254, 309, 322/323

Foulon, Joseph-François, Generalkontrolleur der Finanzen, eines der ersten Opfer der Revolution 46

Fouquier-Tinville, Antoine-Quentin, Ankläger des Revolutionstribunals (1746–1795) 39, *83*, 96, 111, 116, 117

Fourier, Charles, Philosoph und Soziologe (1772–1837) *386*

Franklin, Benjamin (1706–1790) *20*

Franz II., deutscher Kaiser, als Kaiser von Österreich (ab 1806) Franz I. (1768–1835) 185, 188, *189*, *190*, 240, *283*, 287, neben 293

Friedrich I., König von Württemberg (1754–1816) 196, *220*, 287

Friedrich August III., König von Sachsen (1750–1827) 220, 280, 287

Friedrich der Große, König von Preußen (1712–1786) 197, 201

Friedrich Wilhelm II., König von Preußen (1744–1797) 57

Friedrich Wilhelm III., König von Preußen (1770–1840) *190*, 197, 199, *202*, 203, 275, 276, 277, 278, 279, *283*, 287, 292, 293, neben 293

Garat, Joseph, Politiker (1749–1833) neben 86, 87, *139*

Garnier-Pagès, Louis-Antoine, Politiker (1803–1878) 420

Gavarni, Sulpice-Guillaume, Zeichner (1804–1866) 389, 404

Gentz, Friedrich von, Publizist und Staatsmann in preußischen und österreichischen Diensten, Generalsekretär des Wiener Kongresses (1764–1832) *312*/*313*

Geoffrey Saint-Hilaire, Etienne, Naturwissenschaftler (1772–1844) 147, *366*

Georg II., König von England (1683 bis 1760) 18

Georg III., König von England (1738 bis 1820) *182*

Georg IV., König von England (1762 bis 1830) neben 308

Géricault, Theodore, Maler (1791 bis 1824) 364

Girardin, Emile de, Zeitungsmann (1806 bis 1881) 400, 414

Gneisenau, August Wilhelm, Graf Neithardt von, Feldmarschall (1760–1831) 197, 276, 277, 308

Godoy, Manuel de, Minister unter Karl IV. von Spanien, Favorit der Königin (1767–1851) 228

Goethe, Johann Wolfgang (1749–1832) 70, 71, 74, 90, 197, 198, 410

Goya, Francisco (1746–1828) 230, 380/381

429

Grégo, Marquise de 105
Gros, Antoine-Jean, Maler (1771 bis 1835) 236
Guillotin, Joseph-Ignace, Arzt, Professor der Anatomie (1738–1814) 32, 86
Guizot, François, Staatsmann und Historiker (1787–1874) 318, neben 358, 363, 384, *388*, 400, 413

Hamelin, Madame 139
Hamilton, Lady, Frau von Sir William Hamilton, Geliebte Nelsons (1761 bis 1815) 187
Hardenberg, Karl August, Freiherr (später Fürst) von, preußischer Staatsmann (1750–1822) 276, neben 293, *312/313*
Hatzfeldt, Franz Ludwig, Fürst von, preußischer General und Diplomat (1756–1827) 200
Hatzfeldt, Fürstin, Gattin des Vorstehenden 200
Hautpoul, Jean-Joseph d', General (1754–1807) 112
Hébert, Jacques-René, Journalist und Politiker (1757–1794) 66, 77, 81, 96, 97, 100, 102
Heine, Heinrich (1797–1856) 401, *406*, 410, 425
Henriot, François, Revolutionär, Oberbefehlshaber der Nationalgarde unter Robespierre (1761–1794) 77, 82, 115
Hérault de Sechelles, Marie-Jean, Präsident des Konvents (1759–1794) 81, 108
Hiller von Gaertringen, Johann August Friedrich, Freiherr, preußischer General (1772–1856) 308
Hoche, Lazare, General (1768–1797) *105*, *106*, 143
Hofer, Andreas, Führer des Tiroler Aufstandes (1767–1809) *238*, 239
Hoffmann, Ernst Theodor Amadeus, Schriftsteller, Musiker und Maler (1776–1822) 287
Hohenlohe, Friedrich Ludwig, Fürst von, preußischer General, Oberbefehlshaber der preußischen Armee nach der Schlacht von Jena (1746 bis 1818) 200
Hölderlin, Friedrich (1770–1843) 197
Hugo, Victor (1802–1885) 160, 367, *370/371*, *372*, 401, 407, 410
Humboldt, Wilhelm, Freiherr von, Gelehrter und Staatsmann (1767–1835) *312/313*
Hussein ben Hussein, letzter Dey von Algier (1765–1838) 375, 376, *377*

Isabey, Jean-Baptiste, Maler (1767 bis 1855) *139*, 178

Jean Bon Saint-André, André, Mitglied des Wohlfahrtsausschusses (1749 bis 1813) 82
Johann, Erzherzog von Österreich, Reichsverweser von Deutschland (1782–1859) 235, 239
Joséphine, Kaiserin von Frankreich, Gattin Napoleons (1763–1814) 135, *137*, 138, 154, 158, *159*, *176/177*, 178, *220*, *222*, *227*, *243*, 309
Jourdan, Jean-Baptiste, Marschall (1762–1833) 63, *112/113*, 148, 234
Junot, Andoche, Herzog von Abrantès, General (1771–1813) 158, 226

Karl X., König von Frankreich, vorher Graf von Artois (1757–1836) 27, 30, 336, 337, 340, 346, *355*, *356*, *357*, *358*, neben 358, *363*, *378*, *385*, 419
Karl IV., König von Spanien (1748 bis 1819) *228/229*
Karl Ludwig Johann, Erzherzog von Österreich, Feldherr (1771–1847) 142, *235*, 237
Kaunitz, Wenzel Anton, Reichsfürst von, österreichischer Staatsmann (1711–1794) 57
Keith, George Elphinstone, Viscount, englischer Admiral (1746–1823) 183
Kellermann, François Christophe, Herzog von Valmy, Marschall (1735 bis 1820) 68/69, 136
Kersaint, Claire de, Herzogin von Duras *352*

Kléber, Jean-Baptiste, General (1753 bis 1800) 90, 105, 112, 143, 144
Kleist, Heinrich von, Dichter (1777 bis 1811) 278
Kleist, Heinrich Ferdinand Emil, Graf von Nollendorf, preußischer General (1762–1823) 293
Knesebeck, Karl Friedrich von dem, preußischer Generalfeldmarschall (1768–1848) neben 293
Kobell, Wilhelm von, Maler (1766 bis 1855) 285
Körner, Theodor (1791–1813) *279*, 280
Kutusow, Michael, Fürst von Smolensk, russischer Feldmarschall (1745–1813) 188, *261*, 263

La Bédoyere, Charles de, Oberst (1786 bis 1815) *299*, 324
La Bourdonnais, François-Regis, Graf von, Minister unter Polignac (1767 bis 1839) neben 358
Lacordaire, Jean-Baptiste, Kanzelredner (1802–1861) 373
La Fayette, Marie-Joseph, Marquis de, General und Politiker (1757–1834) *19*, 34, 46, 48, 54, 62, 73, 361, 384
Laffitte, Jacques, Finanzmann (1767 bis 1844) 361, 384
Lallemand, General 329
Lamartine, Alphonse de, Dichter und Politiker (1790–1869) 410, 413, *415*, *419*, 420, 422
Lamballe, Marie-Thérèse-Louise, Prinzessin von, Freundin von Marie Antoinette (1749–1792) 29, *67*
Lamennais, Félicité de, Theologe und Schriftsteller (1782–1854) 318, 373
Langéron, Alexander, Graf, russischer General (1763–1831) 261
Lannes, Jean, Herzog von Montebello, Marschall (1769–1809) 63, 154, 171, 188, 234
La Pérouse, Jean-François de Galaup, Graf von, Seefahrer (1741–1788) *24*
Las Cases, Emmanuel, Graf von, Historiker (1766–1842) 347
Launey, Bernard-René de, Gouverneur der Bastille (1740–1789) 40/41

Lauriston, Jacques, Marquis de, Marschall (1768–1828) 171
La Valette, Antoine-Marie, Graf von, Generaldirektor der Post unter Napoleon (1769–1830) 328
Lavoisier, Antoine-Laurent, Chemiker (1743–1794) *103*
Le Bas, Joseph, Politiker, Freund von Robespierre (1765–1794) 115
Lebrun, Charles-François, Konsul neben Napoleon (1739–1824) *174*
Ledru-Rollin, Alexandre-Auguste, Politiker, Mitglied der provisorischen Regierung von 1848 (1807–1874) 413, *415*, 420
Lefebvre, François-Joseph, Herzog von Danzig, Marschall (1755–1820) 112
Lefebvre-Desnouettes, Charles, General (1773–1822) 329
Legendre, Revolutionär 59, 119
Leibniz, Gottfried Wilhelm (1646 bis 1716) 143
Lejeune, L. F., General und Maler 145
Leopold II., deutscher Kaiser (1747 bis 1792) 57
Lindet, Robert, Mitglied des Wohlfahrtsausschusses, Finanzminister unter dem Direktorium (1746–1825) 82
Louis, Joseph-Dominique, Finanzminister unter Louis-Philippe (1755 bis 1837) 363
Louis-Philippe I., König von Frankreich (1773–1850) 99, 193, 219, 347, *384*, 385, *390*, 392, 400, *405*, 406, 410, 412, 414, neben 414, 415, 416
Louvel, Louis-Pierre, Attentäter (1783 bis 1820) *336*
Ludwig XIV., König von Frankreich (1638–1715) 17
Ludwig XVI., König von Frankreich (1754–1793) 24, *30*, 42, *44*, 48, 49, 53, *54*, *55*, *59*, 60, *84*, neben 84, 86/*87*, *88*, neben 88, 327, 363, 405
Ludwig XVII., (Louis-Charles de France), Sohn Ludwigs XVI. (geboren 1785, seit 1795 verschwunden) 84, *98*
Ludwig XVIII., König von Frankreich (1755–1824) 105, 157, *298*, *300*, 301, 304, 305, *319*, *322/323*, 327, 335, 346, *348*, 351, *355*, 356, 419

Luise, Königin von Preußen (1776 bis 1810) 196, 199, *202*, *203*
Lützow, Ludwig Adolf Wilhelm, Freiherr von (1782–1834) 279, 280
Lux, Adam, Maler, Abgeordneter von Mainz beim Konvent in Paris (1765 bis 1793) 74, 92

Macdonald, Alexandre, Herzog von Tarent, Marschall (1765–1840) 154, 275, 286, 295
Mack, Karl, Freiherr M. von Leiberich, österreichischer General (1752–1828) *184*, 185
Maillard, Revolutionär *41*
Maistre, Joseph de, Schriftsteller und Philosoph (1754–1821) 345
Malet, Claude-François, General, Verschwörer gegen Napoleon (1754 bis 1812) 273
Malibran, Maria Felicita, Sängerin (1808 bis 1836) 341
Manzoni, Alessandro, Dichter (1785 bis 1873) 401
Marat, Jean-Paul (1743–1793) 54, 65, 66, 87, 92, *93*, 100, 109, 397
Marceau, François-Séverin, General (1769–1796) 112
Marie, Pierre-Thomas M. de Saint-Georges, Politiker (1797–1870) 420
Marie-Amélie, Königin von Frankreich, Gattin von Louis-Philippe (1782 bis 1866) *392*, 405
Marie Antoinette, Königin von Frankreich (1755–1793) 26, 27, *30*, 37, 48, *49*, *54*, *55*, 66, 84, *96/97*, 327
Marie Luise, Kaiserin von Frankreich, Gattin Napoleons (1791 bis 1847) *244/245*, *246/247*, *248*, 258, 291, 301, 309, 346, 349, *350*
Marmont, Auguste-Frédéric-Louis, Herzog von Ragusa, Marschall (1774 bis 1852) 141, 234, 237, 291, 294, 382, 383
Martignac, Jean-Baptiste de, Minister unter Karl X. (1778–1832) neben 358
Marx, Karl (1818–1883) 387, 397
Masséna, André, Herzog von Rivoli, Fürst von Essling, Marschall (1756 bis 1817) 141, 142, 151, 191, *193*, 234

Méhul, Etienne-Nicolas, Komponist (1763–1817) 168
Merlin de Thionville, Antoine-Christophe, Politiker (1762–1833) 115
Metternich, Klemens Lothar Wenzel, Fürst von, österreichischer Staatskanzler (1773–1859) 219, 257, *282*, neben 293, *312/313*, 349, 406
Metternich, Eleonore, Fürstin von, Gattin des Vorstehenden 245
Meyerbeer, Giacomo, Komponist (1791 bis 1864) *410*
Mignet, François-Auguste, Historiker (1796–1884) 363
Miollis, François, General, Gouverneur von Rom (1759–1828) 242
Mirabeau, Gabriel-Honoré Riquetti, Graf von (1749–1791) *31*, *34/35*, 37, 54, 65, 78, 99, 100
Monge, Gaspard, Graf von Peluse, Mathematiker (1746–1818) 147
Monnier, Henri, Schriftsteller und Karikaturist (1805–1877) 389
Monroe, James, Präsident der Vereinigten Staaten (1758–1831) 170
Montalembert, Charles, Graf von, Politiker, Verfechter eines liberalen Katholizismus (1810–1870) 373
Montesquieu, Charles de (1689–1755) *22*
Montlosier, François-Dominique, Graf von, Politiker und Schriftsteller (1755 bis 1838) 345
Moreau, Jean-Victor, General (1763 bis 1813) 63, 153, 154, 162, 172
Mortier, Adolphe, Herzog von Treviso, Marschall (1768–1835) 291
Murat, Joachim, König von Neapel (1767–1815) 123, 154, 188, 197, 219, *220*, *221*, 228, 231, 270, 294, *325*

Napoleon I., Kaiser von Frankreich (1769–1821) 60, 89, 112, 122/123, 125, 129–318 (mit Abbildungen von Napoleon auf folgenden Seiten: *133, 134, 135, 136, 139, 141, 142, 143, 147, 152, 154, 156, 161, 162, 168, 174, 176/177, 178, 179, 182, 184, 188, 189, 190, 198, 199, 200, 201, 202, 204, 213, 220, 223, 226, 227, 233, 237, 243,*

431

251, 263, 266, 274, 281, 286, 287, 288/289, 294, 297, 298, 299, 300, 301, 310), 327, 342, *346, 347, 348,* 349, 350, 351, 362, 400, neben 400, 401, 410, 419

Napoleon III., Kaiser von Frankreich (1808–1873) 211, 217, 387

Naundorf, Karl Wilhelm, angeblicher Sohn Ludwigs XVI. 98

Necker, Jacques, Minister und Finanzmann (1732–1804) 23, 30, 35

Neipperg, Adam Albert, Graf von (1775 bis 1829) 350

Nelson, Horatio, Viscount, Herzog von Bronte, Admiral (1758–1805) 143, 146, 183, 184, 186, *187*

Nesselrode, Karl Robert, Graf von, Diplomat und Staatsmann in russischen Diensten (1780–1862) *312/313*

Ney, Michel, Herzog von Elchingen, Fürst von der Moskwa, Marschall (1769–1815) 162, 185, 191, 193, 234, 239, 263, 269, 270, 294, 295, 305, 307, *324*, 393

Noailles, Louis, Vicomte de (1756 bis 1804) 48

Noailles, Natalie de 255

Normann-Ehrenfels, Karl Friedrich Lebrecht, Graf von, württembergischer General (1784–1822) 280

Orleans, Louis-Philippe-Joseph, Herzog von, genannt Philippe-Egalité (1747–1793) 29, 48, *99*, 405

Orleans, Ferdinand-Philippe, Herzog von, Sohn von König Louis-Philippe I. (1810–1842) *392, 399*

Oudinot, Nicolas Charles, Herzog von Reggio, Marschall (1767–1847) 63, 269, 295

Palafox y Melci, José de, Herzog von Saragossa, spanischer Feldherr (1775 bis 1847) 232

Paoli, Pasquale, korsischer Nationalheld (1725–1807) 133

Paul, Jean, eigentlich Johann Paul Friedrich Richter (1763–1825) 197

Paul I., Zar v. Rußland (1754–1801) 151

Pellico, Silvio, italienischer Dichter (1789–1854) 354

Périer, Casimir, Minister unter Louis-Philippe (1777–1832) neben *358*, 384

Peyronnet, Charles-Ignace, Graf von, Minister während der Restauration (1778–1854) neben *358*

Philipon, Charles, Zeichner 389, 390

Phull, Karl Ludwig August von, preußischer Offizier, später russischer General 261

Pichegru, Charles, General (1761 bis 1804) 121, 172

Picton, General 221

Pitt, William, Graf von Chatam, englischer Staatsmann (1708–1778) 162, *181, 182*, 190

Pius VI., Papst (von 1775–1799) 140, 142, 150

Pius VII., Papst (von 1800–1823) 174, *176/177*, 178, *242*

Polignac, Jules-Armand, Fürst von, Ministerpräsident unter Karl X. (1780 bis 1847) 358, 363, 385, 393

Polignac, Jolanthe, Herzogin von, Vertraute von Marie Antoinette (1749 bis 1793) 27, 50

Prieur de la Côte d'Or, Mitglied des Konvents (1763–1827) 82

Prieur de la Marne, J. L., Zeichner, Mitglied des Wohlfahrtsausschusses (1756 bis 1827) 39

Proudhon, Pierre-Joseph, sozialistischer Publizist (1809–1865) *387*, 420

Raffet, Denis, Zeichner und Maler (1804–1860) 90, 389, 401

Réal, Pierre-François, Jakobiner, Polizeipräfekt unter Napoleon (1757 bis 1834) 172

Récamier, Jeanne-Françoise, genannt Juliette (1777–1849) *139, 256/257*, 365, 407

Reichstadt, Napoleon Franz Joseph Karl, Herzog von, bei seiner Geburt König von Rom (1811–1832) 216, *248, 249, 263*, 291, 295, *346, 348, 349*

Remusat, Augustin-Laurent de, Kammerherr Napoleons 250

Renault, Cécile 107

Richelieu, Armand-Emmanuel, Herzog von, Ministerpräsident unter Ludwig XVIII. (1766–1822) 324, *334*, 351

Robespierre, Maximilien (1758–1794) *31*, 45, 65, 76, 77, *78/79*, 80, 82, 83, 89, 92, 97, 98, 103, 107, 108, 109, 110/111, 113, 114/116, 117, 119, 124, 134, 195, 298, 397

Robespierre, Augustin, Bruder des Obenstehenden (1764–1794) 115, 134

Rochambeau, J.-B.-Donatien, Graf von, Marschall (1725–1807) 19

Rochejaquelein, Henri de la, Führer des Vendée-Aufstandes (1772–1794) 104/*105*

Rohan, Edouard, Prinz von, Kardinal (1734–1803) 27

Roland, Manon, Dame der Gesellschaft mit bedeutendem politischem Einfluß (1754–1793) 59, 65, *98*, 425

Roland de la Platière, Jean-Marie, Politiker, Minister im Jahr 1792, Gatte der Vorstehenden (1734–1793) 86

Rossini, Gioacchino, Komponist (1792 bis 1868) *409*

Rostoptschin, Feodor, Graf, Gouverneur von Moskau (1763–1826) 265

Rouget de Lisle, Claude, Verfasser der Marseillaise (1760–1836) 58

Rousseau, Jean-Jacques (1712–1778) 22, 76, 78

Roustan, Mameluck Napoleons 149, 295

Rovigo, Herzog von, siehe Savary

Royer-Collard, Pierre-Paul, Politiker und Philosoph (1763–1845) 318, neben *358*, 363, 419

Sacken, Fabian Gottlieb, Fürst von der Osten-S., russischer Feldmarschall (1752–1837) 291

Sainte-Beuve, Charles-Augustin, Schriftsteller und Kritiker (1804–1869) *407*

Saint-Just, Louis de (1767–1794) *80, 81, 82*, 89, *112/113, 114/115*, 116, 124, 397

Saint-Simon, Claude-Henri, Graf von, sozialistischer Denker (1760–1825) *386*

Samson, Henker während der Schreckenszeit 88, 117

Sand, George, Schriftstellerin (1804 bis 1876) *369*
Santerre, Antoine-Joseph, Kommandant der Pariser Nationalgarde 1792/1793 (1752–1809) 88
Savary, René, Herzog von Rovigo, General, Polizeiminister unter Napoleon (1774–1833) 254
Schadow, Johann Gottfried, Bildhauer und Zeichner (1764–1850) 287
Scharnhorst, Gerhard Johann David von, General (1756–1813) 197, 276, *277*
Scherer, Barthélemy-Louis-Joseph, General (1747–1804) 148
Schill, Ferdinand von, Major, Freikorpsführer (1776–1809) 241
Schiller, Friedrich (1759–1805) 197
Schwarzenberg, Karl, Fürst von, Herzog von Krumau, österreichischer Feldherr und Diplomat (1771–1820) 246, 291, 292, neben 293, 294
Sébastiani, Horace, Graf, Marschall, Außenminister unter Louis-Philippe (1772–1851) neben *358*
Seele, Johann-Baptist, Maler (1774 bis 1814) 236
Ségur, Louis-Philippe, Graf von, Diplomat und Historiker, Großzeremonienmeister Napoleons (1743–1830) 200, *250*
Sieyès, Emmanuel-Joseph, Abbé, Politiker (1748–1836) 32, 33, 46, 125, 128, 148, 153, 154, 156, 158
Smith, Sir William Sidney, englischer Admiral (1764–1840) 145, 147, 183
Soult, Nicolas, Herzog von Dalmatien, Marschall, Minister unter Louis-Philippe (1769–1851) 188, *193*, 234, 305, *389*
Speckbacher, Joseph, Tiroler Freiheitskämpfer (1767–1820) 239
Staël-Holstein, Germaine, Baronin von, Schriftstellerin (1766–1817) *23*, *127*, 131, 169, *254*, 257, 365
Staps, Friedrich, Attentäter (1792 bis 1809) 241
Steffens, Heinrich, Philosoph, Naturforscher und Dichter (1773–1845) 278
Stein, Heinrich Friedrich Karl, Freiherr vom und zum (1757–1831) 241, 262, *276*, 277, 278
Stendhal, eigentlich Henry Beyle (1783 bis 1842) *367*
Suard, Jean-Baptiste, Kritiker und Journalist 128
Suchet, Louis-Gabriel, Herzog von Albufera, Marschall (1770–1826) 191, 234
Suworow, Alexander, Graf von S.-Rimnikski, russischer Feldherr (1729 bis 1800) 151, 188

Taglioni, Maria, Tänzerin (1804–1884) *341*
Talleyrand, Charles-Maurice, Prinz von T.-Périgord, Fürst von Benevent (1754–1838) 46, 91, 127, *139*, 154, 158, 170, 173, 191, *194*, 195, *227*, 228, 252, 253, 282, 296, *312/313*, *322/323*, 363, 405
Tallien, Jean-Lambert, Mitglied des Konvents (1767–1820) 114, 115, 128, 138
Tallien, Thérésa, geborene Cabarrus, Frau des Vorstehenden (1773–1835) 114, *138*
Talma, François-Joseph, Schauspieler (1763–1826) *342*
Thiers, Adolphe, Staatsmann, Journalist und Historiker (1797–1877) 318, 363, 384, 388, 410, 414
Tocqueville, Alexis de, Staatsdenker und Politiker (1805–1859) *398*, 400, 413, 415, 425
Tolstoi, Leo (1828–1910) 261, 408
Tschitschagow, Paul, russischer Admiral (1762–1849) 260

Vestries, Auguste, Ballettmeister (1760 bis 1842) *139*
Victor, V.-Claude Perrin, genannt V., Herzog von Belluno, Marschall (1764 bis 1841) 269, 270
Vigny, Alfred de, Dichter (1797–1863) *367*
Viktoria I., Königin von England (1819 bis 1901) *405*
Villèle, Joseph, Graf von, Politiker der Restauration (1773–1854) 351, 357, *358*, 363
Villeneuve, Pierre de, Admiral (1763 bis 1806) 146, 184, 186
Volta, Alessandro, Physiker (1745 bis 1827) *163*
Voltaire, François-Marie Arouet, genannt V. (1694–1778) *21*
Vulpius, Christiane (1765–1816) 198

Walewska, Maria, Gräfin, Geliebte Napoleons *210/211*
Washington, George (1732–1799) *19*, *20*
Wellington, Sir Arthur Wellesley, Herzog von W., Fürst von Waterloo, englischer Feldherr und Staatsmann (1769–1852) 193, 228, 257, 304, neben 304, 305, 308, *312/313*, 322
Wieland, Christoph Martin (1733 bis 1813) *198*
Wintzingerode, Ferdinand, Freiherr von, russischer General (1770–1818) 291
Wittgenstein, Ludwig Adolf Peter, Fürst von, russischer Feldmarschall (1769 bis 1843) 269, 281
Wrede, Karl Philipp, Graf, bayerischer Feldmarschall (1767–1838) 285
Wurmser, Dagobert Siegmund, Graf von, österreichischer Feldmarschall (1724–1797) 142

Yorck von Wartenburg, Johann David Ludwig, Graf, preußischer General (1759–1830) 197, 273, *275*, 276, 293

Zedlitz, Joseph Christian, Freiherr von, Dichter (1790–1862) 401
Zieten, Hans Ernst Karl, Graf von, preußischer General (1770–1848) 308

BILDQUELLEN

Bei der Beschaffung der in diesem Band wiedergegebenen Bilder und Dokumente waren Autor und Verlag auf Mithilfe im In- und Ausland angewiesen. Allen, die geholfen haben, das umfangreiche Bildmaterial zusammenzutragen, aus dem die hier gedruckte Auswahl getroffen wurde, sei herzlicher Dank gesagt.

Die verwendeten Bilder stammen aus folgenden Quellen:
Amerika-Dienst, Stuttgart, 18 oben, 18 unten, neben 18, 20 oben, 20 unten · *Archiv für Kunst und Geschichte, Berlin-Nikolassee,* neben 94, 97 links, neben 134, 275 unten, neben 308, neben 347, 416 · *Archives Nationales, Paris,* neben 170 · *Archives Photographiques, Paris,* 205 · *Bayerisches Nationalmuseum, München,* 264 oben, 266 oben und unten, 267 oben und unten, 268 oben und unten, 271 oben und unten, 272, 273 · *Bibliothèque Nationale, Paris,* 6, 28, 29, 36, 37, 38 oben und unten, 39 oben, 44, 45, 46, 47, 48, 51, 52 oben, 53 oben, 54, 55, 56, 59 links, 62, 66, 75, 82, 86, 90, 91, 100, 102, 103 oben und unten, 106, 109 unten, 114, 116, 117, 119, 121, 123, 125 oben und unten, 127, 133 unten, 134, 135, 139 oben und unten, 140, 143, 146, 147 unten, 150, 152/153, 158, 160, 167, 168, 170, 171, 172, 173 unten, 174 oben, 182, 183, 190, 196, 200 unten, 213, 215 oben, 220, 223, 232, 234, 240, 242, 243 oben, 246/247, 250 oben und Mitte, 253, 255, 257, 258, 262, 263, 264 unten, 265, 269, neben 274, 281, 286, 296, 297 oben und unten, 288, 299, 300 unten, 305, 306, 307, 309, 319 oben und unten, 320 oben und unten, 321 oben und unten, 324, 325, 328, 329, 330, 331, 335 oben, 337, 338, 344, 347, 348, 354 oben, 356, 362, 367 unten, 377, 378, 379 oben und unten, 382, 383 oben, 385, 389 oben, 393 unten, 394, 396, 398 unten, 400, 401, 412 · *Bildarchiv der Österreichischen Staatsbibliothek, Wien,* 244, 249, 282, 350 · *F. Bruckmann-Bildarchiv, München,* 284/285 · *Compagnie des Arts Photomécaniques, Paris,* 424 · *Deutsches Tapetenmuseum, Kassel-Wilhelmshöhe,* 343 · *Foto Mas, Barcelona,* 230, 231, 233 unten, 354 unten · *Freies Deutsches Hochstift, Frankfurter Goethemuseum,* 198 oben und unten · *Heeresgeschichtliches Museum, Wien,* 57, 235 oben · *Historia-Photo, Charlotte Fremke, Bad Sachsa,* 12, 23, 32, 74, 95, 199 oben, 206, 207 oben, 227, 274, 300 oben, 310, 392 · *Historisches Bildarchiv, Lolo Handke, Bad Berneck,* 188, 200 oben, 201 oben und unten, 202, 203, 204, 215 unten, 241, 254, 261 unten, 277 oben und Mitte, 280, 283 oben, 303, 304, 346 unten, 374, 383 unten, 384, 402 oben und unten, 406, 411 unten, 413, 414 · *Librairie Ernest Flammarion, Paris,* 417 · *Librairie Hachette, Service des Illustrations, Paris,* 27, 89 oben, 124, 136, 165 unten, 174 unten, 192 oben und unten, 193 oben, 195, 216, 228/229, 237, 250 unten, 301, 312/313, 335 unten, 342, 366 oben und unten, 369, 386 unten, 397, 399, 405, 408 oben und unten, 418, 423 · *Musée des Beaux-Arts, Lüttich,* 156 · *Nationale Forschungs- und Gedenkstätten der klassischen deutschen Literatur, Weimar,* 70, 71 · *National Portrait Gallery, London,* 181, 187 · *Photographies d'Œuvres d'Art, Ets. J. E. Bulloz, Paris,* 19, 21 unten, 22 links, 24/25, 34, 40, 42, 49, 52 unten, 53 unten, 60/61, 63, 64, 72, 76, 77 oben, Mitte und unten, 80, 83 oben, 87, 88 oben und rechts, 96, 98 oben, 101, 105 unten, 110 rechts, 118, 120, 133 oben, 142, 148, 154, 161, 163, 173 oben, 180 oben und unten, 184, 185 unten, 194, 197, 208/209, 212, 219, 221, 224/225, 252, 256, 261 oben, 270, 291, 293, 340, 341, 357, 358, 359, 361, 371, 375, 376, 409 unten, 420/421 · *Photographie Giraudon, Paris,* Umschlag, 2 (neben Titelseite), 22 Mitte, 22 rechts, 30/31, 43, 68/69, 92, 93, 98 unten, 105 oben, 110 links, 112/113, 141, 144/145, 159, 162, 166, 175, 176/177, 178, 179, 189, 193 unten, 210, 218, 222 oben, 233 oben, 248, 288/289, 292, 294, 302, 322/323, 326, 332/333, 334, 339, 351 oben, 355, 360, 364, 365, 367 oben, 368, 370, 372, 380/381, 386 oben, 387, 388, 407, 409 oben, 410 oben und unten, 419 · *Photo Madec, Nantes,* 104 ·

Staatliche Graphische Sammlung, München, 260 · *Staatsarchiv, Hamburg,* 214, 215 Mitte · *Staatsgalerie, Stuttgart,* 151, 236 · *Tate Gallery, London,* 186 · *Tiroler Landesmuseum Ferdinandeum, Innsbruck,* 238 · *Ullstein-Bilderdienst, Berlin,* 26, 85, 126 Mitte, 138, 149, 217, 245 oben, 275 oben, 278, 279, 283 unten, 290, 349, 415, 422 · *Württembergisches Landesmuseum, Stuttgart,* 235 unten · *Archiv des Autors,* 7, 8, 11, 13, 21 oben, 33, 35, 41, neben 42, 50, 58, 59 rechts, 60 links, 67 oben und unten, 73, neben 78, 83 unten, 84, neben 84, neben 86, neben 88, 89 unten, 94, 97 rechts, 99, 107, 108, 109 oben, 111, 112 rechts, 122, 129, 137, 147 oben, 155, 157, neben 158, 165 oben, 169, 185 oben, 191, 211, 222 unten, 239, 243 unten, 245 unten, 247 rechts, 251, 277 unten, neben 292, 295, neben 304, 308, 311, 336, 345, 346 oben, 351 unten, 352, 353, neben 358, 373, neben 400 · *Archiv des Verlags,* 17 oben, 17 unten, 39 unten, 78, 115, 126 oben und unten, 164, 199 unten, 207 unten, 226, 276, 287, 315, neben 388, 389 unten, 390, 391, 393 oben, 395, 398 oben, 403 oben und unten, 404, 411 oben.

INHALTSVERZEICHNIS

Prolog 7

Die Große Revolution

Vorwort		15—16
Der Weg zur Revolution		17—27
Die Einberufung der Stände und die Nationalversammlung	(April—Juni 1789)	28—37
Beginn der Unruhen Sturm auf die Bastille	(Juli 1789)	38—47
Das Ende des Königtums	(Oktober 1789—August 1792)	48—61
Europa gegen die Republik	(Juli 1792—März 1793)	62—74
Aufstieg der Jakobiner		75—83
Das Ende des Königs	(21. Januar 1793)	84—88
Die Republik gegen Europa	(1793—1795)	89—90; 112—113; 120—121
Untergang der Girondisten	(Juni—Juli 1793)	92—94; 98
Die Schreckensherrschaft	(1793—1794)	95—103; 107—111
Der Aufstand in der Vendée		104—106
Der 9. Thermidor (27. Juli 1794) und der Sturz Robespierres		114—119
Der 13. Vendémiaire (5. Oktober 1795) und das Direktorium		122—128

Das Zeitalter Napoleons

Vorwort		131—132
Der Aufstieg Napoleons		133—139
Der Italienische Feldzug	(1796—1797)	140—142
Der Zug nach Ägypten	(1798—1799)	143—148
Der Zweite Koalitionskrieg	(1799—1802)	150—151
Der Staatsstreich Napoleons	(November 1799)	152—155
Napoleon als Erster Konsul	(1799—1804)	156—173
Napoleon wird Kaiser	(Dezember 1804)	174—180
Das Lager von Boulogne	(1803—1805)	181—183
Der Dritte Koalitionskrieg (Ulm; Trafalgar; Austerlitz)	(Oktober—Dezember 1805)	184—190
Marschälle und Minister Napoleons		191—195
Der Krieg gegen Preußen und Rußland und der Friede von Tilsit	(1806—1807)	196—206
Napoleon im Schloß Finckenstein	(Winter 1806—1807)	207—211

Die Kontinentalsperre		213—215
Die Familie Napoleons		216—222
Das Leben im Kaiserreich		223—226
Erfurter Kongreß	(Oktober 1808)	227
Krieg in Spanien und Portugal	(1808—1809)	228—234
Krieg gegen Österreich (Aspern; Wagram)	(Mai—Juli 1809)	235—237
Aufstände gegen Napoleon	(1809)	238—241
Konflikt mit dem Papst	(1809)	242
Scheidung von Joséphine und Heirat mit Marie Luise	(1809—1810)	243—249
Napoleon auf dem Gipfel		250—257
Der Krieg gegen Rußland	(1812)	258—264
Brand Moskaus und Rückzug aus Rußland	(1812)	265—274
Die Preußische Erhebung	(1812—1813)	275—280
Die Befreiungskriege	(1813—1814)	280—293
Abdankung Napoleons und Elba	(1814—1815)	294—297
Die Hundert Tage	(März—Juli 1815)	298—311
Der Wiener Kongreß	(1814—1815)	312—313

Von der Restauration zum Klassenkampf

Vorwort		316—318
Die Alliierten in Paris	(1815)	319—321
Die Periode der Säuberung	(1815)	322—329
Die ersten Jahre der Restauration		330—333; 340—345
Das Ende der Besatzungszeit	(1818)	334—335
Der Herzog von Berry		336—339
Der Tod Napoleons		346—350; 400—401
Chateaubriand als Politiker		351—353
Der Krieg gegen Spanien	(1823)	354—355
Die Regierungszeit Karls X.	(1824—1830)	356—358
Der griechische Unabhängigkeitskrieg		359—362
Das Aufblühen des kulturellen Lebens		364—373; 402—410
Die Eroberung Algiers	(1830)	374—377; 399
Die Juli-Revolution von 1830		363; 378—385
Wegbereiter der sozialen Revolution		386—387; 397
Die Epoche des Bürgerkönigs	(1830—1848)	388—410
Die Februar-Revolution von 1848		411—419
Der Juni-Aufstand von 1848		420—423
Epilog		**424—425**
Personenregister		**427**
Bildquellen		**435**

FRIEDRICH SIEBURG · DAS LITERARISCHE WERK

1920   Die Erlösung der Straße · Gedichte

1922   Oktoberlegende · Erzählungen

1929   Gott in Frankreich? · Ein Versuch
Auch französisch, englisch, schwedisch, norwegisch, italienisch, ungarisch, tschechisch, estnisch (Erweiterter Neudruck 1954)

1931   Frankreichs rote Kinder
Auch französisch

1931   Vendée
Auch französisch

1932   Die rote Arktis · „Malygins" empfindsame Reise
Auch französisch

1933   Es werde Deutschland
Auch französisch und englisch

1934   Polen · Legende und Wirklichkeit

1935   Robespierre
Auch französisch, englisch, dänisch, norwegisch, schwedisch, ungarisch, italienisch (Neudruck 1948 und 1958)

1937   Portugal · Bildnis eines alten Landes
Auch französisch

1938   Afrikanischer Frühling · Eine Reise
Auch französisch

1939   Blick durchs Fenster · Aus zehn Jahren Frankreich und England
Auch französisch (Erweiterter Neudruck 1956)

1939   Die stählerne Blume · Eine Reise nach Japan
Auch französisch und italienisch

1949   Schwarzweiße Magie · Über die Freiheit der Presse

1950   Unsere schönsten Jahre · Ein Leben mit Paris
Auch französisch

1951   Was nie verstummt · Begegnungen

1952   Geliebte Ferne · Der schönsten Jahre anderer Teil

1953   Hundertmal Gabriele · Erzählung

1953   Kleine Geschichte Frankreichs

1954   Die Lust am Untergang · Selbstgespräche auf Bundesebene

1955   Nur für Leser · Jahre und Bücher

1956   Napoleon · Die hundert Tage
        Auch französisch, englisch, holländisch und spanisch

1959   Paris · Anblick und Rückblick
        (Reclams Universalbibliothek)

1959   Chateaubriand · Romantik und Politik
        Auch englisch

1960   Helden und Opfer
        (Inselbücherei)

1961   Lauter letzte Tage · Prosa aus zehn Jahren
        (Sonderausgabe in der Reihe „Bücher der Neunzehn" 1963)

1961   Eine Maiwoche in Paris

1961   Im Licht und Schatten der Freiheit · Frankreich 1789—1848
        Bilder und Texte
        Auch französisch